中国社会科学院创新工程学术出版资助项目

国家社科基金重大特别委托项目

西南边疆历史与现状综合研究项目 · 研究系列

中国社会科学院创新工程学术出版资助项目

国家社科基金重大特别委托项目
西南边疆历史与现状综合研究项目·研究系列

民国时期
广西民族地区社会控制
（1927~1949）

黎　瑛／著

社会科学文献出版社
SOCIAL SCIENCES ACADEMIC PRESS (CHINA)

总　序

　　"西南边疆历史与现状综合研究项目"（以下简称"西南边疆项目"）为国家社科基金重大特别委托项目，由全国哲学社会科学规划办公室委托中国社会科学院科研局组织管理。"西南边疆项目"分为基础研究和应用研究两个研究方向，其中基础研究类课题成果结集出版，定名为"西南边疆历史与现状综合研究项目·研究系列"（以下简称"西南边疆研究系列"）。

　　西南边疆研究课题涵盖面很广，其中包括西南区域地方史与民族史等内容，也包括西南边疆地区与内地、与境外区域的政治、经济、文化关系史研究，还涉及古代中国疆域理论、中国边疆学等研究领域，以及当代西南边疆面临的理论和实践问题等。上述方向的研究课题在"西南边疆项目"进程中正在陆续完成。

　　"西南边疆研究系列"的宗旨是及时向学术界推介高质量的最新研究成果，入选作品必须是学术研究性质的专著，通史类专著，或者是学术综述、评议，尤其强调作品的原创性、科学性和学术价值，"质量第一"是我们遵循的原则。需要说明的是，边疆地区的历史与现状研究必然涉及一些敏感问题，在不给学术研究人为地设置禁区的同时，仍然有必要强调"文责自负"："西南边疆研究系列"所有作品仅代表著作者本人的学术观点，对这些观点的认同或反对都应纳入正常的学术研究范畴，切不可将学者在研究过程中发表的学术论点当成某种政见而给予过度的评价或过分的责难。只有各界人士把学者论点作为一家之言，宽厚待之，学者才能在边疆研究这个颇带敏感性的研究领域中解放思想、开拓创新，唯其如此，才能保证学术研究的科学、公正和客观，也才能促进学术研究的进一步深入和不断繁荣。

自 2008 年正式启动以来，中国社会科学院党组高度重视"西南边疆项目"组织工作，中国社会科学院原副院长、"西南边疆项目"领导小组组长江蓝生同志对项目的有序开展一直给予悉心指导。项目实施过程中，还得到中共中央宣传部、全国哲学社会科学规划办公室、云南省委宣传部、广西壮族自治区党委宣传部、云南省哲学社会科学规划办公室、广西壮族自治区哲学社会科学规划办公室以及云南、广西两省区高校和科研机构领导、专家学者的大力支持和参与，在此一并深表谢意。"西南边疆研究系列"由社会科学文献出版社出版，社会科学文献出版社领导对社会科学研究事业的大力支持，编辑人员严谨求实的工作作风一贯为学人称道，值此丛书出版之际，表达由衷的谢意。

"西南边疆研究系列"编委会

2012 年 10 月

目　录

绪　论 …………………………………………………………………… 1

第一章　新桂系统治的建立与民族观 ……………………………… 17

　　第一节　新桂系统治的建立 ……………………………………… 17

　　第二节　广西少数民族分布和特点 ……………………………… 26

　　第三节　新桂系集团的"特种部族"观 ………………………… 38

第二章　新桂系政府社会控制网络的构建 ………………………… 54

　　第一节　民团的建立 ……………………………………………… 54

　　第二节　行政编组的进行 ………………………………………… 68

　　第三节　"三位一体"基层行政网络的构建 …………………… 87

　　第四节　村街民会议的施行与传统议事会议的消解 ………… 116

　　第五节　改良风俗的实施 ……………………………………… 130

第三章　基层干部的任命与民族头人的嬗变 …………………… 144

　　第一节　传统社会的少数民族头人 …………………………… 144

　　第二节　新桂系政府对基层公务员的要求与建设 …………… 152

　　第三节　民族地区的基层干部 ………………………………… 164

第四章　模范省的建立：控制网络与广西民族地区的

　　　　发展稳定 ………………………………………… 176

　　第一节　"三位一体"行政网络与民族地区 …………… 177

　　第二节　政府主导下的社会经济发展 ………………… 205

　　第三节　政府服务职能之扩展 ………………………… 230

　　第四节　社会动员能力的增强 ………………………… 239

第五章　民怨与民变：地方权力网络控制下的国家

　　　　——社会 ………………………………………… 249

　　第一节　民族地区社会控制系统的改变 ……………… 250

　　第二节　社会控制的效度：对控制网络的系统分析 ……… 267

　　第三节　民怨与民变：相互制约中的国家社会 ………… 293

结　语 ……………………………………………………… 304

参考文献 …………………………………………………… 316

绪　　论

一　选题旨趣

任何社会的存在和发展都离不开一定的社会秩序。本书以民国时期广西民族地区秩序化过程为考察对象，研究 1927～1949 年新桂系政府在广西民族地区的社会控制网络和控制体制，探讨近代广西的社会控制力度。

近代中国社会自鸦片战争起至新中国成立，经历了波澜壮阔的社会变革与转型，历时长久，进程艰巨。社会控制功能发挥的好与坏直接关系到国家社会的稳定程度，反映着社会的有序状况。在这段历史时期中，国家—社会的冲突互动关系直接反映了大众对于政治权威的依附、反抗或解构。我们以此可以透视近代国家的控制力度，以及国家和社会的关系。

本书对于民国时期广西社会控制机制的考察，关注的是近代控制的网络、体制、国家与社会的冲突互动，在这种冲突互动的进程探讨近代国家与社会的关系。之所以选择近代广西新桂系政府作为研究的案例，主要基于以下几方面的考虑。

第一，民国时期的广西社会由失范到重构是当时最显著的社会特征，尤其是民族地区少数民族杂居，民族矛盾、社会纠纷层出不穷，新桂系政权在短短的十年内便重新构筑了新的社会秩序。研究民国时期广西民族地区社会从失范到重构的过程，探讨在地方政府秩序化的过程中，国家权力的下移与民族传统权力组织冲突互动的路径，剖析这一过程中国家—社会关系的调整，国家一元化社会控制结构在民族地区如何建立，如何运行，对于我们今天治理边疆地区的社会稳定，处理少数民族问题，促进民族团结、和谐发展有着重要的借鉴意义，具有明显的紧迫性和必要性。

第二，新桂系政府割据广西二十多年，抗战以前，新桂系政府在全国获得了前所未有的威望，当时国内外媒体对此多有颂扬。在省内，新桂系政府平定了广西长期的战乱，广西社会、经济获得了前所未有的发展，政府具有强大的社会动员力，民众对政府有着很强的向心力。但到了抗战结束后，政府在民众中的威望却急剧下降，这时期只能依靠暴政来贯彻政府的政策。对于这种巨大的反差，长期以来学术界都从阶级意识形态出发，认为这是新桂系地主阶级的立场和反动统治使然，并没有从其他角度或层面进行深入的分析。因此笔者希望从政府和社会互动这一新的视角，通过政府的体制和运作过程，考察新桂系政府荣辱兴衰的原因。

第三，少数民族传统的文化、权力结构有其别样的特性和深厚的文化根源，了解其在历史发展过程中与政府权力互动冲突、协调发展的过程，对我们正确认识当前少数民族的传统结构、文化，从政治、法律、经济、意识形态、传统习俗等层面规范和调整我们的民族政策，使少数民族同胞始终认同国家的权威，加强国家对民族地区社会的控制，加强边疆地区的团结稳定、和谐发展，都有着重要的现实借鉴意义。

我们力图在掌握相当充足的第一手资料的基础上，以地方制度及其相应的历史情境变迁、县政府及其以下各级基层行政机构的演变作为研究架构，透过广泛的历史资料的洗练，为建构一个适于解释近代中国社会基层权力结构变迁的历史空间发挥抛砖引玉作用。本研究还关注政府与社会的互动，对于我们今天进行政府行政改革，研究政府与社会关系问题应当具有较强的现实意义。

二　研究综述

由于本研究的主题是民国时期新桂系在民族地区的社会控制问题，本研究将以往的学术研究分为两部分，一部分是对广西少数民族传统组织的研究，另一部分是对新桂系政府的相关行为和民族政策的研究。

1. 广西主要少数民族传统组织的研究

国内学术界对中国少数民族传统社会组织的研究始于 20 世纪 20～30 年代，随着西方民俗学、民族学、文化人类学、社会学等理论传入中国，一些学者试图采用西方的学术理论解释中国少数民族社会组织，涌现出一批成果。近百年来，国内外学术界对中国少数民族社会组织的研究取得了一定的成绩。以下对学人就广西主要少数民族社会组织的研究成果进行的整理，将有助于该领域的研究。

（1）对壮族社会组织的研究

壮族是我国第一大少数民族，主要分布于广西。长期以来，壮族的社会组织种类繁多，在该民族社会控制中发挥重要作用。学人从不同角度出发，对壮族各种社会组织进行了一定的研究。

土司制度是壮族地区一种重要的社会组织形式，这一制度始于元代，经过明、清两朝，一直持续到民国末年。20 世纪 30 年代中期开始，学者开始使用"土司"这一名称。近年来，学者对土司制度的研究成果较多。龙雪梅认为清代以来的改土归流改变了广西圩市的主体的构成，使圩镇数量和开市率增加，圩镇规模扩大，商业日益繁荣，圩市结构不断完善、类型不断增多。[①] 方素梅对壮族的社会组织有一定研究，她对壮族土司经济结构及破坏过程进行了较为深入的分析。[②] 黄家信对中央政权在壮族地区实行的羁縻制度以及壮族地区土司制度的建立及演变、改土归流的完成等方面的内容做了详细考察。[③] 关于土司制度消亡的原因。黎家麟等认为广西土司制度的消亡，与中央王朝对土兵征调频繁、土司政治基础薄弱、因受外界感化而导致土人反抗土官等原因有关。[④] 日本学者谷口房男对土司制度中的"土官"与"土司"两个概念有所区别，认

① 龙雪梅：《以圩市窥探土司制度及改土归流对清代广西社会经济发展的影响》，《广西教育学院学报》2009 年第 1 期。

② 方素梅的论著主要有《广西壮族土司经济结构及其破坏过程》，《广西民族学院学报》（哲学社会科学版）1994 年第 1 期；《近代壮族社会研究》，广西民族出版社，2002，等等。

③ 黄家信：《壮族地区土司制度与改土归流研究》，合肥工业大学出版社，2007。

④ 黎家麟、卢家瑾：《广西土司制度消亡的原因》，《广西大学学报》（哲学社会科学版）1990 年第 1 期。

为"土官"自宋代开始成为对统治少数民族的官职、官员的称呼，"土司"一词的原意是指统治少数民族的官府衙门，明代嘉靖年间开始出现。明代中叶以后"土官"与"土司"被混同起来。土司制度是以设置在少数民族地区的地方行政机关——土司为中心而实施间接统治的政治体制，因此它不应称为"土官制度"，而应称为"土司制度"。通过历代王朝的这种间接统治体制，实现了中央对中国边疆少数民族地区的直接统治，中国的疆域因此而扩大了，中华文明、中华世界得以持续发展。可以说，土司制度确实是在中国疆域扩大的过程中发挥了重要作用的地方行政制度。①

都老（或称寨老组织）是壮族传统社会中家庭至上的社会组织，亦是壮族土著社会的最高民间组织。对这一社会组织，李富强考察了都老制的内涵，都老的职责、实质和蜕变过程。他认为，中央王朝对壮族的直接统治政策，特别是清代以来的改土归流，使都老制受到冲击，逐渐蜕变乃至消亡。②

（2）对瑶族社会组织的研究

瑶族是当前我国人口超过100万的18个民族之一，在我国南方六省（区）140多个县市，东起江西全南，西至云南勐腊，南达广西防城，北迄湖南辰溪的广袤地域内，都有瑶族居住，形成了"南岭无处不有瑶"的分布局面。但在一个地区，瑶族居住又比较集中，大体上呈"大分散、小聚居"的格局。广西是我国瑶族的主要聚居区，居住在广西的瑶族约占全国瑶族的2/3。瑶族的支系极多，同一支系又有不同种类。因此，不同地区瑶族的社会组织区别较大，主要有"油锅"、"石牌"、"社老"等组织。

真正意义上的瑶族研究始于20世纪20～30年代，当时中山大学生物系采集队在两广瑶山采集生物标本时，同时调查瑶族的生产、生活、民俗等情况，颜复礼、商承祚、费孝通、刘锡蕃等学者也深入瑶山进行调查。这些学者运用西方社会学、人类学等方法研究瑶族，撰

① 〔日〕谷口房男：《土司制度论》，杨勇、廖国一译，《百色学院学报》2007年第3期。
② 李富强：《壮族的都老制及其蜕变》，《广西民族研究》1993年第1期。

写了一批论著，其中对瑶族的社会组织有所论及。特别是王同惠女士，她在中国学术界第一次运用人类学理论和方法深入剖析了金秀大瑶山族团及族团之间的关系及其发展趋向，第一次成功地运用了"微型社会学"的调查研究方法剖析了花蓝瑶社会，第一次披露了金秀大瑶山花蓝瑶的人口、家庭和社会生活状况。① 同期国内有关刊物亦登载了大量有关国内外瑶族社会组织的调查报道和论文。② 之后随着开发边疆、改进边政呼声的日益高涨以及地方政府对少数民族"同化"政策的推行，新桂系当局亦对瑶族进行了调查和考察，编辑出版了一批论著。如新桂系官员刘宾一在桂北瑶民起事后所撰写的《兴全灌龙各县瑶叛与剿抚经过》，其中对瑶族利用"打醮"这一特殊形式动员民众的社会组织进行了调查和分析。③

20 世纪 50 年代，中央访问团中南分团到广西少数民族地区进行访问，同时进行社会历史调查工作，整理了 20 多份调查材料，其中涉及瑶族的有：《广西少数民族历史资料提要》《广西大瑶山一般情况》《大瑶山瑶族家庭经济与自然屯经济典型调查》《大瑶山团结公约订立经过》《防城县山人（瑶族）情况》《防城县第三区峒中乡民族情况》（防城县

① 任国荣：《瑶山两月观察记》，载国立中山大学语言历史研究所周刊第 4 集《瑶山调查专号》，第 46、47 期合刊，1928 年 9 月 19 日；刘锡蕃：《岭表纪蛮》，上海商务印书馆，1934；庞新民：《两广瑶山调查》，上海中华书局，1936；王同惠：《广西省象县东南乡花篮瑶社会组织》，1936 年印。

② 孙麦秋：《湘南的瑶族》，《晨报副刊》，1924 年 7 月 30 日，第二版。任国荣：《猺山两月视察记》，国立中山大学语言历史学研究所周刊第 4 集《瑶山调查专号》，第 46、47 期合刊，1928 年 9 月 19 日；炽昌：《广西猺民风俗杂谈》，《新中华》1934 年第 2 卷第 15 期；宋世琼：《广西瑶民生活的写实》，《农村经济》1935 年第 2 卷第 10 期；江应梁：《广东猺人之史的考察》，《新亚细亚》1936 年第 12 卷第 6 期；张景良：《八排猺记谈》，《风俗》1937 年第 2 卷第 17～24 期；刘策奇：《猺俗简闻》，《北京大学研究所国学门月刊》1937 年第 2 卷第 17～24 期；陈之亮：《东陇猺之礼俗与传说》，《说文月刊》1941 年第 3 卷 2～3 期；李康强：《广东乐昌猺山采集纪行》，《学生之友》1941 年第 3 卷第 4～5 期；楼同茂：《广西猺山猺人之社会》，《中国农民》1942 年第 2 卷第 5 期；杨成志：《粤北乳源猺人调查报告导言》，《民俗》1943 年第 2 卷第 1～2 期；胡耐安：《粤所猺所残遗的古惯俗》，《旅行杂志》1943 年第 17 卷第 1 期；黄灼耀，褐毓枢：《猺人的耍歌堂节》，《风物志集刊》1944 年第 1 期；路伟良：《桂北黔南苗猺各族的经济生活》，《旅行杂志》1944 年第 18 卷第 5 期；陈世雄：《广西大藤瑶山的妇女生活》，《妇女月刊》1944 年第 4 卷第 2 期，等等。

③ 刘宾一：《兴全灌龙各县瑶叛与剿抚经过》，《广西第七军年刊》，1933 年。

在 20 世纪 50 年代前属广东，后划归广西）等。1956 年 8 月，全国人大民族委员会主持成立少数民族社会历史调查组，在全国开展少数民族社会历史调查工作。到 20 世纪 60 年代初结束，这些材料被编写和整理成《瑶族简史》《瑶语简志》《广西瑶族社会历史调查》等。这些社会历史调查，对瑶族社会组织的调查和考察较为深入，其中收录了大量第一手的访谈资料，为后人研究提供了便利。

20 世纪 80 年代以来，随着国家民族政策的落实，学术研究环境得到大大改善，有关瑶族的研究成果不断涌现。社会组织是瑶族的重要组成部分，因此这部分的研究也日益受到学术界的关注。一大批有质量的论文、专著面世，丰富了瑶族社会组织的研究。韩肇明、陈克进的《瑶族原始社会残余试析》；① 韩肇明的《论瑶族农村公社》；② 李维信的《大瑶山的石牌制度》；③ 周光大的《瑶族解放前的社会经济形态》；④ 玉时阶的《唐宋羁縻制度对瑶族社会历史发展的影响》；⑤ 覃茂福的《瑶族"密诺"组织初探》；⑥ 张有隽的《瑶族传统文化变迁论》；⑦ 张冠梓的《排瑶村落组织的结构分析》；⑧ 徐祖祥的《瑶族文化史》；⑨ 玉时阶的《白裤瑶社会》；⑩ 朱荣、毛殊凡等的《中国白裤瑶》⑪ 等论文和著作都对瑶族传统社会组织做了出色介绍和论述。瑶族传统社会组织的研究伴随着瑶学的发展而不断前进。这一时期的瑶学研究在中国改革开放方针的指引下，各种问题的研究得到深入和发展，学者们互相争鸣，族源、迁徙、社会形态、文化特征及现实问题的讨论等均有突破，研究趋于组织化、制

---

① 韩肇明、陈克进：《瑶族原始社会残余试析》，《民族学研究》1981 年第 2 辑。
② 韩肇明：《论瑶族农村公社》，《云南社会科学》1984 年第 2 期。
③ 李维信：《大瑶山的石牌制度》，《西南民族历史研究集刊》1981 年第 2 集。
④ 周光大：《瑶族解放前的社会经济形态》，《思想战线》1982 年第 3 期。
⑤ 玉时阶：《唐宋羁縻制度对瑶族社会历史发展的影响》，《广西民族学院学报》1984 年第 1 期。
⑥ 覃茂福：《瑶族"密诺"组织初探》，《中南民族学院学报》1985 年第 2 期。
⑦ 张有隽：《瑶族传统文化变迁论》，广西民族出版社，1992。
⑧ 张冠梓：《排瑶村落组织的结构分析》，《贵州民族研究》1996 年第 3 期。
⑨ 徐祖祥：《瑶族文化史》，云南民族出版社，2001。
⑩ 玉时阶：《白裤瑶社会》，广西人民出版社，1989。
⑪ 朱荣、毛殊凡：《中国白裤瑶》，广西民族出版社，1992。

度化。

如高其才从法学角度出发，在研究瑶族习惯法时，对瑶族的各种社会组织做了考察；[①] 曾思平对岭南地区瑶族习惯法进行了探索。[②] 近年由广西瑶学学会组织编写出版的中国第一部瑶族通史著作对瑶族历史发展方面做了系统的论述，该书对瑶族的瑶老制、石牌制、油锅制等的发展和演变进行了阐述。[③]

20 世纪 70 年代以来，国外学者逐渐对瑶族历史文化进行研究，日本、苏联、法国等国学者主要考察了瑶族的历史源流等问题。[④] 日本东京大学《东洋文化研究所纪要》第 94 册（1984 年）发表了胡起望的《大瑶山盘瑶的社会组织》；日本《社会人类学》第 2 卷第 2 号发表竹村卓二（日本）的《关于瑶族社会组织的二、三特征——以广西花蓝瑶的家庭和婚姻为中心》；广西民族出版社 1997 年出版《瑶学研究》发表毕加辛（美国）、毕洁莲（美国）的《瑶族社区的扶贫救困与现代化建设——扶贫与发展的关系及民间组织在瑶族社区扶助现代化建设的作用》等。这些论著对瑶族社会组织的研究无疑起到了一定的推动作用。近年来，国外学者对瑶族的研究仍关注的是其文化。[⑤]

（3）对苗族社会组织的研究

"依直"是苗族特有的社会组织和规范约法，在该民族的生存、繁衍

① 高其才的论著主要有《中国少数民族习惯法研究》，清华大学出版社，2003；《瑶族习惯法特点初探》，《比较法研究》2006 年第 3 期；《现代化进程中的瑶族"做社"活动——以广西金秀郎庞为例》，《民族研究》2007 年第 2 期；《瑶族刑事处罚习惯法初探》，《山东大学学报》（哲学社会科学版）2007 年第 4 期，等等。
② 曾思平：《清代以来岭南地区瑶族习惯法初探》，暨南大学硕士学位论文，2002。
③ 奉恒高主编《瑶族通史》（上中下），民族出版社，2007。
④ 〔日〕白鸟芳郎的《评皇券牒上所见的盘瓠传说和瑶族的十八神像》（日本《上智史学》1972 年第 17 号）、〔日〕白鸟芳郎的《东南亚山地民族志——瑶族及其相邻各族》（日本东京讲谈社 1978 年出版）、〔苏联〕P. Ф. 伊茨的《东亚南部民族史》（四川民族出版社 1981 年出版）、〔法国〕雅克·勒莫瓦纳的《盘瓠是否盘古》（《中央民族学院学报》1989 年第 2 期）、〔日〕冢田诚之的《广西壮、瑶族与汉族政治及文化关系的对比研究》（《广西民族研究》1991 年第 3 期）。
⑤ 如日本学者竹村卓二利用社会学和民族学方法，考察了过山瑶的家族生活、价值体系、命名法、起源等。〔日〕竹村卓二著，金少萍、朱桂昌译《瑶族的历史和文化：华南、东南亚山地民族的社会人类学研究》，民族出版社，2003。

和发展过程中起着重要的作用，近现代仍然存在。① 白正骝考察了融水苗族的"依直"，认为该种组织所制定的规约在当地具有神圣不可违犯的效力，近代后，这一组织在动员苗族民众反抗政府横征暴敛的斗争中起了一定作用，但后来逐渐为统治阶级所利用。②

（4）对侗族社会组织的研究

款组织是侗族历史上形成的一种民间社会组织，对侗族族内民众的行为进行约束。对这一社会组织的研究，学术界的成果较多。20 世纪 80 年代以来，学者逐渐对其有所考察。如雷广正等研究了款的组织特征和作用；③ 杨秀绿论述了侗款的产生、功能及其承传；④ 向零探讨了款的变迁过程；⑤ 张世册从法学的角度思考了款的法律思想及特征。⑥ 白正骝对近代广西侗族的款进行了探究，他认为，近代后，广西侗族款的组织形式、内容等发生了变化，新桂系执政后，在侗族地区推行保甲制度，款组织被破坏。⑦ 其他学者也对款的文化特征、组织特点、影响等进行了研究。⑧

21 世纪以后，学者对侗族款的研究逐渐细化，成果不断涌现。周世中等对贵州、广西等地侗族款组织的内涵、惩治手段、基本特点等做了一系列的研究，并分析了款的当代价值。⑨ 石开忠从民族学、文化人类学等角度对侗族款组织的成因、社会性质、结构、层次、联络方式及变迁

① "依直"是苗语汉字的音译，过去译为"埋岩"或"竖岩"，近来学人认为直接音译更确切。
② 白正骝：《"依直"与近代广西苗族社会》，《广西民族学院学报》（哲学社会科学版）1997 年第 3 期。
③ 雷广正、李知仁：《侗族地区"洞"、"款"的组织特征和作用》，《民族研究》1980 年第 5 期。
④ 杨秀绿：《侗款的产生、功能及其承传试探》，《中南民族学院学报》1988 年第 6 期。
⑤ 向零：《侗款乡规及其演变——对侗族社会组织形式功能及其演变的探讨》，《贵州民族研究》1989 年第 3 期。
⑥ 张世册：《侗族约法款的法律思想及其特征》，《民族论坛》1989 年第 4 期；张世册：《侗款文化》，《求索》1991 年第 2 期。
⑦ 白正骝：《款约与近代广西社会》，《广西师范学院学报》（哲学社会科学版）1997 年第 S1 期。
⑧ 杨昌嗣：《侗族社会的款组织及特点》，《民族研究》1990 年第 4 期；吴浩、邓敏文：《侗族"约法款"对现实生活的影响》，《贵州民族研究》1993 年第 1 期，等等。
⑨ 杨和能、周世中：《略论侗族款约的当代价值——黔桂瑶族、侗族习惯法系列调研之五》，《广西社会科学》2006 年第 10 期；周世中：《论瑶族石牌的性质及其现实影响——黔桂瑶族侗族习惯法系列调研之四》，《河北法学》2006 年第 11 期。

等进行了研究。①

从已有的研究而言,广西少数民族社会组织研究体现了以下特点:
①研究的不平衡。目前的研究多集中于壮族和瑶族,对于其他民族的研究关注不多。②更多地从民族自身发展的历程考察一个民族文化生活的变迁。③现有的民族社会组织研究多倾向于从功能主义的视角,探讨传统社会组织的特征和功能,而对社会组织在民族、国家的进程中和国家在场背景下的变迁和冲突的研究较少,这给本课题的研究留下了学术空间。

2. 新桂系政府行为和民族政策的研究

针对新桂系政府体制的研究,在 20 世纪 30、40 年代,当时新桂系的幕僚集团和一些"御用"文人为了鼓吹新桂系当时的"三自三寓"政策和新桂系的执政理念,曾经就新桂系的县制和乡村"三位一体"制等行政制度进行研究。具体有邱昌渭的《广西县政》,② 亢真化的《广西的三位一体制》③《村街民大会与地方自治》④《战时基层政治建设》⑤,梁上燕的《广西民团的演进》等。⑥ 这些著作的特点是通俗易懂,其主要目的是加强人民对新桂系集团所推行的法令、措施的认识。

新中国成立后有关新桂系的研究,研究者整理、编辑出版了大量的史料,如文史资料和重要人物的回忆录、口述材料等。其中较有价值的包括政协广西文史资料委员会编辑出版的《新桂系纪实》三卷本,⑦李宗仁口述、唐德刚撰写的《李宗仁回忆录》,⑧苏志荣等整理编辑的《白崇禧回忆录》,⑨黄绍竑的《黄绍竑回忆录》,⑩ 程思远的《政

① 石开忠:《侗族款组织的文化人类学阐释》,中央民族大学博士学位论文,2007;石开忠:《侗族款组织及变迁研究》,民族出版社,2009。
② 邱昌渭:《广西县政》,桂林文化供应站,1941。
③ 亢真化:《广西的三位一体制》,民团周刊社,1938。
④ 亢真化:《村街民大会与地方自治》,民团周刊社,1939。
⑤ 亢真化:《战时基层政治建设》,民团周刊社,1938。
⑥ 梁上燕:《广西民团的演进》,民团周刊社,1938。
⑦ 广西政协文史资料委员会编《新桂系纪实》,广西壮族自治区新闻出版局,1990。
⑧ 李宗仁口述、唐德刚撰《李宗仁回忆录》,广西师范大学出版社,2005。
⑨ 苏志荣等整理编辑《白崇禧回忆录》,解放军出版社,1987。
⑩ 黄绍竑:《黄绍竑回忆录》,广西人民出版社,1991。

坛回忆》①等，此外还有在港台出版的《白崇禧先生访问录》②、黄旭初的《八桂忆往录》③、《李品仙回忆录》等。④

在研究成果上，台湾学者朱浤源的《从变乱到军省：广西初期的现代化》（1860～1937），主要探讨了广西早期现代化的历程。此书从政治现代化的角度涉及了新桂系政权的特点和政府的发展演变。他认为，在广西现代化进程中是"政治因素居于主导地位，'政治人'中的军人与富有军功的文人，才居于推动广西发展的枢纽地位"。⑤政治人与文化人的良性互动，是广西现代化进程得以启动的关键所在。

钟文典主编的《二十世纪三十年代的广西》一书，⑥把该时期广西历史放在当时的世界和国家大背景下进行研究，对20世纪30年代广西的政治、经济、军事和文化教育等四个方面的情形，进行了全面系统的描述与分析。在政治篇中，对20世纪30年代广西的政局演变、广西的地方行政与地方自治、共产党在广西革命根据地的发展等都有详细的探讨。在钟文典主编的另一部著作《广西通史》第三卷中，⑦对30年代政府的行政体制有进一步的研究，对广西当时的县政改革、公务员训练和乡村行政也有所论述。然而由于这两本书涉及这个时期广西的方方面面，对于政府行政机制，自然无法用太多篇幅来论述。

谭肇毅主编的《新桂系政权研究》，对新桂系政权进行考察和分析。该书以专题的形式，对新桂系政权的理论、政治、经济、文化、民族政策进行了描述与分析，初步勾勒了新桂系军阀政权的雏形。其中也有一些专题对新桂系民族观、民族政策的践行和影响以及民国时期的民族关系进行了研究和探讨。由于该书主要论述新桂系政权，因此其研究的重

① 程思远：《政坛回忆》，广西人民出版社，1983。
② 《白崇禧先生访问录》，台湾中研院近代史所，1989。
③ 黄旭初：《八桂忆往录》，连载发表在香港的《春秋》杂志，第53～217期。
④ 《李品仙回忆录》，台中中外图书出版社，1973。
⑤ 朱浤源：《从变乱到军省：广西初期的现代化》（1860～1937），台湾中研院近代史所，1995，序第5页。
⑥ 钟文典主编《二十世纪三十年代的广西》，广西师范大学出版社，1993。
⑦ 钟文典主编《广西通史》，广西人民出版社，1999。

点还是政府的各项政策措施。①

陈勤的《地方实力派与中国区域现代化进程——透视 20 世纪 30 年代的广西》对新桂系政府的行政体系进行了研究。② 他认为当时新桂系建立了强大的覆盖全面的行政网络，通过整饬地方组织，将基层政权下伸到县级以下的乡镇村街，形成了自上而下、统一集权的地方行政体系，为其统治奠定了坚实的基础。

此外，曹天忠所著的《教育与社会改造——雷沛鸿与近代广西教育及社会》侧重于探讨雷沛鸿对近代广西教育的作用和影响，也论述了基础教育与广西政治、经济、文化、军事等四大建设的关系。③莫济杰与美国学者陈福霖主编的《新桂系史》多方位、多角度系统地论述了新桂系崛起、发展和消亡的全过程。④杨乃良的博士论文《民国时期新桂系的经济建设（1925～1949）》主要对新桂系进行的各项经济建设做了比较深入的探讨。⑤张伟的博士论文《民团、学校、公所——1930年代新桂系对广西乡村社会的控制》主要探讨了新桂系的基层政权以及其对乡村社会控制的模式，初步勾勒了乡村政府的行政机制。⑥加拿大 UBC 大学教授戴安娜·拉里的《地区与国家：中国政治中的桂系（1925～1937）》全面介绍了新桂系崛起、成功和失败的过程；⑦E. W. Levich 的《国民党统治下的广西模式》则全面介绍了民国广西的政治、经济措施。⑧

---

① 谭肇毅主编《新桂系政权研究》，广西人民出版社，2010。
② 陈勤：《地方实力派与中国区域现代化进程——透视 20 世纪 30 年代的广西》，广西人民出版社，2002。
③ 曹天忠：《教育与社会改造——雷沛鸿与近代广西教育及社会》，天津古籍出版社，2004。
④ 莫济杰、〔美〕陈福霖主编《新桂系史》，广西人民出版社，1991。
⑤ 杨乃良：《民国时期新桂系的经济建设（1925～1949）》，华中师范大学博士学位论文，2001。
⑥ 张伟：《民团、学校、公所——1930 年代新桂系对广西乡村社会的控制》，中山大学博士学位论文，2006。
⑦ Lary, Diana. Region and natiao: *the Kwangsi Clique in Chinese poletics*, 1925～1937, Cambridge：Cambridge University Press，1974.
⑧ E. W. L. evich, *The Kwangsi Way in Kuominatang China*, 1931～1939, Armonk, New York：bM. E, Sharp, 1993.

论文方面，滕兰花的《20 世纪 30 年代广西的公务员管理机制》从政府的选官制度和激励制度方面论述了新桂系政府的人事制度，认为新桂系的用人制度促使政府行政廉洁高效，增强广西实力，维护了社会治安。[①] 杨乃良的《20 世纪 30 年代广西村治探悉》主要探讨了新桂系在广西实行的村治，认为其创造了"三位一体"制度，使广西建立了严密的农村基层组织。[②] 杨天保等人的《新桂系自治时期行政改革论析》探讨了新桂系政府行政改革的措施，认为新桂系的行政改革有两步：一是自上而下，包括行政层次的"扁平化"、编制新的行政区、推行"三位一体制"和培训行政（特别是县政）公务员；二是推行自下而上的村街民大会制度。[③] 谭肇毅在《评三十年代新桂系四大建设》一文中对新桂系的政治建设做了一定的探讨，认为当时的政治建设是高效的。[④] 其另一篇文章《20 世纪 30 年代新桂系治理乡村的模式》则对新桂系集团乡村建设的理论、模式以及乡村建设的效应进行了探讨。[⑤] 李玫姬的《30 年代广西省公务员制度述评》简要论述了广西公务员制度，总结了广西公务员体制的特点。[⑥] 刘文俊的《广西"新民团"及其在抗日战争中的作用》论述了民团的性质，探讨了民团对抗日战争做出的巨大贡献。[⑦]

对新桂系民族政策的研究，民国时期即已开始。"特种教育"起源于新桂系时期，是对广西少数民族教育的一种特称。此时期关于广西特种教育的专著有两部，分别是吴彦文编著的《广西之特种教育》（广西省政府教育厅编审室 1939 年版）及刘介所著《广西特种教育》（广西省政府编译委员会 1940 版）。前者对当时广西省内特种部族的状况、民国以前的广西少数民族教育和新桂系时期的特种教育进行了分析。后者也对广西省内特种部族的状况、民国以前的广西少数民族教育和新桂系时期的

---

① 滕兰花：《20 世纪 30 年代广西的公务员管理机制》，《广西社会科学》2006 年第 7 期。
② 杨乃良：《20 世纪 30 年代广西村治探悉》，《广西社会科学》2003 年第 6 期。
③ 杨天保：《新桂系自治时期行政改革论析》，《玉林师范学院学报》2004 年第 1 期。
④ 谭肇毅：《评三十年代新桂系四大建设》，《学术论坛》1998 年第 1 期。
⑤ 谭肇毅：《20 世纪 30 年代新桂系治理乡村的模式》，《广西社会科学》2006 年第 10 期。
⑥ 李玫姬：《30 年代广西省公务员制度述评》，《广西大学学报》1998 年第 1 期。
⑦ 刘文俊：《广西"新民团"及其在抗日战争中的作用》，《广西社会科学》2006 年第 12 期。

特种教育进行了分析，总结出了特种教育的收获和缺点，并提出了改进意见。

新中国成立后，新桂系颇有特色的民族政策逐渐受到学术界的关注。当前研究的焦点主要集中在以下几个方面：第一，对新桂系民族观的研究。谭肇毅认为，其民族观主要有两方面，一是广西的少数民族大部分已经"汉化"，尚未"汉化"的为"特种部族"。二是"特种部族"是"化外"的"蛮族"；① 付广华认为新桂系的民族观表现为"中华民族"观、"特种部族"观、"民族同化"观。②

第二，对新桂系民族政策的述评。谭肇毅认为，新桂系民族政策的反动性是明显的，消极影响是严重的。③ 杨军、黄艳探讨了新桂系时期民族同化政策的利弊及其同化思想对当前民族政策的启示。④ 付广华认为，新桂系民族政策的根本目的是实施民族同化、消弭阶级斗争，但也在一定程度上促进了少数民族地区社会文化事业的发展。⑤ 其另一篇文章还论述了新桂系政府镇压瑶民的善后政策，指出面对战争给桂北民众的生产生活带来的巨大破坏，新桂系当局的善后政策对瑶民的生产恢复具有很大的帮助，长远意义上也有利于瑶区社会经济文化事业的发展，有其值得大胆肯定的一面，但是善后政策背后隐藏的进行民族同化、消弭斗争的真实目的，则是我们要提出批判的。⑥

第三，对新桂系时期"特种部族教育"的研究。郭韶华、李晓明、梁彩花等人均对新桂系"特种部族教育的实施背景、简单过程和影响做了初步分析。⑦ 杨雪、付源对新桂系"特种部族教育"的特点进行了

① 谭肇毅：《民国时期新桂系民族政策述评》，《广西文史》2005 年第 1 期。
② 付广华：《民国时期新桂系政权的民族观述论》，《桂海论丛》2007 年第 6 期。
③ 谭肇毅：《民国时期新桂系民族政策述评》，《广西文史》2005 年第 1 期。
④ 杨军、黄艳：《新桂系民族政策利弊对当前民族政策制定的启示》，《南宁师范高等专科学校学报》2008 年 1 月。
⑤ 付广华：《论新桂系政权的民族同化政策》，《桂海论丛》2008 年 5 月。
⑥ 付广华：《新桂系对桂北瑶民起义的善后政策》，《桂海论丛》2007 年 1 月。
⑦ 郭韶华：《20 世纪 30 年代新桂系"特种部族"教育述评》，《长沙大学学报》2010 年 5 月；李晓明：《广西少数民族义务教育的启动——二十世纪三十年代新桂系"特种部族教育"》，《河池学院学报》2005 年第 1 期；梁彩花：《新桂系"特种部族教育"评析》，《广西民族大学学报》2006 年 2 月。

述评，① 同时也对当时民族教育的师资培训机构的运作和特点进行了研究。② 韦耀波、刘翠秀对新桂系教育政策实施的意义进行了探讨和述评。③ 李晓明认为，新桂系统治广西期间，在少数民族聚居地区实施"特种部族教育"，加强对苗、瑶等少数民族的统治、控制与开发，客观上促进了少数民族传统乡村社会组织的解体和重构。④

综上所述，当前现有成果主要将研究的目光集中在新桂系政权本身的发展状况、广西社会（汉、壮族地区）发展状况等方面，对新桂系集团在少数民族地区的活动关注不够，大多关注的是"特种部族教育"，相关专题研究成果还很少。因此，我们把目光移到少数民族地区，研究新桂系在那里推行的政策以及由此产生的反应。而对于少数民族的研究，研究者更多的是注重民族社会内部的历史、文化的特征及变迁等，对"政府力量"的介入的关注度不足，这正是本书努力的方向。

我们认为，社会组织的发展演变与一个民族的政治文化环境是密切关联的统一体，因此考察民族传统的社会组织在民族国家的发展进程中与现代行政权力的冲突互动过程，将外力的作用与民族自身发展历程结合起来综合考察民族地区的社会控制，能加深我们对民族地区社会发展稳定的学术分析和认识，对当前我们加强边疆地区的团结稳定、和谐发展的道路选择，有着重要的现实借鉴意义。

三　基本思路与分析框架

本课题将运用社会控制理论，在"国家—社会"关系的宏观视野下对1927～1949年广西地方政权在民族地区的秩序化努力过程进行考察，以国家一元化权力结构与少数民族传统权力结构的矛盾冲突为历史轴线，

① 杨雪、付源：《试析新桂系时期广西的特种教育》，《唐山师范学院学报》2010年7月。
② 杨雪、付源：《桂系时期广西特种教育师资训练所述评》，《凯里学院学报》2010年5月。
③ 韦耀波、刘翠秀：《新桂系广西特种部族教育实施评述》，《广西教育学院学报》2010年4月。
④ 李晓明：《新桂系"特族教育"与广西少数民族乡村社会组织的重构》，《南宁师范高等专科学校学报》2006年4月。

探讨国家权力下移对民族地区社会、文化、结构的影响，广西地方政府在短暂的时间内取得民族地区社会稳定，却又无法维持这种稳定的深层因素。并在此基础上将之作为 20 世纪中国现代国家建设的一个有机组成部分，予以一种历史性的解释，借此说明广西地方秩序建构的时代意义、社会历史后果以及对民族地区团结稳定的影响，也希望这一研究能够加深我们对于中国现代国家建设坎坷历程的理解和体悟。本书在充分掌握相关史料的基础上，坚持历史学的实证主义精神，并借鉴相关学科综合研究方法，梳理其内在的历史脉络，以期对新桂系政府在民族地区的社会控制体制、政府运作和社会控制能力进行系统的研究。主要内容包括以下几个方面。

第一章主要论述新桂系集团成立、施政的背景以及广西少数民族地区的社会结构及特点。主要探讨新桂系集团的民族观和民族政策。

第二章从行政区划变革、政府体制、教育、风俗等各个方面入手，构建新桂系政府在民族地区构建的新的社会秩序体制。重点研究在社会失范的基础上新秩序体制的路径、特点。

第三章主要论述新桂系政府的公务员制度在民族地区实施概况，关注民族地区的权力变化。以基层公务员制度在民族地区的构建为中心，探讨现代公务员制度的建立与各少数民族头人以及传统士绅间的关系。

第四章探讨桂系体制对民族地区发展稳定的影响。从民族传统组织与一元化行政权力的冲突演变、民族地区的社会稳定、经济发展和社会动员能力几个层面探讨新秩序对民族地区发展的影响。

第五章论述新的社会秩序与民族社会的互动影响。重点研究新秩序体制的构建带来的国家与民族地区社会关系之变化并对其进行全面总结和评价。从国家—社会的视角探讨权力结构的改变与民族地区社会稳定的关系。运用系统论的方法，对新的社会秩序的效度进行分析。从政府系统与社会系统的平衡互动视角考察新的社会秩序的强度、效度。从国家—社会的视阈研究、总结影响民族地区稳定的深层动因。

总之，本书试图以新桂系政府秩序构建为切入口，探讨政府体制和运作对政权的影响，并进而探讨 20 世纪 30 年代广西民族社会的发展和变迁，剖析"模范省"背后的真实历史，并以此为个案，探讨政府和民族社会的制衡互动关系。

本书的资料来源于以下几大块：政府档案、年鉴、会议记录、政府工作报告、报刊、地方志、新中国成立后的资料汇编、调查、文史资料、回忆录、文集、论著。民国时期新桂系集团为了推进各项建设，不仅其领导人针对广西建设提出了种种设想，发表了大量演说，还组织文人编写了大量通俗易懂的书刊，如基层建设丛刊、民团丛刊等，以加强民众对政府推行的法令、政策、措施的认识。这些资料为笔者的研究提供了大量的素材。本书所采用的资料毕竟还是以官方资料为主，因此所研究的历史只能尽量如实记录当时政府文献资料中所反映的部分真实。笔者在充分利用官方资料的基础上，结合回忆录、游记和报刊资料，力图对这段历史中的政府运作进行分析、解读。

本书获得了国家社科基金重大特别委托项目西南边疆历史与现状综合研究项目的支助。在项目完成过程中，项目组成员陈峥、李辉善、刘翠秀、彭臣帅、杨森清完成了本书个别章节的纂写和部分资料的收集工作。在此对他们的辛勤付出一并致以衷心的感谢。

第一章

新桂系统治的建立与民族观

1924年夏，在与以陆荣廷为首的旧桂系的角逐中，以李宗仁、黄绍竑、白崇禧、黄旭初等为首的新桂系集团初步形成。该集团从此积极整军练武，到1925年春，在粤军李济深军队的支援下，仅以一万余人之众，消灭了沈鸿英所部两万余人，占领桂东和桂北，后又击败了犯桂的滇军唐继尧部约五万人并驱逐其出境，统一了广西。新桂系从此取代了旧桂系，开始在广西主政。

第一节　新桂系统治的建立

1925年，李宗仁、白崇禧、黄绍竑肃清了沈鸿英势力，统一了广西，广西开始进入新桂系统治时期。在新桂系建立自己的政权之际，旧桂系留给他们的是一个千疮百孔的烂摊子，城乡破败，经济凋敝，百姓贫困，社会混乱。面对这种局面，新桂系集团一面改编军队参加北伐，一面整理省政，安定社会。在建设地方社会过程中，他们最先进行的是整顿全省行政、统一政令、进行政府改革、推行新政。

一　李白黄主政广西

为了稳固对广西的统治并谋求更大的发展，李宗仁、黄绍竑、白崇禧、黄旭初等新桂系首领均先后参加了中国国民党。1926年3月，更顺应时势实现了两广的统一。① 作为地方实力派，新桂系首先归顺广州国

---

① 中国第二历史档案馆编《中华民国史档案资料汇编》第4辑（下），江苏古籍出版社，1986，第908～911页。

民政府，在广州国民政府和国民党内可谓捷足先登，在党内占据了比其他地方实力派更有利的地位，由此得以保持广西的"半独立"状态。

1926 年 7 月，被编为国民革命军第七军的广西军队由李宗仁统率参加北伐。在北伐中，第四军与第七军战斗力最强，分别被誉为"铁军"和"钢军"，是善打恶仗、硬仗的主力部队。因李宗仁和时任北伐军副总参谋长兼东路军前敌总指挥的白崇禧都颇有战功，并一路大量收编北洋军残部，新桂系的军事实力猛增。1927 年 4 月，新桂系附和蒋介石"清党"反共，为南京国民政府的成立出了大力。8 月，新桂系又与蒋介石手下的大将何应钦等联手逼迫蒋氏下野，使自己一时成了实际主控南京国民政府的重要角色之一。①

此后，新桂系更通过"西征讨唐"和"二次北伐"，将自身势力扩展到南起镇南关北至山海关的广大地域。1928 年春，李宗仁升任国民革命军第四集团军总司令、武汉政治分会主席，成为与蒋介石、冯玉祥及阎锡山平起平坐的军政要人。"二次北伐"结束时，除由黄绍竑统领留守广西的军队外，新桂系下属的兵力已从北伐开始时的 1 个军、8 个团，急速扩充为 12 个军、62 个师，分驻于华北和两湖等地。这一时期，新桂系的军队打到北京，乃中国历史上破天荒之事。②

1929 年 3 月，蒋桂战争爆发。不到两个月，新桂系原有 20 万兵力的第四集团军就烟消云散。白崇禧逃亡海外，李宗仁则去了香港。蒋桂战争的结局似乎宣告了盛极一时的新桂系集团顷刻瓦解。然而短短 3 个月后，政坛风云又裹挟着李、白、黄重返家园，再整旗鼓。1929 年 9 月底，蒋介石任命吕焕炎为广西省主席，杨腾辉为广西编遣主任。但李、黄、白由于得到广西境内旧部的拥戴，相继回到广西，重新掌握了广西的军政大权。回到广西尚立足未稳的李、黄、白，开始重温以武力"平定广西，问鼎中原"的旧梦。

1930 年 4 月，中原大战爆发，这使新桂系又迎来一个摆脱困境的良

---

① 〔日〕古屋奎二《蒋总统秘录》，台湾中央日报社，1983，第 1486～1488 页。
② 《大公报》（天津）1928 年 6 月 4 日社评。

机。4月1日，李宗仁宣布就任"中华民国陆海空军"副总司令，决定联合冯玉祥、阎锡山反蒋，以巩固自己的统治。5月11日，新桂系集团和第四军张发奎部确定放弃广西，全力出湘，企图攻略武汉，与冯、阎会师中原。① 桂、张军入湘后，开始进展顺利，先后攻下衡阳和长沙。但李、白所率先头部队与黄绍竑统领的后续部队因事先通气不够而未能配合默契，以致贻误了战机。6月底7月初，桂、张军在衡阳被粤军击败，人员损失过半，狼狈溃退回桂。②

此时，完全凭借武力的新桂系，又一次处在了四面楚歌、内外交困的乱局之中。一是在中原大战中渐占上风的蒋介石，决意痛打"落水狗"，不容新桂系苟延残喘。他继续派湘军跟踪追击，指向桂林；龙云率领的滇军也奉命进入广西左右江地区；粤军余汉谋部则开到宾阳，攻占昆仑关，与滇军形成合攻南宁之势。蒋介石决心通过三面夹击，彻底歼灭新桂系。南宁被围两个多月，岌岌可危，桂军所占地盘仅存南宁一地和桂林、柳州、金城江之间的三角地带。二是新桂系核心领导层出现分裂迹象。面对军中要求清算自己贻误战机责任的压力，黄绍竑心灰意冷，遂萌生退意。1930年8月21日，黄在桂林发出"马电"，宣布辞去中华民国陆军第一方面军副总司令及广西省主席职务。③ 1930年冬，他更不顾李宗仁、白崇禧等人的挽留，脱离新桂系集团而投靠蒋介石。新桂系大将杨腾辉也与粤军密电往还，有倒戈之意。三是广大民众因久苦于战争而萌生不满乃至起而反抗的情势愈演愈烈。由邓小平等领导发动的百色起义和龙州起义所创建的左右江革命根据地以及红七、八军对新桂系的统治构成了极其严重的威胁。④

面对这样的严峻局面，新桂系竭尽全力苦苦挣扎。1931年2月下旬，蒋介石因"约法之争"而在南京突然幽禁胡汉民，引发广东地方实力派陈济棠起而反蒋，并进而导致两广的释嫌修好、团结反蒋。1931年5月，原据守广西境内的粤军全数撤回广东。在蒋胡决裂和宁粤对抗之际，风

---

① 程思远：《政坛回忆》，广西人民出版社，1983，第81～84页。
② 《一周间国内外大事述评》，《国闻周报》第7卷，第25期。
③ 黄绍竑《五十回忆》，岳麓书社，1999，第208～210页。
④ 钟文典主编《二十世纪三十年代的广西》，广西师范大学出版社，1993，第30～55页。

雨飘摇中的新桂系集团得以避免了被蒋介石颠覆的命运，恰似"柳暗花明又一村"。

二 以"三自政策"为基础的执政方针

1932 年，新桂系提出"三自政策"，作为其治理广西的基本原则，称之为"本省贯彻政治主张的具体策略"。① 何为"三自政策"？白崇禧说："三自政策"就是"自卫""自治""自给"。"自卫"就是"保障广西的建设，使广西一千二百八十万同胞都能安居乐业，不致受他人蹂躏"。"自治"就是实行"地方自治"，"一方面是地方人民有依照自己的需要来管理地方事情的权力"；"另一方面是地方人民应各尽义务，各献能力，来办理地方事情"。"自治"不是无为，也不是依赖，自治是要地方人民，均能拿出力量来办理各种公共的事业。"自给"就是"想满足自己"的需要，自己的生活，都要靠自己的生产来维持，不依靠别人的意思。② 对于"三自致策"的内涵，白崇禧概括为："自卫是以抵抗敌人军事的侵略，自治是以巩固我们下层政治的组织，造成真正民主政治的基础，自给是以抵抗外来的经济侵略。"③ 他强调，"自卫""自治""自给"三者中，"自卫"是最重要的，因为"如果不能自卫，便谈不上自给和自治。反过来说，自治和自给，对于自卫也有影响，自治和自给的能力增进一分，自卫的能力也就强一分"。④ 至于如何推行"三自政策"，黄旭初指出："要先从自卫政策到自治政策，再由自治政策到自给政策。"⑤ 即强调稳定社会秩序是各项建设之首。白崇禧提出实行"三自政策"的桥梁是"三寓政策"。也就是"寓兵于团""寓征于募""寓将于学"，即是训练民团，改征兵制为募兵制，同时在中等学校以上学生中开展军事训练，培养军事干部。"三自政策"与"三寓政策"合称"三自三寓"政策。"三自政策"体现出新桂系集团建设广西、巩固统治的决心。

① 《政治建设概论》，广西省政府教育厅编印，1937，第 95 页。
② 白崇禧：《三自三寓政策》，国民革命军第四集团军总政训处，1935，第 7 页。
③ 《白崇禧先生最近言论集》，创进月刊社，1936，第 154 页。
④ 白崇禧：《三自三寓政策》，国民革命军第四集团军总政训处，1935，第 8 页。
⑤ 黄旭初：《中国建设与广西建设》，桂林建设书店，1939，第 213 页。

新桂系集团始终认为自己的执政思想是孙中山三民主义的继承，孙中山"三民主义"的核心是民族、民权、民生，"三自政策"的核心则是自卫、自治、自给。他们在不同的场合多次强调"三民主义是三自政策的理想，三自政策是三民主义的实行"。

　　自卫政策来源于民族主义。民族主义，孙中山认为就是要建立民族独立国家。"国民党之民族主义，有两方面之意义，一则中华民族自求解放；二则中国境内各民族一律平等"。① 新桂系认为他们继承了孙中山的民族主义，提出了自卫政策。所谓"自卫"，"就是自己被人侵害，取正当防护的意思"，这是狭义的概念，这里的"自卫"不是个人的，而是整个民族、国家的自卫，自卫"是以国家民族作单位的"。② 新桂系集团的"自卫"，对外方面，要以民族的武力积极抵抗帝国主义的军事侵略，实行民族自卫；对内要组织民众的武力，消灭国内一切反革命的势力，实行革命政权的自卫。可见，"自卫"强调广西的自卫和中华民族的自卫相统一。但"自卫"的最本质应该是强化新桂系集团的实力，巩固其在广西的统治。至于自卫政策的实施方略，即寓兵于团、寓将于学、寓征于募。

　　"广西以前是土匪最多的地方，撇开远的不谈，就是民国十七八年间，也是遍地匪风，那时人民被烧杀掳掠，流离失所；商贾往来，难如登天，那种动乱的情景，实非语言所能形容。但自推行自卫政策以后，民众有了组织训练，跟着有了自卫的武力，于是省内的土匪，逐渐被肃清，现在民众得到安居乐业，享受太平，全省各处的治安，已经很稳固平定了。"③

　　新桂系的"自治"政策理论来源于三民主义的民权主义。新桂系政府认为的地方自治有两个含义："一方面是说，地方人民有依照自己的需要来管理地方事情的权利，不过他们的措施，不能与国家的需要冲突。另一方面就是说地方人民应各尽义务，各献能力，来办理地方事情，满

---

① 《孙中山全集》第 1 卷，中华书局，1981，第 284 页。
② 李宗仁等：《广西之建设》，广西建设研究会，1939，第 47 页。
③ 《白崇禧先生最近言论集》，创进月刊社，1936，第 22 页。

足公共需要。"① 言下之意为自己管理自己。受南京国民政府的委托，在法令允许的范围内，办理地方一切事宜，这就叫作自治。

然而新桂系认为，自民国以来，自治效果并不好，很多自治政策根本不能实行，最重要的原因是："县以下的广大民众，不关痛痒，照这样的做法，政治哪会好呢？"② 因此新桂系的自治策略首先是严密县以下的基层组织，就是合十户为一甲，合若干甲为村街，若干村街为乡镇，若干乡镇为区而至县，使整个的全体民众，都在这种区乡镇村街甲的组织系统下，能够"牵一发而动全身"，③ 使政府的命令能直达民间，也使人民与政府有紧密的联系。

新桂系认为，"过去谈的自治，一般都争着向繁荣的都市跑，视乡村为畏途，裹足不前。所以乡村里的一切事务，都落在土豪劣绅手上，这些土豪劣绅平日武断乡曲，鱼肉乡民，作奸犯科，根本无法推行自治。"④ 因此要训练一班朝气蓬勃的青年，回到乡村代替一班昏庸的老者，"行新政用新人"是必然的趋势。

必须有区、乡、村等地方自治的组织，和实行地方自治的基层人员，这就是新桂系自治思想的具体表现。具体工作的开展，新桂系认为筹备自治应办的事。第一要将全县户口调查清楚。因为调查户口是行政的基础，户口调查清楚了，才知道人口的确数。第二是测量土地。因为土地是物质生产应具备的首要条件，也是国家三大要素之一。显然，新桂系的"自治"政策则更注重从微观上加强政府对地方社会的控制和广西地方政权的巩固。

"自给"政策理论来源于三民主义的民生主义。新桂系的自给思想，就是"想满足自己的需要"。"自己的生活，都要靠自己的生产来维持，不依靠别人的意思。"⑤ "自给"政策包含两个方面含义：一是消极作用。"其消极作用为遏止外来经济之侵略，消灭对外贸易之入超，使出入口贸

---

① 白崇禧：《三自三寓政策》，国民革命军第四集团军总政训处，1935，第7页。
② 《白崇禧先生最近言论集》，创进月刊社，1936，第30页。
③ 《白崇禧先生最近言论集》，创进月刊社，1936，第35页。
④ 《白崇禧先生最近言论集》，创进月刊社，1936，第40页。
⑤ 李宗仁等：《广西之建设》，广西建设研究会，1939，第58页。

易得趋平衡。"① 另一方面是积极作用。"其积极作用为要求生产不断增加，促进社会经济趋于工业化以增进国民富力，使全国民众均能享受富裕生活"。② 正如黄旭初所说："自给政策的基本原则，在发展生产，挽救入超，改善人民的生活，乃国父民生主义的遗教。"③

因此政府积极倡导发展生产，最注重的是农业和矿业。农业方面，在各处遍设农业示范场，研究改良种子，改良农具，振兴水利，研究肥料等，以增加谷米的产量。其次提倡种桐，推广植棉。此外设立家畜保育所，预防牛瘟，又提倡公共牧畜，挖鱼塘，公耕等，都是为求增加农业生产的措施。矿业方面，政府大力投资，引进资金，大量开采。④

挽救入超，政府重在统制贸易。广西设立了省贸易处，旨在握住全省的商业大权，以壮大国家资本，防止私人垄断。一方面扶持省内的小商业，使他们能灵活周转，如代小商人直接运售本省的出口产品与必需品，免除中间买办阶级的剥削和操纵。设立贸易处后，各种大宗出口货，均加以严格的检验，如桐油须炼够若干度数，方准出口。这样就可以"保持国际市场上的信用，间接提高货价"。⑤ 可见，广西的自给政策，是从发展生产，统制贸易两方面双管齐下，这样的自给政策是适合广西当时经济状况的。

"三自政策"是 20 世纪 30 年代新桂系政府维护其在广西"独树一帜"政权的基本政策。新桂系打着"奉行孙中山的遗教"，"实行三民主义"的旗号，给"三自政策"戴上"革命"的光环。但孙中山论述三民主义是从整个国家发展、民族独立角度去进行的，而新桂系则更注重其广西政权的巩固，自身利益的维护。因此，"三自"政策理论体系的完整性、严密性及理论高度是不能与三民主义相提并论的。从新桂系提出"三自"政策的原因和最终目的来看，无不夹杂着新桂系的派系野心，处处从其集团利益出发，与三民主义理论有天壤之别。因此，只能说三自

---

① 广西省政府十年建设编撰委员会编印《桂政纪实》经济篇，1942，第 1 页。
② 广西省政府十年建设编撰委员会编印《桂政纪实》经济篇，1942，第 1 页。
③ 《广西之建设》，广西建设研究会，1939，第 58 页。
④ 广西省政府十年建设编撰委员会编印《桂政纪实》经济篇，1942，第 10 页。
⑤ 广西省政府十年建设编撰委员会编印《桂政纪实》经济篇，1942，第 25 页。

政策闪烁着三民主义思想的光辉。

无法否认，新桂系的"三自"政策的实质是他们割据广西，壮大自身实力的一种企图。新桂系集团希望通过"三自政策"的"自卫"以加强军事力量，巩固集团统治，能与蒋介石军队和共产党抗衡；通过"自治"建立独立的政治体系，防止蒋介石势力的渗透，保持广西独立的地位；通过"自给"实现经济自给自足，壮大自己的经济实力。概而言之，"三自政策"是新桂系在军阀混战失败后陷入困境的情况下提出来的，它和当时山西阎锡山的"自强救国"、山东韩复榘治鲁一样，是为了抵制蒋介石势力的控制和吞并，维护自己的割据政权。

三　《广西建设纲领》的出台与实施

为贯彻"三自政策"，1934年3月，新桂系召开广西党政军联席会议，以广西省政府的名义第一次公布建设总方案——《广西施政方针及进行计划》，希望能够借此"统一政令，澄清政风，整顿行政系统，安定社会秩序，恢复社会生产，重振广西教育，藉以排除障碍，奠定建设基础"。① 次年8月修订重新颁布，以《广西建设纲领》的形式公开发布，《广西建设纲领》内容分为两大部分。第一部分"基本认识"，第二部分分为政治、经济、军事、文化四大部分，时人称"四大建设"，全文27条。内容如下。

政治建设：第一条，整饬行政组织，制定本省需要法规，以收因地制宜之效。第二条，健全政治基层组织，推进建设事业。第三条，以现行民团制度，组织民众，训练民众，养成人民自卫、自治、自给能力，以树立真正民主政治之基础。第四条，发扬公正廉洁之政治风尚，肃清贪官污吏，制裁土豪劣绅，以保障人民生命财产及自由。第五条，推进卫生行政，发展人民保健事业。第六条，树立文官制度之基础，提高行政效能。第七条，实施公务人员训练，以增进其能力。第八条，厉行预算、审计、会计制度。

经济建设：第九条，推行社会政策，依法保障农工利益，消弭阶级

---

① 《桂政纪实》总论，广西省政府十年建设编撰委员会编印，1942，第19页。

斗争。第十条，革新旧式农业，振兴与农业相适应之工业，使工业、农业相互促进，以达到工业化为目的。第十一条，开拓土产市场，提倡国货，节制奢侈品之输入。第十二条，运用金融政策，扶植中小工商业企业。第十三条，适应民生需要，公营重要工商企业。第十四条，在不违反公众利益之原则下，奖励私人投资，开发各种实业。第十五条，积极开发本省矿产，并发展交通事业。第十六条，改进税捐制度，严禁苛捐杂税及一切有碍生产之征收。第十七条，用累进税率，征收所得税、营业税及遗产税。第十八条，整理土地，奖励垦荒，振兴水利，以发展农村经济。第十九条，推行合作事业，并兴办农民银行，举办平民借贷所及农村仓库，严禁一切高利贷。第二十条，整理各县仓储，调剂民食。

文化建设：第二十一条，提高民族意识，消灭阶级斗争，创造前进的民族文化。第二十二条，奖励科学技术之研究发明。第二十三条，根据政治经济军事之需要，确定教育方针。第二十四条，改良教育制度，使贫苦青年均有享受高等教育之机会。第二十五条，国民教育一律免费，并限期强迫普及。

军事建设：第二十六条，厉行寓兵于团，寓将于学政策。第二十七条，由寓征于募政策，达到国家义务兵役。①

《广西建设纲领》是新桂系对全部建设工作规定的原则，从政治、经济、文化、军事四个方面详细制定了广西建设的方案与具体措施，设计了广西未来的蓝图。此后各部门的建设工作，都是根据这一原则的规定而进行的。该纲领颁布后，"省内各种单行法令，就根据它来订定施行"。② 事实上，《广西建设纲领》不仅是广西的一部宪法，还是新桂系教育训练干部的教材和宣传蓝本。③ 广西的党政军公务人员，被要求不但在工作上、行动上要绝对遵守纲领的原则，就是在言论上、思想上也必须严格遵守纲领的原则。④

在 20 世纪 30 年代，新桂系所推行的广西建设，除制定《广西建设

---

① 《广西建设纲领》，广西区档案馆馆藏档案，档案号 L4 - 345 - 5。
② 黄旭初：《奉行三民主义的经验》，《桂林日报》1937 年 3 月 3 日。
③ 万仲文：《挂系见闻谈》，广西师范大学历史系、科研处编印，1983，第 80 页。
④ 黄旭初：《广西建设之理论与实施》，《广西文献》第 70 期，1995 年 10 月。

纲领》外，每年还制定省年度实施计划。在"十年建设"中，与旧桂系时代比较，是有所进步的。在政治上，它整顿了广西行政，实施了地方自治，推行了具有广西自己特色的乡村三位一体的乡村政权。在军事上，全省推行了民团建设，实施了寓兵于团，寓将于学政策，训练了全省18～45岁的壮丁，强化了新桂系在广西的政治、军事统治力量。在经济上，农业方面推广良种，建立农业试验场，进行了有限的农田水利建设。在工业方面创办了一些省营公用事业和少量的民用工业；对广西主要河流航道作了一些疏浚工作；初步搭起了广西公路交通网络。在贸易方面，入超有所减少；文化教育方面也有所发展，提高了全民的文化素质。从《广西建设纲领》我们看到，因地制宜地建立合理的行政组织是新桂系政府的一大任务，因而民国时期广西的行政体制的规划是以这个纲领为指导思想的。我们主要探讨的是在广大少数民族聚居区，新桂系集团如何践行这个纲领。

第二节　广西少数民族分布和特点

　　广西是一个多民族聚居的地区，在漫长的历史发展进程中，长期生活着壮族、汉族、瑶族、苗族、侗族、仡佬族、毛南族、回族、京族、彝族、水族12个民族。各民族在广西大地上栖息繁衍，在社会经济交往中既有冲突也有融合，形成了各民族相互交错，相互影响的地域特色，形成了各具特色的民族文化特点。

一　广西各民族的空间分布

　　广西的人口构成中，汉族人口最多，约占60%。汉族人口进入广西始于秦汉，而以明清两代最多。广西汉人的来源，有随军南征驻扎下来的，有因为躲避战乱迁徙而来的，也有历代统治当局组织的屯田、移民或流放边疆而落户的，或者经商垦荒进入的。他们到达广西的路径一般是自东向西，因此大多分布在桂东和桂东南地区。汉族人口以桂东最盛，桂中次之，桂西又次之。广西汉族称谓较多，如客家人、山湖广人、土拐人、伶人等，皆为广西汉人的称呼。

壮族，其人数约占广西总人口的 36%～37%，仅次于汉族，也是我国少数民族中人口最多的民族，由中国古代南方百越民族中的"西瓯""骆越"等部族发展而来。壮族大多分布在桂西、桂西南、桂西北和桂中地区，还有一些散居在广西其他地区各县。尤以桂西，如左右两江之区域人口最多，中部东部，以次疏减。壮族支系有侬人，有母老，有芮人，有黑衣，有仲家，花衣短裙，与苗瑶杂处，而异于苗瑶。

瑶族在广西人口不多，只有二十余万，但分布达 50 余县，桂东桂北及其腹部之山地，聚落尤多。秦汉时期，瑶族主要集中在湖南湘江、资江、沅江流域的中、下游和洞庭湖一带。后来，因躲避封建统治阶级的压迫，逐步向南迁徙。隋唐时期瑶族主要居住地在长沙、武陵、零陵、巴陵、桂阳、澧阳、熙平等郡，即湖南大部分和广西东北部、广东北部等地区。在广西主要分布在桂东北、桂西北地区，其中以桂平、武宣、象县、修仁、蒙山、平南最多，义宁、兴安、全县、灌阳、贺县、宜山、南丹、东兰、都安、平治、田东、万冈、凌云等县也较多。从宋代开始，瑶族逐渐从岭北向岭南迁徙，南宋时桂林附近的县已有大量的瑶人居住。元朝时瑶族已经分布于桂林地区、柳州地区和桂平、平南等桂中桂北地区。清代瑶族继续大批南迁广西，形成了"岭南无山不有瑶"的大杂居、小聚居的局面。瑶族大多居住在山区，如东部的大瑶山是瑶族主要的集散地，西部的都阳山也是瑶族集中区域，此外还有南部的十万大山也居住着大量的瑶族人。大分散，小集中是瑶族分布的特点，其文化之高低，随地不同，大致比苗为佳，比壮为逊。瑶族的称谓，有依其服装而为之名者，如白裤瑶、红头瑶；有依其居地而为之名者，如平地瑶、高山瑶；有依其职业而为之名者，如蓝靛瑶、茶山瑶；有依其工作情态而为之命名者，如背篓瑶；有依其进化程度而为之名者，如蛮瑶。不同的支系，其文化风俗亦不相同，广西解放后，这些不同支系我们都统称为瑶族。

苗族也是我国南方古老的少数民族之一，多由贵州迁来，故聚落所在，以桂北为多，分散于龙胜、三江、融县、西林、凌云、东兰、恩隆、上思、都安、南丹、罗城、宜北、上林、思乐、明江、镇边、田阳、西隆等县。其中最盛为三江、西隆，次则融县、罗城、龙胜、镇边，又次则南丹、河池、天峨、西林。其人口之总数，计约五六万。其种属之名称，有十余种，如偏苗、白苗、红苗、花苗、清水苗、草苗等。

侗族也是南方古老的少数民族，长期居住于溪峒，因此又称为"峒人""峒民"。侗族主要分布在龙胜、三江、义宁、罗城、融县等，分布特点是大聚居，小分散。

仫佬族和壮族一样也是广西的土著民族，源于中国古代百越族群。秦汉时称为"骆越""西瓯"部族，元代被称为"木娄苗""木娄"，明代以后称为"伶""姆佬""木佬"，解放后统称为仫佬族。[①] 传说他们的祖先来到现居住地定居时是操西南官话的，因与当地土著僚人妇女通婚，生下子女，生活习俗随当地土著人，语言也发生变化，称母亲为姆佬。元代，仫佬族逐渐从僚族分化出来，明代以罗城为中心，逐渐形成了一个新的人们共同体——仫佬族。主要分布在宜山、融县、柳城、析城、都安、柳江、河池等县。

毛南族也是广西少数民族之一，源于中国古代的百越族群。古籍中也有称之为"茅摊""茅南"的，主要分布在宜北、思恩、河池、南丹、宜山等县，经济生产和文化习俗与侗族和仫佬族类似。

京族在广西少数民族人口中人数较少，在整个中国南方也是人数最少的民族之一。京族被广西当地汉人称为"安南"。过去称为越族，1958年后改称京族。京族是明代因越南统治者的压迫和剥削，自正德年间（1506～1521）陆续从越南涂山等地迁到今防城港市江平镇巫头岛，后又逐渐向万尾、山心、谭吉3个岛上发展。主要分布在防城附近的钦县、东兴等地。由于京族人口较少，在新桂系的"特种部族"人口统计中，没有京族的记载。

在全国，回族是人口较多的少数民族之一，但在广西的人数较少。回族人宋代开始迁往广西，主要分布在桂林、柳州、南宁和灵川、永福、鹿寨等地。回族人在城市自成村街，在农村自成村落。彝族与回族一样，在广西人口较少，只有几千人。主要居住在西隆、那坡等县。彝族是古代西北羌族一支，明代进入广西，民国时期也被称为猓猓。由百越族群发展而来的水族也是广西的土著少数民族之一，人口也较

---

① 参见钟文典主编《广西通史》第三卷，广西人民出版社，1999，第624页。

少，到 1949 年也只有几千人，主要分布在南丹、宜山、融县、河池等县。

仡佬族也是广西一个历史悠久的少数民族，由云南、贵州迁徙而来。多居住在镇边（今属那坡）、西隆、西林等县，是广西少数民族中人口最少的，不满三千人。在西隆的仡佬族，称为黑仡佬；在镇边的称为白仡佬及花仡佬，各个支系的语言、风俗相差很大。仡佬族多与汉族、壮族、苗族聚居。据仡人云："百年以前，人口本愈万数，嗣被屠于苗，故顿减。"[①]

各民族在广西形成了相互杂居的传统，"高山瑶，矮山苗，壮侗住山槽"正是这种杂居的生动写照。如著名的大瑶山，是瑶族的聚居地。是指五岭山脉越城岭南行的一支脉。盘结在广西中部稍偏东北的一角，位于桂江和柳江之间。东接蒙山，北接荔浦，西邻象州、武宣，东南接平南、藤县，西南接桂平。全山的地形为山岳地带，除西北角的祐山乡、东面的忠良乡，东南角的罗香乡，西南角的大彰乡和互助乡有小部分平地外，其余都是高山深谷。大瑶山里不仅仅有瑶族人民，同时还居住着壮族和汉族人。但瑶族人口最多，1956 年统计，达 19426 人；汉族次之，共 7482 人；壮族最少，共 4129 人。[②] 各族各系聚居的村落，因环境局限，一般并不太大，因为人口过于集中则对生产不利，如果过于分散，对生存的防御又成问题。大体而言，茶山瑶、花篮瑶和坳瑶，过去都占有广阔的山场，开辟了水田，经济比较宽裕，住处就可以固定下来，故聚居程度较大，一般村落都在 20 户以上，间有多至 50 户的（如金秀、长二、孟村、罗运），甚至有个别地区，在纵横 2 里内就聚居 4 个村落，户口在 160 以上。至于盘瑶和山子瑶，过去都不占有山地，全靠批租山主的山地，刀耕火种，不施肥，广种薄收；一到耕地肥力消失，便弃之而去。因此住所不固定，村落住户也不多，一般在 10 户左右，尤以 10 户以下为多。壮族一般都聚居在平原地区，其中平原地区的村落户口多在 30 户以上，在山区里的户数很少。汉族大都与其他民族杂居，仅在瑶山边

① 吴彦文：《广西之特种教育》，广西教育厅编审室新编广西教育丛书之四，1939，第 3 页。
② 广西壮族自治区编辑组：《广西瑶族社会历史调查》第 1 册，广西民族出版社，1984，第 221 页。

缘与汉区接近的地区，才有少数汉村，但人口不多，一般都在 10 户左右。

广西少数民族聚居区，其实都是多民族杂居。如平等公社是桂林龙胜北部侗族聚居的地区，除侗族以外，还居住有少部分瑶、苗、汉、黎等少数民族。根据建国初期的统计，各族户数人口情况如下表。

表 1 -1　平等公社各族户数统计

族别	瑶族	苗族	侗族	黎族	汉族	合计
户数（户）	3	5	679	9	32	728

资料来源：广西壮族自治区编辑组：《广西侗族社会历史调查》，广西民族出版社，1987，第 215 页。

河池环江县为壮族聚居区，但也是一个多民族住居的县份，壮族占 80%，毛难族占 10%，其余为苗族、瑶族和侗族。毛难族聚居在环江县二、四两区（现为水源乡、下南乡），形成一片相连的聚居区。目前毛难族聚居于水源乡，少部分杂居于启乐乡，人口约有 972 户，4908 人，占该区总人口 19%。

表 1 -2　环江县各族户数人口统计

族别	户数（户）	人口（人）	占全县人口（%）
壮	32247	135575	80
毛 难	3649	16753	10
苗	245	1011	2
瑶	140	537	2
侗	5	20	2
合 计	36286	153896	96

资料来源：广西壮族自治区编辑组：《广西仫佬族毛难族社会历史调查》，广西民族出版社，1987，第 91 页。

各民族在长期的历史进程中交往频繁，互通有无，相互通婚，实现文化融合和民族融合，在广西形成了各民族"大杂居，小聚居"的地域特色。

二 民国时期广西少数民族地区的特点

各民族在长期的历史发展中形成了自己独特的语言文化、权力组织和民俗传统。在朝代更替和权力转移的过程中，各民族间有战争和冲突，但更多的是民族融合。民族文化和传统组织在封建王朝的控制网络中不断衍变，到了民国时期，广西各少数民族呈现以下特点。

1. 乡规民约主导下的传统社会

在中国传统社会中，国家对乡村社会的治理是一种二元权力结构，统治者对乡村事务的管理是间接的。国家权力通过自上而下的行政控制下达以及乡村社会成员自我管理即"自治"，两方面联合实现的。中国"自古皇权不下县"，正是真实的写照。因此乡村社会中的实际统治者是乡绅阶层。日本学者曾说过，古代中国乡村权力体系是"以通过二千石、令长这种郡县制实行地方统治为目的的官僚机构同三老、力田、父老这种具有地方自治共同体性质的机构之间的二元性结合"。① 血缘和地缘才是形成传统中国乡村社会主要的因素和维系纽带；以家长或族长为中心的家族制和宗法组织构成乡村社会的等级结构，而非乡里、保甲等国家构建的政治组织。因此，在传统中国，国家虽然在理论上拥有对乡村社会的一切支配权，但由于缺乏社会的经济与组织的基础，无法形成资源集中和提取的社会渠道，使得集权国家无法获得支持其超过合理欲望以上的能力。故这是一种"强权力弱能力"的治理模式。

因而传统的社会与国家之间并非是一种依附与控制的关系，而是"突出表现为家—国的一体性"，② 家庭是社会的生活单位和生产单位，社会的基本单元是若干家庭成员构成的家庭。"中国家庭是自成一体的小天地，是个微型的邦国。从前，社会单元是家庭而不是个人，家庭才是当地政治生活中负责的部分"。③ 多个独立家庭组成村落，其成员之间又以血缘、地缘为纽带紧密结合形成地域共同体，国家建立于其上。这种政

---

① 〔日〕西嶋定生：《中国经济史研究》，冯佐泽等译，农业出版社，1984，第79页。
② 徐勇：《非均衡的中国政治》，中国广播电视出版社，1992，第79页。
③ 〔美〕费正清：《美国与中国》，商务印书馆，1987，第17页。

治结构被称为"包容性政治"。① 而包容性政治体系得以运转的基础性资源主要不是经济、权力和组织，而是传统文化，文化的包容性决定了政治的包容性。传统文化为权威主义的政治架构和国家政权提供了合法性基础。政治权威的合法性建立在对儒家经典的理解之上，而非依据财富、地位、权力或特殊利益的表达，因此传统文化和意识形态成为一种整合力量，从而将国家与社会加以整合，使之同构、一体。② 在这种情况下，乡村社会具有较强的自主性，国家政权更多是对农村和农民实行一种宏观的间接控制，如制定法律、实施教化、编造户籍等，而不是将行政组织推进至乡村基层，使之网络化、官僚化。长期以来广西社会亦如此，各个民族杂居于广西的崇山峻岭中，对历朝历代封建统治者而言显得鞭长莫及。因此历史上的封建王朝都把广西各少数民族视为化外民族，实行"以夷制夷"的羁縻政策，维持着二元的统治结构。如广西邕宁县亭子墟，在民国以前并无行政组织，如遇人事纠纷，只有请本地德高望重且善于排解纠纷的人来解决。

　　清代以前，历朝历代封建统治者对于各民族杂居之地，也只是设置军事机构，立堡屯兵以镇压少数民族的反抗斗争。清末，政府对民族地区的社会控制呈现逐渐增强之态势，例如宣统元年（1909）右江道总镇李国治带兵镇压进入大瑶山的三点会之后，就在罗运村召集全瑶山七十二村长毛瑶头人和出力的群众开会，把瑶山分为四个团，即金秀、滴水、六巷、罗香四团，委派团总分别管治。随着分团之后，平乐府知府欧阳中鹄便拨发库银二千元，存修仁典当铺里生息作为基金，在金秀开办了一所小学，平南县也同样拨款在罗香和平林两处设立私塾，招入当地瑶民子弟接受同化教育。不仅瑶族地区如此，清末普遍实行团总制，在民族聚集地设立统治机构。这都表明清王朝的统治力量已逐步向瑶山伸展。尽管如此，整个大瑶山内，除开罗和岭祖两地外，既不列入清王朝的编户，也不向当时官府供役纳赋，正如当时瑶人所言"瑶还瑶，朝还朝"。团的统治机构，实际上没有发生多大作用。大瑶山仍然保留着相沿已久

---

　　① 王亚南：《中国官僚政治研究》，中国社会科学出版社，1981，第 41～43 页。

　　② 刘晔：《乡村中国的行政建设与中介领域的权力变迁》，《中国社会科学季刊》（香港）2000 年春季号，第 29 期。

的石牌组织。与瑶族一样，各少数民族的传统组织并没有因为团总机构的存在而改变，侗族的款组织和苗族的"埋岩"制度依然是维系民族内部生产生活、和谐共处的组织和规约。各民族内部的传统组织和权力结构没有发生根本的变化。

到了民国初期，在各民族内部社会控制系统中，起主要作用的还是乡规民约、传统权力组织和民族习惯法。正如梁治平先生所言："习惯法乃是这样一套地方性规范，它是在乡民长期的生活与劳作过程中逐渐形成；它被用来分配乡民之间的权利、义务，调整和解决了他们之间的利益冲突，并且主要在一套关系网络中被予以实施。"① 各个民族还有明文或不成文的规训和戒条，规范众人的行为，充当了历史上民族地区法律的功能。

例如瑶族的石牌制、侗族的款组织等都属于这种习惯法的范畴。它们都有相应的等同于现代意义的法律的规约和制度。石牌制是瑶族人民在历史上为求得生存发展和社会安定而建立的具有自卫自治性质的法律和社会组织。石牌的内容包罗万象，从普通的生产生活、家庭纠纷、邻里争执到外敌入侵以及商业贸易活动等，可谓瑶族生活的方方面面都有相应的规约。瑶族人民为了瑶族社会和谐共处，维护当地的生产和社会秩序，共同订立的石牌，要求共同遵守，故有"石牌大过天"的说法。而对于违反石牌的惩罚，从道光二年（1822）的《门头、下灵、黄桑三村石牌》开始，也有对应的处罚措施，主要有经济罚款、游村喊寨、逐出村寨、没收家产、棍棒毒打、绳索捆吊和死刑等。

从瑶族石牌制我们可以看到民国初期广西少数民族的传统组织和乡规民约具有具体性、包容性以及相应的强制性特点，从某种意义上而言，它一直充当了民族内部判决和惩处的杠杆作用，实现了各民族社会控制的功能。可以说，民国初期，各个民族的乡规民约在民族的运转和社会控制中起着主导性作用。规约强调民族内部的规范、团结和纪律，通过对危害社会及群体，损伤集体秩序的行为的惩罚来维系社会秩序和民族的团结。

---

① 梁治平：《清代习惯法：社会与国家》，中国政法大学出版社，1996，第1页。

2. 阶级分化明朗

1933 年，毛泽东在《怎样划分农村阶级》一文中将农村各阶层划分为地主、富农、中农、贫农、工人等。① 这一分类法为当时中共进行的土地革命提供了依据。1936 年，中华苏维埃共和国临时中央政府西北办事处通过了一个决议，其中谈到了划分农村阶级的问题，也将农村各阶级划分为地主、富农、中农、贫农、工人等。② 1948 年，中共中央委员会颁布的文件基本上遵循了 1933 年毛泽东划分农村阶级的方法，对农村阶级除了上述 5 种外，还增加了富裕中农、反动富农、破产地主、贫民、知识分子、游民无产者、宗教职业者等。③ 新中国建立后，中央人民政府政务院于 1950 年通过了《关于划分农村阶级成分的决定》，将农村阶级划分为地主、富农、中农、贫农、工人、富裕中农、反动富农、破产地主、知识分子、游民、宗教职业者、地主富农兼工商业者等。④ 这样的阶级划分，同样适合广西各民族聚居部落。由于生产力的发展和私有制的产生，打破了各民族内部原始的家庭式社会组织，随着财富的分化，阶级分化明显，地主阶级开始在民族内部产生。

在传统组织内部，是民族自治式的管理方式。民族内部成员平等，各民族推选德高望重的头人作为本民族的领导者和协调者。然而，在长久的历史演变中，随着生产力的提高，封建土地占有制也在发展，各民族内部的成员也在发生阶级分化。这些曾经德高望重的头人领袖逐渐从村社的族长渐渐蜕化成民族内部的统治者和剥削阶级。

如毛难族村屯内，昔日有维持村内社会秩序、调解民间纠纷以及处理村内大事的村老，具有原始的民主性质。到了民国时期，这些村老虽然沿留下来，但已变质。毛难地区被称为"中南三老"的头人谭省、谭济、谭人瑞，以及后来的谭衍枢、谭炜等，无一不是权倾一时的豪绅。他们利用传统的"隆款"组织，竭力加强他们的封建统治。

---

① 《毛泽东选集》第 1 卷，第 127～129 页，人民出版社，1991。

② 陈翰笙等编《解放前的中国农村》第 1 辑，第 59～61 页，中国展望出版社，1985。

③ 陈翰笙等编《解放前的中国农村》第 1 辑，第 77～87 页，中国展望出版社，1985。

④ 《中央人民政府政务院关于划分农村阶级成分的决定》，载广西省人民政府办公厅编《广西政报》第 6 期，1950 年 8 月 20 日印。

至清代中叶，官府对毛难山区的统治还不算强，主要依靠本地的统治阶级作为他们的代理人。毛难族的上层分子，有的很早就投靠了官府，入学读书，做官，回乡后包揽诉讼，掌握特权，横行乡里，形成较强的地方封建势力。

各民族内部传统的村公产到了民国初期都被乡老掌握。毛难族的谷仓由谭省把持，被其肆无忌惮地取用，将村民公有的数千斤粮食，熬酒自用，还取这些粮食喂自己的十几头猪，数十只鸡鸭，经常大吃大喝，村民对之敢怒而不敢言。谁若反对，就要大祸临头。上义屯农民谭继业，曾受雇为烟商挑担，事为谭省知道，便借机以犯罪之名而没收其房地财产，逼得谭继业到处躲藏，无家可归。

村民发生诉讼而请乡老断案者，要杀猪备酒，宴请"三老"。经断案后，从负方赔偿款中，抽出部分给"三老"作酬劳。如北甫屯谭妈鸾，因败诉而交出一块约 100 把稻谷的田（一亩多），被谭省多占，无处伸冤。下社屯一个杀妻的凶手，败诉被罚，将一块 55 把的稻谷田及 85 元东毫偿给女方娘家。但女方实得 22 元东毫，其余均被谭省侵为己有。上丈村谭凤山被判与其妻离婚，谭省便把该女嫁给谭英计，收回全部聘金归己。农民谭汉凤之父杀一头猪，也被诬蔑为杀九头猪漏税，被苛罚补款，追缴给谭省。所有发生诉讼而被罚者，若交纳不出，就被迫到乡老家中做工偿付。①

龙胜龙脊的壮族头人为了诈取钱财，在管理民族日常事务时经常无事生小事，小事变大事，到处刁唆，引起纠纷，而从中渔利。例如清光绪八年，灵川县翁江有一个人买得一块山场，他开辟为水田。在场内有一个坟，早已无人祭扫，那人便将这坟铲去。后来龙喉寨头人廖桂华得知，便借此机会进行敲诈，冒认是这坟的主人，说那人斩断了他的龙脉，要负责保证他家今后人畜平安，五谷兴旺。那人无计可想，又怕引起更大灾祸，只好给他 60 吊钱了事。又如光绪年间，马塘村人许长富的妻子和她叔叔许长荣，因争园地便请龙喉的头人廖桂元来调解。先是长荣去

---

① 广西壮族自治区编辑组：《广西仫佬族毛难族社会历史调查》，广西民族出版社，1987，第 38～40 页。

请，廖桂元说："你先给我三百文钱，再杀一只鸡请我吃一顿，明天我再给你解决。"结果吃完了鸡，拿了钱，就回去了。第二天长荣的嫂嫂又去请廖桂元，他说同样的话，一样吃了鸡，拿了钱，便叫他们叔嫂到园中去，将园地平分成两份，叫他们各取一份，并叮嘱他们各管各业，不要再生争端。说完便回去。正如许长荣后来苦笑着说，我们叔嫂都输了，只有廖桂元赢了。① 可见，民族内部的头人已由传统的、公正的、德高望重的民间领袖蜕变为巧取豪夺的统治阶级了。民族纠纷请头人调解，由最初的义务变成要准备酒肉招待，甚至有些人要杀猪宰羊，连续请吃数天才能请得动头人。而一些穷苦百姓因为不能款待或招待不周，就往往有理变成无理，甚至变成有罪，乃至倾家荡产。

3. 团练控制下的社会失范

晚清以后，来自西方的侵略愈演愈烈，人民起义此起彼伏，清政府不得已采取鼓励地方士绅兴办地主武装的办法，团练因而在广西地方社会应运而生，成为政府管理控制地方社会的辅助机构。如果说团练在地方形成基层权力机构在清末还是少数，那么到了民国则成为普遍现象了。民国初期广西战乱与匪患使社会失控，秩序解体，地方政府对乡村社会几乎没有管理和控制的能力，因此团练渐渐掌握了地方的军、政、财等实权，成为正式的地方基层权力机构。如在上林县高贤乡 1933 年改乡前，"地方基层政权的基层单位就是团，团设团总，后改为局董，团下分若干甲，甲有甲长，后改为保董，甲下面分若干排，排有排长"。② 宜北县虽然部分废除了团局的名称，但沿用了原来的团区。宜北县"民国十五年改为民团总局，总理全县事务，总局之下设立分局，左右两区各设一分局，分局设乡董、乡佐（乡董、乡佐即正副团总之变相），其区域仍沿用中左右区，区之下仍取段名，废除团局"。③ 其基层的行政架构变成了民团总局—分局—段，团实际上仍是行政区划的一个级别。阳朔县的行政

---

① 广西壮族自治区编辑组：《广西壮族社会历史调查》第 1 册，广西民族出版社，1984，第 97 页。

② 广西壮族自治区编辑组：《广西壮族社会历史调查》第 6 册，广西民族出版社，1985，第 95 页。

③ 民国《宜北县志》第 3 编，"政治·行政区划"。

区划变更颇具代表性，阳朔县“光绪以前全县划分为6乡13里”，“宣统二年，筹办地方自治，划分为8区，各设董、议事会一”，区下为团，全县共57团。“民国三年废董、议两会，改为保卫团总公所，五年改为团务总局，各团附属焉。八年改为区公所，二十年度改为乡制，初为20乡，次年改为14乡”，[①] 其乡即是在原来团的基础上而设立的。

由于战乱而造成乡村无政府状态，团渐渐掌握了控制、管理地方社会的权力，同时也使地方社会越来越脱离政府的管辖。广西平南县1931年以前各团局总揽辖区内军政、民政、财政大权，团局的权力非常大，它可以设卡收捐，独立收支；可以自建武装剿匪；可以开设公堂、押人罚款；可以决定地方公事，仲裁一切纠纷，“俨然小县政府”。[②] 宜山县洛东乡团总平时处理群众纠纷、维持地方秩序，如群众起来反抗时，则带领团勇去镇压。[③] 柳州的社团平日对民、刑事件的纠纷都管，管不了就报总团。总团的权力很大，对民众有生杀大权。梁镇海家是当时柳州的富户，其姑父是窑埠团总，据其回忆：“记得在民国十三年的六、七月间，高成忠任总团时，曾经枪毙过：一是赵土保，他居住东门外，因平日吹、赌、游手好闲，妻子与张某通奸。张曾做过高成忠属下的排长，当时在总团任事，仗着高的势力，经常恐吓赵土保要小心。赵忍无可忍，某夜在文惠路口与今曙光路交叉处，遇张独自走来，赵乘其不备，用五寸刀向张腹部猛戳，张受重伤，抢救无效死去。赵亦不逃，被总团拘捕，不几天由总团绑出鹧鸪枪毙。又一个是住在粤东会馆前地坪边的（忘其姓名）因偷了一条猪，被人告发，总团捕去，几天后枪毙了。这样的盗窃犯总团将他枪毙，群众无不为之惊愕”。[④]

可见，民国初年军阀混战连连，纷争不断，广大乡村社会处于长期的失控和动荡之中。政府权威的缺失和乡绅阶层的劣化，不仅使传

① 张岳灵修：《阳朔县志》，民国25年石印本，第34页。

② 铜阳子：《民国时期平南政治概要》，《平南文史资料》第5辑，政协平南县文史资料委员会，1987，第72页

③ 广西少数民族壮会历史调查组编《广西壮族自治区宜山县洛东乡壮族社会历史调查概况》第5册，中国科学院民族研究所，1965，第67页。

④ 梁镇海：《民十政变——记柳州及邻县见闻》，《柳州文史资料选辑》第2辑，政协柳州市文史资料委员会编，1983，第107~108页。

统的二元权力结构处于消解状态，而且广大乡村中亦没有具备足够权威性、合法性的统治权力。加之乡绅阶层劣化、农民匪化，以及秘密会社活动猖獗，各地都出现了政府对地方社会的失控，乡村社会秩序难以恢复。

第三节　新桂系集团的"特种部族"观

民族观是人们对民族和民族问题的看法和观点，是人们的世界观在民族和民族问题上的反映。民族观不同，对待和处理民族和民族问题的纲领、政策也不同。广西是一个经济、政治、文化发展相对完整的多民族聚居的区域社会，自古以来是多民族聚居的地区，汉族占广西人口的大多数，大部分分布于东南部和桂北，在历史上属于外来移民，各少数民族的族系分支更是繁多，分居于各地。如何认识境内各民族的族群差别，一直是新桂系政权必须面对的问题。

一　新桂系视阈中的"少数民族"

对新桂系民族观的研究，谭肇毅认为其民族观主要有两方面，一是广西的少数民族大部分已经"汉化"，尚未"汉化"的为"特种部族"。二是"特种部族"是"化外"的"蛮族"。① 付广华认为新桂系的民族观表现为"中华民族"观、"特种部族"观、"民族同化"观。② 新桂系视阈中的"少数民族"有何特征呢？笔者从以下几个方面来分析。

1. "蛮族"观

长期以来，我国封建政府对少数民族的称呼多带有歧视和侮辱性，如用"苗""夷""番""蛮""猺""獞""狪""獠""狑"等称谓，所用的字大都是虫兽鸟及反犬偏旁，这是过去历代统治者歧视少数民族的表现，这对新桂系影响很大。

新桂系认为这些民族还处在野蛮"化外"的状态。政治上，他们居

---

① 谭肇毅：《民国时期新桂系民族政策述评》，《广西文史》2005 年第 1 期。
② 付广华：《民国时期新桂系政权的民族观述论》，《桂海论丛》2007 年第 6 期。

住于深山穷谷，互不统属，不受政府统辖，"无所谓政治……无法律"。① 经济上，"刀耕火种"，"獉狉未化"，② "耕具复甚笨拙，技术亦极幼稚"。③ 文化上，"全无文化，亦不接受现代文化"，"知识简陋"，④ "知识薄弱，且富于守旧性，薄于进取心，故于数千年来无进化之可言"。⑤ 体质方面，"甚瘦癯，全广西之猺民，几无丰腴之体格"。⑥ 总之，新桂系认为他们是"劣等之猺族""蠢如鹿豕"。⑦ 从而认为"汉、蛮之间，迄今尚存一道不可逾越的鸿沟"，⑧ 得出了"瑶族生产技术幼稚，又无政治组织，其受制于汉族，自属天演之公例……民族遂不能不日即于衰亡之一途"⑨ 的结论。

这种认识，在新桂系领导人的言论和政府文告、通令及政府官员的文集中都有明显的反映。他们沿袭了历代封建政府对少数民族的歧视和侮辱性称呼，并没有将其看作真正的民族。刘锡蕃将对少数民族的调查命名为《岭表纪蛮》⑩ 编辑出版，书中将少数民族统称为"蛮"族，本身就表明了这种态度。尽管民国二十三年（1934）出版的《广西年鉴》对少数民族的称呼专门有规定："本篇猺改徭，狪獞犵猍均去犬旁。"⑪ 但仍有相当多人不能采用这一说法。民国 28 年（1939），教育厅官员吴彦文的《广西之特种教育》指出"省内特种部族的人口……以猺族为最多，

---

① 刘宾一：《兴、全、灌、龙各县猺变与剿抚经过》，广西壮族自治区编辑组编《广西瑶族社会历史调查》（四），民族出版社，2009，第 113 页。

② 吴彦文：《广西之特种教育》，广西省政府教育厅编审室，1939，第 7 页。

③ 张先辰：《广西经济地理》，桂林文化供应社，1941，第 31 页。

④ 广西壮族自治区编辑组编《广西瑶族社会历史调查》（四），民族出版社，2009，第 113 页。

⑤ 广西壮族自治区编辑组编《广西瑶族社会历史调查》（四），民族出版社，2009，第 114 页。

⑥ 广西壮族自治区编辑组编《广西瑶族社会历史调查》（四），民族出版社，2009，第 113 页。

⑦ 广西壮族自治区编辑组编《广西瑶族社会历史调查》（四），民族出版社，2009，第 112 ~ 113 页。

⑧ 吴彦文：《广西之特种教育》，广西省政府教育厅编审室，1939，第 7 页。

⑨ 广西民政厅编《绥靖兴全灌龙猺变始末》，见广西壮族自治区编辑组编《广西瑶族社会历史调查》（四），民族出版社，2009，第 98 页。

⑩ 刘锡蕃：《岭表纪蛮》，上海商务印书馆，1934。

⑪ 《广西年鉴》第 1 回，广西省政府统计处编印，1934，第 155 页。

苗、侗两族次之，侬、猓、狑生獞均少，统计约三十余万"。① 此处对少数民族的称呼仍有"犭"的歧视称谓，反映了新桂系一部分官员的民族观还是带有歧视性质的。

1939 年 8 月，国民政府颁布法令，规定禁止再用苗、夷、蛮、猓、獞等少数民族名称，概以其生长所在地人称呼。次月，广西省政府主席黄旭初发布通告："以后对于苗、夷、蛮、猓以及少数民族等名称，禁止滥用。"② 但这并不表明新桂系当局改变了对少数民族的歧视。

2. "特种部族"观

对广西的少数民族，新桂系当局不但了解甚少，而且认识也是模糊不清的，直到民国 23 年（1934）新桂系当局才把他们称作"原种民族"或"原始部族"。

对那些未开化的"化外""蛮族"，如瑶、苗、侗等少数民族，新桂系集团统一称之为"特种民族"。而所谓"特种民族"的概念，显然是民族不平等的概念。这与历代封建王朝视"夷蛮为禽兽，非我族类也"的民族观是差不多的。他们认为，历来各种文化对少数民族地区的输入，都是随军事征服而并至的，从前是蛮荒之地，一经征服，则教化兼施，随征的将士又留戍其地，故文化较低的民族就同化于文化较高的民族了。很明显，新桂系的这种民族理论，实际上是大汉族主义的强烈反映。

新桂系之所以将苗、瑶、侗等少数民族列为"特种部族"，不仅是因为他们人口少，更主要的是认为他们还处在野蛮"化外"的状态。这些少数民族，政治上，在深山大谷聚族而居，互不统属，不受政府统辖，"无所谓政治也""无异于封建时代以前之部落性质"。经济上，生产技术"愚笨""不知改良""一本数千年世代相传之生产技术而已"。文化上，"既无文化且无知识""富于守旧性，薄于进取心，于数千年来无进化之可言"。总之，无论是政治、经济、文化，还是社会生活方式等等，这些"特种部族"都还很"粗野""愚昧""冥顽""蠢如鹿豕"。③ 这种认识，

---

① 吴彦文：《广西之特种教育》，广西省政府教育厅编审室，1939，第 1 页。

② 《广西省政府训令奉令禁止滥用夷猺等名称》，1939 年 9 月，《广西通志·民俗志》，广西人民出版社，1992，第 431 页。

③ 刘宾一：《兴全灌龙各县瑶叛与剿抚经过》，《政训旬刊》1933 年第 22 期。

在新桂系领导人的言论和政府文告、通令中都有明显的反映。他们对"特种部族"的称谓都加上"犭"字旁。如瑶为"猺",侗为"狪",僮为"獞",倮为"猓",仡佬为"犵猺",等等。在新桂系看来,这些"特种部族"不过是会说话穿衣的兽类而已,并没有将其看作真正的民族。

3. 认为广西的少数民族大部分已经"汉化"

民国广西少数民族人口到底有多少? 新桂系当局对广西民族的种类、人口数量作过几次粗略的统计,但前后相差比较大。1933 年广西省统计局编辑的《广西年鉴》第一回称,全省除汉族之外,有瑶、苗、僮、倮等族,人口约 5 万~7 万。① 1935 年出版的《广西年鉴》第二回载,省内少数民族有僮、瑶、苗、侗、伶、倮等族,人口约 6 万。② 1946 年省政府统计处公布,全省人口 1466 万,其中"特种民族"63.9 万,占全省总人口的 4.36%。③ 1946 年出版的《广西年鉴》第三回统计,全省少数民族有僮、瑶、苗、侗、伶、倮等族,人口为 32.26 万。④ 新桂系当局的统计数字为何相差如此之大? 主要原因是历次的调查和统计中,除少数"生僮"外,新桂系都不把壮族视为少数民族。他们认为:"僮人之大部分虽仍操僮话,但能兼通汉语者极多。此族除少数生僮外,文化已完全与汉人同化融合。"⑤ "僮族……其中大半已与汉人同化。"⑥ "僮族大部分已与汉族同化,只有极少数还栖息在那深山幽谷之中,过着未开化的生活"。⑦ 因此新桂系认为壮族的大部分已与汉族"同化",尚未"同化"的为数不过几千人。

因此在新桂系集团的视阈里,少数民族仅为没有同化的边远蛮族,主要是苗族、瑶族等极少数,而瑶族又被视为少数民族的主体。而已被汉族同化的各民族都已不列入少数民族行列。

---

① 《广西年鉴》第 1 回,广西省政府统计处编印,1933,第 155 页。

② 《广西年鉴》第 2 回,广西省政府统计处编印,1935,第 161 页。

③ 广西统计局:《广西统计年报》,1946,第 25 页。

④ 《广西年鉴》第 3 回,广西省政府统计处编印,1946,第 195 页。

⑤ 张先辰:《广西经济地理》,桂林文化供应社,1941,第 30 页。

⑥ 《广西年鉴》第 2 回,广西省政府统计处编印,1935,第 115 页。

⑦ 莫一庸:《广西地理》,桂林文化供应社,1947,第 48 页。

新桂系的首领李宗仁、黄绍竑、黄旭初等都是汉族。白崇禧祖辈是回族，但他自己认为："在广西，像我的祖先从明太祖起，改姓白，多年来汉化了，所以在广西不应再用回族这名字。"① 这么一来，白崇禧就认为自己是汉族了。事实上广西回族与全国回族一样，其民族特征和民族意识依然存在，白崇禧的"广西回族汉化论"是缺乏科学根据的，站不住脚的。

在这种思想影响下，新桂系集团除承认汉、满、蒙、维、藏五族外，还承认在广西有瑶、侗、苗、水、毛难、倮倮、仡佬等民族，但不承认有壮、回、仫佬族存在，认为这些都是汉化了的或即将汉化的民族，与汉族已差不多。他们承认"广西古称百粤，为蛮荒之地"，承认现今的壮人讲壮话，有自己的语言、习俗。据1934年广西省政府农村经济调查报告：广西100个市县中，壮语分布占81个县。由此可知当局对壮人讲壮话，而且讲壮话的人口分布很广，是了解的。但何为"少数民族"，新桂系似乎有他们自己的另外一套标准。新桂系认为大部分壮族已经与汉"同化"，尚未"同化"的为数不过几千人。② 壮族"除言语不同外，已不能分别其种族为何如，谓为汉族亦无不可"。③ 新桂系政府仅把分布在义宁、龙胜、钟山、忻城、宜山、罗城，约1.8万多人的壮族人视为少数民族，把这些"残存"的壮人和瑶、苗、侗等一样看待，统统视作"特种民族"。据1934年对"特种民族"调查统计，总人口为32万余人。在统计栏目中，瑶、壮不分，壮族不作为一个民族单独统计，就是说在"特种民族"中壮族也消失了。他们认为"五千年来汉族在竞争中获胜，少数民族被排挤到边远的山区都是事实，但历史上的许多民族都被同化了，像壮族在广西已汉化了，他们不曾自称为壮人，与汉人无异"。④ 所以，他们就把壮族归在汉族之内了。

然而，事实上广西的少数民族不仅种类多，而且人口也多。壮族是

---

① 《白崇禧先生访问录》（下册），台湾中研院近代史研究所编印，1985，第631页。
② 《广西年鉴》第1回，广西省政府统计处编印，1933，第155页。
③ 广西省政府十年建设编委会编《桂政纪实》总论，1934，第9页。
④ 吴彦文编著《广西之特种教育》，广西省教育厅编审室，1939，第25页。

全国人口最多的少数民族，主要分布在广西，约五六百万。① 但是新桂系集团把大部分壮族已等同于汉族对待，只把少数处于大山深处的壮族等同于少数民族，认为壮族的大部分已与汉族"同化"，尚未"同化"的为数不过几千人。所以壮族理应是汉族。其"汉化"的主要依据，是壮族的服饰和某些生活习俗同汉族已无大的区别，"除言语不同外，已不能分别其种族为何如，谓为汉族亦无不可"。②这样，壮族不被认为是一个民族，只认为是讲壮话的汉人。不仅壮族，回族和一部分瑶族也被认为汉化了。上述统计都没有将回族列为少数民族，而归在汉族之内。壮族、回族等被认为已经汉化归入汉族，剩下的少数民族当然就不多了。

因此，新桂系把这些尚未与汉族"同化"的瑶、苗、侗及少数壮族等民族统称为"特种部族"。民国二十三年（1934），新桂系提出"特种部族"一词，广西省政府鉴于"本省苗瑶民族知识之低落，实省内文化之一大缺陷"，③ 故专设"特种部族教育"，自成体系，旨在少数民族居住的地区努力推行基础教育，以提高少数民族地区人们的基本文化素质和知识水平。但新桂系政权又认为，壮族已经基本与汉族同化，因此除了少数"生僮"外，新桂系不将壮族视为少数民族。因而"特种教育之设施，主要者为苗、徭教育"。④

总而言之，从新桂系对广西境内苗、瑶、侗、壮等少数民族的称呼及制定的政策可以看出，新桂系的民族观既模糊不清，又带有民族歧视性质。

民族融合是社会发展进程中一种大势所趋。广西壮族先民在长期的社会生产和生活中与汉族人民共同生产、通婚，进行文化交流，在日常社会生活中汉族先进的生产技术与壮族的刀耕火种慢慢地融合在一起，壮族人民对汉族的文化也同样会经历从排斥到接受再到仿照的过程，服饰、生活风俗和生产方式在长期的社会生产中会慢慢趋于同一。但是，

---

① 张先辰：《广西经济地理》，桂林文化供应社，1941，第30页。
② 广西省政府十年建设编纂委员会：《桂政纪实》（上册），1943，第9页。
③ 赖彦于主编《广西一览·教育》，第38页，1935年印行。
④ 赖彦于主编《广西一览·教育》，第38页，1935年印行。

如果因为这些生活方式的同一性，而抹杀壮族这个民族的存在，显然是不合理的。在民国时代的广西，新桂系集团正是为了追求大一统的"中华民族"，根据壮族与汉族生活生产的同一性和相似性，认为壮族就是汉族，这样显然把壮族的民族性给抹杀了，否认壮族作为少数民族的存在。

二 新桂系"特种部族"开化的背景

国家与地区局势对地方政府在本地的社会治理产生重要影响。新桂系主政广西后，广西省内外出现的局势变化，是新桂系集团加强对少数民族地区社会控制的重要时代背景。民族危机、少数民族起义、共产党在瑶族地区的活动等因素，在不同程度上影响了新桂系集团加强民族社会控制的举措。

1. 民族危机日深，各族应共赴国难

20 世纪 30、40 年代，中华民族的处境十分危急。正如时人所述，"'九·一八'事变以后，已完全暴露吾民族危机之日益急剧，吾民族存亡已决定于这最后一瞬的挣扎"。① "'九·一八'事件、上海战事、最近之华北问题，在日本机枪炮舰政策威胁下，一件件表演出来，政府一步步退让，国家土地丧失四分之一，如果继续下去，中华民族的灭亡，不过是时间的问题"。② 新桂系领导人多具有一定的爱国思想，面对列强的侵略，他们有强烈的危机意识，主张组织民众，训练民众，救亡图存。列强一方面加快侵略中国的步伐，一方面拼命扩军备战，"剑光闪闪，炮声隆隆，整个世界都陷于极度恐怖之中了"。③ 新桂系认为：第二次世界大战不可避免，中国必然卷入其中，为了在战争中处于主动地位，必须提前准备。

时人认为"历年来的'苗风'，和二十二年（1933）龙胜、兴安、灌阳几县的瑶变，都是很不幸的事实。现在省政府在筹划国防，以固边

① 国民革命第四集团军总政训处编印《新广西》，国民革命军第四集团军总政训处，1935，第 32 页。
② 黄熙祥：《国难中干训同学的责任》，《正路》1936 年第 2 期，第 79～81。
③ 粗鹿：《第二次世界大战什么时候爆发》，《正路》1936 年第 2 期，第 70～75 页。

疆的时候，对于这些落后的民族，教育他们，不仅要使他们不为外人利用，并且还要使他们积极地担负起捍卫祖国的使命"。① 此外，"苗瑶天性好战"，为救国御侮起见，应组织其进行军事训练"诱导苗（瑶）人械斗之陋俗，为国家民族生存而战"。② 黄旭初也认为瑶民勇敢善战，"从瑶民灭股匪和对抗军队两事已可看见。在旧籍中有'瑶俗轻死''能忍饥行斗''上下山险如飞'的记载，这些，他们仍保持着"。③ 新桂系集团为了增强兵力，巩固地盘和抵御外侮，苗瑶壮丁也就开始成为他们考虑训练的对象。

2. 少数民族起义的影响

民国时期，广西少数民族地区民众起义不断涌现。1922 年容县、三江，1924 年西隆，1927 年和 1928 年东兰等县，苗瑶相继"变乱"，④ 给广西当局造成了不小的压力。在第二次国内革命战争时期，居住在广西北部灌阳、全州、兴安、龙胜、灵川、永福等县山区的瑶族人民，由于长期受国民党地方政府、军阀和土豪劣绅的残酷压迫和剥削，生活苦不堪言。有压迫就有反抗，1932 年秋冬，居住在灌阳、全州、兴安三县毗连山区的瑶族在濒于绝境的情况下，首先聚众起义。起义迅速波及整个桂北各县，连湖南省沿边的永明、江华道县的瑶民也纷纷响应，终于在1933 年初形成大规模的桂北瑶民起义。参加起义的人民除瑶族外，还有一些壮、苗等族群众，声势十分浩大，给新桂系政府以沉重打击。⑤ 1933 年桂北五县瑶民暴动被镇压之后，新桂系更不能容忍在广西腹地还留有政府权力无法触及的政治空白点，于是势必要将其政治势力延伸到民族地区。

3. 共产党在少数民族地区的活动加强

20 世纪 20 年代第一次国共合作实现以后，中国共产党广西各级组织逐步建立和发展起来，并利用国共合作的有利条件，积极领导工农群众

---

① 杨永凡：《广西特种教育一瞥》，《申报周刊》1937 年第 2 期，第 145 页。

② 盛襄子：《湖南苗瑶问题考述》，《新亚细亚》1935 年 10 月第 5 期，第 11～23 页。

③ 黄旭初遗著《广西的瑶山》，《广西文献》2003 年第 101 期，第 11～27 页。

④ 蒙荫昭、梁全进主编《广西教育史》，广西人民出版社，1999，第 394～395 页。

⑤ 该书编写组：《中国少数民族革命史》，广西民族出版社，2000，第 584～585 页。

运动。其中左右江地区壮族和瑶族人民的革命斗争发展得最为迅猛。韦拔群和陈伯民等人一起，广泛组织农民协会，并于 1925 年 8 月 13 日建立东兰县第一届农民协会，成为广西建立的第一个县级农民协会。为了培养农民运动的骨干，韦拔群等人于同年 9 月开始，在东兰县五缘区北帝岩小学举办了三期农民运动讲习所，为右江地区壮族和瑶族聚居的东兰、凤山、百色、凌云、奉议、恩隆、思林、果德、都安、河池、南丹等县培养了 300 多名农民运动骨干，其中包括 40 多名妇女。东兰等地壮、瑶等族群众在韦拔群等人的领导下，积极建立和发展农民协会，组织农民自卫武装，反贪官，毁契约，抗捐税，和地主豪绅开展了争锋相对的斗争。代表地主豪绅利益的国民党地方当局感到莫大威胁，决议镇压轰轰烈烈的东兰农民运动。① 截至 1927 年春，壮族和瑶族聚居的东兰、凤山、河池、凌云、都安、恩隆、百色、奉议、恩林、果德、天保、镇结、那马等县都建立了县一级的农民协会，部分县建立了农民自卫军。

1927 年春夏之交，桂平新圩、平南鹏化和马练等地也纷纷成立农民协会，组织武装。这几个地方都是接近大瑶山的山区，轰轰烈烈的农民运动对瑶族也产生了很大的影响。在马练附近的罗香一带，也有很多瑶族农民参加了农会组织。离鹏化不远的罗运村，全村坳瑶农民，除少数外，都参加了农会组织。②

1929 年 10 月，邓小平、张云逸等人分别率领中共掌握的部队挺进左右江地区，后组建红军第七军、第八军，建立左右江革命根据地，更成为新桂系的心腹之患。中共领导的革命武装在全国其他地方的发展壮大，也使新桂系深感忧虑。③

为了加强对基层社会的控制，巩固其统治，早在 1928 年，国民党就动议实行保甲制度，当年 10 月，国民党第二届中央常务委员会 179 次会议通过的《下层工作纲要案》即议列保甲运动为七项全国性运动之一。

---

① 中国少数民族革命史编写组：《中国少数民族革命史》，广西民族出版社，2000，第 553 页。
② 广西壮族自治区编辑组：《广西瑶族社会历史调查》第 1 册，广西民族出版社，1984，第 91～92 页。
③ 刘文俊：《广西新民团研究（1930～1940）》，合肥工业大学出版社，2007，第 30 页。

而"剿灭"共产党的迫切需要则成为国民党推行保甲制度的直接动因。①
因此 20 世纪 30 年代初,新桂系政权也开始在广西推行保甲制度。

民族地区族人自治的自我封闭性及广西省内外局势的深刻变化,促
使新桂系集团考虑将长期处于"化外之域"的少数民族纳入治理格局之
中。他们采取的相关举措与其在汉族地区所推行的措施有很多相似之处,
但又深具独特性。其中,新桂系所持之民族观对其在民族地区的社会控
制策略有着重要的影响。

三 新桂系"特种部族"开化的原则

新桂系认为广西"特种部族"处荒蛮"化外"之地,无政治可言,
经济落后,文化低落,对其看法具有强烈的歧视色彩。如广西省政府在
公文中认为广西土著各族"知识浅陋,文化落后"。② 民政厅官员谢祖莘
认为:"瑶族生产技术幼稚,又无政治组织,其受制于汉人,自属天演之
公例……民族遂不能不日即衰亡之一途。"③ 教育厅官员吴彦文认为:"特
种部族的人民,目前仍过着'刀耕火种''猱猱未化'的原始生活。"④
"粗野""愚昧""冥顽""蠢如鹿猪"成为形容"特种部族"常用的词
语。1940 年黄旭初为刘介《广西特种教育》一书写的序言中还说:广西
"特种部族","二千年来以其言语、服饰、风俗、信仰之异,几视同化
外","得不到文化之熏陶,政治之保育","凭山川之深阻,生息于蛮烟
蜓雨之中,与他族绝缘",至今仍为"世外之顽民"。⑤ 总之,新桂系认
为"特种部族""富于守旧性,薄于进取性,于数千年来无进化之可
言",⑥"至今仍残存野蛮风习与种族成见"。⑦

上述时人对"特种部族"的认识,体现了强烈的排斥与歧视色彩,
但值得一提的是,广西省政府于 1939 年发布《奉令禁止滥用夷猺等名

---

① 冉绵惠、李慧宇:《民国时期保甲制度研究》,四川大学出版社,2005,第 62 页。
② 《广西省政府公报》1934 年第 5 期。
③ 谢祖莘:《兴全灌龙瑶变始末》,广西省政府民政厅秘书处,1946,第 2 页。
④ 吴彦文编著《广西之特种教育》,广西省教育厅编审室,1939,第 7 页。
⑤ 刘介:《广西特种教育·黄序》,广西省政府编译委员会编印,1940。
⑥ 刘宾一:《兴全灌龙各县瑶叛与剿抚经过》,载自《政训旬刊》1933 年第 22 期。
⑦ 中国第二历史档案馆:《中华民国史资料汇编》第 5 辑,江苏古籍出版社,1994。

称》的训令，对广西少数民族的称谓问题做出相应规定。认为"用含有侮辱性质之蛮、番、夷、猺、猓、獞之称谓，加诸边疆同胞，在之者固易启藐视之心，而听之者尤易起愧懑之感，是无异自行分散我整个民族，殊与总理倡导民族主义之本旨相背谬"，为此，"广西省政府曾将猺、猓、獞等字改为徭、倮、僮等，以昭平等，但不同民族之痕迹，仍未见泯除，窃意若专为历史及科学研究便利起见，固不妨照广西省前例，将含有侮辱之名词，一律予以改订，而普通文告及著作品、宣传品等对于边疆同胞之称谓，似应以地域为区分，如内地人称某某省县人等"。① 此番规定，是新桂系为倡导民族平等、取消民族歧视而在民族称谓方面做出的调整，具有一定的历史进步意义。

正是新桂系认为"特种部族"落后愚顽，主要表现为社会组织古老陈腐、文化教育蒙昧无知、风俗习惯鄙陋怪诞上。因此，在大力推行各项建设的同时，新桂系也采取措施"开化""特种部族"。

1. 政治同化

长期以来，广西大部分少数民族地区仍然保持着古老的传统社会组织，"乡老""村老""寨老""头老""社老"等仍支配着村寨政治、军事等事务，主持族内宗族活动。如金秀大瑶山仍沿用军事政治性的石牌制，用以防盗防贼、保护生产、保护外来正当商人、处理纠纷等。三江侗族地区有"头老"制度、"埋岩"会议，"头老"把持村寨的政治、军事、经济等事项，掌管寨内武装，"头老"通过召开"埋岩"会议，立下寨内规章制度、维持村寨治安、保护生产等。在新桂系看来，少数民族的带有军事性质的社会组织既不利于其统治，亦有被利用以反抗其统治的危险。特别是1933年爆发的兴安、全县、灌阳、龙胜、资源等县瑶民起义，给新桂系以震撼。瑶族的组织"无异封建时代以前之部落性质，各营团体之生活，狡黠者当可以利用以谋叛乱也"。② 新桂系当局在镇压瑶民起义的过程中，目睹了瑶民组织的严密和强大号召力，更加感到开化"特种部族"的迫切性，认识到以前改造的失误，"以前各瑶民多属化

---

① 《广西通志·民俗志》，广西通志馆印行，1949，第430～431页。
② 刘宾一：《兴全灌龙各县瑶叛与剿抚经过》，《政训旬刊》1933年第22期。

外，一举一动，自生自灭，汉人少有注意及之，故次猝不及防之变乱"。①
因此，瑶民起义被镇压后，新桂系当局锐意改革"特种部族"的传统社
会组织和管理制度，大力推行保甲制度，实行政治同化。

1933年4月，广西省政府颁布《广西各县苗瑶民户编制通则》。规定
苗瑶以5户为一甲，5甲为一村，5村为一乡，编制甲、村、乡，指定本
族一人为甲长、村长、乡长；民户不足5户（甲、村）的则归并他族编
制，苗瑶本族一人为副甲（村、乡）长；乡、村设乡、村公所，费用由
县财政开支，不足部分由省财政补助；暂时不得摊派苗瑶民户户捐及其
他费用；甲、村、乡长办公服装由县政府发给，等等。把苗瑶乡村编制
同汉族乡村编制统一起来，新桂系的用意是与汉族实现政治"同化"。黄
旭初说得很清楚，编制乡村甲，使"苗瑶与汉人一律待遇，取消苗猺等
名称，以期泯除界限"。② 李宗仁、白崇禧也强调，通过编制村甲使苗瑶
"遵守政府法令，不得再如往时目无政府，置身化外"。③

这种乡村编制首先在桂北各县实施，逐步向全省各县推行。通过编
制乡村，建立乡村公所，用乡、村、甲长制度取代了乡老、村老、寨老、
头人制度。新桂系通过废除少数民族的传统社会组织和制度，在"特种
部族"地区建立近代化的行政管理编制，从而在政治上达到了"同化"
少数民族的目的。

2. 教育同化

20世纪30年代初期，新桂系推行新政后，各方面的建设陆续开展起
来，人才的匮乏成为建设中出现的一个严重问题。面对这种现实，新桂
系当局比较重视文化教育建设。1931年后，广西省政府制定和颁布了一
系列教育方面的法令法规及相关文件，整顿规划全省文化教育。新桂系
当局在大力发展国民基础教育、高等教育、中等教育、初等教育、职业
教育、社会教育等的同时，也在少数民族地区采取种种措施推行"特种
教育"，通过教育促进"特种部族"的同化。

---

① 《兴全灌龙瑶乱经过》，《政训旬刊》1932年第22期。
② 季啸风等：《中华民国史料外编》第95册，广西师范大学出版社，1997。
③ 季啸风等：《中华民国史料外编》第95册，广西师范大学出版社，1997。

早在 20 世纪 20 年代末，广西省政府就曾颁布《苗瑶教育计划》。此项计划提出："苗猺不易开化，一方面由风俗言语之殊异，崇山峻岭之阻隔；一亦由其头目领袖阙于闻见，固步自封"，因此先于省立师范、中学设立苗瑶生公费学额，"优加奖掖，藉以造就苗瑶领袖人才，俾作前导"。同时积极筹办苗瑶师范班，培养师资。后因蒋桂战争爆发，苗瑶的教育计划陷于停顿。

1930 年，新桂系重掌广西政权后，很快恢复了苗瑶族的教育工作。1930 年，省政府派遣毕业于国民党党政训练所的黄云焕（汉族）等进入大瑶山的罗香、横冲开办"化瑶"小学。不久，新桂系参加中原大战，经费不足，"化瑶"教育又告停办。1933 年新桂系镇压桂北瑶民起义后，感到单纯靠武力镇压不能消除其反抗斗争，决定重新举办苗瑶教育。同年 4 月，广西省政府正式公布《广西省特种教育实施方案》，具体提出了举办苗瑶教育的办法。其中重要的内容有：（1）由省教育行政机关组织苗瑶教育委员会，调查苗瑶民户生活及教育状况，研究解决苗瑶教育的经费、师资、校舍，设计和编辑课程、课本；（2）择地举办苗瑶教育实验区，设立苗瑶教育馆作为推行苗瑶教育的中心机关；（3）在各中等学校增设苗瑶公费生学额，选拔苗瑶青年入学，培养师资；（4）逐年增设苗瑶小学等等。《方案》明确规定："以达到完全同化于汉族，为苗族教育完成时期"。① 1934 年 1 月，广西省教育厅正式成立特种教育委员会，全面负责"特种部族教育"工作，将苗瑶教育改为"特种教育"。随后又划定边民部落住区为特种教育区域，分别督导设立学校，颁布《广西特种教育师资训练办法》《广西省特种教育区域设校补助金办法》等章程，并规定"由二十四年度每年提拨省款补助，县款亦须优予补助"。② 1935 年，新桂系在全省推行"三位一体"的国民基础教育，瑶山等"化瑶小学"一律改名国民基础学校。1940 年，金秀警备区署进驻瑶山后，国民基础学校随之增多。经过数年的努力，新桂系的"特种部族教育"取得很大成绩。据有关资料，民国三十年（1941），全省共下拨教育经费

---

① 谢祖莘：《绥靖兴全灌龙瑶变始末》，广西省民政厅秘书处，1934，第 39 页。
② 苏希洵：《广西教育概况》，第 78 页，1941 年 12 月 1 日编印。

1831554 元，建立中心学校 2 所，国民学校 616 所，共设 1078 个班，学生 27241 人。[①] 1942 年，金秀警备区署改名为金秀设治局，瑶山各地小学更是普遍设立起来。

新桂系在办理"特种教育"的过程中，为了解决师资不足问题，1935 年 1 月，省政府在南宁创办广西省立特种教育师资训练所，培养特教师资。由各县根据省政府分配的名额选派少数民族青年入学，学生学习期间一律免缴学杂费和膳食费，并发给制服、棉衣、棉被、蚊帐、书籍和文具等。在"特种教育"举办过程中，同化教育被作为"训练大纲"的重要内容得到贯彻，主要是："消灭部落政治，打破住域界限，改良居室服饰，各族互通婚姻，革除陋俗殊俗，统一语言文字。"[②] 这就清楚表明，新桂系推行"特种教育"的目的就是以教育为手段，发挥教育的功能和作用，开化"特种部族"，促使其与汉族"同化"。

3. 风俗同化

早在 20 世纪 20 年代黄绍竑主政广西时，新桂系针对少数民族落后的风俗习惯，曾开展社会风俗改革运动，如破除迷信、捣毁寺庙神像、废除娼妓、解放奴婢以及禁止赌博等。1929 年 3 月，蒋桂战争爆发后，风俗改良运动中断。20 世纪 30 年代初期，新桂系推行新政后，在开展"四大建设"的同时，在各县成立风俗改良委员会，继续在少数民族地区实行风俗改良政策，以达到革新民族地区社会，振兴民族精神、促进经济发展的目的。

广西的壮、瑶、苗、侗等少数民族，都有独特的风俗习惯，有歌圩、歌会、抢花炮等丰富的民俗内容。但新桂系集团以汉族风俗为标准，将少数民族的风俗和文化一概视为不入流的"污点"和陋俗，不分青红皂白，一律强行革除。如当局明文规定"男女留发不得过额，女子留发过颈者，须结束，不得披散，并不得奇装异服"，"男女衣冠履带及一切服饰，须购国货"。[③] 警备署长刘延年竟然亲率军警，拿剪刀，在村头巷尾

---

① 苏希洵：《广西教育概况》，第 78 页，1941 年 12 月 1 日编印。
② 蒙荫昭、梁全进：《广西教育史》，广西人民出版社，1999，第 399 页。
③ 广西文史资料委员会编：《今日广西少数民族》第 28 辑，广西人民出版社，1978。

甚至冲进瑶民家中，强迫瑶族妇女剪发改装，抢走民族装饰和银饰品。此外，刘延年还不顾民族习俗，指使其部属强行和瑶族姑娘通婚。① 用这种强制性的手段推行风俗改良，显然带有明显的暴政色彩。

1931 年，广西省政府颁布《广西各县市取缔婚丧生寿及陋俗规则》，通令各县成立改良风俗委员会，由当地各机关法团代表，及各绅士共同组织，以纠正恶风俗和改良一切恶习惯，该委员会并负指导、执行、敦促、惩罚之责。1936 年又颁布《广西省改良风俗规则》，对广西各少数民族的陈规陋俗以行政命令的形式做出改良规定。1934 年也颁布过《山林火灾防止办法》，严禁放火烧山。改变少数民族传统的"残冬将近时，在山上放火，使各种植物均化灰烬，春季雨水冲刷后，流入田中，以为肥料"的劫掠式耕作方式。此外，还积极在县乡村设置林场，植树造林，绿化荒山，还兴办农田水利工程，旨在改变各个民族的传统生产方式。

在较短的几年时间内，新桂系当局连续制定了一系列章程，颁布了一系列政令法规，以严厉的行政命令改良少数民族风俗。在省政府的严厉督促下，各县成立改良风俗委员会，"纠正恶风俗"，"改良一切恶习惯"，并"指导、执行、敦促、惩罚"违反规章制度者。②

"民族同化"是一个历史进程，它主要有两种形式：一是自然的过程，亦可称为"民族融合"；一是人为强化的进程，此种过程常常伴随"强迫""痛苦"和"反抗"等。新桂系的"民族同化"措施更多体现了后者的特征，具有强烈的大汉族主义色彩，即少数民族"同化"于汉族。在新桂系看来，"民族同化"是造就统一的中华民族的途径，也是解决广西境内民族问题，达到地方稳定安宁的法宝。

新桂系镇压桂北瑶民起义后，极力开展各种类似"化瑶"的民族同化工作。黄旭初在对湖南的通电中说："对于善后办法，着重在编制村甲，使瑶民剪发易服，与汉人一律平等，取消苗瑶等民族名称，以期根本上消灭瑶乱。"③ 新桂系要使瑶族等少数民族完全同化于汉族的目的表露无遗。1933 年 4 月颁布的《广西各县苗瑶民户编制通则》，要求各县按

---

① 广西文史资料委员会编：《今日广西少数民族》，第 28 辑，广西人民出版社，1978。
② 《广西年鉴》第 1 回，广西省政府统计处编印，1932，第 771 页。
③ 《四省商办瑶乱善后问题》，《申报》1933 年 4 月第 8 期，第 2 页。

照汉族的乡、村、甲的模式对少数民族进行编制，目的是使之与汉族实现政治"同化"，以便控制。黄旭初说："编制乡村甲的目的，是使"苗瑶与汉人一律待遇，取消苗瑶等名称，以期泯除界限"。① 李宗仁、白崇禧也强调，通过编制村甲使苗瑶"遵守政府法令，不得再如往时目无政府，置身化外"。② 同年，广西省政府颁布的《广西苗瑶教育实施方案》提出："设法改良苗瑶民户之风俗习惯，使之接近汉族，逐渐同化"；"就地筹款，逐年增设苗瑶小学校，以达到完全同化于汉族，为苗瑶教育完成时期"。③

总之，新桂系认为广西的"特种部族"极为落后，与当时建设"新广西"的要求不符，甚至认为："若以现代国家政治之观点而言，吾文明之广西，尚留有未经开化之民族存在，不能不谓政治之一污点。"④ 在这种思想的指导下，新桂系采取的措施就是"开化""特种部族"，使之"同化"于汉族。其背后隐藏着对广西各少数民族的歧视与偏见，大汉族主义思想极为明显。因此，20世纪30年代以后，新桂系政府以此种民族观为主导的民族政策及社会控制举措，对各少数民族的心理和传统权力文化产生了各种冲击，引起不同程度的抗争。

① 《中华民国史料外编》第95册，广西师范大学出版社，1997，第120页。
② 《中华民国史料外编》第95册，广西师范大学出版社，1997，第122页。
③ 《广西政府公报》1933年第64期。
④ 谢祖莘：《绥靖兴全灌龙瑶变始末》，广西省政府民政厅秘书处，1934，第28页。

| 第 | 二 | 章 |

新桂系政府社会控制网络的构建

本书对控制网络的界定，是指进入 20 世纪 20、30 年代以后，在全国各地广泛开展乡村建设运动的背景下，新桂系政府在民族地区重建权力秩序的过程。为了加强对基层社会的控制，以巩固其统治基础，新桂系政府逐步推进地方自治政策，在民族地区逐层建立政府的行政机构，构建一个严密的控制网络，将国家的权力渗透到民族基层地区。本章主要考察新桂系政府为了加强民族地区基层控制所进行的行政系统的权力划分和行政职能的配置，剖析新桂系权力下沉的过程和特点，以此建构一个适于解释近代中国社会基层权力结构变迁的历史空间。

第一节　民团的建立

20 世纪 30 年代新桂系政府的社会控制，主要是依靠民团进行。政府在全省范围内筹备实行地方自治，建设民团，推行保甲，逐步建立严密的基层统治网。清朝晚期的保甲是和宗族、绅士密切联系在一起的。这种情况在 20 世纪 30 年代有所改变，因为"尽管乡村精英领导有与国家利益结为一体的雄心，但文化网络在国家范围内赋予乡村精英领导作用能力却在丧失"。[①] 在新桂系的统治下，政府的职能扩大了，国家的权力也不断扩大深入，政府通过民团和保甲把自己的势力深入乡村。这时期广西

---

① 〔美〕杜赞奇：《文化·权力与国家——1900～1942 年的华北农村》，王福明译，江苏人民出版社，1994，第 235 页。

社会控制的途径主要是通过民团组织实现的，政府实行"寓兵于团"的战略。寓兵于团的目的是在青年中普及军事教育，恢复兵民合一的制度。

一 民团制度的起源

广西民团诞生于晚清，当时称为"团练"。太平天国起义运动时期，广西士绅龙启瑞、唐子实等"奉命在桂林办团练，各地相继仿行，用以维持地方社会治安"。① 这种旧民团的性质只是民间的自卫武装团体，在维持社会治安、配合清军镇压太平军等方面起到了重要作用，时人称"自井田守望相助之法废，而卫民者专恃于兵；自兵力之不足，始藉助于民间的团练"。②

随着清末广西社会动荡的加剧，这种团练的势力日益发展，逐渐控制了地方政权，演变成为地方政权机构，统治了整个广西的乡村社会。当时上层绅士在省一级办团练，中层绅士在县一级办团练，下层绅士在乡村办团练，地方武装日益增强。出任团练首领的大多为地主豪绅，他们凭借手中的权力，鱼肉乡里。"始为团，终为贼。阳名为团，阴实为贼。官兵强则附官兵，弱则跋扈不听征调。"③ 强团不法、阳团阴匪现象在广西广泛存在。刘长佑在屡平匪乱后总结说："广西贼匪之难平，多由于团练之不睦。始则土团与客团争，客团复与土团争。其胜者未必即能打贼，而不胜者已被胁而为贼矣。继则土团与土团争，客团复与客团争。其不胜者或不尽为贼，而胜者且不异于贼矣。何者不胜者？团小练弱方谓从贼，可以报仇而淫掳焚杀，因之无所不至。其胜者，团大练强方谓仇家，即为贼党，而淫掳焚杀皆可为所欲为。夫至于不问曲直是非，只论大小强弱，是彼此相寻于淫掳焚杀之中。盗贼何由驱除？地方何由安静？"他感叹道："有团真不如无团矣！"④ 在地方形成了一批以团练为中心的豪绅势力。他们以团练为工具，大肆扩张，企图主宰地方，拥有更广泛的社会权力，对地方实行暴力统治。这种民团，新桂系称之为"旧

① 广西省政府十年建设编纂委员会：《桂政纪实》，第12页，广西省政府，1941。
② 龙启瑞：《粤西民团辑略序》，见《清朝序文献通考》卷215，《兵考十四·团练》。
③ 刘长佑：《刘武慎公遗书·谕安土客人等》，《刘武慎公全集》卷二十八上，光绪十七年。
④ 刘长佑：《刘武慎公遗书·谕安土客人等》，《刘武慎公全集》卷二十八上。

民团"。在这种旧民团体制下，团兵多是从农民中雇佣而来，没有经过严格的训练，组织也不严密，不能适应新形势的需要。

1930 年夏，中原大战结束后，李宗仁、白崇禧败退广西，蒋介石趁机驱使粤、滇军入侵广西，企图一举消灭桂军，吞并广西。当时粤军控制了桂东南，滇军控制了桂西南，包围南宁，湘军又威胁桂北，新桂系处于被强敌四面包围之中，面临被吞灭的危险。当时，新桂系只有 16 个团的兵力，不足与之抗衡。为摆脱困境，解决兵源不足，李宗仁、白崇禧遂决定改造旧民团，组建新民团。1930 年 9 月新桂系制定《广西民团组织暂行条例》。同月，白崇禧率第四、第七两军，由柳州南进，解南宁之围。为了防范驻宾阳一带的粤军陈济棠部支援南宁滇军，白崇禧特令桂军教导师第一师师长梁瀚嵩回宾阳组织民团，在贵宾公路伏击粤军，阻止其与滇军联系，从而使白崇禧顺利地完成南宁解围的任务。这次战役的成功，使白崇禧更感到民团大有可为，提议在全省普遍建立民团，以增强地方自卫力量。李宗仁同意了白崇禧的意见，在南宁设立民团总指挥部，由白崇禧任总指挥，梁瀚嵩任副总指挥，蒋如荃为参谋长，将全省划为 12 个民团区，各区置指挥部，设正副指挥各一人，建特务队一队或二队。各县置民团司令部，设正副司令各一人。并派员到各县督率整理民团。新桂系集团希望民团能成为政府推行"自卫""自治""自给"的组织。正如政府所宣称的："民团组织不是一元的，它是政治、经济、文化、军事四种建设的推动力。"它是"军事、政治、经济、教育四位一体的组织"。[①] 很显然，新桂系兴办的民团，就是为了强化其统治，为其政治服务的。从此，新桂系在全省范围内组建民团，称为"新民团"。

1934 年 3 月新桂系颁布《广西建设纲领》，确定广西省内建设方针为："自治、自给、自卫"的"三自政策"和政治、经济、文化、军事"四大建设"。同时，还决定采取"寓兵于团、寓将于学、寓征于募"的"三寓"方针。在新桂系看来，军事建设是其他三项建设的根本保障，是建设的重心。为了实现这个目标，新桂系在全省大力兴办民团，组织训练普通民众和青年学生，推行国防教育和军事训练。其中，民团建设是军事建设的重要内容。

---

① 许高阳：《十年来之广西民团》，中国建设出版社，1940，第 101 页。

新桂系颁布的《广西民团条例》规定："凡属中华民国国籍，在广西省内居住已满二年，年龄在十八岁以上，四十五岁以下之男子，均有被征为团兵之义务。"[①] 可见，新桂系的新民团制度是一种以成年男丁为主体的义务民兵体制。

二　民团的特点

新桂系政府从组织、素质、任务三个方面对旧民团进行改造。其目的就是要改变旧民团各自为政，与政治组织关系不密切，没有统一、严密的指挥系统，缺乏战斗力，仅能对付宵小的状态，使之成为与"政治组织齐一步调，关系密切"的组织。民团的任务是在政治上推行新桂系提出的"自卫、自治、自给"政策。军事上，执行新桂系提出的"三寓政策"，为新桂系提供兵源。1935 年 8 月 10 日，广西党政军第 25 次联席会议，修正通过的《广西建设纲领·政治部分》第三条明文规定："以现行民团制度，组织民众，训练民众，养成人民自卫、自治、自给能力，以树立真正民主政治的基础。"[②]《广西建设纲领·军事建设》部分的第 26、27 条规定："厉行寓兵于团，寓将于学、寓征于募政策，达到国民义务兵役"。[③] 与清末民初的旧民团相比，新民团的不同之处在于三个方面：第一，旧民团乃散漫而无统治之组织，即各村、各乡、各县自为组织，彼此极少联络。新民团则为有统制之组织，以村街为最小单位，各村街组织成乡镇，各乡镇组织成区，各区成县，各县组织成民团区，全省分为八个民团区，设立指挥部，复以省统治各民团区，使全省成一整体。第二，旧民团大都为一部分壮丁之组织，且有行雇佣制者。新民团则为社会中全部壮丁之组织，完全为义务制。第三，旧民团多为地方士绅所组织，且有变成豪绅工具者。新民团则由政府组织，并以革命主义训练青年干部，派为各民团单位之领导者，使民团成为真实之民众武力。[④] 因此，新民团成为新桂系集团加强基层控制的桥梁，其有如下特点。

①　《广西民团条例章则汇编》，广西省政府，民国二十三年（1934），第 2 页。
②　《广西建设纲领》，广西壮族自治区档案馆馆藏档案，档案号 L4 - 345 - 5。
③　《广西建设纲领》，广西壮族自治区档案馆馆藏档案，档案号 L4 - 345 - 5。
④　李作砺：《广西民团概要》，1937，第 2～3 页。

其一，新桂系的民团已完全废弃了旧民团的雇佣制，实行团兵义务制。广西旧民团多是乡村豪绅为了维持地方的"治安"，以雇用或抽派一部分壮丁组成的。"份子很复杂，良莠参差不齐，又没有严格的训练，因此没有多大成效，白白浪费了人民许多血汗金钱，仅养成一般懦弱无能、饱食终日的游民。"① 冯璜也指出："他们的意识之中，并没有国家和民族的意识，最高的限度，也只能产生出地方意识。其次他们仅仅有军事的知能，没有受过革命战士的训练，除了奉命打仗之外，便一无所长。"② 因而新桂系政府则用行政命令手段，规定"凡是十八岁以上至四十五岁以下的壮丁，都是构成民团的团兵"，加入民团成了民众的一种义务，并以法律规定壮丁不参加民团者，"要按照民团条例来处罚"，③ 强迫民众参加民团。

其二，新民团，则是"军事与生产合一的组织，其成员可以说是兵，但它与当时国民党的现役兵不完全相同。当时的国民党现役兵是脱离生产事业的，而民团则不脱离生产事业，有事则执戈御侮，无事则解甲归田，军民合为一体，军事与生产合为一体。这种民团使新桂系解决了经济落后，无法豢养太多兵员而以民团解决兵员不足的问题"。④ 旧民团大都是由征来的壮丁组成，受当地民众的雇佣，负担保卫地方的重任。这种团丁和募兵一样，全是为工资而尽职的人。"他们是停止一切生产活动而来的，在破坏工作方面，或有其成功的地方，但建设的责任，却丝毫不能担负。如果在地方安静时，他们就成了一种不生产的寄生者；而国家危难一旦发生，他们却又不能尽其巩固国防的责任。因此这种人乃变成社会福利的消耗者、享成者了。"⑤

其三，寓军事组织于政治组织。广西的旧民团组织涣散，而新桂系的民团则有严格的组织系统，为广西的政治系统和军事系统所统辖。"政治系统是由省政府而县政府以至区乡村甲；军事系统是总司令部而区指挥部，而县司令部，以至联队、大队、后备队；行政监督兼区指挥官，

---

① 《广西民团总指挥部政训处为征调团丁告民众书》，《南宁民国日报》1932年7月8日。
② 冯璜：《广西的民团》，民团周刊社，1938，第16页。
③ 卢显能：《民团制度与抗战》，民团周刊社，1938，第2～5页。
④ 许高阳：《十年来之广西民团》，中国建设出版社，1940，第4～5页。
⑤ 冯璜：《广西的民团》，民团周刊社，1938，第16页。

县长兼民团司令，区长兼联队长，乡长兼大队长，村长兼后备队长，把军事组织寄寓于政治组织里面"。① 这样的民团组织，就将散漫的社会力量组织起来，成了新桂系强化其统治的工具，使新桂系更便于对整个广西的控制"如身之使臂，臂之使指"。新桂系的各项政治军事实施，可以通过民团直接插到最基层——乡村保甲。

旧民团根本没有一个统率的机关，也没有受过训练的领导干部，更谈不上有什么统一的计划和统一的制度。它们的发动，或许是政府的一纸命令，但一切主持、编练和运用的任务，则完全操纵于各地方的官绅手里。因此它的力量便不能够结合、联络起来，形成一个卫国的阵线。最大的限度，只可以做到各自保境的地步。其次它既由当地官绅所办而又非常零碎，很容易便被一般土豪劣绅垄断把持，成为他们私人的工具；同时受雇佣而来的团丁，对于他们的主持者，也会当作主人一般，为其个人效忠。与旧民团相比，新桂系政府的新民团则有统一的组织、统一的领导。

三　民团的系统和组织

1931 年 7 月，民团总指挥白崇禧、副总指挥梁瀚嵩，向广西军政会议提出《报告办理广西民团预定计划书》和《扩充及整理民团提案》。会议决定"交主管机关采择施行"，② 并把《广西民团条例》《广西各区民团指挥部组织规程》《广西各县民团司令部组织规程》《广西民团后备队、常备队、预备队组织规程》《广西民团干部训练队组织规程》等章程条例，汇编成《广西民团条例章则汇编》，③ 对广西民团的编组、训练、征调、指挥做了法律性的规定。同年，广西省主席黄旭初在《草拟广西省建设计划之意见》中的"军事建设计划"部分，提出了"军事组织，应就组织民团制度加以改进，其系统为省政府—区指挥部—县司令部—乡（镇）大队—村（街）队"，④ 确定了广西民团组织体系。1935 年 8 月 10

---

① 《广西民团办理之经过及今后之任务》，广西民团总指挥部编印，1932，第 5 页。
② 《广西军政会议会议报告书》，广西壮族自治区档案馆馆藏档案，档案号 L4 - 1 - 39。
③ 《广西军政会议会议报告书》，广西壮族自治区档案馆馆藏档案，档案号 L4 - 1 - 39。
④ 《广西的军事建设》，全面抗战周刊社，1938，第 1 ~ 9 页。

日，广西党政军第 25 次联席会议通过的《广西建设纲领》，又确定了
"厉行寓兵于团"的宗旨。① 此后广西当局都把民团建设，列入广西历年
施政计划纲要，把民团作为推行自卫、自治、自给，进行政治、经济、
文化、军事建设的组织和原动力。至此，广西民团已在全省普遍建立，
其组织训练逐步臻于完备。

1. 最高领导机关

1930 年至 1932 年 4 月，新桂系设立广西民团总指挥部为省民团最高
领导机关。总指挥部设总指挥、副总指挥各一人。下设参谋、副官、军
需等处，及参事秘书等办事机构和人员。民团总指挥部"隶属于驻省最
高军事机关"，"受驻省最高军事机关之命，省政府之监督指挥"，② 直接
指挥各县民团司令，编练民团。

1932 年 5 月至 1933 年 6 月，取消广西民团总指挥部，省政府为全省
民团最高领导机关，省政府在各机构之外，增设团务处，其下设第一、
二、三科，负责团务事宜。

1933 年 7 月至 1936 年 8 月，桂军恢复第四集团军称号，于是第四集
团军总司令部为民团最高领导机关。其民团业务如征编、训练、人事、
经理等，则分别交总司令部的参谋、军务、经理各处办理，其中于 1934
年 5 月另设团务设计委员会，专负团务设计之责。1935 年取消设计委员
会，改设团务处，办理团务，并负设计之责。

1936 年 8 月至 1938 年 7 月，第四集团军改为第五路军，民团最高领
导机关乃为第五路军总司令部，具体事务由总司令部相关部门办理。

1938 年 7 月至 1941 年，因第五路军总部改为广西绥靖主任公署，广
西绥靖公署乃为省民团最高领导机关。最后成立军管区司令部，民团易
名为国民兵团。

2. 民团区指挥部

"广西全省分为若干民团区"，"承驻省最高军事机关之命令，省政府
之监督指挥办理区属民团事务"，"置指挥官一人，副指挥官一人或数人，

---

① 《广西建设纲领》，广西壮族自治区档案馆馆藏档案，档案号 L4 – 345 – 5。
② 《广西民团条例》，广西省政府秘书处印行，1934，第 1、3 页。

职员若干人"。① 指挥官受驻省最高军事机关之命，省政府之监督指挥，综理全区民团事务，副指挥官秉承指挥官办理一切事务。在指挥官、副指挥官下，设参谋长一人，"承指挥官之命，副指挥官之监督指导，处理部内一切事务"。参谋若干人，副官若干人，政治训练员若干人，军需若干人，军医司药若干人，军法兼秘书一人，主要负责区属民团编组，区属民团统计，区属民团之征调、召集及检阅等工作以及办理民团各队政治训练，宣传训练刊物之编撰，宣传实施事项及社会活动事项等。② 1930 年至 1931 年，全省根据人口、地理、治安等状况划分为 12 个民团区，即南宁、武鸣、桂平、玉林．梧州、平乐、桂林、柳州、庆远、百色、天保、龙州等。

3. 县民团司令部

县民团司令部设司令一人，由驻省最高军事机关委任县长兼任，受区民团指挥官之命，县政府之监督指导，综理全县民团事务；副司令辅助司令处理一切事务。此外设置参谋、督练员、助教等，办理团兵的征调、召集、编组、训练、点验，督饬各队剿办所谓"匪共"，及联络防御工作实施，部内之规划整理，地图之调制，谍查情报及机关等。③

1936 年 2 月将县民团司令部取消，改组为县政府团务科，处理原县民团司令所掌理事项，仍保留民团司令名义。团务科组织，一、二等县设科长一人，由参谋兼办事员二人，司书一人，兵役若干人；三、四、五等县不设科长。

四 团队编组及团丁征集

团队设后备队、常备队、预备队。后备队、预备队隶属于县民团司令部，常备队隶属于区民团指挥部。

1. 后备队

"后备队以年在十八岁以上，四十五以下之壮丁编成之"，"凡年在十

---

① 《广西民团条例章则汇编》，国民革命军第四集团军总司令部政训处编印，1935，第 22～23 页。
② 《广西各区民团指挥部组织规程》，引自《广西民团条例章则汇编》，国民革命军第四集团军总司令部政训处编印，1935，第 245 页。
③ 《广西各县民团司令部组织规程》，引自《广西民团条例章则汇编》，国民革命军第四集团军总司令部政训处编印，1935，第 31 页。

八岁以上，三十岁以下者，为甲级队，年在三十一岁以上，四十五岁以下者，为乙级队"。①《广西民团后备队常备队预备队组织规程》规定：每村（街）应将合格壮丁，尽量编成后备队一队，内分甲级队、乙级队。每级队以壮丁9至13人为一班，设班长。每三班或四班为一排，设排长。每若干班为一队，设队长一员指挥之，并设副队长一员辅助之。队部附设于村（街）公所。每乡（镇）所属后备队编为一大队，仍分甲级队、乙级队，设大队长一人指挥之，并设大队副一员辅助之。大队部附设于乡（镇）公所。后备队的排长由本村（街）的常备队退伍团兵成绩及格者，或本村（街）曾受军事训练或有军事经验的甲长推举充任。队长由村（街）长兼任，大队长由乡（镇）长兼任，联队长由区长兼任，副队长由副村长兼任，大队副由副村长兼任，联队副以本区所属的乡（街）长资望较深者兼任。

2. 常备队

1931年以前，因各县的需要与财力不同，组编队数不一，多则4队，至少1队，每队概以90人为额。后来广西时局渐宁，分为甲种队90人、乙种队72人、丙种队60人。常备队的团兵，就后备队甲级队团兵内，由县民团司令部按照应征兵额，责成区乡（镇）村（街）长，会同后备队的联队队长、大队长、队长征调充任。1933年冬，民团干部训练部成立，因经费的关系遂将常备队停征。1934年5月，复令各民团区恢复一大队。常备队的长官，由驻省军事最高机关遴选委任。

3. 预备队

预备队由常备队团兵的退伍者和曾受初中或同等学校的军训者组成，其编制与后备队相同。其长官由县民团司令部就现任区长、乡（镇）长、村（街）长曾受军事教育者，由陆军学校或其他同等学历的学校出身者，曾受初级中学以上的军训者，曾服兵役现役兵或常备队团兵、成绩优良者等人员中遴选委任，呈请区民团指挥部，转报驻省最高军事机关备案。

4. 特务队

特务队是各区民团指挥部的直属部队，负责区属各县征练及绥靖，

---

① 《广西民团条例》，广西省政府秘书处印行，1934，第2页。

每区编特务队四队，直属于区部，团丁则由各县征调，期限为一年。"特务队也分为甲乙两级，甲级就等于预征兵一样，乙级因为年龄较高一点，所负的任务是后方勤务。"①

常备队、预备队、后备队、特务队只是民团条例所规定的基本形式。通过这几种形式，新桂系政府构筑了一个严密的控制网络，把全区人民组织起来，将全民纳入自己的控制网络。从而使政府的统治意志迅速有效地渗入到基层。

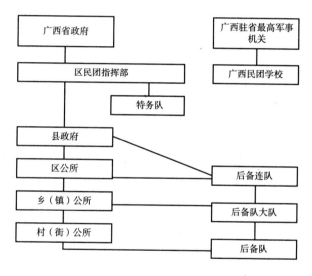

图 2-1 广西民团系统图

5. 团兵的征集

《广西民团条例》第三条规定，凡属中华民国国籍，在广西省内居住，已满 2 年，年龄在 18 岁以上，45 岁以下的男子，均有被征为团兵的义务。只有现任学校教职员、现任公务员、现在学校肄业者、在刑事侦察审判中及受徒刑之处分未满或假释出狱者及在疾病中或病后不堪劳役者才可以申请缓征。可见民团制度具有一种强迫性，团丁的征集是非常严格的，各个部门都有明确的任务和周详的计划。常备队团兵的征集，由区民团指挥部按其需要，就所属各县后备队甲级队的团兵人数，平均分配，

---

① 《白崇禧先生最近言论集》，创进月刊社，1936，第 119 页。

表2-1 广西县民团常备队征调团兵期限表

区分类别	县民团司令部	区公所	乡（镇）公所	村（街）公所	甲
征调文到期限（准备征调团兵）	在上期团兵退伍两月前即将下期应征人数集中日期刊晓谕诏各县。例如本期团兵在七月一日入伍应征，征调文务必于五月一日发行，限三月内到达各区公所	限文到五日内将本区应征团兵人数向各后备队当摊派，并将奉到令文转行各乡（镇）公所另各乡（镇）村街甲长协同本乡后备队队长负责办理。如需借枪支并应妥向各乡摊派	限文到五日将本乡（镇）应征团丁人数与村（街）甲长及后备队协商，在各后备队中平均分配应征团兵。由各甲长视其生活状况，稍优兄弟较多者尽先征调，同时将奉到令文转行下村（街）如需征借枪支应向各村摊借	限文到五日内协同后备队长甲长分别将后备应征团兵派定团兵中各甲长务须办理一切手续。将本村（街）应征团兵第几队某村某甲年龄住址开具各户姓名，一面报告于村（街）公所一面防各应征团兵妥送	甲须将村（村公所）集中日期转知，俾使各户壮丁，俾各被告被征壮丁在各甲区届时集合。在限期内甲长务须预定团兵候令集合，如期起率领到村（街）公所，不得有先到后到部儿情事。
准备征调团兵事项 按级呈报期限	据各区公所报到本期征调团兵到期即于本期开始训练以资衔接，并限十日内将本期开始训练期间呈报及各兵姓名造册呈报县指挥部核转备案	据各乡（镇）公所报到九日审核清楚汇齐，并按入伍日期及路程之远近连同壮丁一并呈送县民团司令部	据村（街）报告到被征壮丁姓名后即九日内审查报区公所	据甲报到即按被征壮丁后健有无暗疾及不良嗜好，并不准雇入顶替，统限九日内办妥。并转送于乡（镇）公所	
团兵集中期限	例如本期团兵入伍，应在七月一日，应在六月三十日集中。如在一月一日入伍，应在上午一月一日十二月三十一日集中，余类推	据乡（镇）公所送到被征壮丁后，距离县部六十里以内者则在入伍之日先一日集中，如一百里则在三日先一日集中在选县。送县三日起程携同姓名册呈送县民团司令部候领编练	据各村（街）送来被征壮丁如距离区公所三十里以内者则在区公所集中之日，先率日起程送区。如六十里以上者则日率领之日先一日起程送区。余类推	村（街）据各甲送来征壮丁后，限即日率领送乡（镇）公所集中	甲据各甲报告被领各壮丁，俾在准备届时集合率领到村（街）公所，不得领延延误。

说明：（1）本表适用于每期征调团丁入伍日前两月遵照实行以资衔接而免误。

（2）区乡甲呈送被征团丁时须按入伍日前准将到剿县，其由甲到县城路程之远近需用之日应先算好，不得有先到后到部队情事。

（3）本表应随民团编练细则颁行。

资料来源：广西壮族自治区档案馆馆藏档案，档案号 L4－286－59。

命令县民团司令部征集,预备队、后备队团兵的征集,由县民团司令部以命令行之。

从表2-2中可见,在团兵征集的过程中,每一个级别单位的任务和期限都是严格要求的,征兵是每一个主管部门必须完成的任务。在这种严密的制度下,新桂系政府的民团训练成果丰硕。据《桂政纪实》统计,从1932年7月到1938年初,各区民团团兵受训人数如下。

表2-2 20世纪30年代接受团兵训练人数统计表

单位:人

南宁区	191290	百色区	73748
梧州区	192378	武鸣区	95596
桂林区	138445	玉林区	71948
天宝区	107366	浔州区	9558
柳州区	182265	庆远区	63161
平乐区	233301	合 计	1493861
龙州区	134805		

资料来源:根据《桂政纪实》军事篇,广西省政府十年建设编撰委员会编印,1942,第36~38页整理。

到1939年止,广西全省有人口12000000人,壮丁为2459766名。[1]从上表来看,从1932~1938年这6年间,广西已经接受民团训练的壮丁有2147918人,也就是说,到1938年止,有接近90%的壮丁接受了民团的训练,民团的普及率可谓高矣!其中,南宁区、桂林区、柳州区、龙州区和百色区都是少数民族聚居区,而这些地区团兵训练人数都高居前列。当时武鸣县壮族的民团以指挥得力,训练有方,被誉为广西的模范。凡到广西参观民团的人,必到武鸣。武鸣民团以"迅速森严,比之正式军队,有过之无不及"享誉八桂。[2]

后来政府把妇女也列入民团训练的范畴,当时《申报》曾有过专门的报道:"最近组织的民团,妇女参加的很多,她们的工作是救护队居

---

[1] 广西省政府十年建设编撰委员会编印《桂政纪实》军事篇,1942,第30页。
[2] 李振英:《西南旅行杂写对广西的报道》,《广西文献》第17期,1982年7月。

多，其他如服务军师旅各部政治和干部的工作，也很不少。"① 如果只算青年壮丁，在当时广西的人口中，每6人就有一个参加过民团训练，如果把妇女团兵也列进去，那么广西人民参加民团的比例就更高了。可以说，1930年的民团已经在广西全民中广为普及了。

团兵征集完成后，民团的训练也是严格的。常备队的训练，十年中常备队训练分两个阶段，第一阶段是1930年10月至1932年4月，各县常备队集中县城训练。每期4个月。训练课目，学科计有典范摘要、政治纲要、违警罚法、公民常识、职业常识等。术科计有制式教练、野外演习、筑城实施、拳术、游泳等。第二阶段是1932年5月以后，各县常备队集中各区指挥部，编为常备大队，由各区指挥部指挥训练，每期时间为6个月。课目有较大调整。学科方面计有步兵操典、野外勤务、射击教范、民团章则、自治概要、国耻纪要、实业常识、民众读本、卫生概要、算术。术科计有制式教练、野外演习、工作实施、射击、技术。

后备队的训练，由区指挥部派员到各乡（镇）巡回训练，每期为6个月，每队训练时间为72小时，每年自9月开始。9、10两月训练镇街壮丁，11月以后训练乡村壮丁。训练课目计有各个教练、野外演习、班教练、夜间演习、筑城作业、排教练、游击战教练、连战斗教练。

预备队的训练，由于它是由常备队训练期满退伍归休的团兵编成，一般不经常训练，只是至必要时召集复训，或召集检阅。

民团是新桂系政府控制民众的方式，政府的最终目的是希望通过民团"组织民众，征调团丁来训练，渐使武力变成民众化"，② 从而提高民众的军事技能，扩充合格兵源，增强桂系集团的军事力量。民团的方式使军队的原则转嫁到了基层社会，"把高度的纪律意识灌输给全体民众"，③ 把全社会变成了一个巨大的兵营。在这个自上而下的军事化管理体系中，人民"有事则执戈御辱，无事则解甲归田，军民合为一体，军事与生产合为一体"，④ 民众成为基层建设的主力，以自卫而言，实行寓

---

① 樊桐山：《广西的回忆》，《申报》1936年2月15日。
② 《白副总司令对苍梧各界民众训词》，《梧州民国日报》1932年12月23日。
③ 〔美〕费正清主编《剑桥中华民国史》（下），中国社会科学出版社，1993，第390页。
④ 卢显能：《民团制度与抗战》，民团周刊社，1938，第3～4页。

兵于团，完成义务兵役制度；以自治而言，则是通过民团训练，树立自治的基础。在自卫方面：放哨守卡、联防剿匪、设置乡镇村街墙闸碉楼、检查墟街伙铺客栈及边区户口行旅、检查吸食鸦片毒品；在自治方面：建设公所学校、修建乡村道路桥梁、修筑墟街道路沟渠、修筑公共厕所、修筑公共水井及河流溪边公共汲水设备；在自给方面：办理乡镇村街公耕、培植乡镇村街共有树木林场、建筑乡镇村街公有卫生之水塘、水坝、水车、修筑乡镇村街公有之墟亭菜厂、修筑乡镇村街公有水碾、设置乡村公有之渡船、建筑乡村公有瓦窑、设置乡镇村街公有肥料堆场、办理乡镇村街公有畜牧、豢养公有牛羊等。[①] 政府通过民团这个网络把基层牢牢控制在自己手中。

在各个地区编练民团，是当时新桂系政府加强社会控制的重要举措。1933 年桂北一带瑶民大起义，极大地震撼了新桂系集团的统治。新桂系花费了九牛二虎之力才将起义镇压下去。民团在镇压瑶民起义中发挥了很大的作用，这使新桂系受到启发，坚定了在民族地区大规模编练民团的决心。此外，新桂系认为瑶民起义有共产党在其中"煽惑"和领导，因此要用民团的力量来防止共产党在瑶族地区的活动。

金秀大瑶山，交通闭塞，地势险要，政令不达，瑶民文化低下，一直是中央政府管辖的"盲点"区域。为了加强对基层社会的控制，新桂系集团绝不允许再留有这一片政治空白点。1940 年，新桂系政府欲将政权力量深入大瑶山腹地，遭到金秀一带瑶民的拒绝，只好将统治机构寄设在修仁，长达半年之久。后来在平乐区和蒙山县几百民团兵的支援下，其武装力量才得以进驻金秀。至 1947 年，政府先后在那里设立了金秀警备区署、金秀设治局、金秀警察局等县一级的机构进行管理。整个大瑶山与汉族地区一样，进行人口调查，户口编制，实行保甲制度，各区域由乡、村、甲长进行控制，开始训练壮丁。同时，民团组织和民团训练为后来征调瑶民参加生产建设，修筑公路，加强对大瑶山的控制管理做了重要的准备。从 1940 年冬开始，连续 3 年征调民工修整金秀至修仁、

---

① 《军政概要》，广西民团干部学校编印，出版时间不详，第 48~52 页。

金秀至七建、金秀至桐木、金秀至蒙山、金秀至平南的乡村大路。①

1934 年 6 月，广西省政府主席黄旭初在一次演讲中说："我们防共，应该试验试验民团的力量。叶总参谋长日前到恭城瑶族县城时，问地方人士：'恭城民团共有多少枝枪？实力如何？'他们答：'本县民团的枪支很多，计有七八千，如果共产党来，即使没有军队驻防，我们也不怕，相信单以民团的力量，已经可以应付。'他们的态度很自负，但也是实在情形。"② 地方人士反共意识的增强，"自卫"能力的提高，使新桂系编练民团用以反共、镇压人民反抗的信心更足了。1934 年 9 月 16 日，白崇禧在一次演讲中论述广西训练民团的目的时说：要镇压中国共产党领导的革命，"绝不是现在十几团人的军队所能负责，一定要大家起来共同负责才行"。③ "起来共同负责"就是要大规模编练民团。

第二节　行政编组的进行

长期以来，广西与全国其他地区一样，县之下的乡村的基层组织非常混乱，各种组织没有统一的规划、统一的名称和统一的形式。如凌云县壮族地区实行的是乡亭制，"每乡之中，各分十亭或八亭，以至十余亭不等，故时人有凌云三百六十一亭半之称。昔之亭等于今日之村"。④ 三江侗族县的行政区划则更为复杂，"本县行政区划，旧划分为四，曰镇、曰甲、曰冬、曰峒。治设丹阳镇，于宜良镇设主簿，即今之古宜乡；于万石镇设巡检，于沈口汛设把总，于石牌汛设外委，皆即今之梅林乡，嗣改为甲乙丙丁四区，甲为丹阳区，辖旱九塘及城厢附廓等团，区之所在地为丹洲；乙为浔江区，辖六甲三峒地方，区之所在地为古宜；丙为平江区，辖林溪武洛苗江三流域，区之所在地为马胖；丁为溶江区，辖溶江十塘地方，区之所在地为富禄。"⑤ 混乱的基层组织，不仅

① 刘明原主编《金秀瑶族自治县志》，中央民族大学出版社，1992，第 379 页。
② 黄旭初：《如何推行新政》，广西省政府编译委员会，1940，第 84～85 页。
③ 白崇禧：《军训与民团》，桂林全面战周刊社，1938，第 61 页。
④ 广西壮族自治区编辑组：《广西壮族社会历史调查》第 5 册，广西民族出版社，1985，第 253 页。
⑤ 广西壮族自治区编辑组：《广西侗族社会历史调查》，广西民族出版社，1987，第 35 页。

局限于上述两个县，广西其他地方均如此。而且许多封建社会遗留下来的土司辖地也掺杂其间，使得县以下的基层组织更为复杂。因此要将政府权力渗透进这些地区，便于管理，新桂系政府首先进行行政区划的划定。

一　区乡行政的建立

历史上广西基层政权只到县一级，县以下则由乡绅主持，实行自治，民族地区亦实行首领头人自治。新桂系集团重新主政广西后，深感必须使政令直接插到乡村，从上至下进行严密的控制，才能强化政权的统治。因此政府大力整顿乡村行政，将基层政权延伸至县以下的乡镇村街。在县级政府以下设区、乡（镇）、村（街）公所。依地方山川地势及经济交通等情况为划分一级区域的标准，规定十乡为一区，区以下设乡镇或村街，城镇为镇或街，农村为乡或村。这就形成了 20 世纪 30 年代广西自上而下、统一集权的地方行政体系。

1. 统一乡村行政体系

为了改变乡村社会行政规划的混乱局面，整治乡村地区，统一政令，1931 年 8 月，新桂系首先划定桂林、全县、兴安、灌阳、灵川、平乐、贺县、富川、钟山、恭城十县为第一训政区，进行县政建设实验，以期取得乡村建设的经验。根据训政区县组织法规定，人必归户，10 户为甲。乡村地区，10 甲为村，10 村为乡，10 乡为区。城镇地区，10 甲为街，10 街为镇，10 镇为区。区以上为县，不足 20 乡镇之县，不设区。同时，黄旭初还派黄绍竑到日本考察市町村制度，到山西考察阎锡山所实行的闾邻村治制度，又到河北定县考察平民教育。[①] 依据训政区的县政建设经验及对省外考察所得，1932 年 9 月，新桂系以广西省政府的名义颁布了《广西各县甲村街乡镇区编制大纲》。大纲规定县以下的行政组织编制：农村为乡，城市为镇，农村民户多于城市民户的地方，城市民户归并农村为乡；城市民户多于农村民户的地方，农村民户归并于城市为镇。乡、镇以下，农村为村，城市为街。村、街之下为甲。甲由户组成，以 10 户

---

① 黄新硎：《旭公主桂县政建设丛谈》，《广西文献》第 3 期，1978 年 9 月。

为一甲，10 甲为一村（街），不得少于 8 甲，不能多于 15 甲；10 村（街）为一乡（镇），不得少于 8 村（街），不能多于 15 村（街）。甲设甲长一人。乡（镇）与县之间，辖有 20 个以上乡（镇）的县可以设区，区设区署，为县政府的辅助机关，代表县政府管理区内各乡、镇。政府要求："凡人必归户，户必归甲，甲必归村街，村街必归乡镇，不许游离自由，无所归宿。"① "商业团体及公共机关如商店、工厂、公署、学校、会所、社团、寺庙、祠堂、教堂、船舶等皆分别编制为户"，"任何人不分久居、暂居或旅行，必须编户及入户，违者由甲长报告村街长依照户籍人事登记惩处"，② 有的地方还规定，违者"捕其户主本人及为首之人处以 20 元以下之罚金，情节重大者，并得依法治罪"。③ 通过编制甲、村（街）、乡（镇），建立和健全了县以下基层政权机构，这对社会稳定很有作用。而且，编制不完全按地理界线，而是按民户人口来划分，比较合理，这避免了一些乡（镇）因人口太多而管理不周的现象发生。

对于区的设置，广西省政府又做了进一步规定：县之下一级为区，各县各依其原有区域面积之大小、乡镇之多少，及其地方之山川形势，及经济交通等状况，划分为 3~10 个区，但每区至少有 10 乡镇，不足 20 乡镇之县，且无特殊情形者，不必设区。1934 年 10 月修正公布《广西各县组织大纲》，对于区一级重新规定：县因区域辽阔，形势险要，或户口繁多，得分设为若干。除面积辽阔，形势险要之区域外，其余每区以万户以上为原则，不满两区以上之县不设区。根据以上之规定，全省经核定 201 区。广西各县区公所之性质，在 1935 年度之前，属于地方基层的一级，后来"为求敏捷起见，把区的组织裁去，但大一点的县份或有特殊情形的还予以保留"。④ 至 1938 年度，又陆续恢复，虽名称仍旧，而实质上已改为县政府的派出机关，"代表县政府，督导各乡镇办理各项行政及自治事务，"所以，"县与乡镇之间，不设区为正规，设

---

① 《乡村政务督察员及乡镇长应有的认识》，《广西省政府公报》1938 年第 50 期。
② 《广西省现行法规汇编》第 3 编，广西省政府编印，1938，第 13 页。
③ 《荔浦县惩罚妨碍调查户口暂行办法》，《荔浦县行政月刊》第 5 期，1932 年 11 月；转引自张伟《民团、学校、公所——1930 年代新桂系对广西乡村的控制》，中山大学博士学位论文，2006。
④ 黄旭初讲述，黄启汉速记《广西建设现状》，1935，第 8 页。

区为例外"。①

南京国民政府时期，国民党为了加强对基层社会的控制，推行的是保甲制度。广西所实行的这种乡镇村街制名称虽与保甲不同，但保甲之精神与任务，完全归纳于各级自治组织系统内，与国民党中央规定容纳保甲于自治组织之原则却是吻合的，②而且其编组训练以及经费之筹措均很健全，所以仍可作为民国时期广西省保甲制度。各县地方有关教育、卫生、户籍及其他乡村政务，暨民团编组、训练、征调等自卫工作，均由区、乡、村各级公所负责推行。

2. 民族地区的行政区划

1933年初，由于兴安、全县、灌阳、龙胜、资源等县瑶民发动起义，使新桂系更感到同化"特种部族"的迫切性。于是政府开始彻底改革少数民族地区基层行政体系，加快少数民族地区乡、村、甲的组建工作。因此在少数民族居住区，政府极力推行"同化"政策，也统一进行行政编组，各种治理措施相继出台。

1933年桂北瑶民起义被镇压下去后，同年4月，广西省政府颁布《广西各县苗瑶民户编制通则》，明确规定：

第一条　凡有苗瑶之户县，皆依照本通则编制之。

第二条　凡有苗瑶户之地方，除本通则规定外，皆需依照广西各县组织大纲办理。

第三条　苗瑶民户聚居达五户以上时，得编为一甲，指定其本族一人为甲长。若不及五户，则归并于他族之乡，指定他族一人为甲长，苗瑶本族一人为副甲长。

第四条　苗瑶户聚居达五甲以上时，得编为一村，指定其本族二人为正副村长。若不及五甲，则归并于他族之乡，指定他族一人为乡长，苗瑶本族一人为副乡长。

第五条　苗瑶户聚居达五村以上时，得编为一乡，指定其本族二人为正副乡长。若不及五村时，则归并于他族之乡，指定他族一人为乡长，

---

① 梁上燕：《广西建设》，广西省地方行政干部训练团印行，1942，第7页。
② 冉绵惠、李慧宇：《民国时期保甲制度研究》，四川大学出版社，2005，第103～104页。

苗瑶本族一人为副乡长。

第六条　完全为苗瑶户之乡，由区公所或县政府委派乡助理员一人，常来往乡公所，协助村长办理该村事务，其费用由乡公所支给或由区库补助之。

第七条　完全为苗瑶民户之村，由乡公所委派村助理员一人，常来往村公所或正副村长住处，协助村长办理该村事务，其费用由乡公所支给或由区库补助之。

第八条　完全为苗瑶民户之甲，该甲应办事务，由乡公所或村公所派人代为办理，其费用由乡公所或村公所支给之。

第九条　凡有苗瑶民户杂居二分之一以上之村及乡，其村公所及乡公所费用，由县库完全支给。其五分之一以上，二分之一以下者，由县库酌予补助。其贫瘠之县，并得呈请省库补助之。

第十条　凡县政府及区乡村公所办理各种政务，暂时不得摊派苗瑶民户之户口捐及其他费用。

第十一条　凡苗瑶户耕种官有山林田地，由县政府或区公所划分制定之。如该处缺少官有山林田地，则民有之山林田地之荒弃多年者，亦应由县政府查明，依垦荒条例没收指拨之。苗瑶民户所耕种之官有山林田地，得暂缓升科纳税，但其租用或购买有粮赋契据之田地，不在此限。

第十二条　苗瑶户因贫穷不能耕种时，由村公所、乡公所、区公所及县政府依照村、街、乡、镇、区垦殖章程，贷与牛只粮食，用其耕种。

第十三条　凡有瘟疫或天花流行等病传染及于苗瑶户时，村、乡、区公所及县政府须为防止，费用皆由村、乡、区公所及县政府支给之。

第十四条　凡完全苗瑶民户之村乡，未设有学校者，由区公所或县政府参照苗瑶民户习惯，设立特种学校，使苗瑶青年男女入学，其费用暂由区公所或县政府支给之。

第十五条　凡苗瑶青年男女入学，一律免征学费，并得由学校暂给以书籍及笔墨纸张。

第十六条　凡苗瑶民户之正副甲长、村长、乡长，须一律改着普通服装，并须剪发，不得自为歧异。

第十七条　苗瑶民户生计未改善之前，其苗瑶之正副甲长、村长、乡长，因公服用之衣裤，暂由区公所或县政府发给，其费用由县库或区库支付。

正副甲长每年灰布对襟式单衣裤一套，冬季灰布对襟式夹衣单裤一套，各于春初及冬初发给之。

正副乡长夏季灰布中山式单衣裤一套，冬季灰布中山市棉衣单裤一套，各于春初及冬初发给之。

第十八条　苗瑶民户之正副甲长及村长，由区公所或县政府委派，呈报省政府备案。乡长由区公所或县政府选择素孚众望者委任，并须呈请省政府加委。

第十九条　待遇苗瑶各族之民户，须依照法令一律同等，不得歧异。

第二十条　各县编制苗瑶民户缺乏经费时，得请省库补助或借贷。

第二十一条　除本通则外，各县苗瑶地方，如有特殊情形时，得呈请核准补充。

第二十二条　本通则施行后，各县原有苗瑶特殊章制，皆须依照本通则改正。

第二十三条　本通则有未尽事宜，由省政府委员会修改之。

第二十四条　本通则由省政府委员会议决公布。

第二十五条　各县施行本通则时期，分别以命令指定之。①

根据《广西各县苗瑶民户编制通则》，苗瑶民户的编制数要少于汉族地区。根据通则规定："苗瑶以5户为一甲，5甲为一村，5村为一乡，编制甲、村、乡，指定本族两人为正副甲长、村长、乡长；民户不足5户（甲、村）的则归并他族编制，苗瑶本族一人为副甲（村、乡）长；乡、村设乡、村公所，费用由县财政开支，不足部分由省财政补助；暂时不得摊派苗瑶民户户捐及其他费用；甲、村、乡长办公服装由县政府发给等等。"② 新桂系集团把苗瑶乡村编制同汉族乡村编制统一起来，主要目的即是将少数民族地区与汉族实现政治"同化"。正如黄旭初说："编制乡村甲，使苗瑶与汉人一律待遇，取消苗等名称，以期泯除界

---

① 《广西各县苗瑶民户编制通则》，《广西省政府公报》1933年第64期。

② 《各县苗瑶民户编制通则》，《南宁民国日报》1933年4月7日。

限。"① 李宗仁、白崇禧也强调，通过编制村甲使苗瑶"遵守政府法令，不得再如往时目无政府，置身化外"。② 这种乡村编制先在桂北各县实施，逐步向全省各县推行。新桂系要求各地要严格推行。到1934年，新桂系集团基本完成甲、村街、乡镇、区的组织编制，全省编制为99个县共201个区，2399个乡镇，24897个村街。

广西境内的少数民族，分布的地区到底占多少个县，人口总数有多少，向来不曾有过可靠的统计。自从民国二十一年（1932），广西施行地方自治组织，将各地户口分到乡、村、甲以后，由各乡、村、甲办理户口调查，才得到一个相对可靠的统计，根据各县的调查报告，新桂系政府认为散布在广西的原始民族（即居住在偏远山区汉化尚浅的民族），大约是5万~7万人，其中有一部分已汉化，所以数目不能肯定；分布的地区，共44县，有瑶人的34个县，有苗人的13县，有壮人的12县，有些县份是混合含有苗瑶壮各种人的，其中以凌云、西林、桂平、象县（今象州县）、武宣、蒙山、修仁（今荔浦县修仁镇）、荔浦占有原始民族人口较多。③ 当时新桂系认为在广西的壮族基本上都已经被汉化了，"除言语不同外，已不能分别其种族为何如，谓为汉族亦无不可"，④ 因此瑶族被认为是当时广西人数最多的少数民族。

为了解广西人口的具体状况，1934年4月28日广西省政府颁布了《广西户籍人事登记暂行办法》。办法规定户籍调查内容为人口的迁入、迁出、出生、收养、监护、结婚、离婚、失踪、死亡、继承等情况。此外，调查的内容还包括村中土地房屋等不动产的所有权，每户的贫富状况，个人的身心状况有无重大变化等都在调查范围之内。村长每月需带登记表挨户调查，将村中户籍人事变动了解清楚，并对调查的数据进行统计分析，然后上报乡镇。乡镇长每年十一月中旬要带登记簿及村（街）户口变动表等亲自到各村挨户查询，对照调查的内容是否属实。⑤ 这些办

---

① 《广西民政法规摘录》，广西省政府民政厅编印，1934，第103页。

② 季啸风等：《中华民国史料外编》第95册，广西师范大学出版社，1997，第120页。

③ 杨永凡：《广西特种教育一瞥》，《申报周刊》1937年第2期。

④ 广西省政府十年建设编撰委员会编印《桂政纪实》政治篇，1943，第9页。

⑤ 《乡村工作须知》，第四集团军政训处印，1937。

法的出台为基层组织建设和人口调查工作提供了规范依据，同时也是在为后面一系列政策的制定做好铺垫。

对于民族地区的行政改革，首先是从瑶族进行。因为1930年以前，金秀大瑶山名义上为周围的荔浦、修仁、象州、武宣、桂平、平南、蒙山等7县"分治"，但实际上却是王道不及的"化外之域"。那里既无官衙，又无土司，既无纳粮，也不缴税，朝廷对之更是鞭长莫及，无法直接进行有效的管理。在新桂系集团看来，所谓开化瑶民，最重要的也是最根本的，是要把居住在各偏远地区的瑶民完全纳入其统治之下。而要做到这点，就必须在瑶族地区依照汉族地区那样，组建由其直接掌控的乡、村基层行政组织。组建了乡村政权，委任乡村长，它的一套政治主张和各种政治措施，才能贯彻到瑶族社会中，从而建立起政府的威慑力，削弱各地瑶族传统组织的影响，防止"瑶乱"发生。进而按照汉人社会的价值标准改造瑶族的风俗文化，否则，瑶族就仍然是所谓"浑噩榛狉"的"化外"民族。[1] 由此，广西瑶族地区乡村组建工作拉开了序幕。

1929年春，广西省政府从党政训练所派黄云焕、蒙立强等人，分别进入桂平横冲、平南县罗香开展"化瑶"工作。1931年黄云焕草拟的开发桂平十八山计划（以"瑶王"冯荣保的名义提交）得到新桂系首领李宗仁的亲自批准。1932年李荣保（冯荣保与李宗仁结拜兄弟，改名李荣保）被任命为桂平县瑶区区长，黄云焕为区长助理。广西省政府还把十八山和紫荆山北部的横冲、良段以及原属象县瑶区的小横冲、红台、洛西、岭桂、黄铃、六庙一带盘瑶聚居地区统统划归李荣保管辖，并按当时省政府公布的《广西各县苗瑶民户编制通则》的规定，把这一带新划入瑶区的地方编为三个乡，即宣化乡、开化乡、归化乡。[2] 1933年平南辖的罗香、平林、罗运建立了乡政府，象县辖的六巷、古陈、门头、长垌建立了乡村要务管理机构，委任了乡长、村长、甲长。同期，修仁县所辖部分瑶区的乡村组建工作也完毕。1935年3

---

[1] 奉恒高主编《瑶族通史》（中卷），民族出版社，2007，第502页。
[2] 黄培棋：《黄云焕在大瑶山》，《广西文史资料选辑（大瑶山史料专辑）》，1991，第202~203页。

月 6 日《民国日报》第七版载文称："象县、修仁、平南间之瑶山，居有瑶民甚众，自称化外之民，于近年来本省当局关怀此种瑶民，积极派员前往宣导，已渐归化，于去年（1934）复将其瑶村依照区乡甲户编制改编完毕。"① 1940 年 8 月金秀瑶民反抗国民党武力"开化"的斗争被镇压下去之后，金秀警备区署在金秀挂牌成立，广西省政府进一步在大瑶山腹地强行组建乡村的工作。此后，修仁县所属的金秀，象县所属的滴水和门头等处的户籍和乡村才编组完成。② 至 1942 年下半年，整个大瑶山乡村组建工作次第完成。大瑶山被划分为永宁、崇义、岭祖、古朴、东北、东南、木山、贵山、三合、翁祥、罗香、罗运、平竹等 13 个乡，委任乡长、村长，实行保甲制度，以治民事，石牌制度实际上被废除了。③

广西其他地区与大瑶山推行一元化行政制度相似。新桂系集团在壮族、京族、苗族和仡佬族地区推行乡村甲制度后，少数民族的传统组织开始演变和消解。如京族地区翁村就由群众的自治组织演变为行政机构，许多翁村被委任乡、村、甲长之职。除执行固有职责之外，还要执行国民党政府的政令。新中国成立后，翁村组织已消失。

侗族地区也同样如此。长期以来，三江侗族实行的是镇、冬、甲、峒行政区域。峒有大营峒、北峒、武洛峒、猛团峒、永吉上峒、永吉中峒、永吉下峒七个峒。民国十年（1921），镇、冬、甲、峒改为团，后将团改为区，划为甲、乙、丙、丁区。民国二十年（1931），三江县 4 个区划为 32 个乡，乡设乡公所，下设数个村。乡公所设正、副乡长各 1 人，设户籍干事，财经干事，民政干事，事务员（文书），炊事员各 1 人，警役 3 至 5 人。村设村公所，正副村长各 1 人，村下设若干甲，每甲设甲长 1 人，专为乡公所收捐派款。当时充当乡长、村长的人，都是一些地方上有一定文化、有一定威望和有些家业的人。

新桂系集团强力推行现代行政编制的后果，使得大多数少数民族居住区编制已与汉族无异，如向都县苗族"依地方自治制度十家为甲，别

---

① 《民国日报》（南宁）1935 年 3 月 6 日。
② 黄旭初遗著《广西的瑶山》，《广西文献》2003 年第 101 期。
③ 莫金山主编《金秀大瑶山——瑶族文化的中心》，广西民族出版社，2006，第 73 页。

无机关团体";① 东兰瑶"现已编为村甲直接受乡公所指挥";② 桂平等县政府派员视察编有瑶户区域的乡村政务时发现:"本省自实施化瑶政策后,各县瑶民均已分别编组,且有汉瑶同组成村者,原为一视同仁,以期同化。"③ 通过乡村编制,区乡村公所的建立,少数民族的传统社会组织和制度基本上被废除,乡、村、甲长制度取代了乡老、村老、寨老、头人制度。有的地方"虽有名义上的父老,实际上父老作用已不存在,说话已不算话了。人民有事找乡村长才能解决"。④

行政编组使得新桂系有效统一了乡村的行政组织名称与行政体系,编组后的基层组织名称统一,体系完整。通过编制甲、村街、乡镇,新桂系建立和健全了县以下基层政权机构。其后虽屡有调整,但县—(区)—乡镇—村街—甲—户的基本行政架构已经固定下来。

二 县政建设的加强

在长期的历史发展过程中,县确立了在国家行政体系中的基础地位。费孝通曾经指出,在历史上,中央所派遣的官员到知县为止,不再下去了,"因为在过去并不承认县以下任何行政单位。知县是父母官,是亲民之官,是直接和人民发生关系的皇权代表"。⑤ 县官在历史上有各种别称,如"亲民之官""父母官"等。从不同的角度看,中国的地方组织机构体系中的"县",在其发展过程中由于适应政治和行政的需要,已成为国家行政体系中不可缺少的重要组成部分,在中国的地方管理体系中具有非常重要的地位。县级行政机构是直接面向基层的行政管理机构。在乡级政权建设尚未能充分、完整地发挥其基层政权作用前,县域内的各项行政事务,相当大的部分仍由县级行政机构来完成。国家的政策、法律的实施,上级政府各项决定的贯彻落实,

---

① 《向都县苗族社会状况调查表》,《广西省政府公报》第 4 期,1934 年 1 月 22 日。

② 《东兰县苗族社会状况调查表》,《广西省政府公报》第 15 期,1934 年 4 月 9 日。

③ 《电桂平等县酌核饬凡派员视察编有瑶户区域之乡村政务时应由县酌选熟悉瑶情人员充任仰各遵办》,《广西省政府公报》第 123 期,1936 年 5 月 31 日。

④ 广西壮族自治区编辑组:《广西壮族社会历史调查》第 5 册,广西民族出版社,1985,第 90 页。

⑤ 费孝通:《乡土中国》,上海观察社,1948,第 46 页。

主要还取决于县级行政机构工作的成效。因此县级政府的行政体制和行政组织的运作，直接关系着政府的权力是否能真正下达到乡村地区。新桂系政府在改造乡村社会同时，对县级行政机构也进行了调整和改革。

1. 厘定县等

1932 年，新桂系政府开始调整各县行政区域，主要是合理划拨"飞地""插花地"，重新划定县界、县治。到 1933 年，全省设有 94 个县，随后又增设 5 个县，共 99 个县。根据各县的面积、民户、人口和粮赋，把 99 县分为 5 个等级。后来又对每个等级作甲、乙区分。历次县等表划分分列如下。

（1）二等二级（1932 年 6 月前）

一等

甲：邕宁　桂林　苍梧　贵县　玉林　马平

乙：宾阳　武鸣　横县　平乐　全县　贺县　平南　容县　藤县
　　博白　北流　怀集　桂平　宜山　融县　龙州　百色

二等

甲：永淳　隆安　上思　上林　都安　扶南　昭平　富川　荔浦
　　蒙山　恭城　修仁　永福　灵川　兴安　灌阳　阳朔　钟山
　　陆川　武宣　岑溪　罗城　柳城　象县　迁江　河池　来宾
　　崇善　思乐　靖西　天保　思隆　凌云　西隆　东兰

乙：果德　绥渌　那马　龙山　古化　中渡　榴江　义宁　龙胜
　　兴业　信都　析城　三江　思恩　南丹　宜北　雒容　天峨
　　左县　同正　养利　凭祥　明江　宁明　镇边　龙茗　镇结
　　上金　雷平　恩阳　奉义　向都　西林　凤山　思林

（2）三等（1932 年 7 月至 1933 年 2 月）

一等：邕宁　苍梧　贵县　玉林　柳州　桂平　桂林　全县

二等：宾阳　武鸣　横县　平南　容县　藤县　博白　北流　怀集
　　　宜山　融县　龙州　百色　靖西　平乐　贺县

三等：永淳　隆安　上思　上林　都安　扶南　昭平　荔浦　蒙山
　　　修仁　永福　阳朔　陆川　武宣　岑溪　罗城　柳城　象县

迁江	河池	来宾	思乐	天保	恩隆	凌云	西隆	东兰
果德	绥渌	那马	隆山	百寿	中渡	思恩	南丹	宜北
雒容	天河	左县	同正	榴江	义宁	龙胜	兴业	信都
析城	三江	养利	凭祥	明江	宁明	镇边	龙茗	镇结
上金	雷平	思阳	奉议	向都	西林	凤山	思林	万承
兴安	灌阳	灵川	恭城	富川	钟山	崇善		

（3）五等二级（1933 年 3 月至 1939 年 9 月）

一等

甲：邕宁　桂林　苍梧

乙：全县　平南　藤县　博白　北流　宜山　怀集　柳州　贵县
　　桂平　玉林

二等

甲：容县　龙州　武鸣

乙：横县　靖西　宾阳　贺县　陆川　都安　百色

三等

甲：平乐　天保

乙：融县　上林　兴安　岑溪　昭平　灵川　永淳　钟山　象县
　　田东　罗城　三江

四等

甲：河池　田阳　凌云　东兰　崇善

乙：荔浦　灌阳　来宾　武宣　柳城　恭城　阳朔　富川　兴业
　　隆山　西林　蒙山　平治　隆安　迁江　析城　思恩　龙胜
　　上思　镇边　西隆　南丹　乐业　凤山　百寿　万冈　雷平
　　向都　信都　田西　天河　思乐　扶南　修仁　龙茗　镇结
　　资源

五等：那马　天峨　敬德　永福　果德　义宁　榴江　宜北　万承
　　　上金　雒容　同正　绥渌　中渡　养利　明江　宁明　凭祥
　　　左县

根据以上的县等划分，1933 年至 1939 年广西一共有一等县，甲级 3
个，乙级 11 个；二等县，甲级 3 个，乙级 7 个；三等县，甲级 2 个，乙级12个；四等县，甲级5个，乙级37个；五等县19个。各地面积、人口、经济状况和粮赋是以上县等划分的标准。一些经济较好、人口众多的大县如邕宁、桂林、苍梧、玉林等地无论如何划分，都会保持在一等县；而桂西北一些少数民族聚居的贫困地区则被划分为等级较低的县。省政府根据以上的等级区别来规定县政府机构和公务员、职员的数量及其底薪。根据各县人口、财政的具体情况配置行政机构，使政府既能因地制宜地对地方进行有效管理，同时也节省了行政成本。

2. 县政组织的调整

广西省各县在1933年7月前，各县政府下均分设局，县政府本身机构很简单，仅设两科，职员五、六人，由县长单独综理，而辅以秘书一人。依照1926年5月31日公布之《广西各县县政府组织暂行条例》规定，县政府受省政府暨直辖各厅之监督命令，处理全县行政事务，设县长一人，行使其职权，由民政厅遴选、呈请省政府委员会议决任免。县政府除县长一人，秘书一人外，并设科员、办事员若干人，其用人之多寡，大致由县长视事务之繁简加以伸缩。此外，监理司法之县政府，加设承审员、管狱员各一人。

各县所设局数，事实上并不相同。根据行政之设施，事务之繁简，设置教育、建设、公安、财务四局。至于小县，因人口多寡及经济程度不同，斟酌设局。当时设公安、财政、教育、建设等四局的6个县，设公安、财务、教育三局的3个县，设财政、教育、建设三局的23个县，设财政、教育两局的63个县，各局直接受省局管辖，县政府与各局的联系是县长每月召集的县政会议。

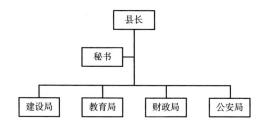

图2－2　县政府系统图

1932 年 12 月 10 日~12 月 15 日，第二次全国内政会议通过《县政改革案》及《地方自治改革案》，规定：（1）县政府以一律设科为原则；（2）科或局须合并于县政府内办公（即"县政府合署办公"）；（3）县政府只以县长名义对外行文；（4）依事实之需要，得呈准省政府增设技术人员及各种专门委员会；（5）教育经费独立之县，得设教育经费管理委员会；（6）现行县以下之区、乡、镇、闾、邻各组织，由各省斟酌情形决定存废，但不得少于二级或多于四级，其各组织之名称（如乡、镇、闾、邻或保、甲等），由各省自行决定并汇报内政部备案；（7）确认县政府为行政机关而兼自治机关，区以下为自治机关而兼下级行政之辅助机关。①

1933 年，广西为适应环境需求起见，于是年 6 月 15 日公布《广西各县县政府组织暂行章则》，实行裁局设科，合署办公。《章则》规定，各县根据面积人口不同，按各县等级，酌定设置科数。计一等县设总务、财务、教育、建设四科；各科设科长一人，科员、办事员若干人。二等县不设第四科科长，其事务归第二科科长管理。三等县不设第二、第四两科科长，其事务归第一科科长管理。五等县不设第一、二、四科科长，其事务由秘书指定科员分别管理。此外设承审员一人或二人，典狱员一人，并得设检验吏一人，督学若干人，协助县长办理诉讼典狱暨督导教育等事项。其组织图如图 2－3 所示。

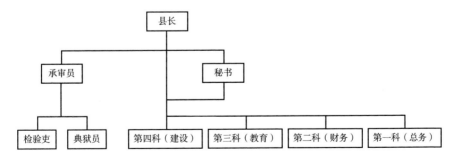

图 2－3 县政府组织

---

① 钱瑞升等合著《国民政制史》下册，商务印书馆，1946，第 172~173 页。

其中第一科总务科主要掌管总务公安自治户籍及卫生保健各事项；第二科财务科主要掌管财政预算、决算、审核各事项；第三科教育科主要掌管教育各事项；第四科建设科主要掌管建设各事项。

1934年4月，广西省政府修正的《广西各县县政府组织暂行章程》规定，凡一、二、三等县均加设副县长一人。为方便推行民团制度，提高副司令地位，由省政府委派兼任副县长职。1935年四、五等县民团副司令亦由省政府委派并兼副县长。1936年，为统一全省县行政编制，减少机构名称，省政府决定撤销民团司令部，在县政府机构中增设第五科，办理团务事项。当时的组织系统如图2-4。

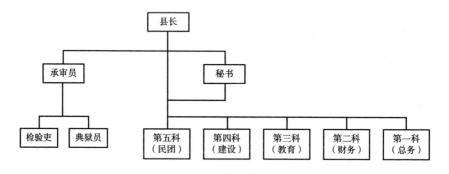

图2-4 广西各县组织系统（1936年）

1939年6月，省政府委员会议决定废除副县长制，将县民团改为县国民兵团，由县长兼任县国民兵团团长。同年11月，桂南18县沦为战区，省政府委员会于12月12日举行第445次会议，通过《广西省战时各县县政府组织大纲》，决定"凡属战区各县，如与省政府隔离时，得由原管行政督察专员公署径行指挥监督；如与原管行政督察专员公署隔离时，得由邻近之行政督察专员公署指挥监督；如与上级机关完全隔离，得由县长便宜行事"。① 县政府内只设秘书室及军事、政治两科，分别办理原有各科、县属各机关及战时各项工作。在30年代，广西省各县县政府组织，据上述情况，曾有7次变动。详细变动如表2-3所示。

---

① 广西省政府十年建设编撰委员会编印《桂政纪实》政治篇，1942，第61页。

表 2 – 3 20 世纪 30 年代县政府更动情况

时间	组织机构	改变之处
1933 年以前县政府组织	县长、秘书下设公安财政、教育、建设四局,各局设局长及干事办事员	此期与全国各省县制机构设置相同
1933 年县政府组织	县长、秘书下设第一科(总务)、第二科(财务)、第三科(教育)、第四科(建设)。承审员——检验员、典狱员	裁局设科合署办公,增设承审员制,协助县长办理诉讼监狱
1934 年县政府组织	县长、副县长、秘书下设第一科(总务)、第二科(财务)、第三科(教育)、第四科(建设)。承审员——典狱员、检验员	增设副县长,专管民团事务。由县民团副司令兼
1935~1936 年县政府组织	县长、副县长、秘书,下设第一科(总务)、第二科(财务)、第三科(建设)、第四科(教育)、第五科(民团)。审判员——典狱员、书记员	增设第五科,协助副县长管理民团事务。将承审员改为审判员
1937~1938 年县政府组织	县长、副县长、秘书,下设第一科(总务)、第二科(财务)、第三科(建设)、第四科(教育)、第五科(民团)、会计室、农业管理处、司法处	增设会计室、农业管理处,将审判员制改为司法处
1939 年县政府组织	县长、秘书,下设第一科(民政)、第二科(财务)、第三科(教育)、第四科(建设)、第五科(军事)、会计室	裁撤副县长,改设第五科负责民团、军事,并裁去司法处
战时战地各县政府	县长、秘书,下设军事部和政治部	战区各县只设军事部和政治部分别管理各科事务和司法事务

资料来源:钟文典主编《二十世纪 30 年代的广西》,广西师范大学出版社,1993,第 72~73 页。

从表 2 – 3 中我们看到,县政体制变迁的过程其实是政令不断统一、集中,县体制不断完善的过程。1933 年裁局设科,将各科统一纳入县政府的管辖体系,县长对各科拥有绝对的领导权,保证了上下政令的畅通,避免了各个部门间的相互牵制。从最初的四科发展到后来的五科,是当时广西大力发展民团使然。

当时广西县制度在原则结构上一致,但又根据各个县的具体情况和大小进行弹性的调整,使各县的行政制度更合理、更科学,也节约了大量的人力物力资源。广西在 1933 年裁局设科之际,中国其他各省还是实行科、局并存的体制。1931~1932 年江苏昆山等 24 县设第一科、第二科和公安、财政、建设、教育四局；上海等2县设第一科、第二科、公安科和财政局、建设局、教育局。广西的县政体制明显比国民政府的体制快一步，因而广西30年代的县政体制对中国后来的县制革新也产生了很大影响。1939年国民党中央政府在全国推行的"新县制"，其主要蓝本就是新桂系对广西县政的变革措施。当时主持推行"新县制"工作的内政部次长雷殷，就曾任广西民政厅厅长。

3. 民族地区县级控制机构的设立

县制的厘清和县政的加强对乡村地区的秩序化无疑起到了良好的推动作用。少数民族集中的桂北、桂西北和桂中地区大多都划入了四等县或五等县，纳入政府的管理体制中。即便如此，在广西还有一些少数民族聚居区，由于地理位置特殊和民族杂居的特殊性，使各县的管理职能无法很好地发挥。如前所述，著名的大瑶山位于桂平、平南、荔浦、修仁、象县、蒙山、武宣等7县接壤之处，1930年以前名义上为上述7县"分治"。但由于山区辽阔，人口稀少，交通梗塞，接邻几县的政令无法有效进入大瑶山内部的各民族中，因此长期以来形成了一个统治的真空地带。"国民党统治以前，整个瑶族中都没有统治机构的设立，只就村、乡与整个金秀区分别设立小石牌、大石牌、总石牌来调解纠纷或处理争端，每个石牌中推举一人为'石牌头'，专司其事，小石牌解决不了，可依次向大石牌、总石牌请求解决"。[①]那里既无官衙，又无土司，既无纳粮，也不缴税，朝廷对之更是鞭长莫及，无法直接进行有效地管理。国民党政府多次要把瑶民编组乡村，瑶民不肯就编。他们依靠险要的地势，并用石牌这种组织形式对内维持生产，维护社会秩序，对外抵抗外族的入侵。长期以来，大瑶山处于"封闭"状态，瑶民世世代代在这片山区里劳动生息。

1933年桂北瑶民起义被镇压下去后，新桂系认识到必须彻底改革少数民族地区基层行政体系。除了给与大瑶山接壤的7县配备足够的行政资源外，新桂系政权先后在大瑶山建立起军事、政治机构，即金秀警备

---

① 《瑶山情况报告》，《广西民族工作档案选编（1950~1965）》上，广西壮族自治区民族事务委员会、广西壮族自治区档案局，1998，第191~192页。

区署、设治局、警察局，统领大瑶山的民族事项。这些机构均与县一级的行政机构平级，除无司法权外，拥有民政、财政、建设、教育、治安等方面的管理权。使大瑶山地区的少数民族同时受上述机构及周围各县的双重统治。

（1）警备区署

民国二十八年（1939）以前，金秀大瑶山境域无县一级行政机构，所有各乡均隶属沿山各县。民国二十九年（1940）以后，广西省政府开始在大瑶山境内设置县一级行政机构。1940年至1942年6月，在金秀设金秀警备区署，有署长1人，助理员1人，会计员1人，书记1人，办事员2人，宣导员4人，技士1人，技佐1人，警察队60余人。[1]

（2）设治局

设治局制度萌芽于清光绪末年，为设县之阶梯。当时东三省等边远地区，拟设新县（厅、州）时，由设治委员前往划界，招徕移民垦殖，加强治安，待确有成效后，再正式设立县治。北京政府时期，设治局名称开始出现，成为与县并列但地位略低的行政机构，长官称设治员，经费按县缺减半预算。民国二十年（1931）6月2日，南京国民政府颁布《设治局组织条例》，规定在各省未设县治地方，可以暂时设置设治局，到一定时期，再改升为县治。设治局的置废与区域的划分，与设置新县一样，由省政府拟具图说，咨请内政部呈请行政院转请国民政府核准公布。设治局设局长一人，由省民政厅提出合格人员，经省政府委员会议委用并转报内政部备案，受省政府的指挥监督，处理该管区域内行政事务。在不违背中央、省法令的范围内，设治局可以发布局令与制定单行规则。[2]

民国三十一年（1942）金秀警备区署被国民党广西省政府改为金秀设治局，"将修仁的永宁、崇义两乡，象县的东北、东南两乡，桂平的木山乡，平南的罗香、罗运、平竹三乡，蒙山的古朴、岭祖两乡，共十乡，拨归金秀设治局管辖。设治局址则仍在金秀，所以各县所拨来的瑶区，

---

① 莫忍章主编《金秀大瑶山瑶族史》，广西民族出版社，2002，第243～244页。

② 傅林祥、郑宝恒著《中国行政区划通史（中华民国卷）》，复旦大学出版社，2007，第101页。

都以'金秀'统称了"。① 设治局有局长 1 人，秘书 1 人，会计 1 人，局下设民政股、教育股、建设股、财政股 4 个股，各股设股长 1 人，股员 1 人，另有技士、技佐各 1 人，股员 3 人及巡回教育队 1 个，警察中队 1 个。② 1947 年，新桂系在其他省份的部队相继被人民解放军击退，为了保住广西的地盘，加紧所谓的"戡乱"活动，国民党广西省政府于是年冬撤金秀设治局，重建警备区署。

（3）警察局

为了加强"剿共"工作，1948 年 11 月，广西省政府颁布《戡乱时期广西健全基层组织办法》。③ 金秀警备区署改为金秀警察局，设局长 1 人，正副督察长各 1 个，秘书 1 人，会计 1 人，文书 1 人，另有总务若干人，警察中队 1 个。④ 1949 年 11 月，金秀警察局称金秀警察中队，编制同警察局。

上述各种机构的设立，在一定程度上增强了新桂系对瑶山社会的监控能力，使大瑶山地区同时受警备区署及周围各县的双重统治。瑶民的很多集体活动都受其监视和干涉。1940 年 8 月，新桂系以武力进驻金秀瑶山后，金秀警备区署纠集周围各县的地方民团，对曾经反抗过其武装进驻的村庄及瑶民，实行烧杀掳掠。1942 年农历八月初一，岭祖乡瑶区的盘瑶群众数百人准备集体迁回传说中的祖先住地千家洞。金秀设治局与蒙山县政府合谋，会同岭祖乡公所，率领县警数十人，在林秀河进行堵截，并以谋反的罪名抓捕瑶民首领。1943 年 3 月，设治局又纠集沿山各县民团对瑶民起义进行疯狂镇压，瑶民死伤惨重，大量的房屋被烧毁，财物被掠夺。1949 年 8 月 21 日，金秀警察局局长李成棣在罗运乡公所召开所谓瑶区治安会议，会议强令各乡组织反共团队，规定乡团队"剿共"赏罚办法、抚恤标准、经费和装备解决办法。同月，金秀警察局与蒙山县政府在岭祖乡强迫村民集体举行反共宣誓。1949 年 10 月，金秀警察局为了镇压中国共产党领导的东北乡民兵组织，便将局机关和警察中队移

① 龚克：《金秀瑶区择记》，《广西民政》1936 年第 2 期，第 33～34 页。
② 莫忍章主编《金秀大瑶山瑶族史》，广西民族出版社，2002，第 243～244 页。
③ 张声震主编《壮族通史》下册，民族出版社，1997，第 936 页。
④ 莫忍章主编《金秀大瑶山瑶族史》，广西民族出版社，2002，第 243～244 页。

驻东北乡长垌村，强迫瑶民运送粮食和军火，修筑工事，放哨守卡，并随意抓人，妄图摧毁东北乡地下民兵组织。① 经过数次较为有效的军事行动，原为"化外之域"的瑶山地区渐于政治方面进入政府统摄视野。警备区署、设治局和警察局等机构在瑶山地区采取的一系列行动，说明了新桂系建立的统治机构已逐渐发挥控制瑶山地区的重要作用。通过设立各种基层行政组织，政府逐步将瑶山地区瑶民纳入其管理体系中。

第三节　"三位一体"基层行政网络的构建

20 世纪 30 年代初，新桂系重新主政广西之后，为了巩固统治和加强社会控制，将"健全政治基层组织，推进建设事业"② 定位为政治建设的重点。当时"中国的政治组织，越往上层，越是庞大，如中央则有五院及许多部会，省政府则有几个厅，而县政府只是一个县长几个职员，……在县政府之下，已经没有政治组织，好像倒立宝塔一般，上大下尖"树立不起来。③ 长期以来，广西同全国各地一样，县以下并无严密的政治组织。由于地处西南边陲，国家政权控制力量比较薄弱，基层组织形式更为混乱，特别是一些偏远少数民族地区，国家政权力量几乎没有控制到。这种结构松散、组织混乱的局面，不利于政令的传达，与新桂系集团的要求大相径庭。正如白崇禧所言："举凡政治的组织，都应该像宝塔的树立一样，下层的基础愈坚，则上层的建设才能永久，如只中上层的庞大则上重下轻，侧置的形势，则未有不崩溃倒塌的。"④ "地方自治要从健全基层组织做起，政治基层组织健全了才可以免除过去官僚政治上重下轻的弊害。使整个的全体民众，都在这种区乡（镇）村（街）的组织系统之下，然后牵一发可动全身，政府的命令，才能直到民间，同时，人民与政府也才有紧密的联系。组织健全了之后建设事业才容易进行。"⑤

---

① 刘明原主编《金秀瑶族自治县志》，中央民族大学出版社，1992，第 380 页。
② 姚亮、陆琦：《广西建设重要文献》，广西省训练团 1947 年编印，第 2 页。
③ 尤真化：《广西的基层建设》，民团周刊社，1938，第 14 页。
④ 《广西省政府公报》1934 年 1 月 15 日。
⑤ 第五路军总政训处编《三自政策及广西建设纲领》，1938，第 42 页。

因此要加强对基层社会的控制，就必须重新构建严密的政治组织。为此，为了确保国家的权力延伸到基层地区，新桂系政府在乡村构建了公所、学校、民团相互交织的"三位一体"形式的控制网络。

一 乡村公所的设立

公所是广西20世纪30年代非常重要的地方行政组织，在县政府以下设区、乡（镇）、村（街）公所。区行政组织为区公所，设区长1人，下设助理员1人，办事员若干人，协助区长分别办理民政、财政、教育、建设、团务等事务。乡行政组织为乡公所，乡镇公所"设乡长1人，综理全乡事务；副乡长1人，协理全乡事务。乡公所设书记1人，受乡长副乡长之指挥办理公所事务，于必要时，并得增用临时雇员。乡公所得酌设公役以供差遣"。[①] 村街公所"各设村街长1人，综理全村街事务，副村街长1人至3人，协理全村事务"。[②] 后来，省政府对区乡一级的行政编制也有过些微的调整，如1940年后调整为"乡镇公所设乡镇长1人，副乡镇长1～2人，下设民政、警卫、经济、文化四股，每股设主任1人。村街公所设村街长1人，副村街长1～2人，下设干事2～4人"。[③]

乡镇、村公所隶属于各县直接管理。但在大瑶山却例外，乡、村、甲等行政机构不是直属县，而是直属于警备区署、设治局下设立。乡设乡公所、有正副乡长各1人，文书、户籍、乡队附各1人，乡警若干人；村设村公所，设正副村长各1人，甲设甲长。

公所有固定的办公地点。新桂系政府对公所进行统一规划，一律要按照标准来设计。乡镇公所要求建造礼堂、教室、办公室、会客室、操场、林场等，有条件的还要设置苗圃、艺园、林场等。村街公所设计相对要简单些，但基本要求大体相同。公所仅供乡镇长、村街长办公之用，甲长作为最基础的干部，不能在公所办公，只能在家里办公，同时要悬挂标志牌。"甲长住所标志牌以长八寸、阔四寸、厚三分之木质制成，甲长住所标志牌应油蓝底白字，甲长住所标志牌应钉在门牌

---

① 广西省政府民政厅编印《广西民政法规摘录》，1934，第2页。
② 广西省政府民政厅编印《广西民政法规摘录》，1934，第3页。
③ 邱昌渭：《半年来之广西民政》第3卷，《建设研究》1940年第5期。

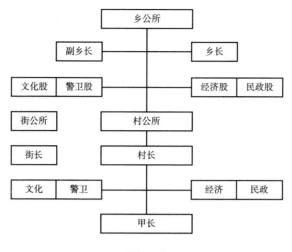

图 2 - 5

之下，如遇新旧甲长交替时，应由村街长监视将甲长标志牌取下，转钉新甲长寓处"。①

区公所的职责是在乡村地区全面推进新桂系集团的"四大建设"，管理乡村地区的政治、经济、国民基础教育和民团建设。我们可从上级政府要求公所悬挂的各种表格，窥探公所要完成的工作。当时政府规定在村街公所必须悬挂的图表就有二十多份。

从以下必须悬挂的图表来看，公所的职务包括政治、经济建设、人口管理和民团的推进，涵盖的范围相当广泛。其承载了乡村的稳定，基层的生产建设和村民的生活。"一村的人户多寡，交通地形，以及学龄儿童的调查，都有图表悬挂在外，令人一目了然。"② 可见，现代行政编组的进行和公所的建立，体现了新桂系集团意图把整个乡村地区完全纳入自己的控制网络中的目的。

乡镇村街还要定期召开政务会议。乡镇会议主要讨论乡镇长、副乡镇长所交议的议案，本乡镇的自治计划，乡镇款项之收支保管、乡镇公

---

① 《各电区监督及各县府办理甲长住所标志牌悬钉以便稽查寻觅》，《广西省政府公报》第 177 期，1937 年 6 月。

② 冷观（胡政之）：《粤桂写影》，（天津）《大公报》1935 年 2 月 20 日。

表 2-4　村（街）公所应制备张挂之图表

序号	目录	序号	目录
1	村(街)全图	12	村(街)植树成活株树统计表
2	户口统计表	13	现有团枪民枪弹药统计表
3	基础学校学生统计表	14	经费概算表
4	在学失学儿童统计表	15	公有私有土地统计表
5	成人教育统计表	16	各类私有土地统计表
6	仓储统计表	17	各类私有荒地统计表
7	甲长姓名一览表	18	粮赋统计表
8	民众职业统计表	19	各类公有土地统计表
9	物产统计表	20	各类公有荒地统计表
10	公产统计表	21	户籍人事登记变动表
11	公耕亩数及收获数量统计表		

资料来源：国民革命军第四集团军总司令部政训处编印《乡村工作须知》，1937，第 31 页。

约以及其他。参加会议的成员有：乡镇长、副乡镇长、本乡镇的村街长、副村街长、本乡镇内高小学校校长，以及本乡镇内具有教育学识经验暨热心公益并素孚乡望者。会议由乡镇长主持，乡镇长因事不能出席时由副乡镇长代理主持。乡镇会议无决定权，讨论的所有事宜均要报区公所核准办理。

村街会议主要讨论：村街长副交议者、自治计划、村街款项之收支保管、村街公约，出席会员提议者，地方各团体之建议经会员三人以上联署介绍者。会议分定期会议与临时会议两者，定期会议每季一次，于 2、5、8、11 等月召开。成员主要由村街长、副村街长、甲长、小学校长等人构成。村街会议也无决定权，一切讨论事宜均要呈报区公所核准办理。

公所有固定的办公经费。"由县地方收入或区地方收入项下支给之，其有区之县由区地方收入支给为原则。村街公所之经费由乡镇收入项下支给之。"当时估计一村全年费用，包含村公所、基础学校、民团以及其他用费，共须 300 元左右，较大点的村还不够。乡镇公所的各项支出经费按照民政厅规定，预算每乡镇公所每月经费 43 元，全年 516 元。[①]

———————

① 广西省政府编印《乡镇村街甲组织大纲》。

按照新桂系政府的规定，当时乡镇收入主要有：①乡镇公产之收入；②乡镇经营垦殖山林、田地之收入；③乡镇公营其他事业之收入；④其他收入；⑤县或区拨给之经费；⑥省库或县库之辅助。① 村街收入主要有：①乡镇区拨给之经费；②村街公产之收入；③村街经营垦殖、山林田地之收入；④公营其他事业之收入；⑤人民其他之辅助。② 除了以上收入外，省政府还每年给予乡镇一级机关一定的财政补助，其标准为：

以岁入40万元以上者（6县）年补14400多元，又每乡镇年补240元；30万元以上者（8县）年补15600元，又每乡镇年补264元；20万元以上者（10县）年补16800元，又每乡镇年补288元；15万元以上之县（20县）年补21600元，又每乡镇年补384元；5万元以下之县（8县）年补24000元，又每乡镇年补408元。此外果德、平治、天峨、龙茗、河池五县乡镇补助费微有出入；东兰、凤山特别补助10万元，收支适合，无预备补助费。③

可见，乡镇公所的经费除了由省政府固定补给的部分外，公所的经费在很大程度上依赖地方的财政收入。由于经费的紧缺，很多的基层干部即把办公经费以税收的形式征取，激化了基层政府和少数民族的矛盾。

二 国民基础教育学校的建立

国民基础学校是新桂系基层控制网络中非常重要的一端。新桂系政权建立初期，在广西省内，政局虽已初定，但政治腐败，贪污成风，乡村组织极不健全，匪患仍然猖獗，经济十分萧条，教育也得不到应有的重视，已经推行的义务教育收效甚微。在省外，蒋介石灭桂之心日甚，拟策划在广西邻省集结部队，企图一举消灭新桂系。新桂系为了防备蒋介石的进攻，保住广西，进而实现问鼎中原的夙愿，采取先治内后图外的策略，首先从整顿和建设广西入手，于1932年提出"三自三寓"政策（即自卫、自治、自给；寓兵于农，寓将于学，寓征于募），随后更雄心勃勃地提出"建设广西，复兴中国"的远大目标。在此过程中，新桂系

① 《广西省现行法规汇编》第3编，广西省政府编印，1938，第8页。
② 《广西省现行法规汇编》第3编，广西省政府编印，1938，第10~11页。
③ 邱昌渭：《广西县政》，桂林文化供应站，1941，第126页。

首领们深感各项工作的推行，都需要大批有文化的基层干部和人民群众的配合，而这一大批的基层干部和民众的培养和训练，实有赖于国民基础教育。正如黄旭初说："没有良好的公民便没有良好的政治。但是良好的公民是需要良好的文化去陶冶的。"① 对于传统的教育，新桂系认为，"从前的教育有两个缺点，第一是偏重城市和儿童；第二是和生活脱离关系。所以我国办了三十多年的教育，识字的人十个只有两个，而且进了学校只会读死书，出了学校便不会做事。"② 因而新桂系集团要发展自己的教育，用行政力量推动国民基础教育，达到改造人民群众的目的。

1. 国民基础教育的规划

1933 年 9 月，广西省政府颁布《广西普及国民基础教育五年计划大纲》，次年修正为六年计划大纲。"以教育大众化为方针，以爱国教育为灵魂，以生产教育为内容"，规定每个法定村街设立一所国民基础学校，"如果有特别情形如居民密集，距离不过三里，得数村联合设立，一村居民散居处在三里以上，或因山河阻隔，不便施教，可酌设分校"；每乡镇设立一所中心国民基础学校，"如果是因为财力或是其他特殊的关系，不能每乡（镇）分设的，由毗邻数乡（镇）联合设立"。③ 学校的组织分为两级：一是村街国民基础学校；一是乡镇的中心国民基础学校。前者以一村街一校为原则，后者以每乡镇设立一校为原则。国民基础学校由乡镇村街长兼任校长。村街国民基础学校在校长之下，设专任教师一人，如有两个学级，则设儿童班主任、成人班主任各一人，设有托儿所及幼稚园者，并各设班主任一人，保姆若干人。乡镇中心学校在校长之下，分设生活指导、辅导、总务三部，各设班主任一人，每年级设级主任一人。设有托儿所及幼稚园者，亦各设班主任一人，保姆若干人。

国民基础教育是儿童教育与成人教育、学校教育与社会教育合并办理的一种初等教育，其宗旨是"以扫除文盲，扫除政治盲，以至经济盲，助成各项建设为职志"。④ 学制分初级前期班和后期班、高级班、成人班，

---

① 黄旭初：《中国建设与广西建设》，桂林建设书店，1939，第 278 页。
② 《县政宣传大纲》，《广西省政府公报》第 160 期，1937 年 2 月 24 日。
③ 梁上燕：《国民基础学校的行政问题》，民团周刊社，1938，第 7 页。
④ 黄旭初：《国民基础教育与广西建设》，广西省政府编译委员会印行，1940，第 9 页。

成人班6个月，其余各班为2年。教材由省教育厅编订。办学经费，除政府拨款补助外，主要由各乡村筹集，如举办公产、村户派捐、私人捐助以及发动群众和学生造林、种果树等，实行群众办学。国民基础学校的课程，儿童课程分为乡土概况、本省建设、民族历史及现象、世界形势等四个单元。成人班课程大纲分为乡土概况与社会建设（即政治、经济、军事、文化四大建设）及中华民族与世界形势两大单元。全部课程所要实现的目标为："1. 完善自治组织，发展自治事业；2. 促成合作运动，发展生产事业；3. 普及识字教育，培养民族意识；4. 推进民团训练，发扬民族精神。"①

"国民基础教育一律免费，并限期强迫普及。"② 国民基础学校的组织，和旧有的普通学校不同，"这是因为彼此所负的使命各有分别。传统教育实施下的旧有小学校，它的对象是儿童，而且是限于少数有钱子弟的儿童，国民基础教育不仅在求儿童及成人教育的普及，并须以国民基础学校作为改良社会的中心机关。尤须注重民团训练，巩固村（街）自治的组织，推进合作运动等工作"。③ 实际上，国民基础学校与普通学校的主要区别在于功能方面。"国民教育之实施即融义务教育与成人教育于一炉，兼施并进以爱国教育为灵魂，以生产教育为骨干，配合基层政治组织，冀达组训民众与推进建设"。④ 广西省教育厅在总结广西十年文化建设概况时曾写道："国民基础教育，实具有双重使命；自教育本身而言，为教育改造运动；自整个社会言，为社会改造运动。此两项运动互为条件、相辅相成，彼此均统一于'建设广西、复兴中国'之总目标而服役。"⑤ 黄旭初也说国民基础教育在教育人"成一个国民"，进行"爱国教育"和"生产教育"；所以他除了读书认字之外，还要授予政治知识，养成民族意识。是教人去"认识本省的政策和推行本省的政令，参与广西的四大建设。能达到这点，国民基础教育才算是真正的实现"。⑥

---

① 广西省政府十年建设编撰委员会编印《桂政纪实》文化篇，1942，第80~81页。
② 姚亮、陆琦合编《广西建设重要文献》，广西省训练团印行，1937，第4页。
③ 梁上燕：《国民基础学校的行政问题》，民团周刊社，1938，第6页。
④《广西十年文化建设概况》（一），广西壮族自治区档案馆藏档案，档案号L7-1-248。
⑤《广西十年文化建设概况》（二），广西壮族自治区档案馆藏档案，档案号L7-1-249。
⑥ 黄旭初：《国民基础教育与广西建设》，广西省政府编译委员会印行，1940，第2~4页。

国民基础教育要求所有适龄男女儿童和 16 岁以上 45 岁以下的失学男女成人，一律强迫入学。5 岁到 12 岁的儿童，受两年的义务教育。12 岁到 16 岁的失学少年，受一年的补习教育。成人教育方面，失学成人须受半年（后来改为 4 个月）的成人教育。① 如家长不履行政府规定，则"罚其家长做苦工，或罚砖瓦、石灰拿来修整村街公所"。② 成人班同样不能旷课，除非遇到农忙等特殊事务，"如有违背，即罚做苦工"。③ 可见，当时广西的国民基础教育成为一种带着强制性质的免费教育。

2. 国民基础教育的成绩

无法否认，普及国民基础教育运动时期，是广西历史上教育事业发展最迅速的时期，学校的校数、儿童及成人入学的人数，增长的速度和达到的数量均是以往任何时期所无法比拟的。试将实行国民基础教育前的 1932 年与结束时的 1940 年各项统计数相比，可见一斑。1932 年，广西共有小学 13170 所，1940 年增至 21571 所，新增 8401 所，平均每年增长 1000 所以上。再从入学儿童看，1932 年为 600134 人，1940 年为 1587097 人，增长 986963 人，后者比前者增长 1.5 倍以上，平均每年增长 12 万人以上。成人教育的发展更为迅速，1932 年，受成人教育人数为 24087 人，1940 年为 329498 人，增长 12 倍以上，就 1939 年一年成人入校受基础教育者近 100 万人，其增长速度更显而易见了。④

据 1941 年年底统计，在全省 99 县 1 市中，"共有 2338 乡镇，已设立中心国民基础学校者，达 2236 所，设分部 449 所，其余 102 乡镇，系与其毗邻乡镇联合设校。全省共有 23977 村校，除中心国民基础学校所在地之 2236 村街，依照规定并入中心国民基础学校办理不另设校外，已设国民基础学校 19506 所，分校 5402 所，其余 2235 村街，亦经与其毗邻之村街联合设校。"⑤ 由此观之，六年计划在设校数量上是基本完成了。广西许多乡村，在这场普及初等教育中第一次有了自己的学校。许

---

① 杨卫玉：《广西教育之观感教育》第 28 卷，第 12 号，1938 年 12 月。
② 樊任芳：《韦廷光同学的建设成绩》，载自《正路》第 2 卷，第 3 期，1936 年 3 月。
③ 樊任芳：《韦廷光同学的建设成绩》，载自《正路》第 2 卷，第 3 期，1936 年 3 月。
④ 广西省政府十年建设编撰委员会编印《桂政纪实》文化篇，1942，第 87～88 页。
⑤ 广西省政府十年建设编撰委员会编印《桂政纪实》文化篇，1942，第 87～88 页。

多边远山区和少数民族地区，以前没有学校，这个时期大都创办了国民基础学校。

表 2 - 5　1932～1940 年广西国民基础教育实施概况

项目		1932	1933	1934	1935	1936	1937	1938	1939	1940
学校数	中心学校	1122	1101	1018	2256	2268	2291	2301	2163	2723
	国民学校	12048	13736	17298	19810	19512	19594	19693	18534	19298
	合计	13170	14837	18316	22066	21780	21885	21994	20697	22021
学生数	儿童	600134	658182	855528	1096251	1115534	1174061	1698534	1508950	1587097
	成人	24087	47671	134790	472170	1211576	1407370	973059	1007938	329498
	合计	624221	705853	990318	1568421	2327110	2581431	2671593	2516888	1916595
毕业生数	儿童	38532	50952	75993	83202	160215	203813	207058	427960	465465
	成人		22550	37592	43510	480462	299559	312457	913917	250997
	合计	38538	73502	113585	126712	640677	503372	519515	1341877	716462
教职员数	中心学校	6562	8478	8385	10389	11226	16265	18907	18160	19946
	国民学校	20669	17808	27908	31210	33680	49151	53938	51032	52833
	合计	27231	26286	36243	41599	44904	65416	72845	69192	72779

资料来源：广西省政府十年建设编撰委员会编印《桂政纪实》文化篇，1942，第 80～81 页。

从上表来看，广西的国民基础学校在 1932～1940 年间一直都呈上升趋势。广西的乡镇，1933 年为 2464 个，1934 年为 2399 个，1935 年为 2364 个，1936 年为 2326 个，1937 年为 2310 个，1938 年为 2332 个。可见，广西当时各个乡镇基本普及了国民基础学校。另据统计，至 1941 年，广西已受教育的儿童占 79.18%，成人占 84.5%，基本上扫除了文盲。[①]

但新桂系推广国民基础教育的真正目的是要把教育作为改造社会的一种手段，训练民众参与新桂系主导的广西各项事务。教育厅长雷沛鸿

---

① 广西省政府十年建设编撰委员会编印《桂政纪实》文化篇，1942，第 87～88 页。

在谈到国民基础教育宗旨时说："以扫除文盲，扫除政治盲，以至经济盲，助成各项建设为职志。"① 显然，扫除文盲，提高人民知识文化水平并不是其主要目的。国立中山大学教授、农学家丁颖在赴广西参观后，有感而发："广西的国民基础教育最特别的，是注意到民族意识；它把社会生活和生活技能都结合在一起，以期完成广西的自治和自卫的三自政策"。② 当时广西国民基础学校全面参与各项社会活动，涵盖政治、经济、文化、军事等方方面面的"四大建设"，国民基础学校与政府机关的公所在职能上并无多大差别。因此，广西的国民基础学校具有双重属性，既是学校，也是政府训练民众的机构、社会改良的机关。所以时人评价说国民基础学校"以全村为教室，以村事为课程，以村民自己互为师生教学相处，他不是以机关为主体，乃是以集团为主体——包括村长、队长、父老、儿童全村村民为主体，他不仅以学校设施为出发，乃是以整个村事——包括政治、经济、文化等建设为出发，所以国民基础学校，乃村单位训练，其训练工作，不仅注意于义务教育、传统之课程、教材、训育及组织等问题，乃是通盘筹划整个农村各部门训练上之连锁关系与办法。因此，国民基础学校之使命，乃是训练集团之力量，严密下层之组织，以谋全村建设事业为起点，以谋民族复兴之出路为归宿"。③ 这样评价也许有些夸张，但却道出了国民基础学校的实质。

因此，国民基础学校全面参与新桂系集团的"四大建设"活动。仅1934年广西国民基础学校的社会活动就有以下几十项：实施民权初步训练；举行社会调查；指导公共卫生；协助办理征工；指导各种抗战社团活动；发起造产运动；指导农业生产；倡导农村合作；推行节约运动；推广国民基础教育；协助改良风俗；提倡正当娱乐；宣传政令；时事报告；抗战宣称；协助编练民团；协助办理征兵；协助建设防御工事；防控防毒宣称；防奸。④ 以邕宁县国民基础学校为例，当时就明确规定当地学校就承担着非常繁重的任务。"以国民基础教育的力量，协助本省下列

① 雷沛鸿：《六年来之广西国民基础教育》，民团周刊社，1940，第9页。
② 丁颖：《广西全省农业之讨论之观感》，《群言》第12卷第5期，1936年1月。
③ 陈大白：《政教合一之广西基础学校》，《民国日报》（南宁）1935年12月15日。
④ 黄旭初：《县政建设与基层建设》，桂林建设书店，第442～444页。

各项建设。一、政治建设；二、经济建设；三、文化建设；四、社会建设。方法则是：（一）指引全省有志青年，重回田间去、商店中去、工厂中去。学问与劳动合作方法。（二）指引全省儿童及青年民众，协助政府造成乡村建设运动，及民族复兴运动。学问劳动与政治合作方法。"① 这显然超出了一所单纯学校的功能。

可见，国民基础学校其实承载了一种双重功能，既是学校，也是一所训练民众的机构，更是政府宣传政策，传达统治阶级意志的桥梁。正如雷沛鸿所说："国民基础教育的唯一功能，便是把广西乃至全国民众一致组织起来，以为中华民族建筑广大深厚的基础，务使中国四万万人各有力量，各有用处。"②

而国民基础学校也确实为新桂系政府的行政建设作出了很大贡献。国民基础学校很多毕业学员后来都成为基层干部，担任基层的乡镇长或村街长。以 1939 年为例，在 52579 个乡镇、村街长中，有 23596 人毕业于国民基础学校，占基层干部一半以上。③

建立国民基础学校是当时新桂系集团的重要举措，举全省之人力、财力，"运用政治力量，动员全省知识分子，彻底普及成人教育，以加强民众动员工作"。④ 因此国民基础学校相当普及。国民基础学校取代了传统的私塾学校，当时全省下令"严行取缔已设立国民基础学校各学区内之私塾，使学校教育充分发展"。⑤ 而且明确规定："各学区村落在距离学校三里以内其学童能就学，而学校又能容纳者一律不准开设私塾。"⑥ 因此国民基础学校的教师取代了传统的士绅，承担着乡村民众的教化任务，也成为新桂系集团控制乡村的文化工具。

国民基础学校在全广西大力推进，各民族聚居区也不例外。新桂系

---

① 莫炳奎纂：《邕宁县志》（民国卷），民国 29 年铅印本，第 931 页。
② 雷沛鸿：《广西国民基础教育运动的时代使命》，《中华教育界》第 24 卷，第 8 期，1937 年 2 月。
③ 《广西民政统计》，广西省政府民政厅编印，1940，第 28 页。
④ 《广西成人教育实施方案》，《广西省战时教育法规汇编》第 1 辑，广西省政府教育厅编印，1939，第 43 页。
⑤ 广西省政府秘书处印行《广西各县施政准则》，1933，第 11 页。
⑥ 《全县取缔私塾办法》，《广西省政府公报》1934 年第 13 期。

集团将苗、瑶等少数民族视为"特种部族"。如何在"特种"地区贯彻国民基础教育，这成为摆在新桂系集团面前的又一难题。因此在少数民族地区，新桂系集团将国民基础教育称为"特种部族"教育，强制推行，以达到开化少数民族的目的。

三 国民基础教育在民族地区的施行

20世纪30年代初，新桂系政权力量介入瑶族、苗族等少数民族地区，学校、公所在民族地区普遍设立。政府开办"化瑶"小学，推行风俗改良运动，使广西少数民族聚居区的教育和社会发展发生比较剧烈的变迁。

1. 少数民族的教育状况及风俗习惯

长期以来，教育在广西民族地区非常薄弱。清朝以前，在闭塞的民族地区，基本上不存在真正意义上的教育。人民的知识传授主要通过社会教育、宗教教育及私塾的方式进行。

私塾教育是民族地区最常见的一种教育方式。私塾在各地出现的时间并不一致，但从清朝初年开始，几乎各个民族都有自己的私塾教育了。大多是一些富裕人家自请先生开办，让自己的子弟获得受教育的机会。农民子弟进入私塾大多是短期的，主要学习掌握识字，会写契约、单据、书信、对联等日常应用文。大多数的少数民族人民没有受教育的机会。私塾教育在毛难族较为普遍，在侗族、苗族和壮族、仡佬族也较多。

瑶人自古就有"瑶不读书，狗不耕田"的谚语，可见瑶人读书的观念十分淡薄。瑶族教育主要是社会教育和宗教教育。社会教育主要是通过口头传诵的方式，将本民族历史上的重要事件传达给子孙，以使其受到民族文化知识及祖先记忆等方面的相应教育。社会教育的方法有三种，其一是由村老召集各户代表和全体村民会议进行教育；其二是社会上那些能说会道的族长老人给后代讲述故事；其三是男女之间相聚，利用对唱山歌的形式互教互学。瑶族每逢新年初一和七月十四这两天，村老都要集中各户代表来开会，瑶族叫做"甲老"或"做众门"，各户代表带些酒肉到村老家聚会。会餐前，先祭祀社王、神农之类神祇，接着就总结前段时间的生产经验教训，如果村规民约要修改也提出来给大家讨论，最后讲些大家要搞好团结，争取下半年获得好收成等鼓励的话。在会餐饮酒中，有文化会讲故事的人就以耳口相传的办法，用本民族过去发生的一些重大历史事件教育大家。这些代表回家后又把会上听到的内容传达给家里的人。在劳动休息时，老人还会给青年人讲各种各样的故事，教育子孙后代牢记祖先的历史，学会诚实做人，鼓励青年小伙子要见义勇为，对爱情要忠贞等。利用歌谣来传授历史、地理和生产等各方面的知识，也是瑶族社会教育的一种方式。瑶族山歌题材广泛，内容丰富，大概可分为：历史古歌、甲子歌、生产歌、地理歌、盘歌、礼仪歌、儿歌、信歌和情歌等几种。在对歌时双方可以互相传授各方面的知识，也可以测验对方的智慧和记忆力。老年人与青年人对歌时，老人可以把丰富的生产、生活经验及一些历史、地理等方面的知识毫无保留地传授给青年人。①

宗教虽然是一种麻醉人民的精神鸦片，但是在旧社会里没有学校供给少数民族子弟学习文化，因而宗教中的道公、师公便充当了孩子的老师。很多人民就是通过宗教活动学习文化的。

如十万大山盛行的宗教主要是道教和天主教。两种宗教教育大同小异。道教师父只收受戒后的男子学习，天主教则不分男女老少，凡是愿入教者都可以读经习字，接受文化教育。

道教的师公、道公、师父教育徒弟是采用单人教授的方法进行的。一个男子拜师戒道后，启蒙那天要带一斤猪肉、一瓶酒到师父家里去，师父收下礼物后便选定吉日、取出经书作为课本正式启蒙。首先从识字开始，师父逐字逐句地教，会读以后就练写。师父只教徒弟如何拿笔，徒弟依书上的字照样画葫芦。这种师教徒习的文化教育是没有课堂的，冷天可以坐在火堂边，热天可在堂屋里，时间多在晚上或节日里，只要有时间，徒弟随到随教。多数人经过几年的学习就能把经书读熟，并能写出一手好的汉字，但是不懂得语法，不懂用词语造句。有些人能把经典通篇背诵出来，但不会写一篇契文。学习满师后，徒弟抄写师父的经文，要交一定数量的钱，瑶族叫做"书根钱"。这些钱多则一二元，少则

_____

① 根据龙胜、金秀等地瑶族地区老人回忆整理。

几角。虽说满师，但今后师父还随时给予指导，如果徒弟有不清楚的地方或者忘记了，随时都可以找师父补课。

天主教的教育在礼拜堂，集中传教，男女老少只要是领了圣礼，入了教的人均可以参加识字念经。天主教开始传入十万大山时，神父是法国人。这些神父虽懂中文，但要进行传教仍有困难。他首先吸收瑶族中有文化的人入教，把这些人教熟天主教的经文（经书是中文字），然后委任一些人为副教会长、宣教士，再由他们动员其他人入教，进一步扩大传播范围。由于妇女也可以识字念经，解放前十万大山里竟出现了几个能诵读经文，能写一手漂亮的汉字，并粗通洋文的瑶族修女。瑶族利用宗教迷信活动的方法来教育后代，在客观上起了一定的传播文化知识的作用，使汉字能在十万大山瑶族中不断地推广使用。但是宗教所宣传的神鬼的魔力，否认劳动人民创造历史的伟大作用，使人们拜倒在鬼神面前，这是十分有害的。

正式的学校教育的出现，要追溯到清末。清末以后，瑶族地区开始有政府以教育手段来"开化"瑶民，1909年，李国治带兵将三点会镇压下去后，把整个瑶山划分为罗香、滴水、金秀、六巷四个团，各立团总，并随即设立学校。金秀团有化瑶小学一所，校舍建于金秀、六拉两村之间，由平乐知府欧阳中鹄拨库银1000两交修仁县署生息，以其利息收入作为办校经费。1921年，这1000两基金被沈鸿英所部攫去，校费无着，只好停办。同一期间，罗香团也由平南县署每年拨银400两，在罗香、罗运、平林、六竹等四个村各段设私塾一所，教导瑶民。到宣统三年（1911），罗香附近数村已将私塾改为两所学校。这些私塾和学校，大概在民国以后政府不再照旧拨款，不得已而停办。① 此外，在瑶山的一些地方还出现免费招收瑶族子弟入学的教会学校，如民国九年（1920）美国传教士在罗香村开设了一所教会学校。②

2."特种部族教育"的推进

1928年，国民政府第一次全国教育会议召开，通过了《厉行义务教

---

① 黄旭初遗著《广西的瑶山》，《广西文献》2003年第101期，第18页。
② 广西壮族自治区编辑组：《广西瑶族社会历史调查》第1册，广西民族出版社，1984，第383页。

育案》，此案要求各地失学儿童数每年减少20%。是年5月，广西省政府
制订《广西省今后教育改进计划大纲》，提出："凡苗瑶等族非普通学校
所能适应者，当有特殊教育以救济之。苗瑶教育均当早日分别筹设。"①
这是第一次提出少数民族教育问题。新桂系领导人认为，"广西民族，除
汉外，还有苗、瑶、峒、壮、僳僳，凡数十种，其风俗语言习惯，皆具
有特殊的性质，广西推行此等民族之教育，势不能将各个种属的名称冠
于其前。因而以'特种'二字为概括，呼此特种民族为特种部族，呼此
种教育为特种教育"。②"特种教育"这一名词由此得来。

　　推行"特种教育"的目的，实为统一民众思想，提高民众的国民
意识，以便动员力量进行抗战和防止共产党势力的发展。因此新桂系集
团在汉人地区开展国民基础教育，在少数民族地区举办了特种部族教
育。当局认为少数民族地区山高林密、交通梗塞，是共产党和土匪活动
的重要地区，少数民族文化落后，很容易被他们煽动而叛乱。因此必须
加强对山区少数民族进行监视和控制。而要达到这两个目的，就必须对
其人民进行"开化"或者汉化，使之与汉人一样接受政权的统治。如
瑶山内瑶民，"民智未开""朴野成性"，必须因地制宜，先注全力于教
育，从扫除文盲作起，他们一开智识，其他各方面就比较容易推进。③

　　1929年，省政府《广西省党部四全代表大会化瑶决议案》通过。
该案共设七条，其目标是开化瑶民，促成统一。1933年2月，广西省政
府公布《广西省苗瑶教育实施方案》（因有忽视除苗瑶外其他少数民族
之嫌，后改称为《广西特种教育实施方案》），为少数民族义务教育制定
了一整套具体实施方案。可以说，新桂系为了"特种部族教育"的顺利
实施，由省政府的决策阶层统一规划，先后制定、颁布和实施了一系列
法规条例。"据统计，从1931年到1939年，交由广西省政府委员会议
决颁布的有关'特种部族教育'的法案，就有12件以上。另外还有一
些与国民基础教育通用的法规，如《国民基础学校办理通则》《广西各

---

① 《广西教育史料》，广西人民出版社，1990，第279页。
② 刘介：《广西特种教育的创始》，《广西文献》1998年第80期。
③ 健芬：《广西苗瑶教育问题的探讨》一，《民国日报》（南宁，副刊），1934年8月17
日。

县实施强迫教育办法》等。"① 这些法规涉及 "特种部族教育" 的方方面面，使得在实施过程中，每一步都有法可依，有章可循。

在省主席的领导下，省政府委员会下统一制定了少数民族教育的计划和相应的法规，以及一系列的具体实施方案，省教育厅则依据省政府的法规精神，在省政府委员会的指导框架下具体推进少数民族教育的进行和启动。如推行少数民族教育，当时教育厅并没有专门的机构负责。1931 年 3 月 25 日，广西省政府委员会议定，由教育厅第三科负责办理少数民族教育事务。1933 年 11 月 20 日，省政府以主席令公布《广西苗瑶教育委员会组织大纲》。根据这一大纲，广西省教育厅于 1934 年 1 月成立苗瑶教育委员会，后改为特种教育委员会，正式确定了 "特种部族" 教育管理、视导机构，并开始设计、规划与策动全省特种部族教育。为进一步明确特种教育委员会工作职责与范围，省政府委员会相继公布了《广西省苗瑶教育委员会办事细则》和《苗瑶教育委员会工作大纲》，使该委员会各项工作的开展有法可依、有章可循。为便于进行实地调查，省政府主席令于 1934 年 4 月又颁布《广西省苗瑶教育调查团组织规则》，成立苗瑶教育委员会调查团，并公布《广西省苗瑶教育委员会调查计划纲要》。调查团成员按照该计划纲要分赴各少数民族聚居区实地调查，以为教育政策制定和推行之参考。因此，"特种部族教育" "遂由初期的发端而渐行进展"。②

（1）普设学校

广西省教育厅大体上依照省普及国民基础教育法令之规定——《广西国民基础学校办理通则》办理，"每村（街）须设立国民基础学校一所，每乡（镇）须设立中心国民基础学校一所"。一面根据各县的调查报告，于各属种族之同异、户口之疏密，学童之多寡，生活之难易，道路之险夷，同化之深浅，斟酌各地方情形，厘订办法，指示各县遵照办理。其大要为："凡学童达三十名以上，应设基础校一所。如超过此数，或因

---

① 梁彩花：《二十世纪三十年代广西 "特种部族教育" 述论》，《广西社会科学》1996 年第 2 期。

② 吴彦文：《广西之特种教育》，广西教育厅编审室新编广西教育丛书之四，1939，第 16 页。

户过于希疏者，得酌量情形，加设基础分校一所。"① 在 1932 年以前，广
西少数民族区域"仅有私塾学校 48 所"。② 自 1933 年推行"苗瑶教育"
后，学校数逐年增加。平南县在罗香、平竹、罗运、那平 4 乡各设立中
心校 1 所，高初级各 1 班，学生 160 名。除中心校所在地外，还设立了基
础学校 21 所，学生达到 455 人。该县还大力推进特种部族的成人教育，
先后入学的男女成人 2258 人，结业 2242 人，仅有 16 人因特殊原因而辍
学。③ 在罗城县少数民族聚居区的三防区，未办理特种教育之前，仅有县
立第四小学，所招收的也为汉、侗、壮三族子弟，没有苗瑶学生。1932
年，大云村创办苗瑶模范初级小学 1 所。次年，继续筹设特种学校 8 所，
改称为国民基础学校。1935 年，又扩充至 22 所。后省政府还发给津贴费
毫币 1000 元，用于扩充学校设备和奖励学校教师。④ 少数民族区域乡镇
村街国民基础学校，1933 年度合计达 88 所，其中乡镇中心基础学校 2
所，村街国民基础学校 86 所。⑤ 到 1937 年度上学期统计，全省"特种部
族"散居区域，共 219 个乡、1026 个村已设立中心基础学校 36 所，分部
5 所，国民基础学校 610 所，分校 37 所，在学儿童 27073 人，在学成年
人 22461 人。⑥

（2）保证生源

"特种部族教育"的对象主要是苗、瑶、侗等少数民族，这些民族有
自己的传统和风俗，一般都不愿意接受政府的教化。广西省政府根据
"特种部族"的具体情况，采取特殊的办学形式，规定合儿童教育与成人
教育于同一学校办理，采取合校分班制。并实行免费强迫入学之政策。
广西省教育厅根据这一指导原则，想尽各种办法，"以避难就易，先树信
仰"为方针，确保少数民族的学生进入学校中接受教育。在办理"特种
部族教育"时，教育厅"从较易集中施教之村落着手；从经济状况较好

---

① 《广西教育史料》，广西人民出版社，1990，第 578 页。
② 广西省政府十年建设编纂委员会编印《桂政纪实》文化篇，1942，第 107 页。
③ 郑湘畴：《平南县鉴·教育》，台湾成文出版社影印，1940 年铅印本，第 167～170 页。
④ 潘宝篆：《罗城县志》，台湾成文出版社影印，1935 年铅印本，第 219 页。
⑤ 广西省政府十年建设编纂委员会编印《桂政纪实》文化篇，1942，第 107 页。
⑥ 吴彦文：《广西之特种教育》，广西教育厅编审室新编广西教育丛书之四，1939，第 20～
24 页。

之村落着手；从同化程度较深之村落着手；从特种部族中与汉人情感最好之村落着手"。① 在这一方针指导下，教育厅通饬各督学人员，前往特区视察、宣传，尽量动员学生就学。刚开始，学生来源很少。面对这种情况，教育厅需要通报省主席，由省政府督促各县加强宣传，训令各县基础教育指导专员呈报视察本县"特种教育"情形，"对于特种部族区域初办学校，瑶民无知，不愿遣送子弟入学，应随时遣派乡村政务督察员，前往宣导或责成各校校长负责劝导，以利开化"。② 忻城县境内壮族"多数不识文字，不与外界接交，旧习牢不可破"，县政府派人进入山峒演讲开导，并派遣 5 名筹备员到东峒四要、耶峒、加书、朝怀、弄摩等村，召集村老开会筹议，动员入学。③ 镇边县（今那坡县）政府制定了《镇边县苗瑶教育实施工作》，规定凡附近瑶猓所在之学校概令尽量收受瑶猓儿童入学，一律免收其学费。④ 上思县的苗族多散居于山中，来去无常，县政府派熟悉情况的人入山宣传，选送苗人优秀子弟到县里就学，并派遣教师入山试行苗人教育，设立苗人学校。⑤ 在广大的桂西地区，西林县政府 1934 年初决定在蓝靛瑶聚居的安定、那老、八桂、潞城四乡选择适中地点各设初级小学 1 所，并饬令各乡乡公所负担劝导各瑶民子弟入学。凡属苗民入校读书之学生，每年由县教育经费项下酌量发给书籍等费用，以示优待。⑥

经过广西省府的多方倡导和宣传以及教育厅的具体落实，在各学校教员的努力下，广西各县"特种部族"区域内学生的入学情况有所好转。到 1940 年，有 949 班，在学人数 32345 人。⑦

（3）确定教材和师资

少数民族教育的教材，在 1928 年及 1933 年省政府委员会制定的"实

---

① 卢显能编著《国民基础教育实施法》，广西省政府教育厅编审室印行，1940，第375 页。
② 《广西"特种教育"》，《广西省政府公报》第 107 期，1936 年 3 月 10 日，第 88 页。
③ 《忻城县苗族社会状况调查表》，《广西教育行政月刊》，1933，第 3 卷，第 3 号。
④ 《镇边县苗族社会状况调查表（二）》，《广西教育行政月刊》，1933，第 3 卷，第 2 号。
⑤ 《上思县苗族社会状况调查表》，《广西省政府公报》1934 年第 3 期。
⑥ 《西林县苗族社会状况调查表（二）》，《广西省政府公报》1934 年第 3 期。
⑦ 《国民二十九年度广西教育统计》，广西省政府教育厅编印，1941，第 30 页。

施方案"中都曾强调过要编写。广西省教育厅有关人士也感到:"若以普通课本充数,不能切合特种部族生活需要,甚且有些课本内容,犯以汉族为主,'惟我独尊'的错误,而妨碍民族的同化。"因此教育厅强调"根据特种部族生活需要,编辑乡土教材;并根据特种教育目标,编辑特种教材"。[1] 但实际上,教材并没有编写出来。刚开始,采用的是汉区常用的新学制初小课本,除开语文和算术外,别的课是不上的"。后来,教育厅规定使用普及国民基础教育教材。国民基础学校教材分为课本、补充读物及实际生活材料等。实物教材,则规定尽量应用乡土教材;补充教材,得由学校或县政府视环境及事实之需要,自行编辑,呈请省政府审定。课本由国民基础教育研究院编印,共有儿童班各年级之国语、算术、史地、自然、唱游、国民基础读本等课本;开设音乐、工作、算术、国民基础等课程。成人班有国民基础读本、算术、妇女读本等课本。

师资是教育的关键。要顺利推行"特种部族教育",必须要培养一大批"特种部族"师资。《广西特种教育实施方案》中,对师资有专条规定。当时的方针、计划中也有类似规定。1933 年的《地方教育实施准则》提到:"各县为培养苗族教育师资,得由该县师资训练机关或民众教育馆附设苗族教育师范训练班,招收优秀苗民加以训练。"同年度《广西省施政方针暨行政计划》也提到:"开办苗区学校教师训练班,招收优秀苗民,培养苗族教育师资。"但是,当时培养"特种教育"的师资,还没有独立机构,教育厅只于各县师资训练机关及民众教育馆内附设训练班,其具体开设,得依据各县的情况而定。如三江县的师范讲习所,1934 年就增设苗瑶特别班,为本县培养苗瑶师资。为了更好地训练"特种部族"师资,1935 年 1 月,在广西教育厅长雷沛鸿的支持下,广西省教育厅在南宁成立"广西省立特种教育师资训练所",作为培训"特种部族"师资的专门机构。在已停办的邕宁县立中学给学生授课,刘介(字锡蕃)为首任所长。从此少数民族教育就有了专门的师资培养机构。1942 年,该校迁至桂林,改称"广西省立桂岭师范学校"。其教育宗旨为:"根据三民主义之教育原则,养成特种部族之师资,俾统一其政治思想,发扬其

---

① 卢显能编著《国民基础教育实施法》,广西省政府教育厅编审室印行,1940,第 376 页。

固有美德，促进其生产技术，以期提高其文化，改善其生活，而达到民族的统一，故训练方针，均以此为出发点。"①

在生源选取方面，"该所招生学生，由所查照各县特族人口的多数，厘定名额，列表呈请省府察核，通饬选送"；最初原规定"凡久居苗（瑶）山之汉人，而有志于特教者，亦准入学"。由于瑶汉隔阂很深，瑶民对汉人常常抱着怀疑的心态和猜忌的心理，不情愿送自己的小孩上学。因此各县选送特族生源困难重重，多以汉、壮族学童选送充实名额。后来省政府规定"一律限制所选送必须真正特族，凡资禀聪颖，略通汉语，而年龄在十五岁以上，三十岁以下者，皆得入选。"但由于瑶民的猜忌和顾虑心理未解除，选送工作的开展仍然困难，仍有冒充的现象出现。经过几年招生培训，瑶汉昔日隔阂逐渐打开，自动要求入学的学生每期必有数十人，该所由两班扩为六班，招生较前容易。②

"特师所"对老师的要求比较严格，任课老师不仅要具备现代文化知识，还要对"特种部族"之生活习尚及文化传统有所了解，如此方能因材施教。由于教师缺乏且多为汉族人，很多人往往难以完全适应这样的教学要求，学校不得不在高年级学生中聘请部分高材生兼任教员，协助任课教师教学与编写教材。随着教师与教育管理部门的共同努力，"特师所"的课程设置也日益规范、完善。当时特师所的主要科目包括国语、算术、教育、劳作等4科，兼授自然、社会、卫生、心理建设、社会调查统计、乡村工作纲要等课程。③ 这些课程的设置从言行修养积累、教育教学能力培养和运用、现代社会意识等方面对学生进行全面培养，不仅使学生初步掌握一定的生产技能和基础知识，还从思想意识上促使学生紧随时代潮流。

教育部鉴于该特师所办学成效较好，特咨准广西省政府将该所升格为师范学校。1942年3月31日，特师所遂改名为桂岭师范学校，校址仍在桂林。此后该校全部办师范班和先修班。师范班学制有3年的，有分前期、后期各2年的。1936年起，废止前、后班，仍保留先修班。1942

---

① 刘介：《广西特种教育》，广西省政府编译委员会，1940，第41页。
② 杨永凡：《广西特种教育一瞥》，《申报周刊》1937年第2期，第29页。
③ 刘介：《广西特种教育》，广西省政府编译委员会，1940，第27~28页。

年该校在校生增至 9 班（其中女子简易师范先修班 1 班），共 300 多人。学校师范班课程参照部颁 3 年制简易师范学校所设置课程，另加边疆教育课目；先修班参照中心国民学校课程。教学方法与其前身特师所基本相同。该校于 1951 年改名为广西民族师范学校。①

特种师资训练所学生毕业后绝大多数分配回原籍工作，其中多数当小学教师或乡村长。以金秀为例，金秀瑶山先后选送到"特师所"和桂岭师范读书的共有 100 人，其中读到毕业的约占一半。他们先后被分配回原籍工作，一部分人当中心国民基础学校教导主任，一部分人当小学教师，一部分人当乡村长兼小学校长。② 毕业生回乡服务后，仍要与学校保持联系。在服务期的前三年，规定每月须将工作之经过，研究之所得，分填两表（表式由该所规定）呈报母校一次。三年期满，如仍继续服务，则免除月报，改为期报，即于每学期终结时，报告一次。本省根据学生之报告，分别审核整理，参用个别或综合的方法，加以批评指导。同时关于政府大政的推行，国际国内的变化，该所教育实施之状况，亦随时选择精要，或通告学生，或拟具推动民众办法，及宣传方案，分头办理，以达于整个特族社会。③ 由此看来，当局对毕业生的这种管理制度，不仅是其加强少数民族地区文化教育的举措，也是从思想意识上对少数民族地区加强控制的一种手段。

（4）筹措经费

在边远山区设立学校，最大的困难当然是资金。对于资金的批示和筹措，省教育厅自然没有太多的权利，一切都得在省政府的筹划中进行。当时广西少数民族大多十分贫困，要自筹资金办学肯定行不通。各县教育经费也非常紧张，为鼓励各地普设学校，省政府于 1934 年 12 月公布《广西特种教育区域设校补助金办法》，指定专款为"特种部族教育"设校之用。1935 年 12 月，又公布《广西各县特种教育区域设校补助金给领支配及报销办法》，在各县教育经费不足的情况下，可依照此《办法》向省政府请领补助金。而且提高了补助金额，这一办法确实促进了"特种

---

① 蒙荫昭、梁全进：《广西教育史》，广西人民出版社，1999，第 400~401 页。
② 蒙荫昭、梁全进：《广西教育史》，广西人民出版社，1999，第 402 页。
③ 杨永凡：《广西特种教育一瞥》，《申报周刊》1937 年第 2 期，第 29 页。

部族"区域学校之普遍设置。

省政府为确保办学经费，采取多渠道筹集办法。一是向民国中央争取边疆教育经费补助，二是省政府拨专款补助，三是县款开支，四是各村街学校自筹。龙胜县教育局为推行苗瑶教育，深入龙胜各瑶区，"指定各户视财产多寡，在能力可能负担时，酌量自行捐充田亩作为学校基金"，"凡属参加变乱之区域，均普遍捐充"。①

即使如此，经费的紧张往往成为特种部族教育推行的最大障碍。十万大山米强村和六育村这两所小学仅办了一个学期，后因教师的工资无法解决，县里也不给办学经费，只好宣布解散。两个教师，一个跑到越南谋生，另一个改任乡长。从那以后，十万大山地区一直到新中国成立都没有再办过学校。在壮族地区，经费紧张的问题同样也没有得到解决。如昭平县，各国民基础学校经费，皆需乡村自筹，有些村庄，"每年筹数十元都感到非常困难。此数十元尚未够教员最低限度个人生活费，更说不到学校的设备"。② 河池也是如此。1937 年全县 18 个乡镇，180 个村街，共有中心校 18 所，国民基础学校 166 所，分校 47 所。"从数字上看，基本上达到每乡村有一所学校。但因学校师资缺乏，经费无着，往往校门常关；即使是中心校，也因教师兼办乡公所事务，不能专心教学，影响教学质量。"③

新桂系当局认为推行几年国民基础教育后，省内文化较前已提高，民众教育亦日趋普及，"惟以各山深菁密之地，尚有各种未开化或半开化之苗瑶民族，聚居其间，浑浑噩噩，毫无学识，生活简单，风俗固陋，虽居物产丰富之区，率不能启发天然之宝藏，以尽其用"，且"以脑筋笨拙之故，而一切匪盗，竟利用以为逃薮，出没无常，剿捕维艰"，"欲谋僻壤实业之发达，彻底肃清各属之盗匪，必先开化苗瑶，而欲图苗瑶之开化，非厉行苗瑶教育不可"。④ 为了便于检查督促办学，加强管理，新

---

① 《呈复县民侯正达请求发还瑶乱时捐献田亩详情祈予以驳回由》，龙胜档案馆藏，案卷号 52－6－1。
② 古兰若：《关于乡村工作》，《正路》第 1 卷，第 2 期，1937 年 2 月。
③ 河池市文史资料委员会编《河池文史资料》第 4 辑，1991，第 78 页。
④ 《广西省政府关心苗瑶开化事业》，《劳工月刊》1928 年第 4 期，第 13 页。

桂系对"特种部族教育"统一规划,陆续制定了不少法规。在这些法规中,有涉及"特种教育"的实施、设置,学校资金的补助,师资的培养,特种教育委员会、调查团的工作、职责范围,甚至学生的特殊待遇等。① 这使得"特种教育"各个环节,每个步骤,都有法可依,有规可循。

3. 推行特族教育遭遇的阻力

新桂系推行特族教育所遭遇的阻力来自主客观两大方面。客观方面主要包括师资力量缺乏、教育经费短缺、山区交通的障碍等。主观方面主要是指人为因素的影响。首先,来自民族内部的反对。如在金秀大瑶山瑶族中存在"山主"和"山丁"之区别。"山主"一般都占有一定的田地,大"山主"则掌控着大片的山林和土地。"山丁"则依靠租种"山主"的水田、山地以求生存。因此,山主和山丁之间存在着一种不平等的土地关系。通过这种不平等关系,"山主"对山丁进行经济剥削,生活干涉,"课其地租,十倍于赋税。甚或男婚女嫁,亦受其干涉"。② 新桂系开办特族教育,使"山丁"受到教育,必然威胁"山主"的固有利益,因此往往遭到"山主"的阻挠和破坏。"茶山瑶是金秀瑶山中最富有,人口最多,能力最足的族团",因此曾召集瑶山"山主"开石牌会议,拒绝开办学校。门头村的花篮瑶也"曾用武力解散了附近的板瑶学校,拆毁校舍,而且声称凡是要读书的板瑶不准耕种他们的地"。③ 其次,来自宗教的阻力。迷信巫觋的现象在瑶族、苗族社会中很普遍,因此巫觋在瑶族中具有较强的影响力,"其威力足以支配一般之心灵,凡苗瑶变乱,无论具有何种之原因,而发动必为巫觋"。可以说巫觋已经在很大程度上控制了瑶民的思想意识。推行特族教育,向瑶民传授文化知识,必然影响到巫觋对瑶民思想意识的控制。因此,为了把控手中的这种权力,对新桂系开办的特族学校"巫觋不能不加以破坏"。④ 由此可见,特种部族教育的推行过程,就是一种控制权的争夺过程。

---

① 梁彩花:《新桂系"特种部族教育"评析》,《广西民族学院学报》2006年第2期,第177~180页。
② 刘介:《广西特种教育》,广西省政府编译委员会,1940,第59页。
③ 费孝通:《六上瑶山》,中央民族大学出版社,2006,第100页。
④ 刘介:《广西特种教育》,广西省政府编译委员会,1940,第58页。

四　三位一体的行政网络特点

如前所述，广西 30 年代的地方行政组织，在县政府以下设区、乡（镇）、村（街）公所。区行政组织为区公所，设区长 1 人，下设助理员 1 人，办事员若干人，协助区长分别办理民政、财政、教育、建设、团务等事务。1935 年政府曾将区公所裁撤，但 1938 年后因抗日战争的需要，各县又根据区域面积、政治、经济、交通等情况，恢复区公所。

区以下是乡镇村街公所，它们是广西行政组织的基层细胞。当时广西乡镇村街的行政组织有以下几个特点。

其一，乡镇设置乡镇长一人，副乡镇长一人至二人，俱由乡镇民代表大会选举，但未实行选举以前，仍由县政府委任。

其二，乡镇公所设民政、警卫、文化、经济四股，各股设主任一人，干事若干人，并需有一人专办户籍。中心学校教员分别担任干事主任等职。如经费不充裕之地方，各股得酌量合并或仅设一干事。

其三，乡镇长，中心学校校长，壮丁队长可由一人兼任，以一事权。经济教育发达之区，校长得设专任。

其四，乡镇保甲制度，俱取十进制为原则，不得少于六多于十五，整齐划一，合于军事部署。

其五，甲置甲长一人，由户长会议选举。必要时，甲得举行甲居民会议。甲之组织，以户长为单位，而不以个人为单位。

广西当局自 1934 年起，在乡村行政组织建设方面就执行了与当时各省不同的"三位一体制"，即"乡（镇）、村（街）两级必须设置三个主要机关，在乡（镇）是乡（镇）公所，乡（镇）中心国民基础学校，乡（镇）民团后备大队部；在村（街）是村（街）公所，村（街）国民基础学校，村（街）民团后备队"，其中公所是行政机关，民团是军事组织，学校是教育机构；"从人事方面说，就是一人三长制度，即乡（镇）长兼任中心国民学校校长、民团后备队大队长；村（街）长兼任国民基础学校校长、民团后备队队长"。"从事务方面说，就是乡（镇）公所、中心国民基础学校、民团大队部三机关合并办公"。"从工作的性能方面说，则是以乡（镇）村（街）公所为中心领导机关，运用民团的组织力量推动建设，以基础学校实施教育，以教育的力量，辅助建设工作的进行，而统一于乡（镇）、村（街）长的掌握之下。"这就是 30 年代在广西基层行政组织的乡（镇）村（街）"三位一体"的体制。①

1. "三位一体"的特征

1934 年 6 月，广西党政军联席会议通过《各县办理村（街）乡（镇）民团后备队村（街）国民基础学校乡（镇）中心学校及乡（镇）村（街）公所之准则》，正式确定了乡（镇）村（街）公所"三位一体"的制度。其准则主要内容如下。

"一、每村（街）须编练民团后备队一队。若十八岁以上至四十五岁以下之壮丁，满一百人以上一百五十人以下；或者新编之村住民稀散，集中一队训练不便者，皆得分组训练之。二、每村（街）以设立国民基础学校一所为原则。若在城市地大或数村毗连者，得联合设立一所多分班数；若新编之村，住民稀散不便集中以施教育者，得设分校，并得分组教育之。三、国民基础学校校舍，督促村（街）住民，以村（街）内之庙宇祠堂改修使用；其无庙宇祠堂可修改者，亦可借用私人宽大之房屋；倘均不可能，再督促村（街）居民，就财力可能范围，选择地点，共同出力，共同捐助材料、物品银钱建造之（即茅屋亦可）。其校舍、操场、园林等需用之土地，应尽先调查收用村（街）之公产及无主地充之。四、新建或修改国民基础学校时，就将讲堂放宽，以便作公共集会之会场及礼堂之用；并须建筑操场（公地或草坪均可）及小园林（将原有大树或林木地方修理整洁即可）各一所。但仍在财力可能范围内筹划；倘财力不及时，可先建造茅屋供用。五、村（街）民团后备队之队部及村（街）公所，一并附设于村（街）国民基础学校内，同屋办公，不另设置。六、村（街）国民基础学校校长，须以高小以上毕业，或相当程度，并曾经于民团干部大队毕业，或曾受军事训练者充之。七、村（街）国民基础学校校长，以兼任民团后备队队长及村（街）长为原则，如非本村人，得免兼任后备队队长。八、村（街）国民基础学校校长，以本村（街）人为原则；但本村（街）无上列第六项相当人才时，得以他村

---

① 李宗仁等：《广西之建设》，广西建设研究会，1939，第 234 页。

（街）他乡（镇）或他县人充任，并得兼任村（街）长及民团后备队队长，而以本村（街）人为副队长。九、村（街）国民基础学校校长，兼任村（街）长及村（街）民团后备队队长，生活费之多少，视各该县及各县乡（镇）之财力而定。但最多月给不能超过国币壹拾伍元。十、乡（镇）长须兼任民团后备大队长，须协助督率编练之。十一、乡（镇）民团后备大队队部，即附设于乡（镇）公所内，不另设立机关。十二、每乡（镇）设立乡（镇）中心学校一所，其校长以该乡之乡（镇）长兼任之。十三、乡（镇）长须以初中以上毕业，曾经民团干部大队毕业，或曾经受军事训练者充任之。其未受训练者，并须提前训练之。十四、乡（镇）长以本乡（镇）人为原则，但本乡（镇）内无上列十三项人才时，得以他乡（镇）或他县人充任，兼任民团后备队大队长，以本乡（镇）人为副乡（镇）长。十五、乡（镇）长得兼任该乡（镇）公所所在地之村（街）长，如未经干部大队毕业者，得留至后期训练之。十六、乡（镇）长生活费给予之多少，视各县财力多少为标准，但最多每月薪不得超过国币贰拾伍元。十七、乡（镇）公所得暂时附设于乡（镇）中心学校内。十八、乡（镇）中心学校，如无祠堂庙宇及公共房屋借用，则由乡（镇）长就地方财力之可能筹建之。如财力不及可先建造茅屋供用。十九、新建或修改乡（镇）中心学校时，应将讲堂放宽至能容二百人，以便兼作礼堂及会场之用；并须筹建能容一千二百人之操场（将附近公地修理平整即可）及设置园林一所（将原有大树或林场地方整理清洁即可）。"①

　　所谓"三位一体"，就是乡镇、村街两级必须设置三个主要机关，在乡镇是乡镇公所、乡镇中心国民基础学校、乡镇民团后备大队部；在村街是村街公所、村街公民基础学校、村街民团后备队。从人事方面说，就是一人三长的制度，即乡镇长兼任中心国民基础学校校长及民团后备队大队长；村街长兼任国民基础学校校长及民团后备队队长。从事务方面说，就是乡镇公所、中心国民基础学校、民团大队部三机关合并办公，人员互助工作，办公设备，互为应用。再从工作的性能方面来说，则是

① 李宗仁等：《广西之建设》，广西建设研究会，1939，第326～328页。

以乡镇村街公所为中心的领导机构，运用民团的组织力量推动建设，以基础学校实施教育，以教育的力量，辅助建设工作的进行，而统一于乡镇村街长的掌握之下。① "三位一体"不仅是乡村长兼任民团后备队队长和国民基础学校校长的"一人兼三长"，而且三个机构合为一体，"一所三用"，乡村公所、民团后备队队部、国民基础学校校舍三个场所合一使用，② "使四大建设连成一气，基层政治、经济、文化、军事建设打成一片，使其均衡发展"。③

"三位一体"制下，民团、学校与公所均非单一职能部门，而是成为融政治、经济、军事、文化为一体的复合体，"形成以乡镇村街公所为领导中心"，通过民团的组织"以发挥民众集体力量"，通过国民基础学校以用教育力量来促进建设工作的进行。④ 这样，"不但人才经费可以节省，并且由后备队队部来训练民众，由村公所来管理民众，由基础学校来教育民众，把三者俱于一体。在教育方面不论男女老幼，和哪一种职业的从事者，都要使他们受教育而并无丝毫妨碍工作"。⑤ 从而，民团、学校与公所形成了密切的互动关系。

2. 民团、学校、公所的有机联系

民团与公所，在"三位一体"制度下，政治系统是由省政府到县政府以至区乡村甲；军事系统是由总司令部到区指挥部，到县司令部，以至联队、大队、后备队。行政监督兼民团区指挥官，县长兼民团司令，区长兼联队长，乡长兼大队长，村长兼后备队长，民团与基层行政体系紧密相联，成为军事而兼政治的组织，成为新桂系"实施政治之枢"。⑥

新桂系"集中民团整个力量，以推动政治"，⑦ 构建了一个军事和政治互为一体的控制网络，使得新桂系集团的意志和各项乡村建设、各种

---

① 邱昌渭：《三种精神与一个政策》，《民国日报》（南宁）1939 年 6 月 28 日。
② 邱昌渭：《广西县政》，桂林文化供应社，1941，第 77 页。
③ 梁上燕：《广西建设》，广西省地方行政干部训练团出版，1942，第 42 页。
④ 尤真化：《广西的三位一体制》，民团周刊社，1938，第 20 页。
⑤ 艾兰：《从苏联的综合技术教育说到本省的国民基础教育》，《桂林日报》1937 年 3 月 22 日。
⑥ 《参观两广政治报告书》，山东省政府秘书处印行，1935，第 57～58 页。
⑦ 《白健先生言论集》，广西建设研究会，1941，第 58 页。

措施能够通过民团直接插到乡村社会的最底层。"如身之指臂，臂之使指"。① "政府一个命令下来，便迅速地达到了民众的本身，民众便马上实行起来了。"②

同时，因为"三位一体"的"一人兼三长"，各级民团组织的领导由县以下各区、乡镇、村街长兼任，这样乡镇村街长还可以"由行政上之强制力量组织民团，实施训练，推进其活动"，③ 从而用行政的力量加强民团的实施。而民团的训练在公所进行，"如遇民众大会时，经该乡镇公所许可，得于礼堂行之。"④ 所以，民团与公所的关系实际上是以民团的军事组织来加强新桂系集团的行政控制，以公所的行政力量来推进民团的建设。

此外，国民基础学校与村街公所的关系也是密切相连。黄旭初曾言："以行政力量补助教育。就发展教育本身言之，须要行政力补助之处尤多，例如实施强迫教育，便不是学校力量所能办得到的。在三位一体制下，校长可藉乡村长职权，运用行政力量来促进教育"。⑤ "学校对公所视为上级机关。公所应运用行政力量，推进教育事业。学校应协助公所推行建设。乡村长应出席学校会议。"⑥ 这是广西省政府曾颁布《广西各县（市）乡（镇）村（街）公所新设置专任校长之基础学校联系办法》中明确规定的。

显然，"三位一体"的体制目的是新桂系集团希望通过乡镇村街长的行政的力量来推动国民基础教育的实施，达到训练民众的目的。只有国民教育的推行使得民众的文化素质有所提高，人们才能理解新桂系集团的"三自政策"和"四大建设"，才能加强人们对政府的拥护，从而加强政府的社会控制。因此，新桂系集团希望通过国民基础学校的建设来影响行政的效果，同时能够促进政令的贯通。"由于成人教育的实施，民众对各种政令更为深切了解，而乐于自动奉行，此可于民众参加村街民大

① 雪涛：《一年来的广西民团》，《正路》第 2 卷，第 1 期，1936 年 1 月。
② 邱昌渭：《广西县政》，桂林文化供应社，1941，第 232 页。
③ 《军政概要》，广西民团干部学校编印，出版时间不详，第 18 页。
④ 《广西省现行法规汇编》第 3 编，广西省政府编印，1938，第 84～86 页。
⑤ 黄旭初：《县政建设与基层建设》，桂林建设书店，1941，第 362 页。
⑥ 梁上燕：《广西建设》，广西省地方行政干部训练团印行，1942，第 44 页。

会较前踊跃，各种不良风俗日渐改良，及乡村公共造产运动较前积极等事实，窥见一斑。至于妇女劝其兄弟夫婿服务兵役者，亦屡见不鲜"。① 这正是新桂系推行国民基础学校的真正目的之所在。在每一个乡村街之中，"基础学校变成了一个中心的场所，把教育的力量，成为推动乡镇村街工作的中心力量"。② 所以说："义务教育社会教育统一起来，在行政上，一面可以节省人力、财力，一面又可避免政府行政的分歧"。③

"三位一体"的行政网络使广西乡村的各种组织紧密联系，"上下有系统，左右有联络，便不像一盘散沙，而成为一个团体"。④ "关于军事的表现是民团，民团的力量可以克服匪患，使乡村得以早治；政治的表现，是民众组织严密，地方自治完成；在教育方面是普及国民基础教育，以健全民团组织，促成地方自治，推进合作运动。"⑤ 因此，"三位一体"的行政网络使广西的乡村行政权力得以集中，提高了社会控制的效能。"如是，村长在推行强迫教育的时候，一方面利用乡公所的行政力量来督促民众，一方面又可以利用民团组织，实施有组织的教育；在推行政令时，乡村长可以利用教育的力量，激发民众参加工作的热忱，亦可由民团的集体力量推动建设；在办理民团时，乡村长可以利用民团的力量促进民团的编组，一面又用教育的力量，使民众了解民团编组训练的意义。这种事业的互动运用，只有在"三位一体制"下，才能具有灵活的效能。"⑥ 因此，在政府的大力推行下，"三位一体"制度开始在广西全面展开。如南宁区 16 县中，除果德一县外，其余各县均已普遍实行"三位一体"制，连比较偏远的县份都普遍开展。以思乐县为例，"各中心校合并乡公所办公，国基校合并村公所办公，除海渊、板棍二乡公所因无相当干员充任，仍分别办公外，其余各乡村公所学校民团后备队均于上年

---

① 苏希洵：《广西省成人教育实施总报告》，《国民教育指导月报》第 1 卷，第 3 期，1941 年 10 月。
② 邱昌渭：《三种精神与一个政策》，《广西日报》1936 年 6 月 28 日。
③ 李宗仁等：《广西之建设》，广西建设研究会，1939，第 455 页。
④ 《乡村政务督察员及乡镇长应有的认识》，《广西省政府公报》第 50 期，1938 年 1 月 6 日。
⑤ 梁上燕：《广西国民基础学校所负之使命及其地位与实施办法》（续），《民国日报》（南宁·副刊），1934 年 4 月 3 日。
⑥ 李宗仁等：《广西之建设》，广西建设研究编印，1939，第 339 页。

一律实行三位一体制。现查此次干部学院毕业返县，已经遴员接收海渊、板棍二乡乡长兼任校队长。故各乡村三位一体已普遍实行。"①

由民团、学校、公所构成的"三位一体"行政网络逐渐成为广西的基层组织机构的同时，也在广西的乡村社会构建了一个"政教卫合一"的权力网络体系。通过这个网络，新桂系集团把乡村地区全面纳入自己的控制之中，使国家的意志和政府的力量通过这个网络的各个末梢直达基层社会，从而完成政府的全面控制。正如时人说："广西今日一切表现都有办法，如征兵有办法，征工有办法，筑路、造林、种桐、村仓等无一不有办法，都是三位一体制效用的表现。"②

第四节　村街民会议的施行与传统议事会议的消解

20 世纪 30 年代，新桂系集团以地方自治，民主政治作为对外宣传的政治资本，积极推行"训政"，在广西大力推行民主议政、民众参政，培养人民自治的能力，因而成立了一批民意自治机构，在乡村一级行政组织还设立了村街民代表大会。村街民代表大会曾被新桂系集团视为最基层的"民意"机构，被认为是"广西领袖在革命的实践中，对于抗战建国的基础工作上，贡献的伟大创作之一"，被认为是"实现民权主义最具体的办法"。③ 村街民代表大会成为广西乡村社会基层政权组织的重要组成部分。在新桂系政府的大力推行下，村街民代表大会开始在乡村地区施行，逐渐取代了民族地区长期存在的传统议事会议。

一　村街民大会的由来和会议程序

"村街民大会，是以曾经训练合格的村街长为中心，以全体村街民集会的方式，以实际建设为内容，而进行对人民实施训练，以培养人民'自卫'、'自治'、'自给'之认识和能力，并实际的从事'自卫'、'自

---

① 《电据思乐县政府报称该县各乡村已普遍实施三位一体制等情核饬遵造由》，《广西省政府公报》，第 115 期，1936 年 4 月 5 日。
② 尤真化：《广西的三位一体制》，民团周刊社，1938，第 29 页。
③ 潘景佳：《抗战中的广西乡镇村街长》，民团周刊社，1938，第 11 页。

治'、'自给'工作为目标。"① 因此村街民大会的召开旨在"为提起民众政治兴革事宜,提起民众的政治兴趣"。② 其根本目的,是以村街民大会的方式,达到训练民众参政议政的能力,以及学会运用选举等权利,使民众在最短期内,具有自治的能力。显然,广西的村街民大会除议事外,还兼有训练各村街民民主自治能力的功能。

村街民大会最先在广西平乐区出现。开始是建议每月每村街要举行一次纪念周,但新桂系考虑到"在乡村中的人民,天亮就要起来做工,如果要在上午举行,就要妨碍他们的工作,如定在夜间举行,又不合于纪念周的条例,故不能采用纪念周的名义"。③ 因而,新桂系将其定名为村街民大会。接着,1936 年 12 月 18 日新桂系以广西省政府的名义,公布了《广西各县村街民大会规则》"由县布告民众司知",④ 开始在乡村正式推行村街民大会制度。

大会程序:大会程序共有十二项,分别为:①开会;②全体肃立;③唱党歌;④向党、国旗及总理遗像行三鞠躬礼;⑤主席恭读总理遗嘱,全体循声宣读;⑥默念三分钟;⑦主席报告;⑧讲座议案;⑨临时动议;⑩余兴(举行国术、音乐、表演等);⑪呼口号;⑫散会。⑤

会议开始后,一般先由领导做报告,内容如下:"1. 报告一个月来政府的重要命令。内容复杂,民众不易了解的,加以解释;2. 报告上次的决议案及执行经过。例如上次决议修理本村水沟案,现在已否修理,或修理的情形如何;3. 除报告村街公所经手收支的款项及物品数目报告之外,同时将款项或物品,开列清单张贴,给大家清查数目对不对,以示公开;4. 报告最近的重要时事。例如近日抗敌军事有什么进展,我们的军队在什么地方攻守,以及其他情形如何。村民看报纸的机会很少,如

---

① 尢真化:《村街民大会与地方自治》,民团周刊社,1939,第 13 页。
② 《广西省现行法规汇编》第 3 编,广西省政府编印,1938,第 140 页。
③ 尢真化编《黄旭初先生之广西建设论》,南宁建设书店,1938,第 98 页。
④ 《电并送发广西各县村街民大会规则希查照仰各知照》,《广西省政府公报》第 156 期,1937 年。
⑤ 国民革命军第四集团军总司令部政训处编印《广西乡村工作须知》,1937,第 102页。

果单听人家说，很容易发生种种动摇，淆惑人心。"① 报告结束之后，与会村民即讨论议案。无论是村街长还是与会的民众任何人均可提出议案。

讨论时如有多数人赞成，则决议通过；如有多数人反对，则决议取消或保留。议案讨论完毕即可散会。会议结束，与会人员要高呼口号，主要有："1. 建设广西复兴中国；2. 厉行三自政策；3. 实行三民主义；4. 贯彻焦土抗战主张；5. 打倒日本帝国主义；6. 中国国民党万岁；7. 中华民国万岁"等。②

会议规则：为了保证村街民大会的顺利召开，新桂系制定了相应的规则。按照《广西各县村街民大会会场规则》规定：村街民大会以村街公所及国民基础学校礼堂或课堂为会场；会场须设坐位按甲按户自前排右方向左编列，由第一甲各户起以至最后一甲之最后一户止；各户出席大会人员须依照按甲按户编列之位次就坐，不得紊乱，应遵守之秩序，并由甲长随时指导纠正。出席人员不得携带小孩避免喧哗及紊乱秩序；出席以及列席大会之人员不得携带枪刀木棍等武器；不得吸烟；不得以足蹲在凳椅之上及有其他不规矩之举动；不得大声喧哗；不得自行退席及走动；不得醉酒滋事。"违反本规则第三条以至第八条，不服纠正者各罚铜仙 10 枚以为村街基础学校基金"。③

参加人员：村街民大会的参加人员"以本村街人民为限。以后当依照公民宣誓之规定，以合于资格曾经宣誓之公民为限。对于居住期间，亦当依照规定办理"。④ 一般来说，本村街无论男女，凡年满 20 岁者，除患精神病者外，都可以出席村街民大会。开会时，每户最少须派一名年满 20 岁者出席。村街民出席大会由各街甲长领导前往，每次大会出席人数与缺席人数均须于开会前查点，开会后由村街长报告乡镇公所，然后转报县政府。如果村街民无故缺席，则处以罚金 2 角或服劳役 1 天。⑤ 各村街的国民基础学校教职员、年满 14 岁的学生以及各村街民团后备队团

---

① 黄旭初：《广西县政》，广西省政府印行，1937，第 5 页。
② 《训令各县府准中国国民党广西执行委员会咨送村街民大会开会秩序及口号令仰知照·民字第 164 号》，《广西省政府公报》第 167 期，1937 年 4 月 21 日。
③ 《广西省现行法规汇编》第 3 编，广西省政府编印，1938，第 144 页。
④ 李宗仁等：《广西之建设》，广西建设研究会编印，1939，第 649 页。
⑤ 《广西省现行法规汇编》第 3 编，广西省政府编印，1938，第 142 页。

丁都要一律出席村街民大会。

　　各村街民大会均以单独举行为原则，为便利各级公务人员出席及学校员生参与指导起见，新桂系规定在城市地方之村街民大会，其开会日期以星期日为原则。乡村地方，则不在此限，均由村街长呈请乡镇长决定之。新桂系还规定嗣后各村街民大会开会时，各区行政监督及各县县长均应随时参加指导，以便明了一切情形而利推进。村街民大会开会时，各乡镇长须出席参加指导开会讨论议题，并查询各村街主要政务。每村街每次开会完毕，由乡镇长查核开会结果呈报县政府。县政府应于次月中旬汇齐各乡镇报告表呈报省政府。① 村街甲长的职责要指导村街民遵守开会的秩序，按甲排列成整齐的队伍，然后依照省政府颁布的村街民大会开会秩序开会。"要详细去指导民众，使一般的民众能遵守村街民大会的各项规则"。②

二　村街民会议讨论的内容

　　在村街民大会中，村街长副、甲长、教职员、学生、团丁及各户年满20岁以上者，均有提案权，村街长副、甲长可以直接提案，"准学生团丁与各户之提案，须有10人以上之连署"，③ 村街民大会出席人，除年未满20岁者，均有表决权，学生、团丁享有一定的特权。

　　参加会议的村街民被分成民政、财政、教育、建设、团务五个小组。关于议案的讨论，也分成民政、财政、教育、建设、团务五个小组，进行讨论。

　　民政组主要讨论：①建筑公所整理内务充实设备；②户籍人事登记；③筹办土地陈报及土地登记；④筹设医务所；⑤圈定公共墓地；⑥设置公园；⑦修建墟街；⑧取缔不合卫生熟食；⑨整理饮水清洁及其他卫生事项；⑩取缔游惰；⑪划分乡村界址树立标志；⑫调查编辑乡镇概况；⑬办理衣仓；⑭其他民政事项。

　　财政组主要讨论：①清理乡镇市亭租捐及其他核准；②整理公有房

---

① 《民政概要》，广西省民政厅编印，1938，第447～448页。
② 《村街甲长须知》，广西省政府民政厅印发，出版时间不详，第10～11页。
③ 李宗仁等：《广西之建设》，广西建设研究会，1939，第600页。

屋田地租项；③筹增公有林场鱼塘收益；④实行简易会计制度；⑤调查无人陈报之耕地增加乡镇财产；⑥其他财政事项。

教育组主要讨论：①学龄儿童调查；②办理前学龄儿童教育；③办理基础教育强迫儿童及失学成人入学；④设置新闻张贴处；⑤宣传政令；⑥其他教育事项。

建设组主要讨论：①修筑道路架设电话；②推行公耕冬耕暨牧畜；③垦荒造林兴办水利；④筹办农村仓库；⑤推广度量衡新制；⑥办理农产品比赛，改良谷籽；⑦改良手工业；⑧其他建设事项。

团务组主要讨论：①编练后备队及特种队；②办理征兵；③制定警号；④修筑墙闸哨垒；⑤放哨守卡侦缉匪盗；⑥指定各村闻警堵截地点；⑦检查宿舍；⑧其他团务事项。①

应该说，村街民大会讨论的问题"皆属于村街职权内所应为之事项"。② 总结归纳起来应该分为如下几类：（1）议决各项政令之推行方法；（2）议决本村街禁约；（3）议决与其他村街间之禁约；（4）议决村街长副提议事项；（5）议决各甲长提议事项；（6）议决教职及团丁与各户之提议事项；（7）议决本村街应行兴革事项；（8）议决本村街之预决算等八项。③ 这些事项均属于概述事项，实际上每月村街民大会所讨论的事项有所不同，既有每月必须讨论的共同事项，如户籍人事登记、土地登记等，也有每月所讨论的重点问题，新桂系制定了《广西各县村街民大会按月查询讨论事项表》，详细列举了每月所讨论的事务。

广西的村街民大会的设计与一般的民意机构不太相同，它以户为单位，由各户居民直接参加。而不是一般"民意"机构中由个人通过选举以个人资格参加。新桂系宣称"我国因目前尚为农业社会，家庭在社会组织中，占着很重要的地位，与一般工业国家完全以个人为本位者不同，为适应这种事实，故村街民大会的机构暂以户为单位"。④

① 《训令各县府准中国国民党广西执行委员会咨送村街民大会开会秩序及口号令仰知照·民字第164号》，《广西省政府公报》第167期，1937。
② 李宗仁等：《广西之建设》，广西建设研究会，1939，第649页。
③ 《广两省现行法规汇编》第3编，广西省政府编印，1938，第142页。
④ 张继焘：《地方自治》，桂林市训练所印行，1947，第27页。

三 村街民代表大会与传统议事会议的比较

在村街民会议实施以前，在本族头人的领导下，各个少数民族都有自己的议事会议。如实行石牌制的瑶族地区有石牌大会，破补组织内部也设有定期会议，苗族有"埋岩"会议，那坡县彝族村寨有议事会。这些少数民族内部的会议是当时维系社会运转和社会控制的纽带，是少数民族自我管理，和谐发展的重要因素。当新桂系集团在民族地区推行村街民代表大会后，传统议事会议在历史的发展进程中慢慢地消解。兹将村街民代表大会与民族地区传统议事会议进行比较，以窥探一元化行政的建立对少数民族传统权力的影响。

1. 形式的比较

如前所述，各民族地区的村老、头人具有多方面的职权，但不能独断专行。有关村寨的大事，必须召集头人商量，有时还要召开"村民会议"协商。所谓头人，即上述村老的助手，瑶族地区叫"吠且"、"甲头"，也有些地区叫"香火头"。"头人会议"不一定所有头人都到齐，召集人也不固定。往往是谁有事谁提出召开，不过形式上要先通报村老，获得他同意。会议地点一般就在村老家，有时也在会议发起者的家里或别人的家里。会议一般都要喝点酒，酒是自带的。有时谁家有酒就喝谁家的，会议也就在这一家开。边喝酒边议事，喝完酒会议也就完了。会议上各人自由发表意见。如意见比较统一，则最后由村老归纳作出决议，如意见不统一就下次再议。

而村街民会议，则是由政府自上而下推动的一种议事机构。是新桂系在以"三自政策"为理论指导，大力加强乡村基层建设，推行地方自治，解决乡村各种问题的主要措施之一。新桂系政府希望通过村街民大会完成许多任务：第一，可在集会时间内将政府这一个月来所颁布的法令一件一件地向村民解释清楚。因为各县政府传达政府的命令很难达到群众中间。比较重要的只是出张布告贴出去，村民大都不识字，布告贴出去后又没有多少人能看懂；而对于不大重要的命令，连布告也不出，只"等因奉此"地传下去。假如每村每月都有一次集会，村街长利用此时间将这一个月来的各项政令当面向民众宣布，需要解释的地方就加以解释，应该举办的就指导去办，这样不但政令能够直达于群众，而且能使民众认识政令的意义及其推行的方法。因此，村街民代表大会明确规定每月举行一次。如有必要可以举行临时代表大会。第二，可以培养人民政治兴趣，使人民具有政治常识。"将一月来重要的时事和新闻向民众宣布，使他们得以知道外面各种事体以提高他们的政治兴趣及对于社会国家的认识。若有村民看到本村应该举办的事体，亦可在此会中提出决定，或者有某村民有特别事体应该当众报告的，如有了此种集会就可以做到。"①

显然，与传统的民族议事会议比较，村街民大会有固定的开会时间，每月至少举行一次。有专门的法规和会议程序。村街民大会一般由村街长负责召集，开会时以村街长为主席，村街长因事缺席时以副村街长来代理。村街民代表大会也没有固定的地点，一般在学校或村街公所附近，有些还在禾场或乡间庙宇。开会的具体日期和地点，政府要求于开会前三日公报，并报告乡镇公所转报县政府备查。通知的格式如下：

本村（街）__月村（街）民大会定于__月__日__时开会，到时鸣号，各户须派一人随同甲长出席为要。

村（街）公所谨告

村（街）长_____

附讨论事项：（例）

一、本村基础学校的基金，应如何筹集，请公决案。

二、本村公所学校的围墙已经崩坏，应如何征工修筑，请公决案。

三、本村环村道路，应如何修筑，请公决案。②

省政府主席黄旭初对村街民大会的召开更是提出了详细具体的规定：

会前注意事项：（1）开村务会议。把要讨论的问题、政府颁发下来的政令，先在村务会议讨论，定出具体办法，然后提交大会讨论。（2）开会日期和需要讨论的问题，预先公布，每自然村至少公布一份，甲长还要口

---

① 亢真化编《黄旭初先生之广西建设论》，南宁建设书店，1938，第99页。

② 广西省政府民政厅编印《广西省县乡村自治法规汇编》，1938，第38页。

头通知本甲住户，最迟要在两天前通知。（3）甲长对老百姓详细解释不到开会的处罚方法。到开会时还要催促。（4）在村务会议决定提交大会讨论的问题，要预先制定由甲长或老百姓提出，较为妥当。（5）要把开会日期预先报告乡镇公所，请派员到会指导。（6）如有板凳，就要预先把板凳排列好，编好座位，点名时不用点名，看座位就得了。（7）签名簿、记录簿、纸墨笔砚都要准备好。（8）开会仪式也要在开会前写好贴在会场里。

会场应注意事项：（1）时间将到要放信号来召集民众，信号有的规定鸣锣，有的规定鸣铁炮，有的规定吹哨子。信号最好分两次，如鸣铁炮第一次规定老百姓在各自然村出动，第二次是开会。（2）行礼如仪，主席要宣读国民公约，公民要循声朗读。（3）报告村务或时事要简单明了，不要拖泥带水，占时间太长。如宣布政令，要加以解释，询问百姓是否明了。如未明了，要再加解释，能举例说明就更好。（4）讨论问题，要鼓励民众多发言。如果民众讲错了，主席不应该骂他，以温和的态度纠正他就得了。因为骂他，老百姓就不敢发言了，老百姓不发言，会怎能开得好呢？（5）村街民大会国民月会急待讨论的问题：第一，如何禁绝烟赌；第二，如何推行公共造产、军田公耕；第三，如何防奸除奸；第四，如何优待出征军人家属；第五，如何改良风俗；第六，如何兴办水利，推广农业；第七，如何改进卫生环境；第八，如何推进儿童和成人教育；第九，如何推进耕地租用条款；第十，如何推广合作事业。每讨论一个问题，要定出具体的实施办法，尤以能适合当地环境容易实行的办法为佳。（6）每次开会都要讲解国民公约，或精神总动员纲要，要看时间多少而定。如讨论时间太久，就简要地讲解十分或八分钟，讨论时间短，就应该详细地解释。（7）每次开会时间不可超过两个小时。（8）开会时村街长的态度要和蔼，不可骄傲，摆官架子。（9）开会前要把议决案向老百姓宣读一遍。

会后要做的事项：（1）把决议案抄录贴于当众地方（每自然村至少一份）。（2）不出席者要照章处罚，不可偏私，不可徇情。（3）议决案如要呈报的就要早日呈报，不可延搁，不要呈请核示的就马上执行。不可延推，以免失信。①

① 黄旭初：《怎样做好基层工作》，广西地方建设干部学校出版，1940，第84~87页。

而民族地区的传统议事会议则是一种民众的自发行为，也是维系民众关系的一种纽带。各族群众在族长或头人家里一边喝酒、聊天、议事，体现了各民族内部传统民主的氛围。其召开不仅仅是为了解决本组内部重要事宜，还附带着明显的祭祀和宗教色彩，而且其召开的具体时间是根据实际需要决定的。如村民会议是瑶族村寨最高权力机关，一年之内召开四至六次。其中四次结合祭社举行，另两次根据需要在年头、年尾举行。所谓"村民会议"，并不要求每个居民都参加，实际上只是每户派出一个男子。妇女很少参加，即使参加也只是旁听，很少发言。会议地点都在村老家里。其他民族的村民会议根据需要有猪杀猪，无猪就上市买肉。有些民族每次村民会议都要会餐祭神，村民下河捕鱼，鸡、鸭作献神的牲品是肯定要杀的。酒由各家参加会议的人自带。会议在村老主持祭神仪式时即告开始。然后一边喝酒一边议论。有时议论的问题比较多，人们吃喝完了仍围在火塘边继续议论。

显然，村街民代表大会已经是带着明显行政色彩的民主议事机构，是新桂系政府将国家力量直达基层地区的一座桥梁，而传统的议事会议还是一种原始的族人祭祀聚会式的商讨大会。

2. 内容的比较

村街民大会讨论的问题"除属于乡镇政务、县政务及属于省政国政者外，余皆属于村街职权内所应为之事项"。① 《广西各县村街民大会规则》第十四条规定，村街民大会的职权有：第一，议决各项政令之推行方法；第二，议决本村街禁约；第三，议决与其他村街间之禁约；第四议决村街长副提议事项；第五，议决各甲长提议事项；第六，议决教职员及团丁与各户之提议事项；第七，议决本村街应兴应革事项；第八，议决本村街之预算决算；等等。②

1937年7月，新桂系为使各县对村街民大会切实办理并推行顺利起见，特增订各项办法，对村街民大会的职责，规定得颇为详密。如每月开会须由乡镇村街长查询讨论的事项有：一、户籍人事登记；二、土地

---

① 李宗仁：《广西之建设》，广西建设研究会，1939，第649页。
② 广西省政府民政厅编印《广西省县乡村自治法规汇编》，1938，第35页。

登记；三、牛马登记；四、本村街产业及生息数目；五、整理扫除街道
沟渠、扑灭蝇蚊鼠类及禁止放纵猪牛马在街道上践踏污秽；六、保存公
共水井及汲水码头清洁；七、整理公共厕所积粪；八、整理公共粪池及
灰草肥堆；九、取缔售卖污秽不合卫生之食物；十、查禁鸦片及毒品；
十一、查禁赌博；十二、查禁偷盗斗殴游堕；十三、改良风俗；十四、
提倡国货；十五、禁止二十岁以下之男女青年吸食纸烟；十六、救济灾
害；十七、省政府及县政府临时饬令办理事件。①

表2-6　广西修仁县东奥等村村民大会报告表

村别	开会日期	讨论事项	讨论结果	
育北村	11月20日	关于本村仓谷定于何日催收案	定于12月10日前催收	
依仁村	11月22日	关于本校来年开支教员薪俸应如何筹备请公决案	现值晚稻登场分上中下等级捐收1000市角，为来年开支教员薪俸	
新建村	11月22日	关于公耕木薯定于何日征工收获请公决案；关于公共卫生应如何推行清洁请公决案	定于12月10日由该管甲长督饬各民户按日清洁	
东奥村	11月26日	查各自然屯巷道肮脏不堪应如何	由各甲长督促各户每周扫除一次，如有违抗者罚桂钞5角为备帚之用	

資料来源：《省府、县府、广西保安司令部、桂林团管区等关于县公共体育场场长任免职、体育场物品移交以及军事等工作的指令、代电》，1939年11月~1948年7月，荔浦县档案馆藏，全宗号46-6-45。

　　民族地区的传统议事机构讨论的内容，多是民族内部有关生产、生
活、伦理道德和治安等相关事宜。如同意某姓某户迁入村寨，以及买山、
开山、分田分地、迁村建寨、架枧修路、寨内外纠纷的处理等大事。如
瑶族结合祭社举行的村民会议，讨论的是每季度的生产活动。其中二月
祭社比较重要，凡一年中的生产安排以及应注意的事项都会在此次会议
中讨论。例如偷鸡摸狗、男女关系、防匪等问题都在会议上讨论通过，
由村老执行。其余三次祭社会议讨论的多半是当季的工作。年头年尾举

①　雷殷：《地方自治》，桂林建设书店，1939，第197~210页。

行的村民会有会餐庆丰收的意思，是否要改选村老、开卦堂（即开堂让青年学打卦），也在会上讨论通过。

瑶族改选村老的决定，也会在村民会议上举行。选举村老在次年正月初二或二月初二的村民会议上进行。届时，全村社的男子集中到原任村老家，选举仍由他主持。凡成年男子，不论老少，不论贫富，都有选举权和被选举权。

在传统社会里，村民会议是村寨最高权力机构。有关村寨大事，村老必须召集头人开会商议，意见一致，便作出决议，否则下次再议。传统议事会议也是一些民族的头等大事。许多民族开会时杀猪祭祀，边吃喝边讨论有关生产安排，惩治偷摸和防匪等问题。如要改选村老，也在这时进行。到会的人都可以自由发表意见，最后由村老根据多数人的意见作出决定，并付诸实施。

从讨论的内容来看，村街民代表大会其议事范围囊括了广西乡村政治、军事、经济和文化建设，以及少数民族的风俗改良问题。它明显带着新桂系"四大建设"的烙印，是新桂系集团统治意志的体现。但从重要性而言，村街民代表大会所讨论的均是本村的具体琐碎事务，其职能是很有限的。

而传统的议事会议，所决议的几乎是与本民族、部落和村庄生产、发展、安全以及利益关系协调的事情，关系着村老、头人的任命和产生，对本民族的发展起着相当大的影响作用。传统议事会议对于稳定生产、维持秩序、维护治安起到了很好的推动作用。

3. 两者功能的比较

无论是瑶族地区的石牌大会，还是苗族的"埋岩"会议、那坡县彝族村寨的议事会，虽然这些议事会议的形式和会议召开的内容不尽相同，但这些民族地区的传统议事会议其功能是相同的，即维系族群的安全，完成族群内部的自我管理，以实现整个民族和谐健康的发展。它体现了民族地区之间人们的一种平等的关系。村寨自然领袖是村寨中的普通一员，通过议事会议，决定本民族的大事小情，体现了领袖和村寨群众的平等关系。这种议事会议体现了民族地区原始共产制和原始平均分配及其观念，反映在村寨社会组织上和社会管理上就体现出原始的平等民主精神。但是以这种议事会议为依托的村寨社会组织和社会管理并不是我们今天的民族自治。它是在生产力极其低下的一种必然行为，是闭锁于村寨的、范围极其有限的社会组织和管理。它是在残酷的民族压迫下的为维护本民族自身生存的组织和管理。

新桂系集团大力推行的村街民大会，其功能主要是进行新桂系意识形态的灌输。新桂系集团希望利用村街民大会把民众每月集合起来，宣传政府的意志，颁布各项政策法令，发挥民众集体力量进行乡村建设。新桂系在村街民大会制度的酝酿时就认为村长可以利用村街民大会来做很多的工作，"第一件可在此时间内将政府这一个月来所颁布的法令一件一件地向村民解释清楚，假如每村每月都有一次的集会，村街长即利用此时间将这一个月来的各项政令向民众宣布。需要解释的地方加以解释，应该举办的就指导去办，这样不但政令能够直达于群众，而且能使民众认识政令的意义及其推行的方法。第二件可利用此时间将一月来重要的时事和新闻向民众宣布，使他们得以知道外面各种事体以提高他们的政治兴趣及对于社会国家的认识"。① 可见，新桂系集团如此重视召开村街民大会的最主要目的就是要在村街民众集会的场合把自己的政策、政令推行下去。白崇禧就告诫村街长们"在村街民大会中除训练民众之外，还可以藉此机会推行政府重要的法令"。② 因此诸如征兵、调查户口、测量土地、修筑道路、设立学校、民众训练等政府必须做的重要事项，都是村街民大会必须讨论的内容。

村街民大会还是完善新桂系集团的基层组织和推进乡村建设的重要手段。新桂系集团执政以来，首先在广西推行"四大建设"，而"四大建设"又是先从乡村建设开始，因此新桂系集团将如何稳定基层、发展乡村经济作为巩固其统治的首要之急。从上述新桂系政府所规定的村街民会议的内容来看，村街民大会基本上是为新桂系的乡村四大建设服务的。具体到基本任务，一是加紧战时民众动员，发挥民众自卫力量。二是推行地方自治，实行民主政治。三是加紧生产运动，实行公共造产。四是

---

① 尤真化编《黄旭初先生之广西建设论》，建设书店，1938，第98~99页。
② 白崇禧：《目前应注意的几项要政》，《正路》1937年第1卷第8期。

推进保健教育公共事业。因此在广西的乡村，要完成这四个基本任务，新桂系集团是希望借助村街民大会来实现的。因此，村街民代表大会的实质是将国家权力延伸到基层地区的一个桥梁和工具。

在整个村街民会议中，村街长的地位十分突出。村街民大会以村街长为主席。对于各项议案的表决，以出席有表决权人数为准过半数可通过，如果赞成票只有一半，则由村长决定是否可以通过。虽然村街民大会所讨论的事务较多，但并无选举村街长之权。而且，新桂系集团为了突出村街长的作用，削弱地方的土劣和少数民族头人的权力，重新树立政府在乡村中的权威，对村街民大会出席代表的权利做了不同划分。《广西各县村街民大会规则》第十一、十二两条，对村街民大会出席分子之提案、决议等权又有限制。如第十一条："村街民大会村街长副、甲长、教职员、学生、团丁及各户年满二十岁以上者均有提案权，惟学生团丁与各户之提案须有十人以上之连署"。第十二条："村街民大会出席人，除年未满二十岁者外，均有表决权"。①

以上的规定，名义上是保证了提案权的质量和表决权的权威性，但对村民参政议政的各种限制，加之民主意识的淡薄，使得村民政治参与性不高。久而久之，村街民会议成为村民习惯参加，但却没有提案的习惯，甚至很多村民都不知道如何去运用提案的权利。村街民会议没有明显提高民众的政治兴趣和政治常识。

因此，村街民大会很大程度上成为村街长的咨询机构，所以当时又有人称之为"意思机关"。② 对于群众而言，村街民一方面须参加村街民大会，成为会议的主体，同时又是各种决策执行的执行者，以致有人说广西的"村街民大会实际上是立法而兼执行的机关"。③ 故这又成为广西村街民大会的突出特点之一。而且村街民大会的职权比县行政会议的更小，所讨论的事情大都是本村街经济、社会方面的具体事务，实际上其职权是很有限的，这从表2-4也能反映出来。正如黄旭初自己也说："村街民大会的运用，一半是训练的性质，一半也只以讨论极简单的工作

① 广西省政府民政厅编印《广西省县乡村自治法规汇编》，1938，第35页。
② 张继焘：《地方自治》，桂林市训练所印行，1947，第26页。
③ 张继焘：《地方自治》，桂林市训练所印行，1947，第27页。

方法为限，故职权非常狭隘"。① 因此，人们对村街民大会的热情远远不如传统的议事会议。村街民大会越来越流于一种形式，无法发挥它应有的效用。"村街民对开会不感兴趣，不愿参加大会，被逼得无法时，便以不合规定的儿童妇女老头代表出席大会，出席大会的人，多采取听训或旁观的态度，不肯发表意见，一切都是被动的附和与服从，会场冷寂，只有村长在唱独角戏，出席者不感兴趣，常常中途退席，以至大会没有结果"。②

综上所述，从村街民大会的组织和运作来看，村街民代表大会作为民意机构，是行政组织的一种辅助机构，同样也是自治、民主的一种点缀，对政府的决策过程没有任何影响，相反它只是政府"窥探"民意的一个桥梁。通过村街民大会，"村街长可通过村街民大会以明了民众之需要"。③ 通过村街民会议，新桂系也可随时了解"民意"，掌握村街民的动态，及时调整自己的统治策略。更为重要的是，新桂系还可以利用村街民大会来传达、宣传自己政策、法令，使村街民大会成为"宣传本省政纲政策及本党主义之良好场合"。④ 有桂系人士说："我们奉令要推行什么政令，并以它为推动的良好机构"。⑤ 白崇禧告诫村街长们，"在村街民大会中除训练民众之外，还应该认真的去督促指导，在村街民大会中除训练民众之外，还可以藉此机会推行政府重要的法令"。⑥ 黄旭初也说："我们应该运用村街民大会，对民众宣传和训练，使民众了解政府要做的事，对他们本省有什么利益，然后民众才能够和政府合作。如果不从宣传和训练着手，单是用威力去推行，纵使行得通，而结果一定不完满"。⑦ 因此村街民代表大会事实上就成为新桂系当局宣布政令和派捐的机构。民众"只认识村街民大会是一个派捐派工的场所，

① 黄旭初：《县政建设与基层建设》，桂林建设书店，1941，第 316 页。
② 周钢明：《如何充实战时村街民大会》，《建设研究月刊》1941 年第 3 期。
③ 尢真化：《广西县政之基础建设》，民团周刊社，1940，第 8 页。
④ 《电饬各行政督察各县政府嗣后认真督促所属按期举行村街民大会》，《广西省政府公报》第 174 期，1931 年。
⑤ 潘景佳、尢真化主编《抗战中的广西乡镇村街长》，民团周刊社，1938，第 12 页。
⑥ 白崇禧：《目前应注意的几项要政》，《正路》1937 年第 1 卷第 8 期。
⑦ 黄旭初：《抗战的基础工作》，民团周刊社，1938，第 9 页。

而没有其他关系"。① 黄旭初自己也回忆说，村街民大会对征兵最有影响。"梧州区各县督察员报告：凡不开村街民大会的村，征兵成绩必坏。迁江县长梁桐报告：村街民大会颇有成绩，尤以征兵为最佳"。② 广西省第一区行政督察专员李新俊也承认："过去每次大会总是讨论征工、征粮、征兵等事宜，引起民众对大会发生恐惧心理，亦为过去各县村街民大会一般之缺点也"。③ 因而村街民大会绝不像有人吹嘘的那样："真正的民主，实是要扩大的民众，都能直接行使民权；而广大民众行使民权，必须由村街民大会树起，所以村街民大会，是最基本的民主组织"。④

第五节　改良风俗的实施

风俗习惯是在人类漫长的历史进程中逐渐形成的、相对固化的行为模式。它包括了一个民族在衣、食、住、行、生产劳动、婚姻、丧葬、节庆、礼仪等方面的风尚和习俗。⑤ 由于历史关系、地理关系，造就了人类不同的风俗习惯。俗话说："十里不同风，百里不同俗。"这句话充分说明了各地区、各民族的风俗习惯的丰富多彩及其差异。风俗习惯是民族文化生活的重要组成部分，其特征是具有很强的外显性。它往往成为人们判断一个民族属性的重要内容。

广西地处我国西南边陲，交通落后，地瘠民贫。由于经济文化落后，民族地区各种风俗相当盛行，宗族迷信活动极多，乡间好斗之习蔓延，游惰偷安之风流行，吸毒赌博大有人在，民众婚丧喜庆铺张浪费普遍。时人总结了广西少数民族的"不良风俗"有以下数种："第一，娶妇不落夫家；第二，歌墟陋俗；第三，招赘的恶习；第四，不讲卫生。"⑥ 这些

---

① 邱昌渭：《广西县政》，桂林文化供应社，1941，第268页。
② 黄旭初：《八桂忆往录》，《春秋杂志》第204期，1966年1月。
③ 李新俊：《督政纪实》，广西省第一区行政督察专员兼保安司令公署印行，1942，第35页。
④ 负函：《我见到的村街民大会》，《广西民政》第3卷第4期，1947年4月。
⑤ 林耀华主编《民族学通论》，中央民族大学出版社，1997，第447页。
⑥ 《李督办品仙对百色民团后备队训词》（下），《民国日报》（南宁）1935年5月11日。

情况的存在，使得少数民族地区的社会文化愈加落后，影响社会生产和进步。特别是属于迷信性质的活动，农户不但为之付出大量的钱物，而且延续的时间长，耽误了农业生产时间。

一个政权的风俗政策在很大程度上反映了它在民族问题上的态度。就全国范围而言，国民党在取得全国政权后不久，便由内政部发起了一场遍及全国各省、市、县的风俗调查与陋俗改良活动，旨在加强社会控制。主要要求按照《风俗调查纲要》调查各地生活状况、社会习尚、婚嫁情形和丧葬情形；调查淫祠邪祀，颁布神祠存废标准；调查办理禁止男子蓄辫、妇女缠足以及废除卜筮、星相、巫觋、堪舆情形；推行服制条例，取缔奇装异服；取缔经营迷信用品业；禁止蓄奴养婢；废除旧历，普用国历；等等。①

早在 20 世纪 20 年代黄绍竑主政广西时，新桂系针对少数民族落后的风俗习惯，曾开展社会风俗改革运动，如破除迷信、捣毁寺庙神像、废除娼妓、解放奴婢以及禁止赌博等。1929 年 3 月蒋桂战争爆发后，风俗改良运动中断。20 世纪 30 年代初期，新桂系推行新政后，在开展"四大建设"的同时，继续在少数民族地区实行风俗改良政策，以达到革新民族地区社会、振兴民族精神、促进经济发展的目的。为此，新桂系也在全省范围内大力开展风俗改良运动，这对广西的少数民族产生了重大的影响。

一 相关规则的出台

进入 20 世纪 30 年代以后，新桂系当局逐步推行改良风俗政策，含涉多个方面。1931 年，当局对游神、歌圩等风俗习惯做出了详细的规定。②同年，广西省政府颁布《广西各县市取缔婚丧生寿及陋俗规则》，通令各县成立改良风俗委员会，由当地各机关法团代表及绅士共同组织，以纠正恶风俗和改良一切恶习惯。该委员会并负指导、执行、敦促、惩罚之责。1933 年，兴安、全州、灌阳、龙胜等地瑶民不满政府的统治，发动

---

① 严昌洪：《20 世纪 30 年代国民政府风俗调查与改良活动述论》，《华中师范大学学报》2002 年第 6 期，第 71 页。
② 广西壮族自治区地方志编纂委员会编《广西通志·民俗志》，广西人民出版社，1992，第 427～428 页。

起义。在起义过程中，瑶族利用"建醮赛会"发动民众，并宣传"瑶王法力无边，能抵御一切枪炮子弹，能兴瑶灭汉"，通过"演其种种妖术，以坚定瑶民之信仰"。① 新桂系在镇压这次起义后，更加认识到改良风俗的重要性，在处理事变的善后工作中，将改良风俗作为重要内容，加以大力推行。李宗仁、白崇禧在处理事变善后的训令中指出：在编制乡村的同时"令瑶民剪发易服，以期化除种族界限，永绝后患"。②

1936 年 5 月，省政府又公布《广西乡村禁约》，整顿全省乡规民约和取缔各种陋俗。该项禁约多达 50 条，列举了乡村各种陋俗及改革办法，制定了乡民必须遵守的条规及处罚措施。如禁止毁坏公共设施和他人作物财物，禁止放火烧山毁林，禁止闹事斗殴，禁止窝藏盗匪容留形迹可疑或来历不明之人，禁止聚赌、暗娼卖淫、麇集歌圩唱淫邪歌曲，禁止各种神巫邪术、施放鸡鬼火剑和雇用僧道尼巫，禁止早婚和女子婚后不落夫家，禁止游手好闲不事生产，规劝乡民拥护"新政"、勤劳生产、崇尚节约、清洁卫生、尊长爱幼、笃行孝悌忠信礼义廉耻等等，违者由乡村甲长处以罚金，直至送县政府究办。③

1936 年 7 月，广西省政府颁布《广西省改良风俗规则》，④ 针对少数民族的婚丧喜庆及各种日常生活中的"陋俗"、"殊俗"，进行了严格的规范，违者给予罚款直至拘留处分，并要求各县政府督饬实施，执行不力者将受到"惩戒处分"。1936 年 12 月，广西省政府修订并公布，其具体内容有如下几个方面。

第一章　总则

第一条　本规则以崇尚节俭，改良习俗为主旨。

第二条　凡婚嫁、丧祭、生寿，如有奢侈行为，及其他一切陋俗，悉依本规则取缔之。

第三条　本规则由省政府通令各县政府及公安局负责并督饬所属切实执行，如执行不力者，由省政府予以惩戒处分。

---

① 刘宾一：《兴全灌龙各县瑶叛与剿抚经过》，《广西第七军年刊》，1933。
② 季啸风等：《中华民国史料外编》（第95册），广西师范大学出版社，1997，第119页。
③ 《广西乡村禁约》，《广西省政府公报》第 123 期，1936 年 5 月 31 日。
④ 亢真化、梁上燕：《改良风俗的实施》，民团周刊社出版，1938，第 28～32。

第四条　违反本规则之罚金，拨作地方改良风俗之用，每月由县政府或公安局将收支数目公布一次，并呈报省政府查核。

第五条　各县政府或公安局，每月应将办理情形呈报省政府备案。

第二章　婚嫁

第六条　订婚礼物，最多不得过二十元，结婚礼物（聘金在内）最多不得过银一百六十元，但男女之一方，均不得向他方强求。礼物妆奁，应用国货。

第七条　凡遇婚嫁，来宾致送礼物，至多不得过二元，主人不得回答礼物。

第八条　婚嫁之家，款待来宾以茶水为主，亦得酌设酒席，但每席不得过银三元，繁盛城市，不得过银十元。

第九条　凡违反本章各条之规定者，予以劝导或警告，如属公务员，并由本管长官加以记过，或免职处分。

第三章　丧祭

第十条　凡丧葬所需衣衾等物，由当事者量力购置，但最多不得过银一百。

第十一条　死者入殓，除衣衾各物外，不得附用各种珍玩物品。

第十二条　丧家不准雇佣僧尼道巫，以作法事。

第十三条　丧家或客祭品，以香烛蔬菜为主，亦得酌用三牲，但最多均不得过银五元。

第十四条　吊唁如送挽联挽幛，须用廉价之土布或纸张，如送奠仪，不得过银二元，但援助丧葬，致送赙仪者，不在此限。

第十五条　丧家接受奠仪等物，得用回帖致谢，不准回答银钱或物品。

第十六条　丧家对于吊客，如有留餐之必要时，务须力求节俭，应用素菜。

第十七条　丧家停柩在堂，以速葬为主，不得过五日。如有故障，城市应向县政府或公安局，乡村应该向区乡公所报请延限，但仍不得过一个月。凡浮厝郊外者，应禁止之。寄居客死，未及归葬者，得于郊外筑殡室暂厝，但不得过一年。

第十八条　凡违反本章各条之规定者，依第九条之规定办理。

第四章　生寿

第十九条　凡产子女，外家致送礼物，不得过银十元，戚族邻友不得过银二元。

第二十条　凡生育子女，不准分送红蛋，并不准设席请客。

第二十一条　年满六十，始得开筵庆寿，但每席不得过银三元，繁盛城市，亦不得过银十元。

第二十二条　来宾贺寿礼物，每人不得过银二元。

第二十三条　凡违反本章各条之规定者，依第九条之规定办理。

第五章　陋俗

第二十四条　不得迎神建醮，违者没收其所醵集之捐款，并处首事者二十元以上一百元以下罚金，其在场僧道之法衣法器没收之。

第二十五条　不得奉祀淫祠，及送鬼完愿，违者处五元以上二十元以下之罚金，再犯者加倍处罚。

第二十七条　不准穿耳束胸，违者处以一元以上二十元以下之罚金。

第二十八条　男子未满十七岁，女子未满十五岁，父母不得为之订婚，违者处以十元以上五十元以下之罚金。

第二十九条　男子未满十八岁，女子未满十六岁，不得结婚，违者处其家长或当事人十元以上百元以下之罚金。

第三十条　嫁女之家，不得以婢女陪嫁，违者处一百元以上五百元以下之罚金。

第三十一条　凡婚事不得闹房，违者处一元以上五元以下之罚金。

第三十二条　女子嫁后不落夫家者，处十元以上五十元以下之罚金。家长纵容者，并罚其家长。

第三十三条　堕胎溺女者，依法惩处。

第三十四条　凡麋集歌圩唱和淫邪歌曲，妨害善良风俗，或引起斗争者，得制止之；其不服者，处以一元以上五元以下之罚金，或五日以下之拘留。

第三十五条　凡一切庆吊戚族邻友，非有襄助之必要，不得群往聚食，吊贺新宾饮宴亦不得沿袭陋习，携取饮食器物，违者处一元以上十元以下之罚金。

第三十六条　凡公务人员违反本章各条之规定者，除免职外，并照规定加重处罚。

第六章　服　装

第三十七条　男女衣冠履带及一切服饰，须购用国货。

第三十八条　男女蓄发不得过颈，女子留发过颈者，须结束，不得披散，并不得奇装异服，违者处一元以上十五元以下之罚金。

第七章　附　则

第三十九条　本规则如有未尽事宜，由省政府修改之。

第四十条　本规则自公布日实施。

显然，规则针对少数民族的风俗习惯，开列了婚嫁、生寿、节庆、发式等各种日常生活中的"陋俗"、"殊俗"，严令禁止消除，违者给予罚款，甚至拘留。广西省政府要求各县政府和公安局监督实施，执行不力的将受到"惩戒处分"。[①] 此后，新桂系当局在几年间连续发布了一系列政令、法规，以行政命令的方式改良风俗。嗣后，各县相继成立改良风俗委员会，派人下乡宣传，在圩镇巡查，掀起了颇有声势的改良风俗运动。其主要内容是改衣易服，穿汉服，不准穿裙绣衣，不准带耳环、项链、首饰和戴尖顶帽；取缔早婚和女子婚后不落夫家风俗；"破除迷信，禁止迎神建醮、还愿，请巫师驱鬼、道公打斋超度亡灵"，等等。[②] 由于规则、禁约中所禁止的内容在广西少数民族社会中大量存在，因此对少数民族产生了重要的影响。新桂系当局强调要通过改良风俗使少数民族"接近汉族，逐渐同化"，从而使社会整齐划一。

在较短的几年时间内，新桂系当局连续制定了一系列章程，颁布了一系列政令法规，以严厉的行政命令改良少数民族风俗。在省政府的严厉督促下，各县成立"改良风俗委员会"，"纠正恶风俗"，"改良一切恶

---

① 广西壮族自治区地方志编纂委员会编《广西通志·民俗志》，广西人民出版社，1992，第429～430。

② 谭肇毅：《桂系史探研》，中国文史出版社，2005，第230～231页。

习惯"，并"指导、执行、敦促、惩罚"违反规章制度者。① 该委员会派员深入各民族地区巡查，掀起声势浩大的改良风俗运动。风俗改良的内容主要是减少婚嫁繁琐礼节和礼金，禁止厚葬，禁止大摆宴席；禁止迎神建醮、还愿，请巫师驱鬼、道公打斋超度亡灵；男女服装倡用国货，动员少数民族改穿汉衣，不准穿耳束胸，不准奇装异服；取缔早婚和女子婚后不落夫家的习俗；等等，新桂系意图通过种种措施使少数民族风俗与汉族同化。新桂系通过向民众普及"自然科学知常识"、"卫生常识"，"捣毁偶像"，"禁止僧道地师营业"，"禁造迷信物"等手段，对违反者加以"严厉的处罚"。②

二　风俗改良政策的实施

在新桂系当局看来，民族习俗的改良乃是所奉行的民族主义的重要组成部分，因此着力甚多。在新桂系政权的强制压力下，各县市不得不采取措施推动风俗习惯的改良。下面是新桂系在金秀瑶族社会中推行风俗改良政策的状况。

1. 禁止使用本民族语言

语言是人们日常传递信息、交流感情的重要工具。由于历史、地理、文化等因素的影响，不同民族往往形成各自相对独立的语言，同一民族内部支系亦因地域等方面的问题而可能会产生语言上的差异性。如大瑶山瑶族五个族系，都有自己的语言，同时又有公共交流通用语。新桂系控制瑶山后，"强迫瑶民学汉语、讲汉话，不准使用民族语言"。③ 民族语言是民族认同意识产生的重要因素，同时也是一个民族重要的外在表征。新桂系禁止瑶民使用本民族的语言，强迫他们使用汉语，目的就是为了削弱瑶族的民族意识，从而达到使之同化于汉族的目的。

2. 对服饰、发式的禁止

瑶族、苗族和侗族的服饰，是非常独具特色的，是其民族文化的外

---

① 广西省统计处编《广西年鉴》第 1 回，1932，第 771 页。
② 亢真化、梁上燕：《改良风俗的实施》，民团周刊出版社，1938。
③ 莫金山主编《金秀大瑶山——瑶族文化的中心》，广西民族出版社，2006，第 122 页。

在特征。大瑶山瑶族五个支系，都有各自的服装样式。民国时期，茶山瑶、花篮瑶、坳瑶的服装一般用自种的棉花，由家中妇女制成，而盘瑶和山子瑶一般从汉人那里买回布料制作而成。瑶族各族系都喜欢用银作饰品，妇女如此，男子也不例外。银饰主要有头钗、头钉、头针、耳环、项圈、手钏、戒指等等，种类繁多，不胜枚举。此外，大瑶山瑶族凡遇事外出，不论男女，常喜欢佩刀。① 如前所述，在《广西省改良风俗规则》中，明确规定女衣冠履带及一切服饰，须购用国货。男女蓄发不得过颈，女子留发过颈者，须结束，不得披散，并不得着奇装异服。因此，瑶族这些衣着和饰品，是与新桂系规定少数民族"改穿汉服，不准带耳环、项链、首饰，不得奇装异服"等不相符的，必然受到禁止。新桂系警备区署进驻金秀瑶山之后，即下令"所有瑶民，不分男女都得改穿汉装，不得穿民族服装，发现妇女穿金戴银，可以任意没收。有位妇女因无汉装，穿民族服装下田干活，竟被公职人员剥去衣服，绑去游村示众"。民国时期茶山瑶、坳瑶、花篮瑶的男子都蓄留长发，人称"长毛瑶"，金秀警备区署长官潘耀武下令所有的男子皆削剃短发，公职人员拿着剪刀挨家逐户检查，发现有男子蓄发即强行剃掉。② 在富川瑶族地区，"乡、村警人人手执剪刀，无论走到哪里，凡是遇上穿绣花衣的妇女，不管三七二十一，上前一剪两剪，便将人的衣服剪烂"。③ 在壮族地区，当乡村公所建立后，政府强迫壮人"剪装易服，禁吃篓叶。凡遇穿长衣者，必剪衣直到赤身露体，吃篓的要用屎擦嘴"，④ 以此达到同化的目的。

3. 干涉少数民族的婚恋风俗

广西为多民族杂居之地，在长远的历史发展中，各个民族形成了自己独特的风俗习惯和婚恋观。如在壮族地区，结婚后女子"不落夫家"在广西一直都非常盛行。不落夫家，是广西壮族的一种风俗习惯。在长

---

① 广西壮族自治区编辑组：《广西壮族社会历史调查》第1册，广西民族出版社，1984，第313~316。
② 莫金山主编《金秀大瑶山——瑶族文化的中心》，广西民族出版社，2006，第122页。
③ 富川政协民族文史工作委员会编《富川文史资料第六辑》（内部资料），灵川县印刷厂1991年印刷，第68页。
④ 广西壮族自治区编辑组：《广西壮族社会历史调查》第7册，广西民族出版社，1987，第174页。

期的民族融合过程中，这一风俗已经成为广西地区较为普遍的现象。"凡青年男女，在春二三月于黄昏月上之时，群赴野外，互相唱和，如情意相投，即可偕赴家中同居，或在外野合，父母之所不禁。不落家者，凡结婚后之妇女，在新婚安息日之后，即返回母家，候怀孕后，再赴夫家，否则即长居母家。"① 如果以县为单位，这种现象当时在广西各县大概有30%。"不落夫家"之所以在广西盛行，主要有几个方面的原因：第一，早婚，因年龄尚幼，无能力处理家务。第二，旧礼教未改革，对于侍奉姑婆常以为苦。第三，家母利用其劳动力，从事农家工作。第四，受姊妹一行深刻的宣传，以落夫家为羞耻。② 当新桂系实行风俗改良后，把"不落夫家"视为一种陋俗，严格取缔。新桂系当局组织广西民团干校学员下乡宣传动员，乡村政府也采取强制性措施，许多婚后不落夫家的女子纷纷到夫家生活，改变了乡村一大陋俗。③ 使得各地"乡间早婚已日渐减少，仅少数小康之家视儿童完婚为终身大事。……较之从前，大有天壤之别"。④ 在新桂系政府的严格打压下，不落夫家、早婚等这种习俗在武鸣、凌云、罗城等壮族地区均慢慢减少。

长期以来，大瑶山瑶民有"点火把"、"爬楼"、"找同年"的风俗，青年男女只要情投意合，便可以互相往来，暗做情人，有的即使为他人所知也不受干涉。但这种风俗仅限于本民族内，耻与外人交往，民谚"鸡不拢鸭，狗不伴娘"正是这种民族心理的反映。署局人员进山以后，认为瑶民风流成性，与野兽无两样，因此对瑶民婚恋习俗进行干涉和改造，把这些风俗视为禁规。但是，有些官员却作出与改良风俗相背驰的勾当。他们"不顾民族风俗习惯，肆意侮辱妇女，强拉瑶妇伴宿。作为局长的刘延年，自己就强奸一名妇女，又强占一名为妾。上行下效，风流所至，公职人员便肆无忌惮地侮辱妇女，先后有130名妇女被强奸，12名妇女被强纳为妻妾，若有不从就以各种罪名加以惩处"。⑤

---

① 行政院农村复兴委员会编《广西省农村调查》，商务印书馆，1935，第366页。
② 杨煊：《广西风俗概述》，《广西省政府公报》第10期，1934年。
③ 亢真化、梁上燕：《改良风俗的实施》，民团周刊社，1938，第20页。
④ 《内政部·广西省各县呈报民间早婚及限制意见》，中国历史第二档案馆，全宗号12，案卷号6。
⑤ 莫金山主编《金秀大瑶山——瑶族文化的中心》，广西民族出版社，2006，第123页。

4. 干涉少数民族的生活习俗

广西的民族能歌善舞。壮族有歌墟习俗，瑶族喜欢对山歌。每年的三月三，壮族人民都要举行歌墟。歌墟，是壮族人民在特定的时间、地点举行的节目性聚会，它是以对歌为主体的民俗活动。

三月三歌墟是一次盛大的民俗歌会。节前家家户户准备五色糯饭和彩蛋。人们摘来红兰草、黄饭花、枫叶、紫蕃藤，用这些植物的汁浸泡糯米，做成红、黄、黑、紫、白五色糯饭。相传，这种食品是深得仙女们的赞赏后留传下来的。在壮族，吃了这种饭，预示着人丁兴旺，身体健壮。

瑶族人民也爱唱山歌，特别是青年男女，每逢年节、婚庆、会期，总有那么四人一组、八人一队聚会一起对唱。他们用山歌歌唱生活，交流感情。瑶族男女青年对歌，有时在室内，有时在村边，有时在田地头角，有时在路口林荫。总之，只要碰上对手，歌兴一发，随时都可以唱。

然而，新桂系执政以来，歌墟和少数民族的山歌活动纳入"陋习"范围，给予严格取缔。"遇到对歌，就打人、捆人，弄得人情激愤。"①

20世纪30年代初，富川县新华乡公所成立，同时成立新华乡风俗改良委员会，由当时的新华乡乡长任识时任主任。新华小学校长任发源、任鸿任副主任、顾问。会址设在东湾村。风俗改良委员会诬蔑瑶族男女对歌是唱"淫歌"，严令禁唱。此后，不少男女青年歌手因"犯禁"而被捉拿罚款。于是，"趁歌堂"、"趁新郎"、"抛绣球"等活动在政府打压下一时绝迹，全乡瑶民群情激愤。

1932年农历二三月间，豹洞村和大井村的男女歌手在五仁塘村后相遇，邀对山歌，被风俗改良委员会执勤人员发现，男青年受到殴打，女青年遭到凌辱。面对政府的高压政策，豹洞村（现属福利乡）瑶民沈神锡挺身而出，组织了一次轰动一时的反抗禁歌活动。他北走龙窝、上洞、清塘，东联宋塘、斗米冈，南下茶源、下五排，用歌手受打遭辱的事实揭发风俗改良会的罪行，号召广大瑶族人民起来反抗禁歌。沈神锡的号召得到五源瑶民的广泛响应。

---

① 富川政协民族文史工作委员会编《富川文史资料第六辑》（内部资料），灵川县印刷厂1991年印刷，第68页。

三月中下旬，来自新华乡、清光乡、定东乡、白沙乡的近百名瑶族青年，在宋塘洞的龙兴庙集会。会上，沈神锡领头大唱山歌。与会瑶民作决定：全体参会人员赴东湾村，围困风俗改良会，实行武装抗禁歌。于是手执大刀、肩扛鸟枪的近百名瑶民蜂拥上路，沿途还加入一些附近村寨的群众，他们把风俗改良会团团围困，他们一边高唱山歌，一边高声呼叫，要风俗改良会退还罚款，取消禁歌条令，恢复对唱山歌的自由。任识时、任鸿龟缩在风俗改良会里，不敢和瑶民见面，也不答复瑶民的要求。大家僵持了几个小时，最后，经由东湾村群众的劝解，反禁歌瑶民青年才撤离东湾村。面对瑶民的反抗，新华乡公所以沈神锡、奉求富、黄汉民等"集会聚餐会盟，反抗禁歌，武力暴动，包围禁歌会，有共党嫌疑"①向县政府控告。事后，富川县政府下令缉拿了沈神锡、奉求富等人，瑶民的对山歌习俗最终还是被政府严厉取缔。

然而，瑶族人民唱歌活动表面上被压禁住了，实际上，私底下瑶民们还在对唱山歌。当时富川瑶族地区传唱着这样一首山歌，表达了对政府的不满：

> 那个出门不唱歌，
> 那个做官不打锣。
> 做官做府管百姓，
> 那里管得唱歌人。②

5. 对宗教和迷信活动的禁止

广西少数人民迷信鬼神，宗教封建迷信活动盛行。瑶族民众认定人死之后还有灵魂。它生活于另一个世界，过着与人间同样的生活，并会为子孙带来吉凶祸福，不经常供祭，家宅就不能平安。从而产生了虔诚的祖先崇拜观念和多种多样的崇拜仪式，如做洪门、打斋、做

---

① 富川政协民族文史工作委员会编《富川文史资料第六辑》（内部资料），灵川县印刷厂1991年印刷，第70页。
② 富川政协民族文史工作委员会编《富川文史资料第六辑》（内部资料），灵川县印刷厂1991年印刷，第71页。

盘王、跳香火等。瑶族崇拜鬼神的观念也极深，凡遇家人欠安、禾苗不好、六畜不旺，都认为是鬼神捉弄的结果，非杀牲祈禳不能摆脱灾害。由此，产生了一系列的祭神仪式，如祭社王、祭甘王、游神、还花等。此外大瑶山瑶族中存在很多师公、道公，师公的职务主要是跳神祈禳，道公主要是超度亡魂。新桂系在改良风俗中取缔各种奇风异俗，严禁道士、巫师做道事法事，求神送鬼等活动。同时通令各县捣毁寺庙偶像，破除迷信，规定除孔、关、岳庙之外，所有寺庙偶像一律捣毁。如象县的武庙被改为该村街公所及国民基础学校，西林的武帝庙被改作东檀街公所；南丹的武圣宫后来成为南丹县第一区民团局所在地，1934 年 7 月后又被改设为民众夜校。宜山县城西门外的关岳庙也被改为县医院。[①]

经过几年的打击，宗教势力在广西急剧衰落，到解放前夕全省只剩道士不足 100 人。[②] 很多祭祀仪式基本上都被新桂系列入禁止的行列，在禁止上述活动的同时，推行风俗改良时瑶山内还有很多"庙宇被破坏"，"神像被扔到河里"。[③]

三　风俗改良的影响

风俗习惯是人们在长期的生活中逐渐形成的，具有很强的传承性。作为人类文化的一种，风俗习惯也有精华和糟粕之分。对于风俗习惯，我们应该发扬其精华部分，而对于糟粕部分应该坚决给予废除。新桂系在 20 世纪三四十年代推行改良风俗的措施，其出发点应该说是积极的，其主要目的在于革除民族社会中的陋俗和迷信，使各个民族形成健康的生活方式，此点应为我们所提倡。民国时期各个民族确实还存在不少的不良风俗和迷信活动。如金秀瑶族社会"做洪门"和"作功德"是茶山瑶两大祭祀鬼神的仪式。前者是茶山瑶的一种盛大祭奠，目的在于祈求出入平安、谷米丰收、家畜兴旺。"做洪门"需要的猪肉数目十分惊人，

---

① 《广西都安等十二县关岳庙实况调查表》，中国第二历史档案馆，全宗号 12，案卷号 6。
② 广西通志编撰委员会：《广西通志·宗教志》，人民出版社，1995，第 253 页。
③ 广西壮族自治区编辑组：《广西瑶族社会历史调查》第 1 册，广西民族出版社，1984，第 412 页。

"十家人共做，就要杀猪十头，八家人共做就杀八头"。① "作功德"是茶山瑶一村或几村联合举行的一种超度亡魂恶鬼的集体祭神仪式。其花费也是十分惊人的，金秀、白沙、六拉、昔地四村联合举行的一次功德，四村一百六十户，"除祭神用作牺牲的两头猪不计外，各户款客就要共用猪肉一万五千斤，米、酒各六七千斤"。② 此外，在金秀瑶族社会中还存在游神、还花、占卜、跳香火等很多迷信活动。尽管在当时的历史条件下，部分活动的存在是民族凝聚的重要手段之一，但繁重的经济负担毕竟不利于本就贫苦的山区民众。而且，很多民间宗教性质的活动的存在，大有迷惑人心而无所效用之处，因此新桂系在金秀瑶族社会中推行风俗改良，禁止各种陋俗和迷信，在经济与文化进步方面对瑶山地区社会是具有一定积极意义的。改良风俗运动，经过广泛的宣传和乡村长督率实施，乡村中各种陋俗减少。社会风气改观。例如桂南地区一带是壮族居民聚居区，少数民族女子婚后不落夫家陋俗比较普遍。新桂系当局组织广西民团干校学员下乡宣传动员，乡村政府也采取强制性措施，许多婚后不落夫家的女子纷纷到夫家生活，改变了乡村一大陋俗。③

然而，风俗改良运动的推行亦有其消极的一面。新桂系在民族地区中推行改良风俗政策的条件还不成熟，强行推行必然遇到很大的阻碍。20 世纪 50 年代，周恩来总理曾说过"人家的风俗习惯是建立在自己的生活条件的基础上的。风俗习惯的改革，要依靠民族经济基础本身的发展，不要乱改"。④ 这里提出了风俗习惯的改革与经济发展水平的密切关系。意识决定于物质，意识的变化速度一般慢于经济发展速度。新桂系时期广西社会经济发展水平普遍还很低下，这决定了各个民族社会意识水平还处于一个较低的状态。因此在经济没有得到相应发展时，意识水平是很难得到提升的。当局虽然不断强令改革，但"迷信鬼神"、"请师公、道公打斋超度亡魂"、"奢靡浪费"等现象仍然大量存在。新桂系当局在

---

① 广西壮族自治区编辑组：《广西瑶族社会历史调查》第 1 册，广西民族出版社，1984，第 402 页。

② 广西壮族自治区编辑组：《广西瑶族社会历史调查》第 1 册，广西民族出版社，1984，第 406 页。

③ 尤真化、梁上燕：《改良风俗的实施》，民团周刊社，1938，第 20 页。

④ 周恩来：《关于我国民族政策的几个问题》，人民出版社，1980，第 28～29 页。

推行改良风俗的过程中，并未将社会经济同文化纳入共同治理范畴，因此难以从根本上消除山区瑶族等少数民族对于各种宗教迷信活动的依赖与信奉。此外，新桂系推行的改良风俗政策也存在不少问题，其漠视民族文化的多元性，对少数民族奇风异俗不加区别的一概贬为"陋俗"，强令禁止取缔之，显然缺乏对少数民族基本的尊重。例如禁止瑶民使用本民族的语言、穿民族服装和佩戴民族饰品，强迫他们学汉语，着汉装，这是大汉族主义的表现。这种具有"汉族中心主义"色彩的风俗观，非但难以对瑶族的各种"陋习"产生归化作用，还会因行政迫力的加重而导致民族间的矛盾滋生，不利于民族团结。

新桂系对少数民族的风俗改良政策是稳定社会秩序，强化统治的一项重要措施。这些措施对促进少数民族地区的改革、教育的发展和移风易俗等有一定的积极意义。但由于新桂系的民族观充满着大汉族主义思想，在对"特种部族"强迫同化的同时，实行民族歧视和民族压迫，给少数民族带来了许多痛苦和灾难，这就遭到少数民族的抵制和反对。因此，新桂系的民族政策难以有效地解决民族问题、协调民族关系，反而使民族关系更趋紧张，民族问题更加复杂化。值得指出的是，这种风俗改良也是很不彻底的，当改良风俗政策与新桂系的利益发生冲突时，这些措施就无法实施或实施不彻底，有的则有名无实或走过场，最后不了了之，如禁烟、禁赌、禁娼就没有真正成效可言。

| 第 | 三 | 章 |

基层干部的任命与民族头人的嬗变

民国以前，国家的权力只延伸到县级。无论是壮族地区还是其他地区，都由本民族的头领掌管本民族的生产生活。如十万大山并没有什么政权组织机构，瑶胞说："我们这里，征兵、征粮都征不到我们。"但有"老爷"的自然领袖，有威信能说公正话的人，经群众推选就可充当老爷。无论是瑶族、壮族还是苗族、侗族，事实上都是一种族人自治组织。广西少数民族传统组织的一个共同特点是由本民族有威望的人来管理村落的治安、祭祀、宗教和生产等事宜，因此少数民族头人在民族地区拥有一定的话语权。

第一节　传统社会的少数民族头人

历史上，广西大瑶山瑶族的社会组织是石牌制度，其头人叫"石牌头人"；大苗山融水苗族是"寨老制"或竖岩组织，寨老是这一组织的首领；三江侗族的是款组织，款有款首，也叫寨老。无论是石牌头人、寨老还是款首，都是村寨的自然领袖。各个地区都有自己的民族领袖。长期以来，这些自然领袖们有其独特的权力和地位，他们用自己的影响和职责维系着整个民族地区的发展。

一　头人的地位：自然领袖

广西传统民族地区的头人，不是自封的，也不是世袭的，大多是在村寨群众信任基础上推举的。被推举为村寨首领的条件，除了苗族、侗族中是否有长者的资历限制外，几乎不受财产多寡和地位的限制。"凡带头遵守本民族村寨的法权习惯，办事公道，有判断力，能言善辩，并能以理服人，热心为本村寨的群众服务的均可当选"。① 这些村寨领袖是村寨群众中的普通一员。他们不脱产，无固定报酬，更不设办事机构。他们的权力就是为本村寨服务并使群众满意。大多数村老替群众办事不取报酬，他们参加生产劳动，自食其力。

在瑶族地区，主要实行的是瑶老制和村老制。瑶老或村老是村寨生产活动的组织者和指挥者，举凡砍山、播种、防治病虫害和鸟兽对庄稼的糟踏、渔猎，都由他指挥或指定领队人。凡村里集体生产的产品均由他主持分配，此外，迁村建寨、筑路架桥、架引水枧，都由他统一指挥。婚丧大事，当事人要报告村老，办事要得到他同意。② 如南丹县瑶族中，比较明显地残存着以血缘为纽带的父系家族公社制度。凡同住一村的各姓氏，分别组成一至数个"破补"（瑶语），即"同宗同祖"之义。每个破补由二至十五家组成，超过十五家，就另立一个新破补。破补有"头人"，由善于生产、热心公益、办事公道、德高望重、为群众所拥戴的长者或有才干、能说会道的青年担任。他们没有任何特权，不世袭，是义务性质的"公仆"。

壮族地区也流传着"乡有乡老，寨有寨头"的谚语，③ 盛行"都老"制。"都老"一词乃壮语音译，是村民对其族长或头人的音译，既是尊称，也是职称。其职责是总理全村的公共事务，故亦称"总理"。④ 这些乡老、都老曾在人民生活中起着很大的作用，必须具备以下条件：老年男性；办事公道，作风正派；热心为群众办事；经验丰富，有一定工作能力和魄力，有群众基础等。如果丧失以上条件，随时都可能被撤换，始终保持这些条件，则可连任终身。"都老"是由村民选举产生的，或由年迈卸任的"都头"推荐、经群众认可而产生。乡老也同样

---

① 周恩来：《关于我国民族政策的几个问题》，人民出版社，1980，第28~29页。
② 在金秀瑶族自治县调查时根据瑶族群众口述整理。
③ 广西壮族自治区编辑组：《广西壮族社会历史调查》第1册，广西民族出版社，1984，第14页。
④ 广西壮族自治区编辑组：《广西壮族社会历史调查》第1册，广西民族出版社，1984，第14页。

由各个屯中年纪较大，能说会道，处事"公平"，受群众敬仰而自然产生的。[①]

在苗族地区，苗族的寨老或头人是发起苗族埋岩和贯彻执行埋岩会议的头领。由本村寨中聪明会讲、通晓古规古法、为人公道、执法严明、热心公众事业、富有牺牲精神者担任，不须选举，不是世袭。是在社会实践活动中"崭露头角"、被群众公认的自然领袖。寨老一旦失去上述品格，或"勾生吃熟"、"勾外扰内"，充当反动统治者的帮凶，便遭群众唾弃，自然失去其地位，严重的甚至招致活埋。办事多无报酬。有时外出处理纠纷会得到微薄报酬。寨老处理事务也要根据埋岩的具体规定执行。

罗城仫佬族历史上有一种叫作"冬"的社会组织。它是各个大族姓中以血缘关系为纽带的宗族大分支的团体。冬头也称族长或款头，他们多为有钱有势的乡绅或德高望重的长者，不需经过选举或任命，而是自然产生。环江毛难族村社里的成年男子定期聚会，推举村里办事公正、能说会道、有能力、有威望的老人为乡老，主持制定共同遵守的乡规，称为"隆款"。

各民族头人由选举产生，以乡规民约作为准则行使自己的权力，管理民族内部生产生活大事和民族自卫职能。头人替群众办事并不取报酬，在社会生活中不享有特权。他们未脱离生产劳动，自食其力。传统的少数民族内部民主、平等，没有阶级分化。从各族领袖的产生和权力范围可见，民族头人在当地拥有着崇高的长老地位，他们在日常生活中，依靠自身的品德和魅力奠定自己在族人中的地位。这是历史上形成的自然领袖地位，他们在族内威信很高。

二　头人职责：维系族群社会的运转

少数民族头人的主要任务，类似于调解员，给群众排解纠纷。各族头人所拥有的权力和职责各异，但概括而言，各民族的头人职责大致可以分为以下几大方面。

---

①　在上思县调查时根据当地老人口述回忆。

1. 管生产和生活

村老是村寨生产活动的组织者和指挥者。各族头人最根本的职责是带领族人进行生产，发展本民族生产力，让族人的生活过得更好。在壮族地区，"都老"必须领导全村群众进行公益建设，如修筑道路、修建桥梁、挖掘水井、植树造林、护林防火、开发水利资源以及修建宗祠庙宇等；还要组织群众开办学校，培养人材；承担起掌管全村公共财产如荒地、牧场、坟地、河流、水源、蒸尝田、罚款收入等等；执掌集体祭祀，如上坟、拜土地公、打醮及祭社聚餐等事。[①] 十万大山山子瑶的村老，冬天，他要指挥大家砍山；春天，他要指挥大家播种；在作物生长过程中，他不时到地里巡视，一旦发现病虫害或鸟兽糟踏，就请神赶鬼，组织村民拉绳子、挂竹壳、砍地边、打围桩，派人轮流看守，或组织枪手打猎。到了秋冬之际，作物成熟了，他组织收割。对已经垦出来的熟地，他主持分配。土地分配用目测的办法，将山地分为好、坏二部，每户可得好坏份，每部按户分成几份，各一份。打猎和捕鱼作为补充性的生产活动，只要是集体进行的，都得经过他许可，并由他指定领队人。凡村社集体生产获得的产品，包括山谷、稻谷、杉木、八角，均由他主持分配。集体捕获的野兽和捕回的鱼，也由他主持分配。迁村建寨、筑路架桥、架枧引水，由村老统一指挥。村里有婚丧大事，当事人要报告村老，办事要得到他点头同意。南丹瑶族破补"头人"的基本职责是鼓励大家按季节生产，不要耽误农时。村老的角色相当于一个民族或一个村寨的总指挥兼管家。

2. 维护村中社会秩序

在传统社会中，各民族头人有义务领导村民制定村规民约，维护村中社会秩序。在壮族地区，如果村民违犯村规民约或伤风败俗，如强奸、调戏妇女、不赡养父母、不教养孩子、无故不参加公益劳动、盗窃他人财产、放纵禽兽践踏庄稼、打架斗殴、毁坏他人名誉等事，概由"都老"从中调解，调解无效就召开长老会议或村民大会集体裁决。壮族的头人

---

① 广西壮族自治区编辑组《广西壮族社会历史调查》第 1 册，广西民族出版社，1984，第 18 页。

一般由"都老"和"酒头"（都老的助手）两人组成，行使对村民的组织、领导和管理等职责。都老是壮族村民对族长或头人的尊称。由于他总理全村事务，所以又叫他"总理"。壮族都老的职责非常多，但最根本的主要有：①领导村民制定村规民约。都老召集长老会议，草拟村规民约，然后召开村民大会讨论，补充修改，表决通过，最后由都老挂牌公布，全体遵守施行。②维护村中秩序。若问题较大，都老解决不了的，召开长老会或村民大会裁决，给予罚款，革除族籍甚至扭送官府处理。③掌管全村公共财产。如全村公有的荒山、牧场、坟场、河流、水源等不动产和山林、蒸尝田租谷和罚款等收入，都由都老总管、保护、收存、发放、开支使用。⑤领导全村群众进行公益事业的建设。如修桥筑路、挖掘水井、植树造林、护林防火、兴修水利等等；组织群众开办学校，培养人才；组织群众建校舍，延聘老师，支持教师订立各种教学制度。⑥主持各种会议。如都头和酒头碰头会、长老会议、村民大会，以及结合每年秋后祭土地公、祝神还愿和某些月的初二、十六祭土地公等定期会议，此外还有发生重大问题时开的临时会议，等等。这些职责最根本的功能即是维护本民族和谐发展，和平共存。

南丹瑶族破补组织由头人负责排解破补里的一些纠纷；保管破补里的铜鼓，遇有丧事或过节，分派破补里的人打铜鼓；主持破补大会；等等。都安瑶族的密诺组织有对内管理和对外交涉两方面职能。成员之间有纠纷，由头人卜浪了解情况，召集双方调解，根据密诺组织多数成员意见作出决断。如有一方不服，即由卜浪主持，向母神密洛陀赌咒。这是解决纠纷的最高形式。

苗族地区寨老的职责最主要的是维护地域内的社会秩序，保障社会生产的正常进行。如评判本地山林、田地、水利和墓场的争执；调解家庭、婚姻、财产纠纷；处理偷摸、盗窃、抢劫和伤害等案件；协调与外寨、外鼓社和外民族的关系；等等。大寨老除上述职责之外，还负更大范围的责任。凡是"一方岩"的大事，即在历史上由地缘近邻自然形成的一块区域内，居住的以一个大族系为主，包括其他一些外来的小族系在内的集群的大事，都由他组织评理。如裁决本方岩内的重大纠纷，维持本方岩内的秩序。接受某一寨老的倡议，召集全方岩代表埋岩，决定参与、支援其他方岩的政治军事行动。

3. 对外交涉和主持宗教仪式

传统少数民族头人除了维持社会秩序和保护社会生产正常发展之外，另一任务是保护家宅财产和身家性命的安全。当有土匪或外族临境欺凌时，瑶族的石牌头人便"起石牌"（开石牌大会），他又成为军事领袖，率领石牌丁去战斗。他们根据敌人势力的情况，决定发动参战的石牌数目或范围。石牌头人平日参加生产劳动，在每次调解完成或办完一件事，由当事人敬送些酒肉和酬金，一般在一元四角东毫左右。此外，石牌丁犯石牌律当罚款时，则向头人交纳。这些款项，除了开支当日费用外，余下由头人保管，下次开石牌大会时再拿出来应用。金秀附近四村的石牌长老，每届开石牌大会时，有向所属小村石牌户主课收米粮的权利。有些头人，用自己的产业收入招待族人或前来参加集会的人们。

瑶族的密诺对外职能是调解本密诺与其他密诺之间的矛盾、纠纷，反抗外族对本族的压迫和剥削。卜浪没有什么特权，也没有定额报酬，只是在解决内外争端时，有资格接受当事者宴请，多吃一些酒肉。平日参加劳动，自食其力。为全体成员服务，时时处于群众监督之下。如违反大家的意志、行为不轨，群众可以指责他、抛弃他，另推举公认的人担任卜浪。他就和一般成员一样，密诺中的老者就可以用"笑酒"对他进行讽刺教育。在对外交涉中，村老代表村寨处理涉及外村、外族的各种纠纷，出面与对方谈判，或代表村民到官府告状。遇到土匪劫村，村老敲响木鼓，指挥村民到路口、要隘挖陷井、埋竹签，拿起粉枪、柴刀、木棍，与敌人战斗。这时，村老又成了军事领袖。

壮族的都老必须代表村民说话办事，领导本村居民同别村抗衡。凡遇到与外村发生纠纷，都老就会维护本村利益同外村交涉，如遇与邻村械斗或土匪扰乱，都老又成为指挥战斗的军事领袖。此外，都老还要执掌集体祭祀大权。凡祭祀、上坟、拜土地公、联宗祭祖及会餐等等，都由都老定调子，并经长老会议通过付诸实施。

民国以前少数民族基层组织其实类似于一种宗族组织。从壮族的"都老"、"酒头"以及瑶族的瑶老和村老的产生和权力职责来看，他们是凭威信和才德，在村规民约和社会习惯法的框架下主持日常工作，维护社会的正常运作。这些少数民族头人虽具有某些权力，但族人的民主权力还是很大。许多重大事情都由头人会议和村民大会讨论决定。

三 头人的权力

在传统民族中，民族头人在处理族群内部事务上没有绝对的权力。寨老、头人是处理协调本村寨或本民族聚居区的民事首领，也是在抵御外侮时的军事组织者和指挥者。但他主要的和经常的职权是处理本民族的村寨事务。在处理本民族事务中，民族头人的权力和氏族首长的权力是一样的，即"父亲般的、纯粹道德性质的；他手里没有强制的手段"。[1]石牌条文、竖岩规约、款约是瑶、苗、侗族各自的法权习惯或法权习俗，这些约定俗成的"民间法规"是寨老、头人的行事准则和判案标准，头人不能为所欲为。当族人发生矛盾冲突时，总是自觉运用习惯法和族规解决这些矛盾。但当事人无法自行根据这些习惯法来解决矛盾时，民族头人则是这些"民间法规"的执行人。

在壮族地区，是否由乡老解决矛盾纠纷，全由群众自行决定。群众可以请他排解，也可以不请他进行排解。而且对乡老的排解，提出的处理意见，当事者可以采纳，也可以不采纳。因而能为公众公认的乡老和头人，完全是通过自己在平日处事中去取得信任，受群众的拥护而得来的，他不属于统治者的行列。反而类似农村中的白衣官人一样，即在人民生活中起不小的影响，但又不对谁负责。群众有事则请他去，没事乡老则与一般农民一样从事劳动生产。

壮族解决纠纷请乡老，没有特别的仪式或规则，可以在事情发生的当天，也可以在事情发生后的几天内。可以由大人去请，也可以叫孩子去通知。乡老来到原告家中，有的以便饭招待，有的则设酒席来款待。乡老排解事情是不要钱的，除非在处理事情中，有了罚款，那么原告从罚款中抽出10%给乡老。[2]平常一般小事，都由本屯的乡老自行解决，大

---

① 《马克思恩格斯选集》第4卷，人民出版社，1972，第82页。

② 广西壮族自治区编辑组：《广西壮族社会历史调查》第1册，广西民族出版社，1984，第14页。

事则请邻近各屯的乡老来共同处理。乡老对群众的纠纷总是抱着息事宁人的态度，大事化小，小事化无，尽可能避免事态恶化，告到官府去。因此壮族地区流传着谚语"寨有三个老，等于一个宝。"①

瑶族地区是以石牌和习惯法维系的传统社会。兹以瑶族石牌头人处理争执的一般过程，来透视头人的权力。在瑶族社会，作为争执一方的主诉人，先"请老"，即请石牌头人主持处理争执事宜。石牌头人受请，主诉人即备酒肉宴请石牌头人和自己的亲戚朋友。在宴席上石牌头人面向大门就座，听取主诉人的诉述。主诉人的诉述，首先从盘古开天地的创世纪讲起，然后讲瑶族祖先的迁徙历史。在讲述了这些开篇以后，就诉说自己在争执中在理的理由，并以折禾秆草一段计一个理由，有多少个理由就折多少段禾秆草。讲完后，主诉人就将剩余的秆草和预先放在宴席上的一条猪尾巴一起挪出门外，随即与众亲友一起发一声喊。主诉人的诉述结束。之后，石牌头人就"托话"给被诉人。争执的另一方也同样以酒席宴请头人和自己的亲朋。头人坐首座向被诉人转诉主诉人的理由。如果被诉人承认主诉人诉述的理由正当，石牌头人即按石牌条文处理；如不服，可以反驳，头人可以再转告主诉人并听取他的意见。头人在处理争执中，"上山不怕路陡，下河不怕水深"，跋山涉水作周密的调查，苦口婆心地作耐心的劝解，直至争执解决。争执解决时，主诉人要背"凤凰鸡"即公鸡一只，当场砍下鸡头，对天盟誓表明自己心地纯正，没有诬陷。② 显然，头人面门而坐或首座，听取争执事由，这正是体现了家庭内父辈受到晚辈敬重和信任；头人跋山涉水作调查，主持族内争端，又像父辈关怀子女一样。砍鸡头对天盟誓来表明争端结束，展示了习俗、纯粹道德式的力量。从石牌头人处理争执的过程，我们看到了一幅体现血缘亲族、浓郁乡情的画面。

石牌头人没有特权，处理族内纠纷依据的是石牌条文。瑶族社会有

---

① 广西壮族自治区编辑组：《广西壮族社会历史调查》第 1 册，广西民族出版社，1984，第 15 页。

② 参见周敦耀《村寨自然领袖是自然成长的民主制的产物——建国前广西瑶苗、侗族村寨头人问题管见》，《广西民族研究》1990 年第 2 期。

"石牌大过天"的说法，石牌是瑶族内部人人必须遵守的约定俗成的法规。它具有浓厚的习俗道德规范化的性质。石牌条文的制定是由村寨群众"同喝血酒"制定的，必须遵守。如果出现头人也无法解决的争端，在石牌制内部可有三种解决方式：其一，当事人双方用武力"决斗"，分出胜负来解决；其二，通过焚香顶礼膜拜天神起誓；其三，由石牌大会通过启用石牌丁（群众）临时组成的武装力量强行解决。从这三种解决争执方式而言，进一步证实石牌头人手里无特权。

苗族地区的寨老同样也没有强制权。寨老在处理族内纠纷，诸如治安问题、邻里纠纷、偷盗等事宜时，依据的是"埋岩"规约。若当事人对按"埋岩"规约处理不服，则会受到全村寨的舆论谴责。

但因为有"埋岩"规约，苗族寨老对犯罪者的处理是很具权威性的。有些问题官府解决不了的，寨老可以处理。对于严重违反规约的，头人可以根据"埋岩"规约进行活埋或枪杀。因此苗族人若被"埋岩"规约宣判以后，从不逃跑，认为受埋岩惩罚，被处死是应该的。

可见，在传统的少数民族内部，头人拥有很高的权威，但没有太大的权力。虽然一些民族内部，头人拥有生死的裁判权，但这些处罚都必须根据本民族的规约。如瑶族要根据石牌条文，苗族根据"埋岩"的活埋规定；侗族根据款约中的"六面阴"即对六种严重违犯款约的处死规定。头人没有为所欲为的权利和强制性特权。

综上所述，各个少数民族头领为民办事是义务的，没有固定报酬。所以，无论是壮族的"都老"还是瑶族的"瑶老"等，其实都是自然领袖。在漫长的传统社会中，他们没有太多的特权，应该是少数民族内部的管理者，而非统治者。这种民族基层组织，实质与家族的结构是相同的，其实是大家族家长式的遗存。

第二节　新桂系政府对基层公务员的要求与建设

建立了现代行政后，公务员的任命成为新桂系必须考虑的一大问题。因为基层是一个政权控制的支点，如果没有新的经过培训的基层干部实行新政，新桂系集团认为"各地的乡村公所还不是一座空房子而已，能够发生什么力量"?① 当时广西各地"区乡村甲长，地方人选举，由县府择委。但选出之，人品类不齐，公正少而恶劣多，至办事方面，强干少而柔懦多"。② 要稳定政治基础，"必须以受过严格训练的乡村青年干部代替原有的腐败团局"。③ 在践行"自治"，整顿完善乡村基层组织过程中，新桂系首先遇到的问题是严重缺乏能干的乡村基层干部。白崇禧也认为："这几年最致力的工作，注重中下级干部的训练，因为没有干部的人材，就无法进行普遍训练（团兵训练——摘注），故从干部训练着手。"④ 为此培训基层干部迫在眉睫。新桂系创造的基层组织是：民团、国民基础学校、乡镇公所三位一体，这三种机构有效结合起来被称为"三位一体制"。它的主要特点是："乡镇村街两级必须设置三个主要机关，在乡镇是乡镇公所、乡镇中心国民基础学校、乡镇民团后备大队部；在村街是村街公所、村街国民基础学校、村街民团后备队。""从人事方面说，就是一人三长的制度，即乡镇长兼任中心国民基础学校校长及民团后备队大队长；村街长兼任国民基础学校校长及民团后备队队长。"⑤ 诚然，新的行政编组使基层干部的职能发生了很大的变化，从前只从事民族内部祭祀、调解纠纷的头人已无法满足行政、军事、教育"三位一体"的需要。正如省政府所说的："关于各乡村后备队之编练、征调事项职责綦重，所有各乡村甲长非经受过军事训练殊难胜任愉快。"⑥ 当时新桂系将领之一白崇禧也深表忧虑："现在的村长，多半是已经老朽腐败了，纵然有些不老，他们对于军事学完全不懂，对于政治上的一般情形，以及组织民团的必要，尤其不懂，又哪能充任后备队长呢？"⑦ 为此，新桂系集

① 黄旭初：《广西四大建设的理论与实际》，第四集团军干部政治训练班印行，第20页。

② 黄诚高：《隆山县民政视察报告》，《广西民政季刊》1933年第1号第2期。

③ 李宗仁口述，唐德刚撰《李宗仁回忆录》，广西师范大学出版社，2005，第644页。

④ 广西政协文史资料委员会编《新桂系纪实》上册，广西壮族自治区新闻出版局，1990，第420页。

⑤ 邱昌渭：《广西县政》，桂林文化供应社，1941，第77~78页。

⑥ 《本府民政厅训令各县府常备大队退伍军队员而有职业者可分委充任乡村甲长由》，《广西省政府公报》1934年第1期。

⑦ 《民团是军事政治经济教育四位一体的组织》，载自《军训与民团》，桂林全面战周刊出版社，1932，第16页。

团对基层干部的选拔和任免提出了新的要求，他们在后来的执政过程中不断完善基层干部的训练内容和设施。

一　设立专门的培训机构

新桂系培训基层干部，是从 1931 年 5 月在南宁成立广西警卫干部训练所时开始的，后来又在百色设立一所田南民团干部训练所。但是还没有整顿乡村基层政权组织，而且缺乏足够的教练人员，新桂系尚未进行大规模的基层干部培训。随着全省乡村行政编组工作的进行，新桂系也扩大了基层干部的训练，1933 年下令在各民团区指挥部所在地设立一个干训大队，隶属各区的民团指挥部。当时新桂系政府已在南宁、桂林、龙州、百色、柳州、梧州、平乐、天宝八个地区设立了民团指挥部。训练对象主要是受过中小学教育的现任乡镇村街长副，"此为广西基层干部普遍训练之起始"。① 民团训练队是新桂系"培植社会基层人才的教育机关，也就是推行三位一体的制造厂"。② 民团训练队的学生被称为干训生。

当时各民团区自立为一大队，设大队长 1 人，大队下设 3 个中队，各设中队长 1 人，副队长和助教若干人。每个民团干部训练大队约为 324 人，每个中队 108 人，共办 3 期，6 个月为一期，训练内容有军事训练与政治训练两大类。③ 当时已有正式的文件明确规定干训生毕业后出任基层干部。

各民团区干部训练队于 1935 年 7 月改组为各区民团干部学校。学校的校长由各区民团指挥官兼任，教育长由政训主任兼任。

1936 年 5 月，广西省政府为了统一全省基层干部训练，将各区民团干部学校改组合并，建立广西民团干部学校（以下简称"民团干校"）。这个学校成为当时"养成广西政治经济文化民团各项建设之基层干部人员"的基地。④ 校长初为白崇禧兼任，后改为黄旭初兼任；教育长由白崇禧的亲信担任，先后由刘斐、张义纯、卢象荣、冯璜等人担任。由此可见，基层干部培训学校的权力是完全牢牢地控制在新桂系领导集团手中

① 邱昌渭：《广西县政》，桂林文化供应社，1941，第 93 页。
② 《筹设广西民团干部学校与改办国民中学》，《创进月刊》1936 年第 3 卷第 7 期。
③ 《委用干训生以本县籍为限，不分乡界》，《南宁民国日报》1935 年 4 月 16 日。
④ 《广西民团干部学校组织大纲》，《广西省政府公报》第 197 期，1938 年 7 月 1 日。

的，保证了新桂系统治广西的意志自上而下灌输，渗透到各个基层组织。

在三十年代初至抗战初期，新桂系深感蒋介石势力对其统治广西的威胁；所以新桂系培训基层干部实际上是培养亲信，打造一个系统的具有较强凝聚力的统治集团，以达到稳定基层政权、巩固统治、防止蒋介石势力对广西渗透的目的。因此，从安排培训机构的主要人事，到规定培训对象的条件，到制定培训内容，新桂系领导集团都牢牢地控制在手中。随着抗日战争相持阶段的到来，新桂系所处的社会、政治环境发生了很大的变化，"民团干校"培训基层干部的方式已不能适应抗战形势的需要，也难以巩固其在桂的统治。新桂系为保住广西的地盘不得已采取新的培训方式，采用比较开明民主的措施。

为保住广西、摆脱困境，新桂系提出"革新政治风气"的口号，果断结束"民团干校"，在桂林另建了"广西地方建设干部学校"（以下简称"建设干校"），在桂林平乐区和柳州庆远区设两个分校。"建设干校"的校长虽然由黄旭初兼任，但聘请了著名教育家杨东莼（杨当时为中共地下党员）为教育长。教育长之下设有校务委员会、秘书、总务处、教导处、军训处等机构和人员。根据"建设干校"组织规定，学校的人事、教学、总务等事务皆为教育长主持，所以在人员选用上，杨东莼任用了一批从武汉、广州、香港等地撤退来桂的民主人士和进步青年，以及杨东莼主办"广西师专"时的师专学生。这批进步人士成为了"建设干校"的骨干力量。因此，这时期基层干部培训体现着民主、进步、团结的精神。

二 明确基层干部选拔培养的标准

民团干部学校建立初期，由于训练资源有限，无法全面训练全省的基层干部，政府对当时基层干部的选拔培训制定了相应的标准。如新桂系最初要求各地选送培训的标准为："乡镇长年龄在 25 岁以上、45 岁以下，曾在中等以上学校毕业者。村街长年龄须在 22 岁以上、45 岁以下，曾在高小以上学校毕业者。先尽乡镇长选送，然后再及村街长。① 后来为

---

① 《广西民团条例》，广西省政府秘书处编印，1934，第 61～62 页。

"造就多量基层干部人才起见"，凡在党校或党所、宣传所、村治学院、农工人员养成所、地方行政人员养成所毕业的人，都被政府选送干训大队训练，毕业后分别任用为乡镇长。①

基层干部选拔培养的标准随着新桂系政权的日益巩固得到了逐步完善。如民团干部学校成立后，招收学生资格亦同时提高为："（1）现任非干训生学生之乡镇村街长，及非干训生之小学校长教员，年在 22 岁以上，45 岁以下，曾在中等以上学校肄业一年以上，或同等学历者；（2）具有高中毕业或同等学历，年龄与第一项相同者；（3）具有初中肄业一年以上，或有同等学历者，年在 20 岁以上、40 岁以下者。考选标准，先就一两项规定者录取，不足，再由第三项选取，且须各乡摊取，不得偏于一隅。"② 显然，民团干部学校时期学员的最低学历标准已由干训大队时期的"高小"升至"初中"。

随着基层干部培训的大规模开展，新桂系对干部的选拔标准也渐渐走向规范化、制度化。1938 年 6 月，广西省政府通过并颁布了《广西训练基层干部人员计划大纲》，第一次以文件形式规定了基层干部的选拔标准。其中第四款规定："凡未受训之乡（镇）、村（街）长，一律分别调训，又曾任乡（镇）、村（街）长及小学教员一年以著有成绩者，亦得斟酌需要，考送受训。"③ 显然，《大纲》的颁布，标志着政府对基层干部由选拔培训向普及培训过渡。抗战爆发后，新桂系还"特于中心地区分设地方建设干部学校特别训练班，以调训未经训练之村街长，特训班学员以现任村街长为限，但率在 45 岁以上者得免调训"。④ 凡是担任基层干部的人员，一律都必须经过干部培训学校的培养、打造。诚然，新桂系对基层干部的培训经历了一个由点到面的过程。在教育资源紧缺时期，选拔高标准的对象；当资源充裕时，再进行全面的普及。显然，这是一个经过深思熟虑的，也有明确目的的策略；即想通过这种方式更新乡村

---

① 《电知凡在党校等院所毕业者准选送干训大队训练任用由》，《广西省政府公报》第 35 期，1934。

② 李宗仁等：《广西之建设》，广西建设研究会编印，1939，203～204 页。

③ 广西省政府十年建设编撰委员会编印《桂政纪实》政治篇，1942，第 146 页。

④ 《广西地方建设干部学校特别训练班组织大纲》，《广西省政府公报》第 652 期，1940。

领导精英，灌输新桂系的统治意志，培养出一批能听命于他们的乡村基层干部。

三 完善基层干部培训的内容

将基层干部集中起来了，对他们进行什么教育是摆在新桂系政府面前的一大难题。由于 1931 年新桂系刚重主广西，基层干部的培训无现成法规制度可师，训练内容不得不因政治、时局的变动而改变。各民团区设立民团干部学校后，训练内容基本确定。军事训练和政治训练两大类按三七分配时间进行训练。军事训练，设有步兵操典、射击教范、筑城教范、战斗教练等。很明显这是侧重于军事技能培训。政治训练，设有帝国主义侵略中国史、地方自治、三自政策、建设纲领、民团章则概要、生产教育等。从以上内容看，新桂系这时期显然侧重于对基层干部进行军事和政治教育，为在乡村进行广泛的团兵训练准备干部。这与新桂系稳固在广西的统治地位是相适应的，但与乡村建设的实际需要相差甚大。

因此，在"民团干校"时期，新桂系对基层干部的训练内容逐步进行调整。1938 年 6 月颁布了《广西省训练基层干部人员计划大纲》，规定："调训或考送之基层干部人员，其训练科目如次：（一）国文；（二）建国之理论与实施；（三）民政概要；（四）地方财政概要；（五）国民基础教育概要；（六）乡村经济建设概要；（七）军政概要；（八）军事概要。"[1] 至此，新桂系的基层干部培训内容有了较完整的体系，包括了新桂系政治、经济、文化、军事四大建设的基本理论和技能。可谓"凡是乡村中应办的事，都拿来训练，使有相当的常识，去指导民众"。[2]

由于民团干部学校学生所受教育程度参差不齐，所以他们在干校所受的训练也是有差异的。当时的训练分甲、乙、丙三种。甲种：高中毕业，或有同等学历者，6 个月结业。高中毕业，已受军训者，3 个月结

---

[1] 广西省政府十年建设编撰委员会编印《桂政纪实》政治篇，1942，第 147 页。

[2] 黄旭初讲述，黄启汉速记《广西建设现状》，1935，第 17 页。

业，每周仍须训练术科 4 小时。乙种：初中毕业，或有同等学历者，10
个月毕业。初中毕业，已受军训者，5 个月结业，每周加军事学术科 12
小时。干训毕业生，未经高中修业期满者，4 个月结业，每周仍须补习术
科 3 小时。干训毕业生，未经初中修业期满者，12 月结业，每周仍须加
军事学术科 4 小时。丙种：初中肄业 1 年以上，或有同等学历者，18 个
月结业。①

政府希望通过这些系统培训，使基层干部"具有政治家的手腕，科
学家的头脑，农夫的身手"，成为"一个战士，一个民众导师，一个政治
工作者"，②能胜任基层建设工作。因此，除了以上常规课程训练外，白
崇禧、黄旭初等新桂系主要领导人经常到"民团干校"视察、演讲，加
强向基层干部灌输其统治意志。培训内容的完善说明了新桂系培训基层
干部的指导思想得到统一和加强。培训内容的系统化为新桂系培养一批
符合其要求的基层干部准备了理论条件。

抗战爆发，基层干部培训的指导思想发生了很大的变化。这时期的
基层干部培训是为了适应战时需要，提高学员对抗战形势的认识，坚定
对抗战的信心，充实基层工作的知识与技能。培养一批具备自觉纪律、
自治能力、分析和解决问题的能力的新学员。因此"建设干校"的训练
内容分政治项目、军事项目和课外活动项目。训练方法将课堂讲授、大
报告与小报告相结合，个人钻研与集体讨论相结合，再配以短期的实践。
这种方式比"民团干校"单一的灌输方式更能激发学员的积极主动学习
态度，提高他们的学习效率，也培养了学员的团结互助精神和实际工作
能力。

显然，新桂系时期的基层干部培训是根据现实的需要不断调整训
练内容的。培训出来的基层干部的任务是忠诚地执行"三自三寓"政
策和四大建设。在民团干部训练队和民团干部学校时期，基层干部培
训还是军事、政治占统治地位，旨在成就一批完全听命于新桂系政府
的基层干部队伍。新桂系此举，最终目的是为了捞取政治资本，防止

---

① 《军政概要》，广西民团干部学校印行，第 36 页。
② 梁上燕：《广西的基层干部》，民团周刊社，1938，第 6 页。

蒋介石势力的渗透，从而保住其在广西的地盘。但到了"建设干校"时期，基层干部培训出现了民主、进步的作风，这是新桂系开明政策的结果。

新桂系在不同时期不同政治环境下采用不同的形式培训基层干部，这是由其作为地方实力派所具有的特性决定的。从 1931 年 5 月到 1939 年新桂系共训练区长、乡（镇）长、村（街）长及其他基层干部上万人。仅"建设干校"在两年内就培训了 1400 多名乡镇干部，调训了 4000 多名在职的村街干部。[①] 这些基层干部集政治、军事、经济、文化职能于一身，权力集中，是新桂系在 20 世纪 30 年代在广西推行"新政"的基层骨干。因此，新桂系的民团制度、"三自""三寓"政策、国民基础教育等政令在乡村都得到了较好的贯彻。

表 3 - 1　全省乡镇村街长干训生非干训生人数统计（1939 年）

职别	合计		干训生		非干训生	
	人数	百分数	人数	百分数	人数	百分数
合计	52579	100.00	13998	26.62	38581	73.38
乡镇长	4565	100.00	3820	83.68	745	16.32
村街长	48014	100.00	10178	21.20	37836	78.80

资料来源：《广西民政统计》，广西民政厅编印，1940，第 38 页。

依上表来看，到 1939 年，广西全省的基层干部超过 60% 经过了培训。其中乡镇长中经过干部培训的已近 84%，村街长约 54%。而且在基层干部队伍中，退职人数非干训生的比例远远高于干训生的比例。可见，新桂系的基层干部培训对干部队伍的稳定起到了很好的巩固作用。同时，干部的年龄层次和学历层次也有了很大的变化，20 岁至 30 岁的青年所占比例是最高的，若再加上 30 岁至 40 岁的中青年，年轻人比例可高达 85%。对基础干部选拔的学历要求大幅度提高了干部的素质。可以说，新桂系对基层干部培训比较有效地改变了乡村行政人员的组成成分。

---

① 钟文典主编《二十世纪三十年代的广西》，广西师范大学出版社，1993，第 135 页。

表 3 - 2 各县乡镇村街长年龄学历统计

职别	20 岁以下	20～30	30～40	40～50	50 岁以上	未详	总计
乡镇长	10	2590	1550	186	37	192	4565
村街长	648	23381	17314	5066	747	858	48014
合计	658	25971	18864	5252	784	1050	52579

职别	干校毕业	高等学校	中等学校	基础学校	其他	总计
乡镇长	3820	15	359	82	389	4565
村街长	10178	13	4971	23874	8978	48014
合计	13998	28	5330	23956	9267	52579

资料来源：《广西民政统计》，广西省政府民政厅编印，1940，第 25～30 页。

上表显示，30 年代的基层干部呈现出年轻化、知识化的特点。有学历、受过训练的青年在基层干部队伍中占据着大部分的比例。通过基层干部培训培养的这批基层政权人选已经不同于过去控制乡村社会的传统士绅了，他们都属于当代乡村社会中受过新式教育的精英阶层。其构成无论与过去相比还是与其他那些土豪劣绅等落后保守势力占据主体地位的省份相比，均要好得多。因此，新桂系将他们纳入地方行政体系，对巩固政权的意义十分重大。据天河县仫佬族聚居区 1941 年统计，全县共有乡长 22 人，全都是地方干部学校毕业生；村街长 330 人，118 人为干校毕业生，10 人普通中学肄业，58 人基础学校出身，114 人无学历，但全部经过了政府的教育和训练。[1] 通过县以下基层行政体系的建立，政府吸纳这样一批素质、能力均高于社会同类水准的精英分子充任乡村社会的乡镇长、村街长作为政权的支柱，"在资源榨取和乡村共同体管理方面对国家所起的作用则是无法估量的"。[2]

四 基层公务员的职责和待遇

在乡村社会，乡镇长、村街长独揽地方大权，可谓官小权重。"一乡

---

[1] 广西壮族自治区编辑组：《广西仫佬族社会历史调查》，广西民族出版社，1985，第 18 页。

[2] 〔美〕杜赞奇：《文化、权力与国家——1940～1942 年的华北农村》，王福明译，江苏人民出版社，1994，第 42～57 页。

镇之内，乡镇长负有全乡镇政治经济军事文化的推进责任。"① 过去的村寨头人只是负责督促生产、维持治安、调解矛盾。而当"三位一体"权力网络构建后，"以乡镇村街长的地位来说，他们负有办理一切政治的任务；就校长的地位来说，他们负有教育的任务；就民团后备队长的地位来说，他们负有训练民团的任务"。② 正如新桂系集团所认为，"这样特殊的广西乡镇村街长，可以说是世界所无，历史未有"。③

1932 年 9 月 6 日，广西省政府委员会第 57 次常会决议公布的《广西各县区乡镇村街甲长办公暂行简章》明确规定广西基层干部的职责，分别为：

修筑墙闸，整顿民团，清查户口，办理户籍登记，整理门牌，装设电话，修筑道路，禁止放火烧山，扑灭野火，推广植树，有河流溪水地方禁止放药毒鱼及挖掘河岸。推广乡村成人教育及小学教育，劝争息讼，改良风俗。有水利可办之地设法倡办水利。推广种植麻棉叶烟及各种杂粮。推广养蜂养鸡养猪养牛养马；设法救济牛瘟猪瘟鸡瘟。提倡保护家庭工业，制定各种村街公约。其他受县长委托事项。④

可见，"三位一体"行政网络下的基层干部，他们已经承载着政府的意志，向基层社会输入政府的意图和目的，领导村民实行"自卫"、"自治"、"自给"的"三自政策"，贯彻政府的命令和思想。当新桂系集团的乡镇村街制度建立以后，村寨头人被国家的基层干部所取代，村寨领袖从初始的传统服务职能向控制职能转变。基层干部与新桂系政府一起联合起来，对基层的百姓进行控制和管理。

新桂系政府执政以来，打破了长期以来"皇权止于县"的特点，政府的权力延伸到县以下的行政单位，乡村社会纳入了政府的行政控制领域。因此管理乡村社会的工作人员也被纳入政府的行政系统，在政府体系中，第一次有了基层公务员的概念。因而如何确保这部分基层公务员的薪俸，是摆在新桂系政府面前的一大难题。1936 年，新桂系团务会议修正通过《各县乡镇村街长兼任三者生活费支给标准及办法》，对基层干

---

① 潘景佳：《中心学校如何怎样辅导村街基础学校》，民团周刊社，1939，第 5 页。
② 潘景佳：《抗战中的广西乡镇村街长》，民团周刊社，1938，第 2 页。
③ 潘景佳：《抗战中的广西乡镇村街长》，民团周刊社，1938，第 2 页。
④ 广西省民政厅编《广西县政纲要》，1932，第 8 页。

部的生活费又做了较为明确具体的规定，干训生与非干训生的待遇有所不同，其标准如下：

1. 乡镇村街长兼任三职者之生活费分甲乙丙三级，初任者由丙级起支，年终考绩优异者得晋级；2. 曾受干训之乡镇长兼任三职者甲级月支国币 24 元，乙级月支国币 22 元，丙级月支国币 20 元；3. 曾受干训之村街长兼任三职者甲级月支国币 16 元，乙级月支国币 14 元，丙级月支国币 12 元；4. 未受干训之乡镇长兼任三职者甲级月支国币 16 元，乙级月支国币 14 元，丙级月支国币 12 元；5. 未受干训之村街长兼任三职者甲级月支国币 11 元，乙级月支国币 8 元，丙级月支国币 6 元；副乡镇村街长由中心学校及基础学校之教员分别兼任，不另支生活费。①

新桂系规定各县乡镇村街长的生活费"由各县县库发给，县款不足，由省款辅助，务使干训生的生活安定"。② 各县的财力不同，筹给乡镇村街长生活费办法不尽一致，所以乡镇村街长的生活费有着较大的差别。另依据广西省政府的规定："村街长兼任三职，所给生活费之多少，原规定视该县及各乡村之财力而定，其兼任三职之干训生应支生活费准以津贴名义，略微提高。"③ 总的来看，各地基层干部的工资不尽相同，广西省当局的规定仅仅成了各地的参考。

在一些偏远民族地区，由于经济落后，基层干部的薪水根本无法达到上述标准。如上思县南屏乡建立后，全乡正副乡长、正副村长、甲长、乡警、乡国民代表 60 余人均无工资发。乡长就每年从每户收米 2 斤充当工资。百色每乡起初设有正副乡长各一人，办事员一人，乡警四人。乡长有权办理一切案件和调动民团镇压该乡人民起事等，但薪俸是每月领米二百多斤，其他官吏、卒略少一些。村设正副村长各一人，村警一人。百色两邑乡从村警到乡长，一律领取薪俸。乡长每月领近两百斤大米，干事、村长每月领一百四五十斤，乡、村警每天一斤半米，十个铜仙作菜金。显然，很多乡镇村街长的生活费，均未达到 1936 年政府规定的最

① 《广西省现行法规丛编》第 2 编，广西省政府编印，1937，第 565 页。
② 黄旭初：《广西四大建设的理论与实际》，第四集团军干部训练班印行，第 28 页。
③ 《指令博白县政府拟请取消莪民代电第二点一节着无庸议由》，《广西省政府公报》第 45 期，1934。

高标准，甚至大部分低于政府规定的最低标准。

当时广西公务员的薪俸在整个社会处于一个什么水平？我们可以通过考察当时一些行业工人的平均工资与之进行对比。当时广西的物价各地各异，但也相差不大。白米的平均价格为 0.047 元，生菜的平均价格为 0.016 元，猪肉的价格为 0.27 元，牛肉 0.21 元，鸡鸭的价格在 0.18 ~ 0.3 之间，单栋房屋每月的房租平均为 1.35 元。① 以这样的生活标准，1 元钱可以买 20 斤白米，4 斤肉。

表 3 - 3　梧州工人家庭之全年收入

单位：国币元

业别	调查家数	工资收入	其他收入	合计
修理机械	3	295.54	9.23	304.77
玻璃	6	259.75	—	259.75
皮鞋	4	246.92	—	246.92
织棉衣	10	223.84	18.92	242.76
火油	7	233.45	—	233.45
造船	11	155.37	34.68	190.05
皮箱	4	187.40	—	187.40
染布	7	138.46	13.19	151.65
藤竹器	4	121.08	—	121.08

资料来源：《广西年鉴》（第二回），广西统计处编印，1935，第 470 页。

从上表可见，30 年代广西工人的平均月收入应该是在 10 元到 30 元之间，各行业有所不同。基层公务员的平均工资标准与社会上普通工人的收入相差不大。但是大部分基层公务员，尤其是一些民族地区的村街长等，他们的收入甚至不如一些社会工人的月收入高。以当时的物价水平而言，他们的收入也仅能维持最基本的生活水平。因此许多基层干部都抱怨："待遇太薄。一个月一二十元的生活费，如何挨得了？皮鞋买不起，久不久想到城市去玩玩，连旅费都不够。这样穷干下去有什么意思呢？"②

---

① 《广西年鉴》第 2 回，广西省政府统计处编印，1935，第 400 页。
② 民团周刊社编《乡镇村街长应有的修养》，1938，第 25 ~ 26 页。

由于收入低廉，加剧了各个乡村长的腐化，乡村长的贪污勒索更加疯狂。如在百色两琶乡的乡长经常通过征兵勒索普通百姓。他们将被抓去的新兵关在公所房间内，乡长李善魁、黄壮宏、李善华三人公开宣称："你们跑回去也可以，只要交钱来就行了。如果偷偷回去，给我见到了就要挨绑。"大琶村被迫流浪他乡的青壮年占青壮年总数的30%～40%。①村民黄玉珠交上了30元，仅能在家几天，乡长李善华又要逼他走，结果逃到山洞处躲藏。1940年，村民班振光两兄弟卖去两只大牛和15斤谷种田才能缓征，但半年后（第二期），他的哥哥班振国又被拉走了。当时，新桂系政府的征兵政策和民团制度成为基层干部敛财的重要工具。

瑶族地区冯显廷当乡长期间，叫群众挑杉木去卖。杉木是米强村瑶族集体种的，卖后所得的钱，他一人独吞了。他在山内参加共耕组，共耕组的成员都比较贫穷，常年吃粥。他家有米饭吃，在山外还有少量水田出租。②

在最基层的公务员，由于收入低廉，养家活口难以为继，于是利用新桂系集团的行政网络赋予的权力，滥收苛捐杂税，大肆搜刮，也就不足为奇了。

第三节　民族地区的基层干部

在整顿任命基层干部队伍的精神指导下，新桂系对民族地区乡镇长和村街长的任命尤为重视，规定："苗瑶民户之正副甲长及村长，由区公所或县政府委派，呈报省政府备案。"③新桂系集团统治大瑶山期间，署局下设乡、村、甲等行政机构。乡设乡公所，有正副乡长各1人，文书、户籍、乡队附各1人，乡警若干人；村设村公所，设正副村长各1人，甲设甲长。白崇禧说："要推行一种新的政治主张或制度，必须要有受过相

---

①　广西壮族自治区编辑组：《广西壮族社会历史调查》第2册，广西民族出版社，1985，第248页。

②　广西壮族自治区编辑组：《广西瑶族社会历史调查》第3册，广西民族出版社，1985，第203页。

③　《广西各县苗瑶民户编制通则》，《广西省政府公报》1933年总第64期。

当训练的新的人才出来负责，然后这种新的政治主张或制度，才能实现。"① "1942 年 1 月，以永宁乡（包括金秀沿河十村）为试办点，开始训练村、甲长，共七十人，为期一个月。"② 这些受训的基层干部代表着一股新兴的力量，将国家的意志直达乡村地区，对少数民族传统社会产生了深远的影响。

一　传统头人向基层干部的转变

由于民族地区人民受教育水平低，尤其是"特种部族"聚居区，符合新桂系担任村甲长条件的新人很少，因此新桂系集团在某些封闭地区也往往采取利用、改造少数民族头人政策，使民族地区不少村甲长仍由原来头人充任。因此近代广西民族地方社会出现双重政治结构，传统的自然领袖头人也开始出现嬗变。

在土司统治地区，或者瑶族、苗族一些经济文化相对落后地区，头人、寨老如果受过一定教育，熟知地方民风政情，有一定的声名与威望，只要他们承认并支持新桂系的治理政策，一般都能得到新桂系集团政治上的优待，被纳入基层干部队伍，享受政府赋予的治理一方的权力。新桂系主政期间，各地的族长、头人甚至基层政权中的职务也有一些由豪绅地主或其子弟担任。都安县七百弄一带，蓝有理因袭其祖父充任土司的"总管"、其父蓝附中历任民国的"团总"之余威，于 1932 年被委任为乡长，一直到 1949 年 5 月底止，任乡长达 17 年之久。蓝有理任乡长期间，也曾多委任亲信人物任其辖区内的村街长。③

1933 年桂北瑶族起义失败后，国民党桂系军阀为了"开化"瑶族，加紧在瑶山推行保甲制度。1939 年，国民党上思县当局根据桂系集团意旨，在十万山区建立南屏乡，乡公所在米强。在山子瑶中推行乡村甲制度。对于基层干部的任命，新桂系政府没有外派，直接从山子瑶自然领袖中任委乡长，由乡长圈定村、甲长，报县政府批准任命。而在防城板

---

① 白崇禧：《行新政用新人》（白崇禧言论集之四），桂林全面战周刊社，1938，第 8 页。
② 胡起望，范宏贵：《盘村瑶族》，民族出版社，1984，第 130 页。
③ 韦修琦：《我所知道的蓝有理》，载都安县志编纂委员会编《都安文史》第 2 辑，1987年，第 109～110 页。

的瑶族地区，乡村长一律由壮族人或汉族人充任，甲长则由板瑶、山子瑶担任，也有个别村长由壮族人担任。有些村屯，甲长轮流充任。

基层行政网络的构建，新桂系政府力图通过乡村甲长，使群众在政令执行上一切都得服从政府的意志，因此也尽力笼络瑶族上层领袖人物和少数民族人民。凡村、甲长的任选均由乡长圈定后与群众商量取得群众同意，再报上面批准。村、甲长并允许终身尽职，死后才更替。在苗、瑶地区，开始担任乡、村、甲长的亦多半是民族内部的自然领袖人物，有的民族领袖既任"村老"，也任基层干部。如广西大瑶山六巷村蓝扶宵，为该村石牌头人，清宣统元年（1909）因协助李国治剿平郭三"三点会"立功，被委任为大瑶山四大团总之一，并成为六巷、门头一带大石牌头人。1933 年，国民党广西当局将六巷、门头、古陈一带瑶区组建为象县东南乡，他被任命为乡长。其任石牌头人和乡长直到 1943 年。又如大瑶山南端横冲李荣保，原为当地三百石牌组织头人。1928 年，因剿灭盘踞武宣县东乡土匪有功，升为正石牌头人。1932 年，出任刚组建的桂平县木山区区长，后木山区改为木山乡，亦由他任乡长。①

就整个民族地区而言，在苗、侗、瑶等少数民族聚居地区的龙胜、三江、隆林等县份，因为地方上没有相应的人才，新桂系主要是笼络少数民族上层分子，对他们进行改造利用，确保政府对乡村地区的绝对控制力。

大瑶山里的各石牌头人，陶道宏被委任为东北乡乡长；赵英甫被平南县府委任为罗香乡乡长，苏正球被委任为平竹乡乡长；蓝国材被蒙山县府委任为岭祖乡乡长，赵明品被委任为古朴乡乡长。② 1940 年，金秀警备区署成立后，长垌乡滴水村的全金标，30 出头即当上茶山瑶石牌头人，曾任滴水村村长、东北乡乡长。1940 年，国民党统治势力伸入金秀瑶山，另一茶山瑶石牌头人陶国钧极力赞同国民党"开化"瑶山的政策，得到金秀设治局的信任，并加入国民党，1941 年，任命为永宁乡（今金秀镇）乡长，1946 年，任国民党金秀设治局参议会参议长，1948 年，任金秀设

① 莫金山：《瑶族石牌制》，广西民族出版社，2000，第 64～71 页。

② 金玉宝：《金秀瑶山历史上的封闭与开化》，载政协金秀县委编《金秀文史资料》第 5 辑，1990，第 25～32 页。

治局宣传委员。①

在龙胜县，1933 瑶民暴动被镇压后，"龙胜十六乡半数乡长由壮人担任"；② 海口村，全村共 85 户，其中瑶族 10 户、汉族 10 户、壮族 65 户，"解放前壮族政治地位最高，村里面的政权都掌握在壮族蒙启宇、蒙启荣的手里"；③ 箩江村，瑶族 86 户、汉族 29 户、壮族 5 户，"在伪政府时瑶人当乡长"。④

在融县的安太乡的寨怀村（今属融水苗族自治县寨怀乡），以石姓为多。原为安太区团总石秉详，是当地侗族埋岩会议的主脑和头老，被人们称为"侗王"，曾任安太乡乡长。村长主要由政府委任的汉族上层分子或本地侗族人担任。如汉族何善富、蔡金，本地人侗族人石少行、石少株、石燕等十多人，均担任过寨怀村长。⑤

在隆林县，"民国二十六年（1937）以后，县以下设乡、村、甲……乡长由原来的族长担任，也有由县里任命的"。这些族长本属于各族的上层统治、守旧人物，有些甚至是靠欺压百姓发家的大地主，如当地苗族地主、族长李仁任、杨有章、杨有荣、杨宗海，彝族地主王文凤等，在三四十年代都曾先后担任过乡长副和村长等职务。⑥

在贺县新华乡，民国时期的乡村长是由地主、富农担任。如里松的汉族地主陈泰时，当上了乡长，他的弟弟也曾当过乡长；瑶族富农李富稔、赵福享分别担任过正副村长。⑦

---

① 金秀瑶族自治县志编纂委员会编《金秀瑶族自治县志》，中央民族学院出版社，1992，第 507~510 页。

② 广西壮族自治区民族事务委员会编《广西解放初期少数民族社会调查选编》（1951~1954）（内部资料），2007，第 116 页。

③ 广西壮族自治区民族事务委员会编《广西解放初期少数民族社会调查选编》（1951~1954）（内部资料），2007，第 28 页。

④ 广西壮族自治区民族事务委员会编《广西解放初期少数民族社会调查选编》（1951~1954）（内部资料），2007，第 32 页。

⑤ 广西壮族自治区编辑组：《广西侗族社会历史调查》，广西民族出版社，1987，第 188~189 页。

⑥ 广西壮族自治区编辑组：《广西苗族社会历史调查》，广西人民出版社，1987，第 56~57 页。

⑦ 广西壮族自治区编辑组：《广西瑶族社会历史调查》，广西民族出版社，1985，第 194~195 页。

为了巩固统治，除了委任民族领袖外，新桂系政府还注意从民族青年中培植骨干势力。1941 年前后，上思县政府接到广西省政府指令，从上思县十万大山瑶族中挑选青年，送到省府在桂林开办的"特种师资训练学校"受训，被送的青年一共有两批，第一批有乡长冯显廷的儿子冯道学，以及瑶族青年李广杨、李广殿三人。第二批有李广顺、李忠、盘富玉、加渌桑等一共五人，他们都是当地头人或有家世的子弟。第二批是日军第二次进攻广西前夕去的，没毕业就逃跑回来。送去受训的人由县府发给介绍信。在学校学习语文、算术、自然常识、图音、体操等课程，三年为期。冯道学毕业后又到国民党在柳州办的党务训练班受训一段时间，回来后在新桂系上思县党部任干事。抗战胜利后接冯显廷任南屏乡乡长。国民党通过各种途径，培植骨干，并发展了两批国民党员。可见，在乡村干部的选拔中，原来的团总、头人还是占据了一定的优势，"旧人"混迹于"新人"之中，导致"新人"不"新"。

　　综上所述，主流政治深入民族地区，将少数民族头人纳入国家行政体制，使一些头人发生质变，也加速了各民族内部的阶级分化。诚然，民族地区基层干部的任用机制是从外县或邻近乡镇引进汉族人士委任与改造培养本民族头人相结合的方式。其任用的一般原则是正副村街长多由本地本族人担任，本地人才不足时才由省县二级委派汉族人士分任。如 1935 年制颁的《化瑶办法大纲》第一条就明令规定，"委定乡村甲长，其牌头瑶目并得择委为乡村长副及甲长"。① 从整体而言，地主豪绅以及民族头人担任基层干部的人数有一定数量，但绝非占主导地位，当时广西大部分地区绝大部分基层干部是年纪轻、思想新的干训生。

二　传统民族头人职能的嬗变

　　如前所述，各民族地区在民国以前是以宗族为纽带的社会组织，民族头领的职责是协调本民族内部的矛盾纷争、指导生产，领导本族人民抵御外来的侵略。如侗族各"款"的"款首"，多由经验丰富、享有威信、熟悉"款约"的寨老充任。平时负责处理寨内事务、调解纠纷、代

---

① 《化瑶办法大纲》，《广西省政府公报》第 189 期，1937，第 25 页。

表本寨出席商讨有关款内事宜和执行"款约";外敌入侵之时,则又是"款"的军事领袖。"款首"不脱离劳动,也无特殊报酬。"小款首"由各寨寨老或款内成年男女推选,"大款首"由"小款首"民主协议推选产生。头人的职责主要是维护本族利益,其职能更多的是一种服务管理。

然而,当新桂系的村街制度建立以后,民族头领被新桂系政府吸收、改造,成为国家的基层干部后,头人的职能开始从服务职能向控制职能转变。"村街公所是一村街的最高机关,村街长为一村的最高领袖,一村的军事、政治、经济、文化统归其指挥。"[①] 因此,村街长应该领导民众践行"三自政策",国民基础学校校长要要承担教育上的责任,作为民团后备队长,要把本村街内18~45岁的壮丁全部编队训练。村街长每月所做的事情,新桂系政府都有详细的规定。此外,村街长还负有"召集村街民大会,训练民众,预备自治的职责"。[②] "除办理行政之外,还有协助法院处理刑事案件和调解民事争执的两种任务"。[③] 显然,由传统的民族头人转变为体制内的基层干部,他们必须肩负起新桂系集团"四大建设"的任务。

乡、村长由县政府任命,乡公所与村公所主管本乡、本村的征粮、征税、征兵、征夫、征工等事(一年征工征夫须达2~3次),督促甲长来催交。因此,当各个头人开始成为乡长、甲长后,其首要任务就是办团练。为了镇压人民的反抗,各个地区基层社会每年都要组织团练。百色汪甸(汪甸乡府所在地),凡年在十六岁至四十五岁的男子,都要轮流集训,每次达五十多人,历时十五天,备伙食。谁人不服从受训,即按其家当的有无加以勒索,每人交二元至十元。其次是征夫。民国二十年前后,经常有国民党官兵过境,每月约有三四次,每次五百人至一千五百人,要征夫五十人至百多两百人。再次,是为新桂系政府征收赋税。如有人抗粮逃兵,就一面派人追捕逃户,一面将逃户亲属扣押并封闭其家产房屋。

---

① 黄旭初:《广西建设之检讨》,载自广西省政府编译委员会编《广西建设应该走的路线》,1940,第71页。
② 《广西省现行法规汇编》第3编,1940,第140页。
③ 陶勋:《乡村长实用法律常识》,民团周刊社,1938,第2页。

在政府体制赋予这些成为基层干部的"头人"完成乡村任务的权力同时，基层权力由于不受约束也刺激了少数民族内部的分化，加速了贫富分化的过程。十万大山当时虽然任命了乡村甲长，但除了乡府曾每月由上边拨过八千元国币作办公费外，乡村甲长均无工资发。乡长就采取每年每户收两斤米，充作工资，由正副乡长、乡干、乡警瓜分。于是个别乡、村长开始利用给县长收送香菇、木耳、蜜糖的机会，自己也向群众收香菇、木耳，甚至要群众帮修房子。因此虽然基层干部薪水低廉，但这些民族地区的乡村长由于滥用特权，敲诈各族群众等各种原因，生活一般都比群众稍富裕。低廉的薪水，使手握权力的基层干部慢慢发生腐化，也使原来的民族头人发生了本质性的改变。他们成为民族地区的太上皇，征兵拉夫、抽捐收税、横行乡里。

大瑶山四合村贫农韦金浦沉痛地回忆说："在解放前，我与刘义华等人，见到地主苏平勋乱搞男女关系，强奸别人妻女，心中就不服，要打抱不平。为了惩戒他，我们几个人就一起将地主苏平勋打了一顿。但是当时乡长得知消息后，就诬陷我们几个人拦路抢劫苏平勋的钱财，把我和刘义华等四个无父的孤儿，抓去关押二十多天。"①

在基层行政网络构建之际，各少数民族头人有的成为基层干部的一员，被纳入这个官僚体系，与新桂系集团形成了一个稳定的利益同盟，因此他们非常积极地完成新桂系政府的"三征"政策以及乡村建设任务，使各民族头人的性质发生了质的改变。民族头人实际上成为了新桂系集团权力下延到乡村社会的桥梁。他们领取固定的薪水，享受着体制赋予的权力，完成政府所赋予的各项任务，使各民族地区的基层群众完全依附于政府的权力网络之中。政府对民族头人进行改造、利用，使他们成为新桂系集团控制网络的最末梢，最终完成了新桂系集团对民族地区的社会控制。

三 "新人"与旧团总、头人等乡绅的关系

晚清以来的壮族地区与广西大部分地区实行的是团总制或土司制度。

---

① 广西壮族自治区编辑组：《广西瑶族社会历史调查》第 6 册，广西人民出版社，1987，第 765 页。

皇权不下县，广大乡村地区的特权由地方乡绅所把持。团总在乡村地区的职责一直以来都是传达政令，负责清查匪情，弹压地方和维持治安。但不直接管理各村寨具体事务，在各民族聚居区也不干涉民族内部事务。各民族内部的具体事务，排解群众纠纷的职责都由少数民族头人担当。由于阶级的产生和贫富分化的出现，各民族头人往往和团总勾结一起，形成一个特殊的乡绅阶层。他们往往把握乡村最大的权力，拥有相当高的社会地位。"他们凭借社会上的优越地位，以侵吞地方公共利益及剥削贫民。"①

当新桂系集团重新构建基层控制网络后，基层干部的任免将是头等大事。桂林龙胜龙脊地区从 1935 年开始，旧桂系时期的团总制被撤销，改为乡村制。龙脊十三寨分作 5 个行政村，即廖家寨、侯家寨、和平寨、金江村和枫林村。各村设正副村长二人，大约有半数以上的村长是由外地汉人充任。② 基层公务员的任命，对当地既有积极的影响也有消极的影响。首先，这些经过训练的干训生或受新桂系政府委派的基层干部深入乡村地区任职，逐渐改变了乡村地区传统的权力结构，旧团总与各民族头人等乡绅的特权将进一步被削弱。正如当时邱昌渭所说："大批的青年们，不断由民团干部学校卒业回去充当乡镇村街长，把旧日团总乡约们的饭碗打破；他们又兼任国民基础学校校长，使视教育为独有权利的士绅先生们无法垄断；并且他们又替政府征兵、征工，使地方上有钱有势的豪绅们，处处感觉不方便。因此，新政开始不久，这般青年，与地方上的地主豪绅们，形成了新旧势力的对立。"③ 这些外来基层干部走马上任，是对原有的团总头人权力的剥夺，因此新政推行的初期，基层干部遭到了旧乡绅们的强烈反对，也遭到了他们的极力排挤。于是，各个乡村的旧乡绅联合起来，形成了一股阻力，抵挡国家权力的下延。他们对基层干部和政府的政令，表面支持，实则抵制，甚至背地陷害。这股阻力的存在，使政令在乡村的推行非常艰难，也给基层干部带来了不少的

---

① 向实：《乡间的旧势力》，《创进月刊》复刊号第 3 卷第 1 期，1935 年 10 月。
② 参见广西壮族自治区编辑组《广西壮族社会历史调查》第 1 册，广西人民出版社，1985，第 92 页。
③ 丘昌渭：《三个精神与一个政策》，《民国日报》（南宁），1939 年 6 月 28 日。

挑战。如百色地区镇结、靖西两线交界安墟的张某，为前清秀才，世居安墟乡，长期担任该乡团总局董、乡长等职位。长期以来，他"把持地方，欺骗乡民之事所在多有。……历史悠久，势力雄厚，为当地劣绅首魁在未委干训生当乡长时，彼原为乡长，在职时胡作非为，人皆侧目，有本地皇帝称。举凡乡民纠纷，赴乡公所诉理时，彼之判断是非曲直，均视金钱为先决条件。此外对于地方上一切建设事业，亦皆由其把持，虽政府法令举办之事宜，如未得其同意，断难进行。周某最近暗中纠合张某及一班劣绅，意欲实行干涉乡所政权，反对乡长。"① 这些旧团总、头人的阻挠和破坏，给基层干部的工作带来了非常大的阻力。对于那些握住乡村最大的权力，"凭借社会上的优越地位，以侵吞地方公共利益及剥削贫民"② 的劣绅，新桂系政府坚决打击。1935 年 12 月 25 日，广西党政军第三十一次联席会议通过了《广西惩治土豪劣绅条例》，对于那些故意阻碍政府政令畅通，阻挠基层干部工作的旧绅士认定为"土豪劣绅"，给予严厉打击。

在严厉打击那些"非特负不起乡村建设的责任，随时随地，他们还要妨害政令，阻止新政进行"③ 的土豪劣绅的同时，对于那些正直的、能够为政府利用的正绅和少数民族头人，新桂系政府采取拉拢利用的策略。政府要求基层干部"对于一般没有直接破坏我们工作的豪绅地主应给以相当的联络与利用，不应对其随口喊出打倒的口号。因为这班人在乡村的势力很大，随时可以阻挠我们工作的进展"。④ 因此，"对一村或一乡中的正直父老"，要求基层干部"逢事请教他们"。⑤ 政府希望基层干部能与那些支持政府的"旧势力"合作，"切不可把眼睛放在额头上，趾高气扬的看不起人，要抱着一种敬老尊贤的态度"。⑥ 因此当基层干部新到一个地方任职时，先要拜访当地的老前辈，征求他们的意见，经他们同意后，才能上任。如果能得到父老头人的支持，基层干部的工作将会很容

① 子皿：《劣绅破坏乡镇如何应对》，《正路》1935 年第 1 卷第 4 期。
② 藏智：《怎样应付乡村中的正绅和土劣》，《正路》1935 年创刊号。
③ 《正路》1936 年第 2 卷第 4 期。
④ 希孟：《乡村工作者应有的认识》，《正路》1935 年第 1 卷第 2 期。
⑤ 《李朝芳巡视百色，对百色日报记者谈》，《民国日报》（南宁），1935 年 5 月 21 日。
⑥ 《白崇禧先生最近言论集》，创进月刊社，1936，第 109 页。

易开展。如时人发出的感慨："父老我很尊重；因为他们如果对我发发生好感的话，对政务的进行，有很大帮助。"① 对于那些支持"新政"的头人和旧绅士，新桂系政府积极吸引他们参加地方事务，在乡镇务会议、村务会议、耕地租用条例推行委员会等机构中，都给他们参政议政预留了一定的名额。如乡镇务会议规则明确规定，"本乡镇内具有教育学识经验及热心公益并素孚众望者各二人"。②

基层干部在民族地区任职，无论是基层官吏还是传统社会组织头人，都面临着一个如何处理官方事务和民族内部事务的问题。以瑶族为例，无论清末的瑶长、瑶练、团总、亭目，或民国时期的乡村长、甲长，还是村老、寨老、石牌头人，在职能上是有区别的。地方官吏的责权是协助地方当局管理民户，维护治安，征收兵丁、侠役、赋税。传统社会组织头人的职责是组织生产，调处内部纠纷，主持宗教祭祀活动，指挥御敌。但是，国家统治者权力的深入，必然削弱、取代瑶老的权力和利益，增加群众负担，打乱原有社会秩序，引发动乱。1940 年农历五月金秀大石牌头人陶进达召开全瑶山石牌大会和 1943 年农历二月的"金秀瑶变"就是著名的例子。

因此瑶族地区的基层官吏，如果不是传统的头人，无论分任者还是兼任者，在行使职权，处理官方事务时，必须顾及瑶老处理民族内部事务方面的职权。而瑶老在行使职权、处理民族内部事务时，也必须顾及地方官吏的存在，尊重他们的职权。要处理好民族地区的事务，对基层干部而言，必须与瑶老头人作出妥协。如果依仗权势，胡作乱为，必然招致民愤，轻者丢官，重者引来杀身之祸。"数年来各地因被诬告暗害而坐狱丧命者亦不少。"③ 在少数民族引发的骚乱"中融百事变"中，就有好几位乡村长丢掉了性命。

虽然民国年间新桂系集团在民族地区加强了统治，但其影响仍有一定限度，乡村甲长的权威仍不如"村老"大。群众说，甲长是上级委派的，只管上级委派的事。而这种事当时在民族地区，特别是大瑶山地区

---

① 林宜权：《乡长生活片段》，民团周刊社，1939，第 7 页。
② 《广西省现行法规汇编》第 3 编，1938，第 80 页。
③ 赞中：《民众运动的实践问题》，《民团周刊》1937 年 7 月 12 日。

不多。除国民党军入境要筹粮派夫以及年节收交些香菇、木耳等土特产外，平常主要是管户口，管生死登记。"村老"即"管鬼公"，是由群众通过占卜推选出来的，他要管一村的鬼。通过"管鬼"来管理一村的生产、生活大事，及处理内部纠纷，主持祭祀、订立社约。在人们眼中，他们掌管一村生活、生魂死鬼，调解纠纷，因而权力较大，在群众中权威也更大。甲长懂做鬼的也可以做"管鬼公"，如板楼屯甲长李富堂兼做"管鬼公"。米律屯李福胜当甲长也做过"管鬼公"，他还会打卦。但凡涉及到有关鬼神的事，都要服从"管鬼公"；而"管鬼公"则要服从上级委派的人员和事务。事实上，许多民族地区的基层干部，在办理官方各种事务时，一般都与当地头老商议，尊重民族的权利，不干涉民族村寨的内部事务，尤其是一些民族的宗教事务。乡村长、甲长如果度过戒会赶鬼，群众信任被选举可兼任村老外，否则不能干预村老的职权。

但在国家法理上，地方官吏的地位比瑶老高，加上地方官吏与外界接触较多，通汉语，受官方保护。有的还有一些特权，如领取银元、衣物，因而其影响日益增大。有的地方官吏利用自己的地位和关系，搜刮民财，侵吞集体成果，使自己变得富裕起来，恶化了政府和人民的矛盾。

显然，在广大民族地区，外来的基层干部和民族头人等旧乡绅的关系由最初的对抗逐渐走向合作，形成了一个利益共同体。在推行新政过程中，基层干部不仅利用乡村政权统治贫苦农民，而且往往与民族头人联合，直接利用操纵原有的乡约来鱼肉人民。武鸣邓广乡各村为壮族，皆保留了父老（又名大老），但这时期的头人"父老"有的是由乡长、村长直接委派，有的名义上全村"公选"，但实质都被乡村长所掌控。四合村贫农刘义华这样说："父老都是有钱有势的人，都是地主才能充当。父老与乡长、村长一鼻子通气，相互勾结，互为包庇。乡约由父老搞出来，没有写在木牌上，也没有写在簿子上，这样就可使得父老随心所欲、为所欲为地欺压乡民。乡约的内容除了国民党反动政府征粮、征兵、征夫、征工等事外，村内之事无分巨细一一都管。地主只要对某一个农民看不顺眼，就可以任意加一罪名来处罚他。如果谁家有婚事不请地主来喝酒，地主就怀恨在心，日后设法用乡约来陷害男女二家。地主执行乡约过程是这样的："将犯乡约的人（实际上大部分是地主陷害的）押到全村大会，进行审问，如果承认就课以重款。一般一次罚 100 斤糯米，100 斤猪肉，100 斤酒，100 斤柴火，3 斤盐。但交时全部要折成现金交给父老，此钱由父老来处理，供他们大肆挥霍之用。这实际上是父老对农民超经济剥削的一种形式。如果犯者不承认，就吊打，如果吊打后还不承认，父老就封其家屋，没收其田产，逐出其村。对父老这种为非作歹的罪恶行为，乡公所不闻不问，反而加以默许。"①

可见，当国家权力下沉到乡村社会之际，无论当地的民族头人是否成为基层干部，他们已经和主流政治权力结合形成一个阶级、一个同盟，实际上他们的职能已发生根本变化。头人与百姓的关系由传统的自然领袖时期的拥护与爱戴关系开始演变为压迫与对抗的关系。

综上所述，新桂系集团在构建基层控制网络时，积极贯彻"行新政，用新人"的思想。何为"新人"？黄旭初认为起码要具备三种素质："其一，须具有三民主义革命者与民众运动领导者的精神和行动。其二，须具有行政官的基本素养，对于行政制度有深切的了解，对各种基层行政工作，有计划力，指挥力，办事力。其三，对于基层政治经济文化军事诸方面的建设工作，对民众组织训练活动，皆须具有领导能力与推动技术。"② 可见，新桂系的用人指导思想主要是重用那些能深切了解新桂系集团执政的意志，并对新桂系整顿、控制乡村的重要政令执行得力的人。因此政府对基层干部的选拔、培训、任用尤为重视，培养了一大批新青年充实到乡村地区，有效改变了传统的乡村权力结构。随着社会控制网络的构建，基层组织在乡村社会的建立，乡村甲长等基层干部也被正式纳入政府体制内部，成为名副其实的公务员。他们拿着政府颁发的固定薪水，接受政府举办的各种培训，执行政府下达的各种行政指令，有着法定的职权和升迁的机会，完全成为政府官僚体系的一员。国家权力开始有效进入民族地区，彻底改变了传统的民族权力结构。

---

① 广西壮族自治区编辑组：《广西瑶族社会历史调查》第 6 册，广西人民出版社，1987，第 29～30 页。
② 广西省政府十年建设编撰委员会编印《桂政纪实》政治篇，1942，第 111～112 页。

第四章

模范省的建立：控制网络与
广西民族地区的发展稳定

　　以民团、学校、公所为主体的"三位一体"控制网络的构建，使各少数民族地区不得不归附于国家的强大网络之中。但是，这个时期国家与社会之间并非是简单的索取与供给关系，而是存在一种互馈关系，即社会为国家提供资源和人员，国家向社会提供秩序和管理。政治学上将国家的这种供给称之为"政府职能"。"政治统治到处都是以执行某种社会职能为基础，而且政治统治只有在它执行了它的这种社会职能时才能持续下去"。① 新桂系时期政府职能主要体现在政治统治和社会管理两大方面，二者互相依存、互相促进。政治统治职能的外在表现就是为社会提供秩序，是政府职能的核心和履行其他职能的基本前提；而社会管理职能又可以细分成社会管理、社会服务和社会平衡等次级职能，② 其为社会正常运转提供各种服务，是政府存在的基础。

　　1927～1949 年新桂系政权在民族地区秩序化建构过程中，随着新秩序体制的逐步确立与相对稳固，政府在构建控制网络、实现民族同化的过程中，政府职能向社会管理、服务和平衡等职能的结构性扩张明显化，

---

① 《马克思恩格斯选集》第 3 卷，人民出版社，1995，第 523 页。
② 国内外学者对政府职能结构的解析，不尽相同。可分为两职能说、三职能说与四职能说，皆是对国家功能的不同归纳。这里采用的是中国学者施雪华的观点，认为国家政权同时拥有阶级统治、社会管理、社会服务、社会平衡四大职能。详情参阅施雪华《政府权能理论》，浙江人民出版社，1998，第 179～188 页。

出现了一个由传统农业社会向近代社会转变时期政府职能重心发生位移的征兆。这种政府职能的转变，对民族地区的传统权力组织、民族传统社会和地方经济发展都产生了巨大的影响。

第一节　"三位一体"行政网络与民族地区

一元行政体制在民族地区的构建，从根本上改变了少数民族地区原始的依据民族习惯法、民族规约和宗教禁忌所构成的传统控制系统。国家权力在民族地区的社会控制系统中开始浮现并起主导性作用。本节主要探讨的是国家权力下延的过程中与各民族传统的社会组织、权力系统的影响，并以石牌制的变化为个案，探讨现代行政权力对民族地区的冲击和影响。

一　现代行政对传统权力的影响

传统权力，是指各民族的社会组织，如石牌制、"油锅"组织、壮族的"都老制"及侗族的款组织等各个少数民族的集结纽带以及乡规民约等约束控制机制。长期以来这种传统权力是各民族的主流控制系统，但是在现代行政网络的强大冲击下，这些传统权力不可避免地在慢慢变迁、瓦解、消失。

尽管主流政治体系日益渗透到民族地区，国家统治在民族地区被空前地强化。在外部刺激与内部因素的相互作用下，近代少数民族传统组织的某部分结构与功能也发生了变化。但是，大多数民族的传统组织依然保留下了来，与现代行政机制相结合，构成了近代各少数民族社会结构的基础。

1. 传统组织在权力网络中的变迁

如前所述，广西民族地区长期以来由于历史的原因，实际上是统治阶级"鞭长莫及"的真空地带。大瑶山、三江、融水、桂北龙脊、资源等地虽然在行政区划上归属政府管辖，但在这些地方社会，统治阶级的力量非常薄弱，维系着社会运转的是少数民族地区内部的传统组织。"瑶还瑶，朝还朝"就是这种情况的写照。天高皇帝远，中央王朝鞭长莫及，是瑶、苗、侗民族的石碑、埋岩、款等村寨组织得以存在和绵延的历史条件。但是民国时期，公所的建立、村街甲的行政编制在广西乡村地区成功构建，这些少数民族传统组织在强大的国家权力扩张的过程中，正面临着前所未有的嬗变、瓦解和消亡。因此，新桂系集团政教合一的控制网络对于少数民族传统组织的影响，可以概括为以下几个方面。

（1）传统组织的消亡

长期以来，各个民族的传统组织有其特殊的功能，维系着整个族群的发展和繁衍，如壮族，有都老制、土司制度等。都老（也称寨老）组织是壮族传统社会中家庭之上的社会组织，亦是壮族土著社会的最高民间组织。在广西上思、龙胜等地的壮族人民实行的是都老制。

都老制一般是按姓氏组合。壮族人民大多是聚族而居，一个姓居住一个寨，一个寨建立一个都老组织。作为壮族村落的一种传统社会制度，都老制的基层组织和管理形式根据地域的不同而呈现出不同的特点。如广西上思县三科村的都老组织的管理层主要由"都老"和"酒头"两人组成。[①] 而在龙胜，都老组织的管理层则由一至三人组成：寨老、社老、族长，这三人总称为寨老头人。

都老制的头人由壮族民众推举，由壮族内部德高望重、有办事能力、判案公平的男性老人担任。都老制在壮族社会长期承担着生产管理功能、维护和谐稳定的社会协调功能、社会管理职能以及保卫职能。如都老或头人掌管村中的荒地、牧场、坟场、河流、山林，由都老领导全村人民植树造林，兴修水利，修建道路、桥梁、拦河筑坝等公共设施，领导全村进行生产。都老负责起草村规民约，调解、裁决村民的矛盾纠纷，维护好整个村落的和谐稳定。

显然，都老组织与家族形式是重合的，体现了家长式大家族部落的特点。都老制下壮族同姓居民不能通婚；族内的大事小情村民均要服从都老的决定，村内的重大问题由村民会议讨论决定等，体现了一种原始的大家族特点。

---

① 广西壮族自治区编辑组：《广西壮族社会历史调查》第 3 册，广西民族出版社，1985，第 126 页。

　　随着历史的发展，在国家权力扩张之际，都老制在不同时期不同程度上受到了官府基层组织的影响。以广西龙胜龙脊乡为例，这里长期实行的是传统的寨老制。但清政府于乾隆、嘉庆年间在龙脊地区建立了团甲组织。当时清政府在龙胜厅建立东西南北四团建制，龙脊地区属南团组织上半团（下半团为大木地区），设团总二人分管上下两个半团。上半团团总，先后由大寨老廖海蛟、廖锦盛祖孙担任。嘉庆初，上半团下属又设上中下三甲编制，上甲由茅城（平安）、廖家、侯家、岩湾等寨组成，中甲由平寨、平段、龙堡、江边、枫木等寨组成，下甲由八滩、马海、路底、黄乐等寨组成。清王朝地方政府委派大寨老廖海蛟充任团总，甲头由群众推举，或由头人指定担任。清朝封建统治者实行的"以俗治俗"的政策，将"寨老"并入国家行政机构团甲组织中，使团甲组织与壮族的"寨老"制合并在一起，壮族的都老制成为清政府的控制桥梁。壮族的都老制度得以保存下来，但已不完全是壮族土著社会自我管理的制度，而是逐渐成为封建统治者的爪牙。

　　1934年，新桂系政府将龙脊地区划归龙胜县建制，属南区团支局，由龙胜县政府委派大寨老潘元芳充任支局董，并改甲设村，村设村董1～2人，由村寨、联寨的一些寨老充任村董。这个时期，龙脊乡是国家机构团总制和传统组织寨老制并存。两个组织，一套人马，行使双轨政权。但寨老虽为团总，行使的职权已受很大限制。

　　1936年，取消旧桂系时期的局董制，新桂系集团推行乡村保甲制度，龙脊属龙胜县镇南乡，分设枫木、金江、龙脊、新罗、海江、黄江7个行政村，村设村公所，村长由乡公所推荐，县政府委任，副村长由群众推举。大寨老潘祖安曾被任命为镇南乡乡公所副村长，大寨老侯会廷、廖春森等人，也被任命为村长职务。村还设若干甲，甲设甲长一人，由群众选举。一些寨老头人，又担任了副村长和甲长职务。传统的寨老在乡村保甲制度推行之际，都被赋予了行政职务，说明他们真正成为了新桂系政府基层干部的一员，行使着政府赋予的使命，时刻要效忠新桂系政府。都老的身份不断发生嬗变的过程，也是他们开始融入国家官僚体制的过程，都老的称谓和作用在慢慢消失。使得原来的寨老组织在乡村基层网络扩张之际，不复存在。都老的功能和权力也随着组织的解体而消失。

在洛东一带的壮族地区，在清朝每村都立有"款"，"款"有"款约"（亦称乡约），执行款约的是款头。在这里，一个村或几个村共做一"款"，"款"有款金（主要是由各户捐来的），每年放债吃息，加上罚金，因此每年 8 月 15 日都吃款一次，每家派一人参加会餐，由款头筹备主持。会餐完毕即重申一次乡约。（有时做一些修改）。关于款的组织何时成立，款约何时出现则无法考证。但根据款约的内容来看，至少在清朝甚至在更早一些时候就有了。款约在民国二十多年以前，特别是在清朝时代，在壮族社会曾起到很大的作用，但到了新桂系实行"三位一体"行政制度，设乡村甲制度后，款约就不起多大作用，逐渐处在消亡之中。其主要原因是到了乡村甲制度设置以后，新桂系政府势力在地方的统治加强了，组织更加严密了，村上发生的事情都由乡村甲长根据新桂系政府制定的法律来处理。因此"款"与"款约"便失去了原有的作用而归于消失，被新桂系的基层政权所代替。

京族地区的翁村就由群众的自治组织演变为行政机构，除执行固有职责之外，还要执行国民党政府的政令。建国后，翁村组织已消失。

（2）功能的演变

一些少数民族的传统组织在强大的行政网络控制中，遭到了群众的顽强抵抗。有些地方，特别是瑶族，他们保留了自己的传统组织，但传统组织的功能却在强大的政治、军事进攻下发生演变。

如瑶族的白裤瑶社会正是如此。"油锅"组织是白裤瑶的传统社会组织。白裤瑶是瑶族的一个支系，自称"朵努"，因男子常年穿白色土布灯笼裤而得名。主要分布于广西壮族自治区南丹县的里湖、八圩两个瑶族乡以及贵州省的荔波等地的崇山峻岭之中，自然条件恶劣。人口大概有三万多人。"油锅"意为"大家同锅吃饭，有事互相帮助"，有外来侵犯共同抵御，不至于使本族人被排挤，或免受外民族人的歧视。白裤瑶的"油锅"组织，是一种以地域血缘为纽带的宗族组织。每个"油锅"都有一个长者作为头人，他们不脱离生产，无特权。"头人"由善于生产、热心公益、办事公道、德高望重、为群众所拥戴的长者或有才干、能说会道的青年担任。他们没有任何特权，不世袭，是义务性质的"公仆"。头人的职责是：鼓励大家按季节生产，不要耽误农时；负责排解"油锅"里的一些纠纷；保管"油锅"里的铜鼓，遇有丧事或过节，分派"油锅"里的人打铜鼓；主持"油锅"大会；等等。

"油锅"内并定期召开会议。会议分别在每年春冬两季举行，内容以安排和总结全年生产为主，兼讨论破补日常需要解决的问题，如生活困难、被人诬害、不团结或互相之间的纠纷等事宜。

"油锅"组织内部的共同财产是油锅赖以存在的经济基础。主要是水田和畲地，称"破补田"和"破补地"，一般都是质量较好的土地。地权为全破补成员公有，收益按成员户平均分配。可由"油锅"内成员佃耕或出租。此外，全寨还有各个"油锅"公有的土地。一般是离村寨较远的山场。全村寨成员都可以在这些土地上放牧，割草打柴，开荒种地。谁种谁收，但不许买卖。还有公共墓地，各姓氏都可择处墓葬。

然而，当新桂系集团的基层社会网络构建后，白裤瑶地区的"油锅"组织发生了根本的变化。新桂系政府把"油锅"内的公有财产一律没收为公所有，"油锅"失去了赖以存在的经济基础，大大压缩了"油锅"组织的生存空间。当乡村行政编制建立后，国家权力渐渐地深入到白裤瑶的传统社会中，设立了村级的行政单位以代替原有的社会组织权力结构——"油锅"，强化了政府对白裤瑶地区的管理。当"油锅"内的公共财产被村乡公所没收，以前的"油锅田"不复存在，这使得"油锅"组织的经济职能失去了物质基础从而不得不让位于基层权威组织。

当政府采取利用拉拢"头人"的方式，让油锅"头人"成为基层干部，"油锅"组织的功能也发生了转变。传统的"油锅"组织功能广泛，具有组织生产、维护团结、调节内部矛盾、主持传统仪式等职能，涉及组织的政治、经济、文化等各个方面。当一元行政网络建立后，"油锅"头人主要帮助政府征收赋税，成为与地方政权统治基层社会的工具和桥梁。"油锅"组织的管理职能和控制职能均让位于当地的基层权威组织，如办理公共事业或基础设施，维护社会治安、组织大规模的社会生产等都由乡村政府统一安排。"油锅组织"剩下的职能主要集中在维护"油锅"内部以及各"油锅"之间的团结、调节内部纠纷、主持传统仪式和传承民族传统文化上。

瑶族的石牌制度、苗族的竖岩或寨老制、侗族的款组织，长期以来都没有自己的常备军，没有监狱，即没有作为阶级统治工具的国家机器的特征。"款约"成为这些少数民族社会控制和社会管理的主要纽带。石牌、竖岩、款盛行于明清两代，衰落于 20 世纪 40 年代前。由此，我们看到，在一元化行政推行的过程中，现代的国家机器取代了少数民族的传统组织，对少数民族传统组织最大的影响是头人的职责和传统组织的法律作用以及控制管理职能被国家机器所取代。当传统组织丧失了经济基础后，其职能和权力又再次被国家机器所剥夺，那么传统组织只能在历史的长河中静静消亡。

（3）乡约法律作用的消解

各个传统的民族都有自己的乡规民约。瑶族有石牌制，油锅组织有自己的约法，苗族有"埋岩制"。各个民族乡约的共性在于其功能，他们都具备了社会管理职能和社会控制职能。而且在本民族内部各个乡约都存在着法律的功能。

如清代道光以前，桂林龙脊壮族地方已经有了较原始的基本具有法律形式和内容的"乡约"，这是在历史上相当长的时期里，人民赖以维持彼此间关系的准则。由于龙脊地处本省边陲，事实上成为当时统治者的法权以外的小天地。龙脊壮族乡约的产生应该是带着浓厚的部落社会的遗迹，每当一年春秋二季之开始，龙脊十三寨的主要头人或大部分头人集中开会，即他们称之为"议团"。据说这是相沿下来的古例，春季是栽种禾苗，"议团"是为了保护禾苗的成长，免遭牲畜践踏，秋天是收割的季节，是为了预防歹人盗窃，共同讨论，修改补充。乡约的条款，在谈论过程中，不论头人还是前来旁听的群众，都可以发表自己的意见。一旦通过，乡约便成为十三寨群众必须遵守的法律，再由各寨头人分别回本寨召开男女老幼集会进行传达，告诫人们不要违反，并将乡约书写在木板上，挂在村内行人要道之处，借以警醒人们。

苗族的"埋岩制"同样如此。"埋岩"以竖岩为标志，议事立定公约。即在一定时间、地点、地域范围内，就一定的内容，举行一个或若干个鼓社（或寨），乃至于全苗寨的寨老、全体寨民的集会，讨论制定有关生产生活的规约或决定某项大事。一旦形成决议，就杀鸡饮血酒盟誓通过，同时用鸡血淋在一长条岩石上，将其竖埋于地，上半节露出地面，以为标志。每一块"竖岩"，都代表了若干规约或某件村寨大事，其规约的修改、补充、废止也通过这一形式进行。若较重大的"埋岩"，如反抗外侵、抵御外侮时，还要杀牛分肉，其意为"肉串到口，依直到心"，使人人皆知，团结一致。久而久之，"埋岩"就逐步演变成为苗族的民族"立法"形式和社会组织形式，苗族也就有了自己的一套古理古规古法。从其"立法"过程可知，这是一种不成文的规约，通过各寨老头人和群众民主制订和实行，是苗族人民的社会规范和行动准则。①

一般而言，各个民族的乡约的形式有以下共性：第一，范围广泛，涉及人们生活中的各个主要方面；第二，是属于专门性的规例，例如严禁乞丐，严禁"烂仔"，严禁窝赌，禁盗贼，"除暴安良"，"禁匪类"，"严禁偷盗茶木棕皮以及竹笋，严禁强蛮暴欺横行"，"严禁夜行，栽种禾苗禁放畜牲"等条款，都是通过各寨头人"议团"决定的。专题乡约都是在不同时期里，针对地方治安或本民族中存在的主要问题订立的。例如在清咸丰以后，壮族地区社会动荡不安，反对当时统治者的农民暴动固然很多，但趁火打劫的盗匪也属不少，因此乡约会特别强调治安。

第三，乡约中特别强调头人、乡老在排解各种纠纷和审讯案件中的仲裁地位。几乎所有的乡约条款都规定必须经由头人处理。例如壮族规定群众打官司时由头人"带告"，甚至不许群众"私自奔告"。尤其在清末以后，限制群众到当时官府告状日益严格。光绪四年（1878年）龙脊壮族乡约中规定：婚姻、坟基争端之事，宜村老解纷，不息，鸣经头甲公断，如不遵者，宜头甲带告者送官究吃。村中雀角之事宜村老解释以大化小，以小化无。与此同时的另外一张乡约中规定：禁地方户婚田土，口角细故应经乡老头甲理论排解，不得任意奔控，如理不清，任凭乡老头甲带告送究。以上十款禁例杜后永远照此上章遵行。如有各款不遵，各该管头甲直情指名送究。② 但是到了民国，这种情况在形式上有了变

---

① 广西壮族自治区编辑组：《广西苗族社会历史调查》，民族出版社，2009，第173页。

② 广西壮族自治区编辑组：《广西壮族社会历史调查》第1册，广西民族出版社，1984，第104页。

化，乡约中不再如过去那样强调团总、头人在排解纠纷中的仲裁作用，也不再明文规定限制群众同当时官府打交道，这说明头人的作用在消减，头人在乡规民约的地位开始动摇，乡规民约的法律作用也在慢慢消解。但头人的传统影响仍未消减，除某些较重大的田产纠纷到官府去诉讼以外，其余所有案件和纠纷仍由头人处决。

第四，乡约中对外来的民族生活和行动，采取防范和限制的态度，其原因一方面是防止盗匪打劫偷盗，或者维护这个地方纯朴的民性。例如道光二十九年（1849）壮族乡约规定："游手乞食，强讨面生之辈，夜间勿许乱入舍庙停宿……或三五成群，必致行蛮，凡遇婚丧之事，多食不厌，酗酒放恣，扰乱乡人，鸣团送官……同治十一年乡约规定，外来邑人寄居本地不准引诱赌博，成均盗贼，系有窝窃匪类，鸣团拿获，不准在地安歇。如不从者，鸣经头甲禀明深究送官，解回原籍，永禁严格。"[1] 另一则乡约中规定："禁地方各处山头棚户、耕土荒地卖与本地管业，久裁余年，不得勾引外来歹人，藉借端勒索，央中取利，将买主善良翻悔，山上补价；为不遵，地方送究。"[2] 这些乡约内容事实上反映了民族间的利益矛盾。

可见，乡约在传统社会拥有着一定的法律功能。但当基层行政组织建立后，对于传统乡约，新桂系集团认为，"许多的乡村禁约，常因地方的风俗习惯或道德观念的影响，它的内容，就不免有些不合理甚至或与法律冲突的地方，执行起来，便常常发生不良的影响。"[3] 因此，1936年5月，政府颁布《广西省乡村禁约大纲》，对乡约的内容作了统一规定，主要内容为：禁止毁坏公共建筑、水坝、水塘和他人田园、作物；禁止早婚和容留女子婚后不落夫家；尊长敬老，笃行孝、悌、忠、信、礼、义、廉、耻；踊跃响应政府各项征工、征役、输送村仓储谷；等等。[4] 如果有村民违反村约，由乡村长处罚，情节严重可送到县政府处理。这个文件成为各村乡约的规则，新桂系政府要求各乡村在参考此大纲的基础

① 广西壮族自治区编辑组：《广西壮族社会历史调查》第1册，广西民族出版社，1984，第105页。
② 广西壮族自治区编辑组：《广西壮族社会历史调查》第1册，广西民族出版社，1984，第107页。
③ 广西民团干部学校编印《基层文化建设概论》，时间不详，第67页。
④ 《广西乡村禁约》，广西壮族自治区档案馆馆藏档案，档案号L4-352-5。

上，根据本村实际情况制定符合实际的乡村禁约。《广西各县苗瑶民户编制通则》在一些地方也以乡约的形式刻石立碑，强制推行。从法理上而言，政府的乡村禁约大纲已在事实上取代了各个地区的原始约法。许多地方根据政府乡村治理的理念，以乡村禁约大纲为原则，重新拟定新的乡约，加入了剿匪、禁毒、禁赌、守法之相关条款，从此，新的代表政府意志的条款渐渐取代了传统的约法内容。如兴安县大寨、新寨、田禄埠等三村，"合筹联合聚集会议，共立条规，维持地方治安，用木板抄写悬于桥头"。① 因此各地发挥社会控制管理功能的传统乡约逐渐被代表政府意志的乡村禁约所取代。统一的乡约，使各个民族地区的风俗由多样性走向单一性。

乡约的发展变化，在不小的程度上，反映着本民族与国家政府的矛盾斗争。在新桂系时期一元化行政权力网络构建的过程中，对民族地区影响最为深远的是头人的作用被现代行政权力挤压，乡约被新桂系政府禁止利用，失去原有的法律功能。在乡约中，如果是经过当时政府审查修改的，则尽可能地削弱头人的作用，将权柄抓到自己的手上，头人仅能对"雀角细故"之事进行处理，或只能将当事双方带告究治而已。在民国越往后的乡约中，都显示了头人的作用不断缩小，政府的影响逐步扩大，以致在民国时期壮族的一份乡约里，我们看到头人的作用只局限在保护禾苗成长和收成的范围里，最后乡约的制定权已不再属于古来相沿的传统民族议事会议了，而是属于当时桂林兴安县公署命令成立的"农民会"了。

同样，民国后苗族的"竖岩"规约中，"苗头"被"团"所取代，说明政府已在苗山设立基层统治机构，把苗山纳入其直接管辖之中了。一些"苗头"寨老和恶霸地主不再是自然领袖，成为统治政府的代理人，并利用"竖岩"作为统治剥削苗族百姓的工具，如大寨头人马朝宗被委任为元宝寨村长。显然，"竖岩"从民间苗族群众的自治组织形式逐渐被统治阶级所利用，成为统治苗民的工具了。

---

① 《兴安县大寨等村禁约碑》，广西民族研究所编《广西少数民族地区石刻碑文集》，广西人民出版社，1982，第130页。

综上所述，1933 年以后一元化的行政组织建立，新桂系政府血腥镇压龙脊及其他地区瑶族和壮族人民的反抗斗争建立了政权组织，以强制手段在全区推行"三位一体"行政网络，实行了现代的法统以后，传统民族的"乡约"在形式上失去了法律的作用，但在实际上，乡约仍在人们生活中起到一定程度的支配作用。

如苗族传统的不成文"竖岩"依然长期存在。在近代苗族社会中，虽然现代行政权力占据垄断地位，基层干部手握重权，但许多寨老头人仍然保持着自己的品德威望和地位，为群众所信任。"竖岩"规约仍为苗民自觉遵守。虽然乡村公所和国民基础学校设立，苗民仍坚持自己的"苗例"、"苗规"，仍然运用"埋岩"制度捍卫自己利益，反抗外来压迫剥削。如 1937 年融水县四荣寨老贾、老喜组织领导的反抗国民党"征兵、征粮、征税"的斗争和 1944 年融水县荣地苗民 1 万多人聚众反抗"国军"强征粮饷的斗争，都是苗族人民利用传统组织反抗的典型案例。由此可见，传统乡约的法律作用被政府权力和国家机器所取代，但是传统组织在民间一直存在，发挥着应有的作用。

2. 传统权力变迁的过程：以大瑶山石牌制的嬗变为个案

长期以来，传统组织在维系社会运转和平衡上起到一种协调作用。兹以石牌制的变迁为个案，从动态上追溯传统权力变迁的过程。

石牌制是在瑶族社会中产生的一种比较特殊的社会组织形式。它是瑶族人民在历史上为求得生存发展和社会安定而建立的具有自卫自治性质的法律制度和社会组织。在金秀大瑶山，茶山瑶、坳瑶、花篮瑶居住的村屯都立有石牌，有石牌头人。他们所设立的石牌效力范围大，不仅对本族起作用，对瑶山内其他族系也起作用。根据参加的村落数量多少和管辖范围大小，石牌组织可以分为小石牌、大石牌和总石牌。一般说来，各个石牌独立处理所管辖地域范围内的事务。但在特殊情况下，小石牌要服从大石牌和总石牌，其中总石牌最具权威性。

（1）石牌与瑶族传统社会

石牌制产生的年代，至今无确考。金秀瑶族自治县东南部罗香乡龙军村有一个石牌坪，放有两块形状、大小相似，但又没有刻上任何一种文字的石头，一块立着，一块躺着。当地老人说："这叫做姐妹（或兄弟）石牌。我们瑶人没有文字，立着石牌让众人走正道，就像这块石头永远站住脚根；如果行为不正，就被人们指责，像躺着的这块石头站不起来。"① 这是石牌最早的形式，也是汉字没有为瑶族掌握之前，瑶族石牌起源的"象形石牌"。

石牌是瑶民为了维护当地的生产和社会治安秩序，共同订立规约，并将其镌刻于石牌上或抄写在木板上，以便"有法可依"，共同遵守，它是一种带有原始民主性质的法律制度。在大瑶山金秀河沿岸 10 村共立的《平免石牌》序文中写道："明朝日下立昨（着）会律法，不准何人乱昨（作）横事"。会律法也就是石牌组织的法律。这说明，至少在 400 多年前的明代，金秀瑶族就有石牌组织了。目前已发现有 32 个石牌组织，最早的是清乾隆五十一年（1786 年）成立的寨保、杨柳、将军三村石牌。

石牌条规，也即石牌组织的"法律"，瑶族又称其为"料令"、"班律"、"会律"、"律规"等等。它是瑶族根据各自不同的生活环境和社会需要制定出来的。在一个石牌条文里，往往包含多种内容。石牌条规主要如下：一是保护生产发展，维护财产安全。这方面内容，在石牌条文中几乎部有。如"两瑶大团石牌"中有"一仪（即议，下同）瑶山香草、桂树、竹木、山货、杂粮百件不得乱取；一仪各村大小男女，入山入地，各种各收"，金秀一带"五十村石牌"条规中有"我石牌何人不得谋才（财）害命、抢劫、偷屋禾苍（仓）、堵牛、香草、鸡鸭百物，石牌查实知究"。

二是维护家庭、婚姻关系。六段、三片、六定三村石牌（又称滕构击牌）规定：开棺挖墓、女人乱伦、强奸他人妻女、打劫生事、杀人害命、欺兄谋弟、侵占他人田地、偷牛盗马等等，都要分别受到石牌组织的严厉惩处。罗香七村石牌有："调解不下打架，不准捉女人。男人 16 岁以下、60 岁以上不准捉。"体现了保护老人、妇幼的理念。

三是防御外侮及觅盗。瑶山山峻水险，历代官府统治鞭长莫及，匪盗辐辏，故石牌条规中防范、打击匪患的内容极多。例如 1918 年组织的全瑶总石牌——三十六瑶七十二村大石牌，从序言到正文都是这一内容。

---

① 刘明原主编《金秀瑶族自治县志》，中央民族学院出版社，1992，第 136 页。

四是保护行商及财产买卖。如六巷石牌，专讲田地买卖之事；平免石牌规定："河（何）人见客生意交易，是（肆）昨（作）横事，莫怪石牌（严惩）"；寨保、杨柳、三片3村石牌还有"善人买卖无意，有茶有食吃"；等等。

五是解决内部纠纷和争端的程序。这方面内容，多夹于其他条规之中，平免石牌条规有"不论河（何）人有事经过人老（社老、石牌头人），正（才）得锁人可也"、"不论河（何）人作事，请启人名言清，不得返（反）悔"，规定有事要经过"人老"同意方能抓人、经头人判定了的事不得反悔等。①

归纳起来，在瑶族地区石牌制度的功能其实有以下几个方面：1. 保护农林副业生产；2. 维护男女婚姻关系；3. 戒偷戒盗；4. 规定居民发生争端时应该遵循的事项；5. 保护行商小贩；6. 防御土匪和山内外歹徒恶棍滋扰；7. 保护坟墓等，旨在保护生产和维护社会秩序。

石牌是瑶族内部的习惯法和传统约束。石牌头人有执行石牌条规的权力。遇到矛盾纠纷，族人就请石牌头人根据石牌做出调解和定夺。石牌头人由村里为人公正、能说会道以及有胆识的人担任。村人遇到大小争端就请本村有能力及为人公正的人去调解。如果他办事令人满意，请他去办事的人就会逐渐增多。当在群众中树立了相当的威信后，就可逐渐扩展到为邻村或外村办事，成为石牌头人。如有外敌和匪盗骚扰，石牌头人还可召集并率领民众进行抵抗与反击。

瑶族石牌赏罚分明，违背条规者所得到惩罚是极其严厉的，有的甚至过重。如罗香七村石牌规定："如有为匪，查出即将该犯枪决之罪"，"先奸后娶"罚60元、"公奸妇"或"伯奸媳"罚120元，"穿墙挖匣，偷盗杂物，定死罪"，"无论何人不遵规条，合众石牌将他全家抵罪，田地充入石牌"。②

正是由于石牌制，瑶族满山遍野的农副业生产才得到保护，散居山野的瑶族人生命财产才有了保障，处于艰难环境中的瑶族才得以繁衍生

---

① 刘明原主编《金秀瑶族自治县志》，中央民族学院出版社，1992，第139页。
② 刘明原主编《金秀瑶族自治县志》，中央民族学院出版社，1992，第143页。

息。瑶族群众都小心翼翼地按石牌规条办事，唯恐触犯石牌而导致倾家荡产或杀身之祸。石牌在瑶族影响极深，故有"石牌大过天"之说。石牌制度对于促进瑶族社会的安定和发展，起到了极大的积极作用。

如遇到村落中的重大问题，成立石牌组织、议定条规、处理大的民事纠纷、商议御敌措施、确定石牌头人等内容，则召开全体石牌会议。石牌组织的村寨，每户均应有一户主参加，共同商讨确定议题。

可见，在传统的石牌制度下，石牌制承载着维系瑶族社会治安、促进生产、道德规范、协调矛盾的功能。从所有石牌条规文字中可以看出，较早时期的内容，多侧重于保护生产、维护家庭财产和调处内部纠纷；晚期，特别是 20 世纪以来的石牌条规，抵御外侮和匪盗的内容大幅增多。从石牌条规在不同时期内容变化情况，可以看出瑶族社会不同时期的生活动态。

（2）国家权力的延伸和渗透

但一元行政建立后，石牌制的功能渐渐发生改变。20 世纪 20 年代中期，国民党统治势力开始伸展进入金秀瑶山。1928 年黄云焕等奉当局之命进入瑶山，以教书为名、窥探瑶山社会，拉拢瑶族上层头人，为国民党实现其对金秀瑶山的统治打下基础。

1933 年，国民党统治当局在瑶山西南桂平县木山设立区公所，委任瑶族头人李荣保为区长，黄文焕为副区长，发给各式枪支五六十支，以统治包含今自治县大樟乡瓦厂、双化、花炉等村及新村一部、六巷乡黄钳村一带地区；同年，原属平南县的罗香、平竹，以及罗运等地，也由国民党政府进行编组乡村，建立起国民党基层组织。稍后，全县境内均实行了乡村保甲制。同时，国民党广西省府还对金秀瑶山境界加以调整，再次确认金秀瑶山分属当时荔浦、修仁、蒙山、平南、桂平、武宣、象县等七县统治。1940 年，为进一步强化对瑶族的统治，广西省府在金秀设立相当于县一级的"金秀警备区署"（后改名为金秀没治局、金秀警察局、金秀警察中队等），将金秀瑶山置于周围七县政府及金秀没治局的双重统治之下；国民党组织也在山内各地相继建立起来，成立了县级直属区分部及乡区分部。

1927 年，国民党修仁党支部成立后，即在修仁县一致乡（今金秀县头排镇）、桐木镇（今金秀县桐木镇）、七建乡（今属金秀县桐木镇）、六合乡（今属金秀县桐木镇）分别建立国民党区分部。至 1949 年底，桐木区分部有国民党员 257 名，七建乡分部有 85 名，六合乡分部有 131 名。1941 年初，国民党修仁县党支部在金秀警备区署机关内建立中国国民党修仁第二十九区分部，刘延年为书记，潘耀南、吴海洲为委员。当年下半年，国民党广西省党部派蓝瑞祯为筹备委员，到金秀筹建直属国民党广西党部的金秀直属区党部，并在金秀警备区署机关及各乡发展国民党员。国民党金秀直属区党部成立时，区党部执行委员会及书记人选，均由筹备负责人推举报省党部批准，未召开和通过党员代表选举。至 1942 年上半年，分两批共发展国民党党员 60 多名，这些国民党党员主要是乡村甲长或当地有名望的人士。金秀直属党部成立前后，国民党共集训党员两次。集训内容主要是进行反共宣传，号召党员效忠国民党，服从国民党的领导，反对中国共产党，防止中共的活动。1942 年 7 月，金秀设治局管辖内各乡均已建立国民党区分部组织。经国民党广西省党部批准，金秀直属区党部（县级）正式成立，刘延年任主任委员，唐开乾任书记长。1943 年 4 月前后，刘延年等区党部执行委员大部分离开金秀，区党部停止活动。1945 年秋，国民党广西省党部再派唐开乾为筹备员到金秀重建国民党金秀直属区党部，重新登记国民党党员并发展新党员。1946 年上半年，国民党金秀直属区党部重新成立，设治局局长敖永龄兼任主任委员，唐开乾为书记长；直属区党部下设宣传股、组织股。1948 年 3 月，因敖、唐二人调职离开金秀，区党部自动撤销。金秀设治局所辖永宁、崇义、岭祖、古朴、平竹、罗香、罗运、东北、东南、木山 10 个乡公所及金秀、六拉等 27 个村的国民党区分部，分别由当时地域所属县国民党县党部管辖。各区分部发展党员，均采用集体宣誓入党方式。1949 年底，永宁乡有国民党 108 名，崇义乡 40 名，平竹乡 75 名。[①] 国民党希望通过发展党员的方式，尽可能地把当地有势力和号召力的人统一纳入组织的管理中，同时通过党组织督促基层组织的各项工作。

至此，大瑶山的治安由新桂系集团统治的金秀设治局和民团负责。

---

① 刘明原主编《金秀瑶族自治县志》，中央民族学院出版社，1992，第 370 页。

公所总理全乡事务，民团负责训练民众，国民基础学校改造瑶民。石牌制的管理职能和控制职能均被新桂系政府所取代。新桂系集团的意志逐渐取代石牌制，成为金秀瑶山真正的统治力量，瑶族传统的石牌政制开始崩溃了。

（3）石牌头人作用的削弱

建立村街甲制度后，对基层干部的任命，进一步削弱了头人的作用。对头人的拉拢和利用是新桂系集团的另一项重要措施。如前所述，传统的石牌头人由群众选举产生，拥有执行石牌的权力。但基层行政建立后，新桂系规定："苗瑶民户之正副甲长及村长，由区公所或县政府委派，呈报省政府备案。"[1] 新桂系集团统治大瑶山期间，署局下设乡、村、甲等行政机构。乡设乡公所，有正副乡长各1人，文书、户籍、乡队副各1人，乡警若干人；村设村公所，设正副村长各1人，甲设甲长。当时新桂系推行"行新政，用新人"的政策。白崇禧说："要推行一种新的政治主张或制度，必须要有受过相当训练的新的人才出来负责，然后这种新的政治主张或制度，才能实现。"[2] 新桂系要求任用的新人必须具有以下条件：一是经过民团干部学校培训有知识的革命青年；二是能忠实地执行政府政令，在工作中积极总结工作经验；三是具有工作热情和组织动员群众的能力；四是要求道德品质优良。[3] 因此新桂系采取了一系列的措施，加强基层干部人才（即新人）的培养训练。在瑶族地区亦如此。"1942年1月，以永宁乡（包括金秀沿河十村）为试办点，开始训练村、甲长，共七十人，为期一个月。"[4] 但是，由于金秀瑶族地区瑶民受教育水平低，符合新桂系担任村甲长条件的新人很少，不少村甲长仍由原来头人来充任。

这个时期，石牌头人的身份开始发生改变。随着统治阶级力量的渗入，石牌头人成为了新桂系政府的基层干部，他们必然要执行政府的意志和决策，成为国家意志下延到乡村地区的主要桥梁。过去石牌头人的

---

[1]　《广西各县苗瑶民户编制通则》，《广西省政府公报》1933年第64期。
[2]　白崇禧：《白崇禧言论集之四》，桂林全面战周刊社，1938，第8页。
[3]　邱昌渭：《广西县政》，桂林文化供应社，1941，第84~87页。
[4]　胡起望、范宏贵：《盘村瑶族》，民族出版社，1984，第130页。

职责主要是在石牌的规定下，调解矛盾、维持生产。但基层行政建立后，变为基层干部的石牌头人承当着新桂系政府的"四大建设"的重任，因此石牌的功能被慢慢边缘化。过去石牌权力的行使，多集中于石牌头人身上；但是随着石牌头人变为基层干部，他们必须听命与新桂系政府，完成政府所摊派的职责，石牌条规不再是他们行使职权的唯一参照。他们行使管理的职能必须在国家法律和政府意志下行事。因此石牌慢慢失去了其原有的功能。

如1942年10月，瑶族内部各支系为土地问题又起矛盾。为解决瑶族内部的矛盾，在金秀村学校召开了"勘察全秀瑶区土地纠纷会议"。广西省府，广西一、二、三专员兼司令公署，桂平、荔浦、平南、修仁、象县、蒙山诸县政府，金秀设治局，均派员参加会议。罗运、古朴、长垌、金秀、三角等地盘瑶、山子瑶、茶山瑶、坳瑶、花篮瑶代表也参加了会议。会上宣布瑶山所有土地属国家所有，荒山荒地允许各支系瑶族自由开垦种植，取缔土地、山林占有特权等。可见，在一元化国家行政力量面前，石牌制所能发挥作用的范围逐步的缩小，石牌头人也逐渐形同虚设，石牌制度在瓦解。

作为金秀瑶族社会组织形式的石牌制度，虽然在国民党统治时期为封建统治所代替，但是由于它在瑶族社会沿袭了几百年使它具有原始民主色彩和对瑶族社会和经济发展发挥出的重大作用和影响，并没有完全从瑶族心中消失。瑶族一直自觉地以石牌条规制约自己的行动，石牌精神也一直渗透于瑶族的生产活动和社会秩序之中。

（4）石牌内容的变化

如前所述，传统石牌的内容主要是管理治安，维系生产。但是经过一元行政的构建，石牌的社会控制功能和社会管理职能被政府所取代，头人变成被政府体制内的基层干部，石牌的影响力慢慢地变小。瑶族石牌的内容在不断改变。在新桂系权力下延的过程中，瑶民们还在石牌律中添加了"反对国民党的反动统治"等相关内容。

从瑶族石牌制的衰落，我们可以看到，石牌制度的兴盛，是以前封建政府放任不理，再到辖而不管的结果。国家力量在民族地区的羸弱是石牌得以发展的重要原因。然而，新桂系统治时期，政府的力量在此时往前又推进了一步，最终导致瑶族石牌制的终结。可以说，石牌制在民国这一时期的衰亡，实际上也正是政府力量逐渐增强的结果。在政府力量扩展的同时，石牌制所能发挥作用的范围逐步缩小，石牌头人也逐渐形同虚设，石牌制也最终被废止了。

正是因为金秀大瑶山在历史上是个典型的封闭保守之地，"皇不辖、官不管"的政治空白地带，既无土司，又无衙门，因此传统的石牌制度得以保存发展。新桂系统治广西期间，进一步强化县、乡组织，建立保甲制度，还设立设治局、警备区署、警察局等相当于县级的统治机构，加强了对金秀瑶族地区的政治和军事控制。新桂系除直接派遣官吏进行统治外，又利用社老、石牌、寨老等组织的头人，充当设治局等机构的官吏和区、乡、村长。

此外，新桂系还在瑶区实行村（街）民大会，由村长召集，每月举行一次，必要时可以举行临时大会，要求"村（街）人民无论男女，凡年满二十岁者，均得出席村（街）民大会"。① 村（街）民大会，名义上是为了反映民意、落实民权的组织，实质上是新桂系传达和阐明其政令、报告时事、加强民众思想控制的工具。

正是新桂系一元化行政网络的构建，金秀瑶族社会建立了现代化的基层行政机构，政府力量开始直接控制民族地区，这对瑶族的传统社会组织造成了巨大冲击。基层社会组织的行政化和官僚化，是石牌制解体的直接因素。从此，金秀瑶族社会被纳入国家的现代行政管理体系中，成为国家直接控制的一部分。

3. 民族地区的多元化社会形态

在民国时期，当国家权力空前加强，凌驾于民族地区，这意味着中央集权主义在民族地区的不断加强。使得民族传统组织受到主流政治的挤压冲击而不断削弱，但又并没有完全消失。由于各个民族传统组织的差异性，在国家一元化体系建构的过程中，地方各种政治势力参与其中，相互斗争，相互利用，使国家政治体系与少数民族传统组织在接触碰撞的过程中，出现了多种势力矛盾交织的状态，形成了复杂的政治局面。

---

① 第四集团军政训处编印《乡村工作须知》，1937。

各少数民族被正式纳入国家政权管理体系之中，有其积极的影响。20 世纪 30 年代以前，广西少数民族地区仍然保持传统的社会组织，有的地方虽然设有团总、局董之类的人，但是乡老、村老、寨老、头人等仍支配着乡村事务，是实际上的领导人。少数民族地区这些传统组织和办事制度，对维护一个地方的稳定曾发挥了重要的作用。但是随着社会的发展，新桂系集团完善了县一级行政权力机构，还建立了一套比较完整的乡、村、甲、户基层组织，把现代的行政组织移入民族地区，加强了国家控制力。国家政权的延伸，削弱了少数民族传统的社会控制力量，少数民族的司法、财政、教育、卫生、防卫等工作转为由国家负责统一管理。瑶区石牌律令，苗族的"埋岩"等乡规民约不再是处理人们事务的根本准则。民族地区人民的行动开始有了法律依据，民众纠纷可以通过法律途径解决。总之，新桂系政权的介入，结束了一些封闭的民族地区"化外"的历史，把民族地区拉上了现代化发展的轨道。

因此，当国家权力积极延伸的过程中，在壮族一些开放地区，随着国家权力的进一步深入、都老制的瓦解、土司制度的消亡，壮族地区基本完成了新桂系集团的行政编组，实行了村街甲制度，形成了一元化的现代社会。

1927 年，新桂系将迁隆峒土司改土归流，并入上思县。将上下冻土州改土归流，并入龙州县。将罗白土县、罗阳土县改土归流，并入同正县。将下石西土州改土归流，并入凭祥县。将那地土州改土归流，并入河池县。将江州土州改土归流，并入崇善县。

1928 年 4 月 1 日，新桂系将忻城土县改土归流为忻城县，将太平、安平下雷 3 土州改土归流合并为雷平县。

1929 年 12 月，国民政府内政部制订《土司调查表》。咨请广西、云南等还保留有土司的各省政府"饬民政厅切实查明，依式填报。并具改革意见，以供参考"。[1]

1929 年，新桂系将万承土州改土归流，改置万承县。

1931 年，那地土州并入南丹县，广西全省的改土归流全部结束。

---

① 国民政府内政部编《内政年鉴·民政篇》，1935。

土司制度在壮族地区的终结，正是民主思想、民族意识、国家观念等得到壮族人民的认同。他们愿意服从新桂系政府的统治与管理，不再愿意做土司的土民。很多地方的壮族人民"望治情切"，主动要求改土归流。因此，使土司失去了统治的基础，新桂系政府却获得了壮族人民的支持。此消彼长的结果，使土司制度等一些传统制度在壮族地区寿终正寝，壮族地区完全建立了现代行政组织，传统组织开始消亡。

而在苗、瑶等一些相对比较封闭的地区，虽然国家权力显示出了无比强大的力量，但是一些少数民族的传统组织如埋岩、油锅组织和瑶老制还是顽强地不同程度地存在着，并且发挥着特有的功能和作用。因此对于这些地区，我们认为这是一种双重结构的社会。一重是以国家的权力和主流政治体系为代表，另一重是少数民族的传统组织。这两种结构同时存在于少数民族内部，在不同地区，不同时期呈现出不同的特点。

1943 年金秀大瑶山完成乡村编制后，其社会结构表现为：

1941 年完成乡村编制后，南丹县的社会结构表现为：

1932 年"三位一体"网络构建后，融水苗族的社会结构表现为：

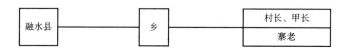

虽然多重社会结构并存，但当一元行政网络扩展之际，民族传统组织的空间在不断缩小，传统组织的职能逐渐被国家行政组织所取代。其结果必然是社会性质的改变和中央集权专制主义的进一步加强。但是传统民族组织由于其文化的延续性并没有完全消失，依然在被挤压的空间中发挥自己的功能，于是形成了近代少数民族内部的多重社会结构。

二　民团与民族地区的稳定

新桂系创建的新民团制度将民团组织与地方行政组织结合起来，从省至县再到乡村建立了一整套的严密的组织，在省城南宁成立了广西民团总指挥部，由白崇禧兼总指挥，全省划分为 12 个民团区。各区分设区民团指挥部指挥官、副指挥官各一；县以下的民团组织，区里设联队，乡镇设大队，村街设中队，各由当地行政长官兼任领导。与过去的旧民团相比较，新民团制度有了很大的转变。它已经不完全是军事组织，还兼有多方面功能，对民族地区产生了重要的影响。

1. 政治功能

广西的旧民团组织涣散，而新桂系的民团则有严格的组织系统，为广西的政治系统和军事系统所统辖，"政治系统是由省政府而县政府以至区乡村甲；军事系统是总司令部而区指挥部，而县司令部，以至联队、大队、后备队，行政监督兼区指挥官，县长兼民团司令，区长兼联队长，乡长兼大队长，村长兼后备队长，把军事组织寄寓于政治组织里面"。[1] 这样的民团组织，寓军事组织于政治组织之中，将松散的社会力量组织起来，成了新桂系强化其统治的工具，使新桂系更便于对整个广西的控制，"如身之使臂，臂之使指"。新桂系当局的各项政治军事实施，可以通过民团直接插到最基层——乡村保甲。因此，"民团对于建设纲领，是一座桥梁，或一只渡船；纲领所规定之建设事项，无论是政治方面，经济方面，文化方面，军事方面，都要用民团的力量去推动"。[2] 显然，民团成为新桂系"推行自卫、自治、自给，进行政治、经济、文化、军事建设的组织和原动力"。[3] 正如黄旭初所言："我们的民团，不但是负军事上的责任，而是把军事、政治、经济、文化打成一片。"[4] 民团，实际上成为整个广西乡村建设的中心力量，成为推进广西各项事业的一种社会力量。

---

① 《广西民团办理之经过及今后之任务》，广西民团总指挥部编印，1932，第 5 页。
② 许高阳：《十年来之广西民团》，中国建设出版社，1940，第 101 页。
③ 《广西的军事建设》，1938，第 6 页。
④ 黄旭初：《广西四大建设的理论与实际》，第四集团军干部政治训练班，第 24 页。

新桂系政府通过民团构建了一个自上而下的控制网络，将军事组织寓于基层社会之中，"使民众为军队的组织，受军事的训练，养成军队的生活习惯"，[①] 从而加强政府对民族地区的社会控制。黄旭初谈到民团的功能时说过："民团是民众自卫的武力；民团是组织民众训练民众，使大多数的民众能参见政治的一种工具；民团是民众劳动协作的组织；民团是灌输民众政治教育的机构，是提高民族文化的利器，是普及国民基础教育实施成人教育的有力辅助，是养成民众社会集团观念的要素。"[②] 显然，新桂系政府希望通过政治训练和民团训练，达到训练民众的目的，从而加强基层民众对新桂系政府的认同和拥护。

2. 军事功能

新民团制度是新桂系政府控制民众的重要方式，政府的最终目的是希望通过民团"组织民众，征调团丁来训练，渐使武力变成民众化"，[③] 从而提高民众的军事技能，扩充合格兵源，增强桂系集团的军事力量。新民团制度的方式将军队的原则转嫁到了少数民族内部，"把高度的纪律意识灌输给全体民众"，[④] 把全社会变成了一个巨大的兵营。在这个自上而下的军事化管理体系中，人民"有事则执戈御辱，无事则解甲归田，军民合为一体，军事与生产合为一体"，[⑤] 民众成为基层建设的主力，以自卫而言，实行寓兵于团，完成义务兵役制度。

广西北接湖南，东邻广东，西迄云南，南与越南为界，历朝皆属统治薄弱区域。境内沟壑纵横，溪河密布，峰峦起伏，洞穴连绵，土地贫瘠，自然灾害频繁，经济文化十分落后，匪患极其严重。关于广西匪患情况，自古以来就有"无处无山，无山无洞，无洞无匪"[⑥]、"无山不有洞，无洞不有匪"、"司令满街走，土匪多如毛"[⑦] 的说法。再加上当时政局动荡，政府权威的软弱，天灾不断，这更导致了各地匪患的普遍。

---

① 李宗仁等：《广西之建设》，广西建设研究会编印，1939，第 206 页。
② 黄旭初：《广西四大建设的理论与实际》，第四集团军干部政治训练班，第 25 页。
③ 《白副总司令对苍梧各界民众训词》，《梧州民国日报》1932 年 12 月 23 日。
④ 〔美〕费正清主编《剑桥中华民国史》（下），中国社会科学出版社，1993，第 390 页。
⑤ 卢显能：《民团制度与抗战》，民团周刊社，1938，第 3～4 页。
⑥ 苏志荣等编《白崇禧回忆录》，解放军出版社，1987，第 9 页。
⑦ 邵雍：《民国绿林史》，福建人民出版社，2001，第 466 页。

土匪利用广西境内险要的山川形势割据一方，打家劫舍，奸淫掳掠，严重破坏了社会生产，影响了社会治安。历朝政府都对广西境内土匪进行清剿，但收效甚微。

而民团训练最为突出贡献应该是强化了地方防卫能力。少数民族地区，山多洞多，偏僻荒野，匪患猖獗。金秀瑶民由于地理、生产方式和民族关系等因素的影响，居住分散，防匪能力比较薄弱。因此瑶民饱受匪患之苦，难以言表。自新桂系在广西全面推行民团训练后，18岁至45岁的壮丁都要参与民团训练。通过有组织的民团训练，"境内不良的分子，没有机会去做非法的事情；若是外面新来的人，经过任何乡村，必因面生引起村民的注意，监视极严，而内地又无人可以勾结，无法活动，同时，凡交通路线，无论穷乡僻难以通过，即幸而通过，亦无处藏匿"。[1]民团兵还配备了枪支和弹药，瑶民防匪的能力较前自发防卫能力有了很大的增强。此外，为了加强防匪的力量，有的县还实行联防，如雷平、龙茗、养利三县，制定三县联防章程，清剿三县边境匪患。民团使得广西乡村治安大有好转，从处处皆匪变为"千里夜行不见匪"。当时民政厅厅长雷殷视察各地后，非常感慨："左右两江各县除靖西镇边西隆各县与安南及云南贵州等省毗连，尚有匪患外，其余各县地方皆平靖，道路畅行无阻。此外，除经过武鸣、那马二县交界时，稍有戒心外，其余皆不需要警戒。"[2]包括崇山峻岭、地瘠民贫、匪患极烈的龙州地区，"自编练民团而后，每日均由附近的乡村派遣团兵放哨守卡，盗匪在平时既不易立足，抢劫后亦难逃脱，年来著匪虽不能完全缴除，但地方治安，已无可虑"。[3]通过民团，一些民族地区如大瑶山还进驻了警备署和警察局，社会治安和生产秩序得到了较好的维护。时人盛誉："藉民团之力量，竟能清剿净尽，俾地方秩序井然，人民均安居乐业，无复有昔日之惊惶。"[4]这些溢美之词或许有夸大之嫌，但与过去地方匪乱如麻相比，民团编练

---

① 邱昌渭：《广西县政》，桂林文化供应社，1941，第230页。

② 《雷民政厅长报告各县概况九月七日在省政府纪念周报告》，《广西省政府公报》第88期，1935年。

③ 《龙州民团训练及绥靖情形补志》，《民团周刊》1935年5月6日。

④ 《参观两广政治报告书》，山东省政府秘书处印，1935，第40页。

后的广西确实平静了很多。

可见，新桂系利用民团武装配合军队，大力开展剿匪工作，取得了较好效果。同时，民团在新桂系"围剿"右江革命根据地，镇压桂北瑶民起义，围堵红军过广西，在两广事变中与南京国民政府对抗，也起到了重要作用。民团训练提高了少数民族的国家意识和生产建设能力。瑶民向来害怕征兵，但是经过民团训练后，抗日战争中很多人都积极报名参与抗战。

九一八事变以后，国难日重，新桂系在民团训练中加大了对团兵的抗日爱国教育，并提出了"建设广西、复兴中国"的口号。抗日战争全面爆发后，广西民团踊跃参战。在某种意义上，新桂系的民团又可以看作是一支卫国的后备力量。因此，新民团不仅是新桂系军事斗争的工具，而且是卫国的后备力量，成为新桂系军事体系的重要组成部分。

3. 经济功能

旧民团大都来自农民，受当地士绅的雇佣，负担保卫地方的重任，这种团丁和募兵一样，"他们是停止一切生产活动而来的，在破坏工作方面，或有其他成功的地方，但建设的责任，却丝毫不能担负。如果在地方安静时，他们就成了一种不生产的寄生者；而遇着国家危难一旦发生，他们却又不能尽其巩固国防的责任。因此这种人乃变成社会福利的消耗者，享成者了。"[1] 新民团则不同，它是军事与生产合一的组织，其成员可以说是兵，但它与当时国民党的现役士兵不完全相同。当时的国民党士兵是脱离生产的职业军人，而民团则在生产中发挥重要作用，他们"有事则执戈御侮，无事则解甲归田，军民合为一体，军事与生产合为一体。这种民团使新桂系解决了经济落后、无法豢养太多兵员而以民团解决兵员不足的问题。"[2] 如果德县民团"操练之余，督率民团，建设民乐园一所，此外对于乡村道路，亦建设多条。该地民众，深为感戴"。[3] 中渡县积极将民团发动起来造林，参与乡村建设，颇有成效。

---

① 冯璜：《广西的民团》，民团周刊社，1938，第16页。
② 许高阳：《十年来之广西民团》，中国建设出版社，1940，第4~5页。
③ 《果德民团成绩》，《民国日报》（南宁）1933年12月4日。

20 世纪 30 年代初，随着广西内部局势的逐渐稳定，民团应新桂系扩充实力问鼎中原的政治要求，参与了广西的各项建设，成为建设广西的骨干力量。除了保卫乡村、巩固国防外，新民团在平时不但从事生产事业，而且被政府组织起来，参与了乡村社会的各方面的建设工作如修路、造林、植树、垦荒等，是其乡村建设的骨干力量，在 20 世纪 30 年代的广西建设中也发挥了较为显著的作用。在经济建设上，黄初旭曾经说："广西对于公共造产的努力，是国内最为出色的建设，其效果亦大有可观。"[1]这种"公共造产"主要是由基层民团完成的，特别是在一些重大战略工程的建设上，民团发挥了重要作用，如修建湘桂铁路，新桂系征调了 30万民团，"在两年之内柳州至南宁段，完成了十分八九"。[2] 在修筑道路、建设学校、公园、水库等公共设施等各项建设，几乎都由民团承担。正因为有了民团，30 年代的广西各项建设，"公家之用极少的金钱，而能完成极大的建筑事业"。[3]

三　国民基础教育与民族地区文教的发展

"特种部族教育"是新桂系在统一广西后，为解决民族问题、加强对民族地区控制而采取的一项典型的措施，在当时也具有颇大的社会影响，对少数民族地区的发展产生了一定的积极影响。

1. 推动了"特种部族"地区教育的发展

广西历来教育落后，由于当时"特种部族"区域处于长期封闭状态，社会还很不开通，对学校教育缺乏认识、了解。加上一些地方势力如山主、巫觋为了维护其特权，多方抵制教育，因此"特种教育"在推行初期遇到较大障碍，收效也较小。特种师资训练在开始招生时，由于少数民族对政府用意尚未了解，困难问题之发生，层出不穷。后经省政府严切督促，各县政府多方劝诱敦迫，方能勉强开学。几年后，少数民族从教育中受益颇大，学生从学校学到了实用知识，对社会产生了较大影响，

---

① 黄旭初：《县政建设与基层建设》，桂林建设书店，1941，第 212 页。
② 徐高阳：《十年来之广西民团》，西南导报社，1940，第 111 页。
③ 《宾阳民团协助各种建设》，《民团周刊》1935 年 5 月 6 日。

少数民族才逐渐转变了对学校的看法，认同了教育，进而支持政府的教育措施，使"特种部族教育"得以顺利进行。通过"特种部族教育"，使少数民族地区受到教育风气的影响，有了一定的教育观念。不少地方的家长自愿送孩子入学读书，为教育启蒙起到了良好的推动作用。以"广西特种教育师资训练所"的创办为例，刚开办时，特种部族子弟不明教育为何物，畏而远之，招生需实行强迫入学，入学者寥寥无几。但后来，"自动来校的学生，风起云涌，"① 出现了"有不少觉悟青年，自备资斧，来特种师资训练所，请求入学"② 的情况。

"特种部族教育"实施后，少数民族从中受益颇大，习字学艺之风逐渐推及各特种部族区域，感受教育之长处者日众，人们由拒绝、轻蔑教育转而变为接受、支持教育，学习的风气一时十分浓厚。"即苗瑶所居穷山僻野，亦莫不受教育之熏陶，茅塞顿开，随处可闻书声琅琅，多数学生结业时，均要求延长上课时间。此外，父教子、夫教妻，一家之中左邻右舍互相研读者，不知凡几。从此，学龄儿童之入学，已无需强迫，均各自愿送其子弟入学。此种风气之养成，诚为教育上启蒙运动之良好基础。"③ 这些出自政府的文件和报告的说法也许有些夸大，但也在一定程度上说明了"特种部族教育"推行对少数民族文化的影响。

2. 改良了"特种部族"地区的社会风俗

在广西大部分少数民族地区，农民生活十分闭塞，即便是进入近代社会之后，许多不良的社会习俗仍然存在。据《岭表纪蛮》记载，当时"巫、卜、摸尺、占米卦、放鸡鬼、放火箭、还愿炮、符咒等十余种迷信事项"④ 十分盛行，烟赌之风也遍及城乡，卫生习惯更是无从说起。这些迷信与烟赌陋习使原本就贫寒的少数民族群众生活更加窘迫，一些人甚至因之倾家荡产，不讲卫生致使天花、霍乱、鼠疫等疾病流行，长期以来对人民的健康造成巨大损害。

---

① 刘介：《我创办广西特种教育师资训练所经过》，《广西文史资料》第 14 辑，第 203 页。
② 吴彦文：《广西之特种教育》，广西省政府教育厅编审室，1939，第 24 页。
③ 苏希汛：《广西省成人教育实施总报告》，《国民教育指导月刊》（广西），1941 年第 1 卷 3 期，第 40 页。
④ 刘锡蕃：《岭表纪蛮》，上海商务印书馆，1934，第 181～196 页。

"特种部族教育"负有"管教养卫"四项责任，因此改良农村习俗，改善农村卫生条件是其重要工作之一。特种教育师资训练所"以崇尚节俭、改良风俗为主旨"，成立了特区文化推动委员会，"该所的使命，不仅在学生个人学业的养成，而在整个特族社会的改进"。[①] 为改变少数民族地区社会愚昧落后的状况，由村乡长组织村街民大会，进行时事、改良风俗等宣传，禁止道士巫师做道事法事，取缔醮会、求神送鬼等，推动特区文化，改良社会风俗。该会成立后，大力调查研究少数民族地区的风俗，订立方案，然后利用学生及寒暑假回乡学生之余力，向民众传播科学文化知识，以增加民众的常识，促使其迷信思想的转变；与当地乡绅合作，组织地方改进委员会、禁赌会、妇女家庭改良会等组织，用强制的方法革除烟赌等恶习，并取得了相当的成效，在一定程度上开化了文明，使蒙昧落后的少数民族乡村得到了一些启蒙。

经过努力，少数民族地区的赌博、堕胎、溺女、婚丧嫁娶大操大办、吸毒、早婚、迷信鬼神等许多社会陋习在一定程度上被禁止，全社会出现了积极向上的"尚武"风气。

3. 促进了"特种部族"与汉、壮族的经济往来和文化交流

由于少数民族居住的地理环境交通不便，经济落后，再加上"过去政府对他们采取羁縻政策，屏置化外，致使汉、蛮之间，迄今尚存一道不可逾越的鸿沟"。[②] "特种部族教育"实施后，在"从前瑶山所出之货物，如桐、茶、杉、竹、香信、兽皮、香草之类，皆由收买专卖，利润之数，居间者所得甚多，今则各地苗徭，多已自能入市买卖，至为快愉，闻者亦辗转相告，顷刻遍于特区"。[③] 特种部族在墟、市集上与汉、壮族直接交易，提高了经营的自主权，减少了中介环节，从而增加了收入。

"特种部族教育"实施前，少数民族接受汉语的渠道主要有两方面：一是学校，二是宗族活动。但当时民族地区的学校数量极少，且大多是旧式教育，所教内容陈腐，教师的素质也相当差而且收费较高，贫困家

---

① 刘介：《广西特种教育》，广西省政府编译委员会，1940，第33页。
② 吴彦文：《广西之特种教育》，广西省政府教育厅编审室，1939，第7页。
③ 广西省政府编译委员会：《广西特种教育》，1940，第54页。

庭无法承受；特种部族的宗族活动一般也只是每年数次，因而少数民族群众与其他汉族的交流能力十分有限。新桂系推行免费的"特种部族教育"，大大减轻了少数民族家庭的负担。特种部族学生毕业后大多回乡担任其所在地区国民基础学校教师，采用汉语教学，培养特种部族子弟，提高了特种部族同外界交流的能力。特种部族师资训练所注重保存民族文化和民俗文化，收集各民族服饰、器皿、武器、诗歌、土字、民间故事等有研究价值的文物，保存了民族艺术，促进了民族文化交流。汉族的先进文化对少数民族影响很大，"今则情况大变，据学生报告，特区妇女，改从汉装者日日激增，近年已达半数"。[①]

4. 在一定程度上实现了政府对"特种部族"地区的全方位控制

1933 年桂北瑶民大起义爆发后，新桂系以武力镇压下去，导致这些地区千疮百孔、残破不堪、民穷财尽，经济遭到严重破坏，社会矛盾激化，民族关系紧张，群众迫切需要休养生息，新桂系也迫切希望把长期以来失于控制的特种部族民众重新纳入其统治秩序之下。如何把乡村建设与基层社会控制结合起来，是新桂系当局在各"特种部族"地区施政的一个关键问题。要解决这个问题，他们认为必须从政治、经济、文化等各方面力量推进，决非某一力量能使之突进。在这样的背景下创办的"特种部族教育"不仅是发展教育、实施教化的需要，也是政府重新整合乡村社会、加强基层社会控制的重要举措。特种部族教育的推行虽然没有完全实现建设与控制的预期目的，但与同时期的其他措施相比，其所取得的成效还是很显著的。

首先，特种部族教育的推行使政府的意志深入到少数民族基层，并在一定程度上为民众所接受。民国时期的广西少数民族地区乡村社会，长期与外界缺乏沟通，经济文化十分落后，农民群众在社会变动中被边缘化，处于分散落后的状态，对政治表现出十分的冷漠。如瑶族习惯法观念主要为"瑶还瑶，朝还朝"、"石牌大过天"等，农民对参与政治的淡漠，有碍于新桂系当局政策在乡村的贯彻。特种部族教育的推行，使这一状况有所改观。在实施特种部族教育的瑶、侗等族

---

① 广西省政府编译委员会：《广西特种教育》，1940，第 53 页。

地区，新桂系以教育为手段，利用一切可能利用的场所和能够被民众接受的方式作为媒介，如民众课本、戏剧、田间地头的谈话、黑板报、各种群众集会、集市等向民众灌输三民主义，宣传政府的方针政策等，将其政治主张和意志灌输给少数民族，使国民政府的意志深入到基层社会。通过潜移默化的影响，新桂系政权的合法性在一定程度上得到了民众的认同和接受，少数民族的骚乱逐渐消失，新桂系在广西的统治得到了相对的稳定。

其次，特种部族教育的推行使新桂系当局的权力进一步深入少数民族乡村，对基层社会的调控和整合能力得到加强。民国以前，政府的行政权力大多只能到达州县一级，县以下的基层政治是借助士绅来控制的。政府和广大民众之间缺乏各种有效的沟通媒介，政权与民间的联系枢纽中断。特种部族教育的推行和"特种师资训练班"的创设，比较成功地把政治的力量和教育的功能联系起来，成为沟通政府、乡村士绅、民众之间联系的桥梁和纽带。特种部族教育的推行，在一定程度上改变了这一状况。国民基础学校的校长或老师，一部分兼乡村长及民团后备队队长等职，并正式充当基层行政组织领导人，从事基层行政工作。各学校的校长、教师与学生在日常教学之外，还举办大量的社会工作，以各种形式宣传新桂系的政令、政策。特种部族师范学生毕业后，被分派到各乡担任"三位一体"之责，亦有充任村、甲长者，从而强化了对少数民族地区乡村政权的控制。

再次，提高了少数民族参与国家和社会事务的意识，增强了政府的动员能力。在实施"特种部族教育"的过程中，广西当局十分注重对少数民族青少年实施爱国主义教育和军事教育。抗日战争爆发后，"特种部族教育"更是把学习文化与抗日宣传结合起来，提高了民众的民族意识和抗日觉悟，使得过去最反对当兵、纳粮，宁愿避居深山不关心山外事务的少数民族，纷纷转变思想观念，积极捐献财物，踊跃参加战时服务。"以前特种部族所最反对的，为当兵，纳粮。现在广西两次组织学生军，特种师资训练所学生，均有自动参加，就此可以想见他们思想进步之一斑，可谓差强人意。……对于特种部族之乡村组织，除最少数顽梗不化的而外，大多数已遵照政府规定编组，最近广西征工修筑铁路，应征的已甚踊跃，因忍苦耐劳为他们之所特长，故其工作成绩，竟在汉人之上。"①

第四，使新桂系在一定程度上实现了对基层社会民众的全方位控制。在思想意识方面，特种教育实际上是对乡村社会意识形态的改造和重塑，在特种部族教育推行的过程中，国民党的意识形态和道德标准得以在基层社会广泛传播，一定程度上成为民众的行为准则和规范。在组织行为方面，民众在接受特种教育的过程中，逐步接受了国民党政权为他们设计的政治行为模式（如参加公民训练、壮丁训练、编排保甲等）、生产组织模式（如生产改进会、儿童农艺园等）、社会生活模式（如新生活运动等）以及其他制度，从而使得农村民众的政治生活、经济生活、社会生活等与国民党政权交织在一起。

特种部族教育作为一种特殊的教育模式，在"特种部族"区域普及了教育，改良了社会风俗，提高了省政府整合、控制"特种部族"社会的能力。主观上虽然是为了维护其在广西统治，但是客观上推动了"特种部族"文化教育的发展，增强了民族团结，促进了社会进步。特种教育的实施给我们今天的教育提供了借鉴意义，但是存在的问题亦不少。教育是一个系统工程，其发展牵涉社会的方方面面，需要有正确的指导思想、稳定的经济来源以及相关技能、机构等因素的支撑，这是特种部族教育留给我们的启示。

第二节　政府主导下的社会经济发展

经过中原大战惨重的失败教训，新桂系认识到军事实力最终是以经济实力为后盾的，如果只注重军事建设，忽略经济建设，"恐怕军事建设也不能单独成功"。② 白崇禧说："我们要准备斗争的力量，不仅在军事上要有准备，就是经济、政治、文化一切都要有准备。"③ 因此新桂系集团在进行军事建设的同时也比较重视经济建设，把经济建设列为广西"四

---

① 吴彦文：《广西之特种教育》，广西省政府教育厅编审室，1939，第24～25页。
② 《黄旭初先生之广西建设论》，南方建设书店，1938，第20页。
③ 白崇禧：《三自政策》，国民革命军第四集团军总政训处印行，1935，第100页。

大建设"之一。围绕这一方针，广西在民国时期的发展导向是兴办工业和开采矿产。而在民族地区，政府主导下的近代社会经济发展主要表现为农林业的发展和交通的改善。

一 农林业的发展

广西民族聚居地区的农村经济向来比较落后。到 20 世纪初叶，落后的面貌并未得到多大改观。1910 年，广西全省总人口为 896 万余人，耕地面积 968 万余亩，人均耕地不及 1.1 亩，低于 60 年前 1.2 亩的水平。[①]而大部分耕地仍旧掌握在地主、富户和官府手中。由于地力贫瘠，农具落后，广大少数民族农民并没有因为革命变革而得到实质性的利益，生活仍旧处于极端贫困之中。

平地农村，各族农民在小块土地上粗放耕种，收获量甚低。水利建设亦无建树，多沿用老办法于江河上简修堤坝，或架设水筒车，或架水机，引水灌田。在山区，以瑶族为典型，则烧山开垦，广种薄收，仍处于原始粗放的状态。农村佃农除交租外，已所剩无几，在收获时节，尚可度日，到冬春青黄不接时，多靠借钱借粮生活。一旦遇到天灾人祸，农民生活更为凄惨。桂西一带的农民，"多以杂粮为主要食物，如都安、果德、隆安、同正、左县及其以西各县，竟多有终年食玉蜀黍者，逢年节或圩期方得食饭"。[②]

1. 农业的推进

为了促进地方经济的发展，新桂系政府大力推广农业发展。1926年广西建设厅成立后，新桂系开始着手推进民族地区的农林事业。次年，设立了南宁省立农林试验场、柳江农林试验场、柳庆垦荒局、柳州造林事务所、庆远造林事务所等农业机构，并在南宁、龙州、百色三地开办林场，专门负责农林技术改良事务。同年 10 月，在柳江农林试验场设置广西实业院，将原柳江农林试验场和梧州实业研究院并入，

---

① 广西壮族自治区地方志编纂委员会：《广西通志·人口志》，广西人民出版社，1993，第20页；广西壮族自治区地方志编纂委员会：《广西通志·统计志》，广西人民出版社，1996，第52页。

② 《广西年鉴》第 1 回，广西省政府统计处编印，1932，第 184 页。

下辖柳州、庆远两个造林事务所和南宁、百色、龙州三个林场，以及南宁农林试验场。试验场主要进行各种农作物和林木的改良、育种和推广。同时饬令各县成立县、乡苗圃和农场，提倡造林、种棉、冬耕冬种等。

1929 年，广西实业院改组为广西农务局，专门管理全省的农林行政和技术设施。同时调整机构，改柳庆垦荒局为柳江林垦区，改田南垦荒局为田南林垦区，并筹划增设南宁、镇南两个林垦区，将各林场原来的造林事务所按所在区域归各林垦区管辖。

到了 20 世纪 30 年代，新桂系把发展农林业作为"根本要图"。①1932 年，广西省政府将柳江农林试验场改为广西农林试验场，并先后在南宁西乡塘和桂平、覃德设置水稻实验分场。场内分农艺、园艺、畜牧、病虫害四部，并在桂平设立水稻试验分场，在邕宁设立棉业试验分场，在南宁西乡塘设立水稻试验分场和糖蔗试验分场。南宁农林试验场改为热带果树场。1934 年，新桂系当局为统一农林行政，成立广西农林局，下设家畜保育所、水利工程处和骨粉厂等机构。1935 年，在 8 个民团区设立区农林示范场，示范场受省中心农事试验场指导，负责指导区内各县农林试验和推广工作，并供民团干训队学员实习。其中有五个区就设在民族地区。如：

第二区农场设在桂平城西岭村，辖象县（今象州县）、武宣、来宾、迁江（治今来宾市迁江镇）、桂平、贵县（今贵港市）等 16 个县；

第三区农场设在宜山县城南凉亭阁，辖三江、融县、百寿（治今永福县寿城乡）、中渡（治今鹿寨县中渡镇）、榴江（治今鹿寨县寨沙镇）、雒容（今鹿寨县）、柳城、柳江、宜北（治今环江毛南自治县明伦乡）、天河（今罗城仫佬族自治县）、思恩（治今环江毛南族自治县思恩镇）、罗城、天峨、东兰、南丹、河池、宜山、忻城等 18 个县；

第四区农场设在邕宁西乡塘，辖都安、隆山（今马山县东部）、那马（今马山县西部）、武鸣、上林、宾阳、隆安、同正（治今扶绥县中东镇）、扶南（治今扶绥县新宁镇）、绥渌（治今扶绥县东门镇）、上思、

① 《新广西》（旬刊）第 14 页，国民革命军第四集团军总训处 1935 年印。

邕宁、永淳（治今横县峦城镇）、横县等14个县；

第五区农场设在田东县，辖乐业、凤山、凌云、万冈（治今八马瑶族自治县八马镇）、平治（治今平果县榜圩镇）、西隆（今隆林各族自治县）、西林、田西（治今田林县潞城瑶族乡）、百色、田阳、田东、果德（治今平果县果化镇）等12个县；

第六区农场设在龙州，辖天保（今德保县）、敬德（治今德保县敬德镇）、镇边（今那坡县城厢镇）、靖西、向都（治今天等县向都镇）、镇结（治今天等县进结镇）、龙茗（治今天等县龙茗镇）、万承（治今大新县龙门镇）、养利（今大新县）、雷平（治今大新县宝圩乡）、上金（治今龙州县上金乡）、龙津（今龙州县）、凭祥、宁明、明江（今宁明县）、思乐（治今宁明县海渊镇）、崇善（今崇左市）、左县（治今崇左市左州乡）等18个县。

以上5所区农场是壮族地区农业试验的中心机关，也是省农事试验场的工作分站。除了这5个区外，其他地区部分县也设立了农场。农业试验场、示范场的任务，主要是进行各种农作物的改良、繁殖和推广。水稻是广西主要的粮食作物，各试验场都比较重视水稻品种的试验。一方面采集、挑选本地优良品种繁殖推广。

发展农业最重要的目的就是增加粮食生产。30年代前广西冬种作物很少，于是政府提倡冬种，派员分赴各县宣传冬种。协助农民种植小麦、荞麦、豌豆、蚕豆、油菜等冬季作物，并规定冬季作物种植面积须占各县耕地20%～30%。为了发展好冬种，政府积极为农民提供肥料、传授防治病虫害的知识、帮助农民改良农具。如省政府从外地购买红花草、肥田草等种子，分发各县试种、繁殖推广；在南宁、柳州、梧州等处设病虫害研究室，派专业人员到各地调查病虫害，研究防治措施；从国内外购进农具样品，委托省机械厂仿造，向各县推广，并在南宁、柳州、桂林、梧州等地建立农具厂，从事犁耙、锄、铲等各种农具的改良和生产。诚然，这些措施对增加粮食生产、促进农业的发展起了积极作用。

积极的农业措施使广西的粮食产量逐年提高，主要粮食作物水稻产量在30年代以前年产量约45亿斤，30年代都在50亿斤以上，1933年达到 61 亿斤，① 是广西解放前历史最高的年产量。

2. 林业的发展

广西山多田少，荒山荒地很多。30 年代初政府在原有林场的基础上成立南宁、柳江、镇南、桂林、百色等 5 个林垦区。在民族地区的省营林场，居于南宁附近者有木差路、茅桥、军山 3 处；在柳州、庆远之间者有柳州狮子岩、柳城沙塘、宜山龙桥 3 处；在百色者有百色林场 1 处。②

1932 年政府在柳城设立广西垦殖水利试办区，1934 年改为广西农村建设试办区。同时在玉林、兴业、博白交界的六万大山设立广西六万垦殖区，由政府开办林场造林。到抗战前夕，广西办有桂林、宜山、雒容、龙州、军山、茅桥、磋路等 7 个规模较大的省营林场。其中民族地区有 4 个：柳江林垦区，管辖柳城沙塘、柳州狮子岩、宜山龙桥、雒容白沙江口 4 个林场；南宁林垦区，管辖邕宁木差路、茅桥、西乡塘、军山 4 个林场；镇南林垦区，管辖龙州、大青山 2 个林场及新拟筹设的崇善、明江 2 个林场；田南林垦区，管辖百色林场。③

1938 年，经过调整后，民族地区的省营林场共有 4 个，即雒容林场，设于雒容县白沙江口，面积 1.85 万亩，以经营油桐、油茶为主。庆远林场，设在宜山县城东南，面积 33572 亩，以种植松树为主。南宁林场位于南宁木差路及七坡隘，面积 13.6 万亩，以种松树、桉树为主。龙州林场在龙州西南面，面积共有 428.760 亩，是当时广西最大的省营林场，主要种植杉树、油桐、八角等。开办林场的同时，政府从人口稠密地区迁移农民开垦，经营农林业。广西垦殖水利试办区先后从北流、容县、岑溪等县迁移垦民 500 户 2500 余人。六万垦殖区从附近各县招徕垦民 500 户 2400 余人。大量垦民的迁徙，加快了广西民族融合的过程。上述 4 个林场历年育林造林的情况如下表：

---

① 《广西年鉴》第 2 回，广西省政府统计处编印，1935，第 199 页。
② 广西省政府十年建设编纂委员会编印《桂政纪实》经济建设篇，1946，第 35 页。
③ 《创进月刊特辑》1935 年第 3、4 期合刊，第 47 页。

表 4 - 1 1937~1942 年壮族地区省营林场造林成绩表

年份	雒容林场		庆远林场		南宁林场		龙州林场	
	面积（亩）	植树数（株）	面积（亩）	植树数（株）	面积（亩）	植树数（株）	面积（亩）	植树数（株）
1937	370	398052	110	119500	1200	300340	4574	1041390
1938	1532	473256	1800	741625	900	249630	1256	286380
1939	1291	402486	1826	742827	3840	941790	1175	250585
1940	880	262084	1500	320854				
1941	801	192140	1113	225341	500	114500	330	79291
1942					530	104	205	65080
合计	4874	1728018	6349	2150147	6970	2646260	7540	1722726

资料来源：广西省政府统计处编《广西年鉴》第 3 回，1944，第 507 页。

此外，广西当局还在全省范围内放垦荒地。先是对荒地进行调查、清理，收归公有，然后任人承领垦殖。据统计，自 1932 年至 1941 年，全省共放垦荒地 90.5 万亩，垦民可向政府贷款，经营若干年后土地便为自己所有。由于各地加大拓荒垦殖力度，民族地区的耕地面积有所增加。如武鸣县，1933 年耕地面积为 47.10 万亩，1943 年增至 57.77 万亩，增长 22.7%；柳城县 1933 年耕地面积为 31.12 万亩，1943 年增至 37.20 万亩，增长 19.5%；南丹县由 1933 年的 16.89 万亩增至 54.84 万亩，增长 224.6%。[1] 桂西的百色县，1934 年耕地面积为 17.51 万亩，抗战胜利后，农民为解决生计，纷纷拓荒种粮，耕地面积扩大到 18.83 万亩。[2]

除了开办林垦区外，政府还推广地方造林和发动民众造林。1934 年，广西省政府颁布各县造林办法，规定各县、区、乡（镇）、村（街）凡有荒山荒地者都要设立林场，造公有林，并规定各级林场的面积和每年造林数量。为保证造林所需的树苗，省政府饬令县、区、乡设立苗圃，培育和供应苗木；同时发动民团、学校师生在河流沿岸和公路两旁栽种树木。在发动地方和民众造林中，广西当局大力提倡种植经济林，大力倡

---

① 1933 年数据引自《广西年鉴》第 2 回，第 169~171 页；1943 年数据引自《广西年鉴》第 3 回，第 273~276 页。

② 百色市志编纂委员会：《百色市志》，广东人民出版社，1993，第 132~133 页。

导种植油桐、油茶。桐油、茶叶是广西重要的出口物资，当时在国际市场上十分畅销。因此广西当局十分重视，省政府颁发各县乡村植桐办法，规定各乡村每年征工种植数量，所需桐种由各县无息贷款购发，若干年后偿还。① 由于采取有力措施，全省桐油产量逐年增长。1936 年，桐油出口价值占广西出口总值的 16.4%，在出口货物中仅次于稻米，位居第二位；1937 年，桐油出口价值超过千万元，约占全省出口总值的 23.5%，凌驾矿产、牲畜、稻米而跃居首位。② 在油桐经营方式上，"三江、融县等地多小农经营，桐树多栽培于山岭斜坡地带"。中部的柳江、柳城、象县、雒容一带多采用大规模的公司，出现了许多油桐生产垦殖场，"场主以包公制和分益制的方式，从平南、桂平一带招募人员垦殖"。③ 桐油品质方面，"以柳河流域之迁江、六寨等地所产最佳，左右江流域所产之大河油（南宁木油）次之"。④

在大力发展农林种植业同时，政府还致力于发展畜牧业。1934 年在南宁成立广西家畜保育所，聘请外国兽医专家帮助培养畜牧兽医人才。次年将全省分为南宁、玉林、柳州、平乐、百色五个防疫区，在一部分县设立兽疫防治所，防治家畜瘟病流行。1937 年在桂林设立种畜场，从外地引进优良种牛、种猪、种鸡、种鸭等，繁殖推广。

二 农业生产工具的改进和水利的兴修

由于少数民族都聚居于桂西北和桂中等地区，交通落后导致环境闭塞，各个民族地区的农具以旧式的居多。如南丹县，"农具之使用，备极简陋，亦以梯田之限制，多用人力农具，甚至犁之制作亦有适用人力者"。⑤ 龙州，"农具制造，殊为简陋，铁制农具，泰半自外县输入"。⑥ 百色县，"农具使用多藉人力，农家有犁者不甚多"。⑦ 来宾县，"农民生

---

① 参见钟文典主编《广西通史》第 3 卷，广西人民出版社，1999，第 244～245 页。
② 《广西经济建设手册》，广西省政府建设厅统计室编印，1947，第 105 页。
③ 陈正详：《广西地理》，正中书局，1946，第 80 页。
④ 《广西年鉴》第 3 回，广西省政府统计处编印，1948，第 498 页。
⑤ 千家驹等：《广西省经济概况》，商务印书馆，1936，第 31 页。
⑥ 千家驹等：《广西省经济概况》，商务印书馆，1936，第 44 页。
⑦ 千家驹等：《广西省经济概况》，商务印书馆，1936，第 49 页。

计既艰，农器半属粗劣。除通常耒耜所谓犁耙者外，无它力器"。① 为了提高农业产量，新桂系在办理农场的同时，积极推进工具的改良，采取一系列改进农业的措施。首先从国外采来先进农具样本，委托本省机械厂仿造；其后又委托桂林君武机械厂仿造打稻机、玉米脱粒机、切蔓机、小型榨蔗机、手摇雌心机等，向各县推广。1936 年，在龙州的西南农场曾使用过联合收割机，1946 年还使用过两部英国制造的铁轮带犁田机，日可犁地 30 亩。同年又购买两台美国造新式胶轮拖拉机。② 在柳城县，20 世纪 40 年代推广了畜力铁榨机、打稻机、轧花机、切蔓机、水田中耕机，农民极为乐用。③ 这些新式农具的出现，提高了农业生产水平，为民族地区的发展起到了一定的推动作用。

表 4 - 2　1941～1943 年民族地区各县改良农具统计表

县名	打稻机	玉米脱粒机	切蔓机	榨蔗机	离心制糖机	水田中耕机
天 河	2	5				
田 西	2					
凌 云		5				
百 色		8				
万 冈		1				
镇 结		5				
田 东		10				
田 阳		8				
向 都		5				
天 保		5				
果 德		5				
邕 宁	50	1	1	1		
武 鸣	30					
平 治		5				
东 兰	6	5				
河 池	16	5				
南 丹	18	5				
思 恩	5	5				

① 翟富文：《来宾县志》下篇《食货二·农工商业》，民国 25 年铅印本。
② 余晋良主编《龙州县志》，广西人民出版社，1993，第 396～397 页。
③ 葵传清：《鹿寨县民国时期的农业生产》，《鹿寨文史资料》1989 年第 3 辑。

续表

县名	打稻机	玉米脱粒机	切蔓机	榨蔗机	离心制糖机	水田中耕机
中　渡						
雒　容	13					
柳　城	20		11	21	23	20
宜　山	10	6	11	1		20
柳　江	30		8	3	15	
永　淳	20					
横　县	40					
贵　县	50	10	1			
桂　平	50		2			
平　南	50					
榴　江	12					

资料来源：《广西年鉴》第 3 回，广西省政府统计处编印，1948，第 373~374 页。

　　水利是农业命脉，但由于各民族地区"山岭纵横，平原地面又多丘陵起伏，甚少完全平坦之地"，[1] 农田水利设施比较落后，有些地方根本无水利可言，完全是靠天吃饭。如百色，"其地多山少田，且无水利，十日不雨苗立槁，一月不雨水就涸"。[2] 在右江沿岸一带农村，流传着这样一首歌谣："右江河水长又弯，两岸农民种田难。背靠大山无柴烧，望见河水种旱田。"[3] 可见，30 年代以前广西几乎没有现代水利设施可言。

　　为了发展农业，1932 年广西当局开始查勘水利资源，筑坝引水灌溉农田。同时，饬令各县设立雨量测验站，安设水站标，指导农民兴办水利。1934 年成立广西水利工程处，专司农田水利事务。1935 年划全省为 8 个水利区，设水利专员，负责查勘、筹建水利工程。1938 年春，广西省政府制定了第一期农田水利建设计划。这项工作得到了经济部农本局的支持和帮助，拨贷经费 200 万元，并指派人员与广西省政府联合成立农田水利贷款委员会，从事测量、计划、施工、贷款等业务。后来，经济部又派遣华北水利委员会工程队和珠江水利局来桂协助农田水利建设工作。因此，广西的农田水利得以迅速发展。

[1]　《广西年鉴》第 3 回，广西省政府统计处编印，1948，第 447 页。
[2]　（清）华本松纂《百色厅志》卷三《舆地·风俗》，光绪十七年增刻本。
[3]　百色市志编纂委员会：《百色市志》，广东人民出版社，1993，第 205 页。

民族地区的农田水利工程，最主要的是利用小溪小河筑坝引水，灌溉下游田地；其次是筑塘贮水，即利用天然山谷，于谷口筑塘基，以贮谷内各处高地流下之水，以供谷外田亩灌溉之用。此外，防潦工程，以及用机械或水车引水，也是农田水利设施的重要事项。[1]　截至20世纪40年代中期，民族地区已完成的农田水利工程主要有：

表 4 - 3　1945 年以前壮族地区主要水利工程一览

工程名称	所在地	完成年份	灌溉面积（亩）	工程费用（国币元）	收益（石）
广泽水坝	邕宁金城区	1933	2000	12000	4000
中兴水坝	邕宁金城区	1933	2000	9000	4000
复兴水坝	邕宁金城区	1933	1000	3000	2000
泗文水坝	雷平太平州	1935	1000	12000	2000
派造水坝	龙茗第二区	1934	1000	9000	2000
古贤水坝	邕宁三官乡古贤村	1934	未据详报	3000	未据详报
基陇水坝	榴江峰村乡	1935	100	300	200
上石乡水坝	凭祥县	1935	4700	民工	19000
宜北水坝	宜北县	1935	3600	民工	500
镇结水坝	镇结县	1935	33600	民工	64400
左县水坝	左县	1935	300	5000	600
垌平水坝	思乐海渊乡	1938	30000	371511	60000
洛寿水坝	宜山县	1938	20000	191109	30000
福立水塘	柳城县	1938	11000	83900	24000
石碑坪抽水工程		1938			
古丹第一、二水塘		1934 1938			
郭村第一、二、三水塘		1934 1937 1938			
无忧第一水塘		1935			
白芷山水塘		1938			
洛寿渠	宜山县	1939	20000	220000	40000
凤山河工程	柳州市	1941	29700	278500	59400

----

　　[1]　《广西年鉴》第 3 回，广西省政府统计处编印，1948，第 447 页。

续表

工程名称	所在地	完成年份	灌溉面积（亩）	工程费用（国币元）	收益（石）
沙埔河第一期工程	柳城县	1942	6700	270000	14000
海渊工程	思乐县	1943	18000	1793000	36000
那坡工程	田阳县	1944	19860	374000	40000
沙埔河第二期工程	柳城县	1944	56000	6000000	120000

注：除洛寿水坝和峒平水坝由省贷款，柳城县工程、思乐海渊、田阳那坡和宜山洛寿渠由省办外，其余均为民办。

资料来源：陈大宁等：《广西农业建设之现况》，载《广西之建设》第3辑《经济建设》，第427～428页；《桂政纪实·经济建设》，第61～62页。

从上表来看，当时的水利工程覆盖了桂西北和桂中地区，灌溉面积都达千亩以上，在一定程度上改变了广西传统农业的落后面貌。此外，各县自办小型农田水利工程，到1937年也仅建成169个，灌溉面积164681亩。[①]

综上所述，20世纪30年代以来，广西当局在农林业方面采取了一系列建设措施，使广西农林业得到一定的发展。各种农业试验场的建立，使先进的农业技术和优良农作物品种得到逐步推广，垦荒和农田水利建设使粮食种植面积和灌溉面积逐步扩大。

三　发展交通

20世纪三四十年代，政府促进社会发展的另一措施是发展交通。毋庸置疑，发展经济、壮大实力，与蒋介石抗衡是新桂系发展交通建设的出发点。他们认为，只有改变山川梗阻、道路崎岖的落后面貌，才能发展经济、巩固政权。于是省政当局把修筑公路，发展交通列为"广西建设纲领"的重要项目之一。期望通过交通建设，发展农村经济，带动工商业及各种实业的发展，从而达到经济建设的目的。如新桂系为了增加财源，收取黔省进出物资的大量过境税，以图经济上实现"自给"，不惜

---

① 广西省政府十年建设编纂委员会：《桂政纪实》经济篇，1943，第64页。

从财政拨巨款，锐意兴筑丹池（南丹—河池）公路。大厂是南丹有色金属矿区的重要矿点之一。早在元、明时期，人们就在此开发银矿，至清初产量减少，改为开采锡矿。由于矿点位于崇山峻岭之中，交通不便，矿业发展缓慢。为了促进大厂矿区的开发，增加财政收入，省政府即兴筑车河至大厂的公路。以丹池路上的车河为起点，经潭家湾、刘家湾、纸槽、拉甲、菜园、高峰街而至大厂，长 19 公里。

此外，新桂系执政初期，苦于交通闭塞，政令不畅，很难实现对地方的有效控制。因而当政者积极倡导和主持公路交通建设，主要目的在于巩固其政治上和军事上的统治，实现"交通为政治服务"的目的。如1934 年，为了便于调动军队，消灭逼近恭城、富川、贺县边界的长征红军，省政当局强迫无数民工甚至妇女小孩，昼夜不停地赶筑嘉龙（恭城县嘉龙—龙虎关）公路。

在认识到经济发展与交通发展的紧密关系的基础上，新桂系集团为了自己生存和发展的需要，同时也为了实现自己的政治抱负，将交通建设占据政府职能中的重中之重。政府不惜把大部分的建设经费都投入交通建设中，以期通过改善交通，促进经济的发展。政府的交通建设主要投资在公路、铁路、航运和航空这几大方面。

1. 公路网络的构建

广西公路建设的历史可追溯到近代。中法战争后，苏元春为了军事运输的需要，主持修建了第一条国际公路。旧桂系统治时期开始了广西省内公路的创建。1915 年陆荣廷为了方便乘坐汽车往返武鸣乡里，修筑了邕武公路（邕宁—武鸣），后又修筑了水口至龙州的公路。这段时期的公路建设，既无规划，也无专门机构，工作进展缓慢，只建成几段公路，勉强可供军政要人的小汽车通行，极少有商车行驶。直到新桂统一后，把公路建设纳入经济建设的纲领中，设立了专门的筑路机构，统一规划，统一部署，一场修筑公路的热潮便逐步在南粤八桂大地上兴起。新桂系时期的公路交通建设，大致可分为两个阶段进行。

1925～1929 年，这是广西公路的规划和初始阶段。1925 年秋，广西民政公署建设厅拟订了《全省修筑公路网》规划，提出修筑南宁经柳州、桂林至黄沙河，南宁至龙州，宾阳经玉林、容县至戎圩，玉林经陆川至盘龙，荔浦经平乐至贺县八步等五条公路干线和一特别线计划。

翌年 6 月，省政府建设厅为了加速公路发展，根据上年拟订的修筑公路网规划，结合全省政治、军事、工商形势的发展，以及连接水路，沟通邻省的需要，制定修建公路五大干线——北横干线、南横干线、西纵干线、中纵干线、东纵干线和一特别线计划。其具体路线是：

北横干线：由与云南省广南县相接的田南道（包括现百色市辖的多数县），经过西林、凌云、凤山、东兰、河池、宜山、马平、雒容、榴江、修仁（今属荔浦县）、荔浦、平乐、富川、钟山、贺县（今贺州市）、信都（今属贺州市）、怀集（今属广东省）、出广东英德，与粤汉铁路相接，为出省重要路线。

南横干线：起自龙州，经过那堪、宁明、明江、思乐、绥渌、邕宁、宾阳、贵县、兴业、玉林、北流、容县、岑溪，至梧州。此路西接越南，东达梧州，无论在政治上还是在军事上，都极为重要。

西纵干线：起自与贵州省相接的柳江道（包括今河池、柳州两市所辖的多数县）边界，经南丹、河池、都安、隆山（今马山县东部）、思恩（今环江县）、武鸣、邕宁，直达广东之钦州（今属广西），出北海（时属广东），这是广西惟一的出海要道。另外，已经动工开筑的自宜山（今宜州市）经大塘、迁江、宾阳而至邕宁一段，也暂列入西纵干线。

中纵干线：起自三江，经长安（今融安县治）、马平、石龙、武宣、江口、容县、北流、玉林、陆川，拟与广东省廉江相接。

东纵干线：起自与湖南省零陵（今永州）相接的桂林道（包括今桂林市辖的多数县）边界，经全县、兴安、灵川、桂林、阳朔、平乐、富川、钟山、贺县、信都，至梧州。

特别线：起自与云南省富州相接的田南道边界，经百色、恩隆（今田东县）、平马、那马（今马山县西部）至思恩，接西纵干线。另外自百色向北至凌云，接北横干线。[1]

这六条线路总长约 3700 余公里，[2] 以后按这一计划分期修筑。其中

---

① 张若龄等主编《广西公路史》第 1 册，人民交通出版社，1991，第 64 页。
② 张若龄等主编《广西公路史》第 1 册，人民交通出版社，1991，第 64 页。

除东纵干线外，其他5条路线均贯穿民族地区。既沟通邻省，又连接各省内主要水路，还考虑到出海通道问题，布局比较合理。

这个时期广西各地纷纷兴筑公路，主要在经济比较发达的桂东南和桂东北地区进行。经过三年多的努力，到1929年春，广西建成公路干支线26段，长2025公里（广西许多县乡道不能通行汽车，此仅指能够通行汽车的公路里程。下同）。① 这些公路贯通了南宁、桂林、柳州三大重镇。如邕大公路，从南宁起，与柳州至大塘段连接，是广西腹地的主要干线，沟通南宁、柳州两区，意义极大。柳池（柳州—河池）公路，全长221公里，与丹池公路连接，是通往贵州的省际干线。柳荔贺公路，由柳州经荔浦至贺县公路，是从柳州通往桂东北的主要干线。桂黄（桂林—黄沙河）公路，是衔接柳州至荔浦公路通往桂北的主要干线，其中桂黄公路段又是湘桂省际公路的组成部分，于政治、经济、军事均有重大意义。容苍（容县—苍梧）公路，全长153公里，西接通往玉林的容北（容县—北流）和北玉（北流—玉林）公路，东以水运沟通梧州，是桂东南的主要干道。可见，这些公路东至苍梧戎圩，东北抵富（川）、贺（县）、钟（山）矿区，北达湖南，西北至河池，西至南宁，南通广东廉江，初步搭起了广西公路网的架子。

除了干线外，这个时期建成通车的还有一些重要支线。如柳武（柳州—武宣）公路、柳长（柳州—长安镇）公路、容武（容县—武林口）公路。容武公路长83公里，与浔江河道连接，是北流、容县农村产品运往梧州、广州以及香港的一条捷径。干支线相互交错，"那时期的广西公路，要比同时期任何省份为多"。②

1931~1937年是广西公路发展和重点建设阶段。1930年政局复定，于是成立广西公路管理局，专司路政。基于1929年军事行动频繁，广西政局混乱，广西公路事业遭到破坏的现实，这一时期广西公路建设主要包括：

第一，加强已成公路的养护和改善工作，提高公路的使用效益。改

---

① 张若龄等主编《广西公路史》第1册，人民交通出版社，1991，第100页。
② 《黄绍竑回忆录》，广西人民出版社，1991，第161~162页。

善工作有四个方面：改善路基。将崩坏路基修补外，还将过低路基予以提高，将过大坡度予以削减，过甚弯度予以取直。改善路面。征集民工搬运砂石，陆续铺筑，使全年畅通无阻。改善桥梁。首先把各干线的桥梁予以加强，然后逐渐将木桥更换为永久的桥梁。改善渡口。增辟码头，加设渡船，渡船改用汽轮拖带。

第二，重视建筑新路，续建和新建一批省道干线。这一时期，新桂系将筑路的重点，转移到桂西南和桂西北一带地区。经过几年努力，广西先后续建了一些曾经开工兴筑，但因 1929 年政局动乱而被迫停止的重要的省际干线。同时，还新建了一批省道干线。如丹池公路，此路起于河池经车河、南丹、芒场，止于六寨以北的黔桂边界，全长 111 公里。它东连柳池（柳州—河池）公路，北接黔省贵南公路，是沟通黔桂交通的重要干支线。桂全路（桂林—全州）黄沙河至湘界路段也在这时期得到修通。1928 年建成通车的桂全公路，当时只止于黄沙河，从黄沙河至湘界枣木铺的一段约 4 公里尚未修建。1935 年 2 月，广西省政府收到湖南省主席何健来电告知，由衡阳经洪桥、祁阳、永州的公路，正在往枣木铺修筑，商请广西及时修筑黄沙河至湘界路段，以便沟通湘桂交通。广西省政府赞同其电请，即令全省修筑。从此湘桂交通大为改善，桂林到衡阳当天可达，桂林到长沙间需一天半的时间。百渡公路的兴修，由百色至对河观音堂起，止于黔桂交界之八渡，全长 149 公里。此路渡河后入黔，即可北达贵阳，西通昆明，是连通黔、滇、三省的主要干线。

第三，积极规划督导县道及重要公路支线的修筑。1930 年以前，广西省公路建设侧重于省道干线和重要支线，县道及其他支线规模不大，里程很少。从 1931 年起为了在全省有效推行政令，发展经济和文化事业，省建设厅即将发展县道及其他支线公路列入议事日程。不数年间，筑路成绩大增。截至 1937 年止，据各县报告统计，筑成县道共 7300 余公里，乡道约 1500 余公里，其中能通车者，县道共 3500 公里，乡道共约 1300 公里。[①] 使县乡交通条件有了一定的改善。比较重要的县道有：贵桂（贵县—桂平县）公路，是桂中地区的一条重要县道。宾南（宾阳县新宾—

---

① 《广西年鉴》第 2 回，广西省政府统计处编印，1935，第 713 页。

板露的露霞桥）公路，向南接广东灵山平南圩至合浦公路（现灵山、合浦已划归广西），是沟通两广交通的一条捷径，也是广西出海通道之一。邕永横（邕宁—横县）路，北可通宾阳，南可通灵山、北海，是桂南地区的重要县道之一。武都（武鸣—九顿，今大兴）公路是省政府在20年代中期规划的西纵干线（南宁经都安至河池）的中段。驮茗公路，由左县（今属崇左县）的驮卢圩起，经左县至龙茗，长100公里，是早期规划的邕靖县道的中段。驮卢为左江西岸一圩场，在镇南一带，其商业地位仅次于龙州。修建此路，可方便沿线各县农、土产品的运销，促进其经济、文化的发展。

表4－4　1925～1949年各民族地区建成公路一览表

公路名称		起点	讫点	长度（千米）	建成年份
干线	支线				
柳荔		柳州	荔浦	138	1928
柳池		柳州	河池（旧县城）	221	1928
大宾		忻城大塘	宾阳（新宾）	110	1927
邕宾		南宁	宾阳（新宾）	91	1927
宾贵		宾阳（新宾）	雷神	43	1927
	柳石	柳州	象县石龙	58	1926
	石武	象县石龙	武宣	38	1928
	柳长	柳州	融县长安	115	1928
邕龙		南宁	凭祥那堪	219	1932
百平		百色	平马（今属田东）	67	1933
邕		邕宁吴圩	邕宁东山匡粤界	60	1934
丹池		河池（旧县城）	南丹六寨黔界	111	1934
平武		平马（田东）	武鸣	153	1935
百渡		百色	田西逻里（田林）	73	1937
	柳大	柳城（今凤山）	柳城大帽桥	11	1932
	柳中	柳城上雷	柳城东泉	12	1932
	宾上	宾阳勒马	上林	35	1933
	车厂	南丹车河	南丹大厂	19	1934
	武都	武鸣	都安九顿	134	1934
	那隆	那马（今马山周鹿）	隆山老圩	20	1934

续表

公路名称		起点	讫点	长度（千米）	建成年份
干线	支线				
	宾平	宾阳新宾	横县露霞桥	110	1934
	武贵	武宣	武宣通挽	32	1934
	思德	思恩（环江）	宜山德胜	21	1934
	武隆	武鸣宁武	隆安	68	1934
	宁翔	武鸣宁武	武鸣腾翔	39	1934
	龙上	龙州	龙州上金	20	1934
	扶苏	扶南（扶绥）	邕宁苏圩	27	1934
	思北	思乐（海渊）	思乐北江	5	1935
	武思	武鸣	上林思陇（今属宾阳）	52	1935
	柳中	柳城东泉	中渡	32	1935
	邕同隆	南宁	隆安桥建	70	1935
	中榴	中渡	榴江黄冕	27	1935
	榴永	榴江长塘	榴江黄冕	25	1936
	邕永横	南宁	横县	137	1937
	那田	田阳那坡	田州	11	1937
	那塘	田阳那坡	田阳头塘	7	1937
	武那	武鸣灵马	那马周鹿（今属马山）	25	1937
	驮茗	左县驮卢	龙茗	100	1937
	绥上	绥渌西长	上思	42	1937
	河田	南丹高峰	田州东二公里	272	1940
	平岳	平马（田东）	靖西岳圩中越界	172	1939
	宾林	宾阳新宾	宾阳白岩	11	1939
	崇板	崇善县城	崇善板利	40	1938
	色八	逻里	八渡	76	1940
	迁白	迁江县城	迁江白鹤隘	7	1947

资料来源：《广西公路史》第1册，第99~100、146~148、167~168、224页。

可见，1930~1945年广西所建公路，横贯桂东南和桂西北，桂北、百色、河池以及桂中地区都有公路干线或支线到达，改变了广西乡村无公路的落后面貌。1933年，武鸣县南区11乡，除上江乡因山路难开外，其余各乡与区公所皆有公路相通。① 乡与乡之间，时人游览时无不感慨武鸣的"乡村道路，决不是从前田塍式的了，而是马路式的平坦道路了，而且到处贯通，密麻如蛛网，这不是给步行的人感觉到十分方便，就是大小汽车也可以任意驶驰"。② 新桂系统治时期，广西的公路建设取得了较大的成就。这个阶段广西先后建成干、支线48段，长2244公里。③ 新桂系所兴筑的这些公路，不仅贯通了省内的重要城镇和许多县乡，而且沟通了与广东、湖南、贵州、云南等邻省及越南的联系。从此，广西道路交通由驿道为主转向以公路为主，陆上交通发生了质的飞跃。这在当时是了不起的成就。

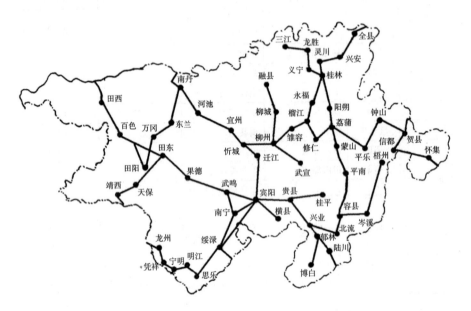

图4-1　民国时期广西省公路运输发展示意图

但由于受到经济发展不平衡的影响，加上当局推行民族歧视和民族压迫政策，公路布局的不合理性依然非常突出。1925年开始兴修公路时，仅在南宁、柳州、桂林、玉林等经济比较发达的地区进行。次年，虽然

---

① 《武鸣县南区建设状况报告书》，《广西公报》第77期，1933年8月21日。
② 券月：《参观武鸣乡村新建设感想》，《南宁民国日报》1935年2月10日。
③ 张若龄等主编《广西公路史》第1册，人民交通出版社，1991，第148页。

建设厅结合全省政治、军事、工商形势发展以及连接水路、沟通邻省等需要，拟定了修筑全省公路网的规划，但在以后的公路建设中从未认真按计划实施，桂东北、桂东南路线比较稠密，桂西北壮族地区却很稀疏。新桂系虽然结合国计民生需要，于 1926 年制定了五大公路干线计划，但在此后的 20 多年间，并未认真按计划实施。直到广西解放前夕，西纵干线的中段（河池至都安）、中纵干线的中段（武宣至江口）、北横干线的首段（西林至东兰）仍未修通。这种布局的不合理性，固然受到经济发展不平衡的影响，但也与新桂系推行民族歧视和民族压迫政策有关。桂西地区是壮、瑶、苗等少数民族聚居地，新桂系歧视少数民族，除黔桂等极少数公路外，这些地区的公路建设，均未列入建设厅的工作日程。

而且，这个时期公路建设主要是为了满足政府统治的需要，而不是为了经济发展的需要进行的。以公路建设为例，从规划到征工，都由政府通过行政命令全权规划，强制实行。诚然，作为一个地方政府，动用大量的社会资源进行公路的建设，使 30 年代广西筑路成绩斐然。然而，新桂系毕竟是一个军事集团，其本质决定了公路建设必然是为了施政和军事的需要，所以新桂系无法为公路建设提供所必需的社会条件，也没有对公路建设有正确的认识，无法将当前的建设和未来的发展结合起来，使公路建设没有很好地体现交通大动脉的特点，给广西近代交通带来了诸多问题。

因此，政府筑路主要用于军事目的，没有直接用于民生。正如美国学者易劳逸批评道："公路主要是为军事而不是为经济目的修筑的，许多新公路只是重复或与已有的交通线平行——水路或大车道——他们大致与当时经济发展相适应，而对于正在发展现代化的中国来说太慢了。而且没有把公路作为铁路的辅助线使之能连贯运输的主干线，因此公路很少或没有立即给农民带来利益。"[1] 一位国联顾问在 1934 年所观察到的："如果除去我们无法确定的军事用途的公共价值，必须承认公路现在并没有带来任何与它所实际花费的资金和没收财产相称的经济利益。"[2] 由于

---

① 《桂游一月记》，中华书局，1935，第 50 页。
② 《粤桂视察印象记》，生活书店，1936，第 75 页。

广西贫瘠落后，新桂系本着"先求其通，徐图改善"的方针进行公路建设，所以这一时期的公路都属于低级，路面宽度一般在 6 米上下，达不到国家公路干线 10 米的标准。[1] 当时广西汽车的载重量平均在 2.5 吨以下，不能运输大宗货物。而广西产品多为体积大、价值小的农矿产品，难以通过公路运输。故广西公路"除便利行旅和军运外，其在经济运输上的意义，却不甚大，其所谓便于运输的不过是从外省运入的洋货"。[2] 如丹池公路建成后，贵黔商务关系进一步密切，贵州特货（鸦片）顺利经由此路运销粤、港、澳等地。1934 年广西的"禁烟罚金"收入达 1266 万元，比上一年增收 46.7%。[3]

另外，在交通建设中老百姓负担过重。由于广西财政枯竭，筑路经费的来源靠粮赋附加。公路沿途经过的地方，除了征收规定的粮赋外，还要倍征。如兴修桂黄（桂林—黄沙河）公路时，由灵川、兴安、全州、灌阳倍征 1926、1927 年两年的粮赋，共收粮股 40.83 万元，而政府拨款仅 24 万元。[4] 所以在公路建设的同时，广大人民衣不蔽体，食不果腹，大批衣衫褴褛的难民流入湖南。

综上所述，新桂系 20 世纪在二三十年代进行的交通等基础设施建设，表现了积极的进取精神。对广西近代化进程起到了一定的推动作用，客观上促进了近代广西经济由传统向近代的转型，使广西社会状况有了一定的改观。但新桂系建设公路，主要目的是巩固其政治、军事优势，是无法提供交通建设大步向前迈进的条件的，所以公路建设对广西现代化进程的推动是有限的。新桂系的公路建设，并没有真正实现"建设广西，复兴中国"的目的。

2. 铁路、航运以及航空业的勃兴

继公路之后兴起的新式陆路运输方式是铁路运输。近代广西铁路修建的筹划较早（自中法战争后就开始筹办），但直至 20 世纪 30 年代中期，才开始破土动工修建第一条铁路。因此，筹办时间长，兴起晚，实

① 《广西年鉴》第 3 回，广西省政府统计处编印，1948，第 1057 页。
② 中国社会教育社广西考察团：《广西的教育及其经济》，1937，第 80 页。
③ 钟文典主编《广西通史》第 3 卷，广西人民出版社，1999，第 243 页。
④ 张若龄等主编《广西公路史》第 1 册，人民交通出版社，1991，第 84 页。

为广西铁路发展之一大特点。1935 年，合山煤矿公司为便于煤炭外销，官商合资修建来宾—合山的运煤窄轨铁路，是为广西最早通车的地方铁路。抗战爆发后，为加速广西内部及与外省的物质流通，推动当地的经济开发，广西当局与中央共同投资筹建了湘桂铁路全桂段（由全州至桂林，长 153 公里）、桂柳段（由桂林至柳州，长 174 公里）、柳江来宾段（长 72 公里）、黔桂铁路的柳六段（由柳州至六甲，长 180 公里）和六黔段（由六甲至黔境长约 120 公里）。这段铁路经过广西壮乡的榴江、雒容、柳江、来宾、宾阳、贵县、永淳、邕宁、崇善、明江、宁明、凭祥等县市，成为西南交通大动脉。

1939 年，交通部黔桂铁路局筹建黔桂线，该线"起自广西柳江，经柳城、宜山、河池、南丹及贵州独山、都匀、贵定、龙里而至贵阳，全线长约 660 公里，广西境内长约 300 公里"。① 1939 年 8 月，广西省政府成立黔桂铁路桂段路工管理处，沿线各县也先后成立征工处，同年 9 月开工建筑。1942 年底修至河池县之拔贡，长 205 公里，九龙岩至宜山支线长 2 公里。1943 年 2 月，柳州至贵州泗亭路基工程完成通车，5 月通车至独山，1945 年 8 月通车至都匀。

民族地区铁路建设并不如同公路一样顺利，几经反复，但还是逐步由设想变为现实。铁路在民族地区的开通，为当地经济的发展和人民生活水平的提高发挥了较大的作用。

除了陆路建设外，新桂系政府还注重航运开发。广西省政府成立全省治河委员会，组织测量队勘测各主要河道，制定疏浚计划。1932 年先后对桂江、郁江、左右江、柳江等河道进行疏浚。同时加强航运管理，在梧州成立广西航务局，统一管理全省航运事务。1934 年后还在各河流设立水文站、水标站、航标等，并派专人管理。经过几年的治理，全省河流通航状况得到较大的改善。全年可通航轮渡船有 1522 公里，半年可通航轮渡船的有 948 公里，只可通民船的有 31.30 公里。② 航运状况的改善，促进了全省水上运输的发展。

① 《广西年鉴》第 3 回，广西省政府统计处编印，1948，第 1038 页。
② 《广西年鉴》第 3 回，广西省政府统计处编印，1948，第 1075 页。

30 年代以前，广西没有航空。30 年代初，新桂系创办军用航空。1933 年 6 月，两广合办西南航空公司，拟定由两粤政府先行拨付国币 30 万元开办由广州经梧州、南宁以达龙州一线。总部设于广州，并于梧州、南宁、龙州设办事处。同年 10 月向外商订购士汀逊厂二百一十五匹马力四座位客油机三架，哥德士莲厂一百一十匹马力两座游览机一架，投入商业运营。为此，广西开辟了广州—梧州—南宁—龙州航线，购有"长庚"、"启明"、"北斗"、"北狼"等型号 4 架客机，1934 年 5 月开始营业。后招募商股续开广州—茂名—琼州—北海航线和南宁—柳州—鹿寨—独山—贵阳航线。西南航空公司还与法国实行邮件联运，寄法国邮件先由飞机运至龙州，从龙州交汽车运河内，再由河内交飞机转到法国。当时广西与欧洲来往邮件几日内即可互达。抗战开始后，为了运送物资和战争的需要，新桂系政府又在各民族地区兴建了一批机场，各地机场的兴建，促进了民族地区现代化的进程。具体如下表：

表 4 - 5　20 世纪 30 年代晚期广西各民族地区扩建和新建的机场

机场名称	类型	长（米）	宽（米）	征工县份	征工人数	工款（国币元）	竣工时间
柳州	扩建	1200	1000	柳江	12280	283929	1938 年 5 月
融县长安	扩建	1200	320	融县	10460	1733435	1938 年 1 月
龙州	扩建	850	400	龙津、思乐、崇善、凭祥等 10 县	3000	34345	1938 年 11 月
百色	新建	1000	300	百色	70000	110970	1938 年 5 月
武鸣永兴	新建	810	390	武鸣	3000	58536	1938 年 8 月
邕宁下楞	新建	1200	500	邕宁县	2520	34358	1939 年 10 月
都安	新建	1200	500	都安	6500	78808	1938 年 11 月

资料来源：广西省政府十年建设编纂委员会编《桂政纪实·经济建设》，1946，第 171～172 页。

3. 现代通信手段的铺设

电话作为现代通信手段，能有效地促进政令的传达。各县与乡村联络的电话，称为乡村电话。为了让政令迅速传达到基层地区，1929 年，新桂系政府已在县以下的乡村地区开始铺设电话。自 1931 年以来，为了便利政令的推行，新桂系积极进行乡村电话建设。1931 年，广西分为梧州、邕宁、桂林、百色、龙州、柳州 6 大民团区，各区设民团指挥官，除负责军事建设外，兼负督导区内各县行政之责。后来又陆续增加了天保、平乐、桂平、玉林、庆远、武鸣 6 区，共 12 区。为了更好地推行政令，加强联络和指挥，各区均设有民团专用电话线，由各民团指挥部使用和管理。民族地区主要区团电话线路里程各异，柳州区完成 857 公里；邕宁区完成 400 公里；桂平区完成 469 公里；百色区完成 1085 公里；龙州区完成 409 公里；武鸣区完成 608 公里；庆远区完成 701 公里；天保区完成 300 公里；总共完成了 7190 公里。①

县政府所在地专门设立了乡村电话管理处管理乡村电话，在重要的乡村设立分处。到 1932 年，全省各县已有乡村电话线共长 7000 公里，已安装电话的乡村有 450 个。到 1934 年，全省已完成乡村电话线路里程 35594 华里，设置交换机 169 处，安装单机 1269 具。其经费来源主要是粮赋附加、临时派捐以及省款补助。1939 年，全省重要之乡镇大半可以通话。截至 1941 年，民族地区各县乡村电话的详细情况，可参见下表。

表 4 - 6　1936～1943 年壮族地区各县乡村电话里程表

单位：千米

县市＼年份	1936	1937	1938	1939	1940	1941	1943
思 乐	246	246	208	208	208	208	208
明 江	126	126	119	119	119	119	119
宁 明	131	131	123	123	123	123	123
凭 祥	97	97	185	185	192	231	120
龙 州	230	230	230	230	230	230	230
上 金	326	326	578	578	578	578	578
龙 茗	221	221	216	216	216	178	178
雷 平	266	266	266	266	266	266	266

① 广西省政府十年建设编纂委员会编《桂政纪实》经济篇，1946，第 177 页。

县 市 年份	1936	1937	1938	1939	1940	1941	1943
靖 西	110	110	777	777	777	777	966
镇 结	263	263	248	248	248	248	305
崇 善	200	200	200	362	340	349	340
左 县	75	75	279	279	279	229	281
同 正	101	101	101	101	101	163	131
养 利	101	101	208	208	208	208	174
万 承	193	193	193	193	193	94	457
镇 边	403	403	383	420	420	420	305
向 都	299	299	299	299	299	299	299
天 保	394	394	394	394	394	394	394
敬 德	339	339	258	258	258	258	258
田 阳	372	372	413	413	413	413	413
平 治	237	237	388	388	388	328	328
田 东	348	348	348	348	412	412	412
西 隆	457	457	506	506	506	415	415
百 色	793	793	793	793	548	548	548
万 冈	481	481	457	457	457	457	457
东 兰	287	287	911	911	911	911	911
凤 山	357	357	451	516	516	516	516
西 林	138	138	605	605	605	665	665
田 西	380	380	380	380	380	380	380
上 思	364	364	303	303	303	75	160
扶 南	217	217	327	327	327	177	282
邕 宁	1717	1717	1717	1717	171	1717	1719
绥 渌	140	140	67	67	67	67	67
天 峨	541	541	455	455	405	405	405
乐 业	346	346	265	295	295	295	295
凌 云	481	481	515	515	515	515	517
永 淳	382	382	350	350	500	500	500
横 县	423	423	551	551	575	575	575

续表

县市 \ 年份	1936	1937	1938	1939	1940	1941	1943
宾 阳	494	494	447	447	447	447	439
上 林	547	547	547	547	547	547	547
武 鸣	946	946	1059	1059	1059	891	891
隆 安	346	346	425	425	425	425	425
果 德	192	192	200	225	225	225	225
那 马	191	191	179	179	179	179	179
隆 山	435	435	452	452	452	452	452
都 安	442	442	757	757	757	757	757
象 县	351	351	278	278	278	278	139
来 宾	195	195	225	225	225	225	225
迁 江	249	249	249	249	249	249	249
忻 城	298	298	434	434	434	474	474
柳 州	411	411	435	435	428	433	433
雒 容	113	113	242	242	242	242	242
柳 城	475	475	411	411	411	411	411
宜 山	1117	1117	1117	1117	1117	1117	1117
河 池	330	330	330	330	330	330	330
南 丹	576	576	617	617	617	617	385
思 恩	357	357	408	408	408	408	423
天 河	234	234	234	234	234	234	234
罗 城	374	374	374	374	421	421	421
融 县	255	255	654	654	654	654	654
贵 县	1154	1154	1285	1285	1285	1285	1285
武 宣	257	257	250	336	336	336	336

资料来源：广西省政府十年建设编纂委员会编《桂政纪实》经济篇，1946，第181～182页。1943年数据源自《广西年鉴》第3回，第1、27页。

从上表可见，大部分的区、乡公所都有电话，乡村电话对加强新桂系集团的社会控制起到了非常重要的促进作用。抗日战争时期，各县政府对于物资的调配、军队的调动，完全靠乡村电话来指挥。电话的开通，保证了新桂系政府政令的畅通。正如广西省民团副总指挥梁瀚嵩所说："电话一通，立即召集，便可应对。以前乡间有事，来回太迟无法呼应，而今交通极便，且地方民团训练有素，终于达到有事（民团）必出，有案（民团）必破的境界。"①

第三节　政府服务职能之扩展

现代政治学理论认为，政府的职能随着人类社会历史的进步，亦处于不断的发展变化之中，其主要呈现为纵向与横向两大趋势。从纵向角度看，从传统社会到现代社会政府职能结构，从阶级统治职能逐渐向社会管理职能和社会服务职能方向发生重心位移现象；从横向角度看，无论是阶级统治职能，还是社会管理、社会服务和社会平衡职能，都在发生结构内涵的扩张运动。特别是社会管理和社会服务职能的内涵扩张更为明显，这是由社会发展促使国家的经济和社会管理事务的膨胀造成的。②

在民国时期新桂系地方政权秩序化建构过程中，随着新秩序体制的逐步确立与相对稳固，亦明显呈现出政府各项固有职能之扩展与变化趋势，同时也表现出政府各种社会管理、服务和平衡等职能的结构性扩张。因此，当新桂系集团构建起新的控制网络之际，政府的职能开始向社会管理、社会控制和社会服务方面扩展。可以说，这十多年间新桂系政府为民族地区的发展实现了社会发展和社会服务的职能。

一　乡村合作事业的建立

广西向为贫困之地，1930 年代新桂系政府构建了自上而下的严密控制网络，使乡村地区有了健全的行政机构。但是机构的运转，需要充足的资金作为保障。1930 年后，虽然政府规定各地成立乡村公所，但很多

---

① 郑健庐：《桂游一月记》，中华书局，1935，第 44 页。
② 施雪华：《政府权能理论》，浙江人民出版社，1998，第 185～186 页。

地区尤其是少数民族聚居的偏远地区，由于经费的缺乏，很多地区公所未能按时建立。如奉议县各村街公所多因"无款租屋，不得已暂在各村街长住所设立，以便办公"。① 罗城县"各区乡经费均为筹备，各区乡公所亦未成立"。② 柳城县当时划分为 3 区 24 乡，"各区公所经费均尚未筹备，各乡镇公所经费，何县长虽拟将各区民团局原有之团款拨充，但如石牌乡、社冲乡、头塘乡、田村乡、马山乡、山界乡、雷塘乡、西安乡、龙美乡、保合乡等向来均无团款"，③ 因此也没有办公经费。但是，乡村建设所需的大量经费，"政府补助费很少，所以不能办理完善，但在政府方面已感觉这种补助是个很大的负担。各县的预算，教育费总是占 50% 至 60%，这种上下交困的情形，的确是本省建设工作的一个最大障碍"。④ 经费的缺乏，给乡村的各项建设带来了沉重的影响。新桂系集团意识到"任何建设事业，都是非钱莫办的。村街民要办理国民基础学校，要建筑村街道路，要改良墟街的建筑，要改良公共卫生都需要大量的经费。这种经费如果只靠临时向村街住户募捐，不特民众感觉负担太重，而且也不是取之不尽用之不竭的固定财源"。⑤

那么，要如何造产？新桂系集团认为，"在社会经济关系日益错综复杂的今日，要达到一国或一省的经济自给自足，这绝不是任何人的力量所能办到的，换句话说，必须依据团体的力量，对经济的生产、交易、分配与消费等，都要有整个的计划与严密的统制。所谓计划经济与统制经济，在经济自给自足的目标之下，实有绝对的需要"。⑥ 因此为了发展农村经济，政府在乡村地区大力开展"合作事业"，建立平民借贷所、村（街）仓和举办公耕。所谓"合作事业"，也就是"本着互助合作精神与

---

① 刘祖荫：《调查奉议县县政府与农村建设书》，《广西省政府公报》1934 年第 5 期。

② 韦冠：《视察第三区各县政务应行改善意见概述》，《广西省政府公报》1934 年第 9 期。

③ 韦冠：《视察第三区各县政务应行改善意见概述》，《广西省政府公报》1934 年第 9 期。

④ 《村街民大会意义与乡镇村街造产运动的重要性》（续），《广西日报》1937 年 6 月 30 日。

⑤ 《村街民大会意义与乡镇村街造产运动的重要性》（续），《广西日报》1937 年 6 月 30 日。

⑥ 《政治建设概论》，广西省教育厅，1937，第 96 页。

平等原则，谋社员经济的利益，及生活的改善。合作事业的特质之一，就在于组合力量的运用"。① 其实质就是各个乡村农村组成合作社，各个乡村建立村仓，举办公耕，成立农民借贷所。

1934 年 8 月政府颁布《广西省办理村（街）仓章程》和《广西省村（街）公耕章程》。《广西省办理村（街）仓章程》规定，每一村（街）设一个公共谷仓储谷，为各村（街）"公产"，设保管委员会保管。仓谷向村（街）内各户按每年产谷量额以累进方式抽收，500 斤以上抽 1%，1000 斤以上抽 2%，50130 斤以上抽 3%，1 万斤以上抽 4%。其他农产品的收获，比照谷价抽收现金购谷存储。村民遇灾荒或青黄不接可向村（街）仓借谷，新谷收成后偿还，每 100 斤收息 20 斤。② 政府规定，"凡应抽收储积之谷，不论自耕、佃耕，皆由耕户于国历 11 月以前自行晒干飏净，如数运送到仓缴交。如有隐匿情弊加倍处罚之。耕户如系佃耕者，其运送之劳力及费用皆由佃户担任"。③ 对于上缴各村仓储谷的数量，政府也作了明确的规定，"每县仓储满 30 万斤至 50 万斤，每乡镇仓储满 3 万斤，每村街仓储满 1 万斤"。④ 可见，向村街仓交纳谷物粮食成为每个公民的义务和责任。

村仓的作用，主要有以下几个方面：第一，遇水旱天灾，有粮食来救济。第二，积存的谷，可成为村长公共的资本，便利本村民众借取。第三，它的利息，可为村街财政的补助。第四，逐年积累，将来可用法令规定，本村有人出卖田地，须先卖与村公所，这个办法，可逐渐使私人的田变为村公有。第五，村仓将来可用法令规定代理田主收租，田主卖谷时期及价格，均由政府规定，可免地主操纵地方的经济权，变成土豪劣绅。第六，村仓可为管理粮食及调节粮食之基础组织。⑤ 在时人眼里，当时的村街仓可谓具有多种功能，"既可以树立地方经济基础，使一切新兴事业不致为经费所限，而一筹莫展。也可以应战时需要，还可以

① 卢显能、梁上燕：《地方自治与基础建设》，民团周刊社，1939，第 19 页。

② 《正路》1935 年第 1 卷第 2 期。

③ 《广西民政法规摘录》，广西省政府民政厅编印，1934，第 46 页。

④ 《国府委员邓家彦视察广西报告》，广西壮族自治区档案馆馆藏，档案号 L4－1－130。

⑤ 亢真化：《广西的基层建设》，民团周刊社，1938，第 20 页。

消除高利贷的剥削，救济水旱的灾荒"。① 新桂系政府设立了村街仓制度，最直接的好处就是减轻了政府的负担，增加了村街公所的收入。如壮族聚居区的武鸣县，一个村仓，三年后可望有三百元的积谷。而每村街都有一个这样的村仓，全省的数目就蔚为可观了。②

因此，政府同时颁布《广西省村（街）公耕章程》，规定每村（街）每年应利用空闲土地、荒地，征用劳力，由村（街）甲长督率从事公共耕作。公耕所需耕牛、农具、种籽、肥料由村内各户分担。公耕收获农作物均交由村公所保管，作为村（街）"公有财产"，补助学校和其他公共事业的费用。③ 此外，"合作事业"还组织村（街）民挖鱼塘，筑水坝设水车，经营公有园林、畜牧等。

1934 年 10 月广西省政府颁布《广西平民借贷所章程》，当时政府建立平民借贷所的宗旨，是"以使民众得有借款机会，以从事生产事业，以及免高利贷之压迫"。④ 规定每县开办一所平民借贷所，资金 5000 元以上，由县款提拨或由地方人士筹集。借贷所放款不直接贷给农民，以贷于乡镇农村仓库或合作社转行借给农民为原则，除经农村仓库以存货为抵押外，每户借款不得逾 500 元，并以专用于购买耕牛、种子、肥料、农具者为限。借贷所放款利率最高不得超过月利 1 分。⑤

1935 年 9 月，新桂系集团还颁布了《广西省筹建村（街）公产办法大纲》，规定公共造产资本的筹集主要是通过征用劳力、借用土地、征用财物、征收村街仓公产及庙产等方式进行。公共造产的主要范畴为：

（1）公耕。各村街应用征用劳力及借用土地从事公耕，公耕章程另定之。（2）举办村街仓。各村街应以所征用财物举办村街仓周转生息，遇有歉收荒旱并需平粜散放以资救济。（3）建造公共建筑物。在城镇繁盛地方不能从事农业生产者得建造铺屋、水碾、糖油榨或其它能生产之建筑物出租生息。（4）修筑村街公共工程。凡足以增加全村街生产之事

---

① 蔡文荆：《村街仓之评价》，《正路》1935 年第 1 卷第 2 期。
② 《白崇禧先生最近言论集》，创进月刊社，1936，第 124 页。
③ 《正路》1935 年第 1 卷第 2 期。
④ 《新广西》，国民革命军第四集团军总政训处印行，1935，第 33 页。
⑤ 《广西民政法规摘录》，广西省政府民政厅编印，1934，第 50 页。

业，如筑塘坝、架设水车等应以公共力量举办之。（5）经营畜牧事业。
如饲养牛羊及其他牲畜、养鱼等均以公共财力经营之。（6）举办信用借
贷。公共存有现金应设法拨充资本、经营信用借贷。（7）垦荒种植或经
营公有园林。凡依省颁《土地陈报办法大纲》及《各县处理村街墟屯公
有地规则》，查有无主耕地争讼不决，双方抛弃之土地及荒田、荒地、荒
山拨归村街公有，村街公所应即集合公共力量种植、垦荒或建造公有园
林。其缺少公有土地者，得依广西省有荒地请领规则领荒地备用。①

当时政府自上而下所倡导的合作事业，大致包括了建立村仓，举办
公耕，建立农民借贷所。这是政府通过公共生产劳动来筹集乡村建设经
费的一种手段。"是从土地和人力的两个生产要素中，运用极少的资金，
由当地的民众公共负担，来发展生产的事业。"② 在推进乡村合作事业的
进程中，民团成为组织民众的一个有效桥梁，起着组织作用。各村街长
以民团后备队的名义，动员全体团兵参加公耕，组织生产，"民团一方面
组织社会民众以便于经济统制的实施，另一方面集合社会劳动力以发展
大规模的社会生产"。③ 民团通过征调团员，训练之余，闲暇之时，以民
团的名义组织群众对公有土地进行耕作，督促团丁去劳动生产。民团为
"合作事业"提供了最雄厚的人力资源。当时乡村民众参加公共造产，是
义务的，带有一定的强迫性。政府规定："征用劳力，每年每人以 20 日
为限；每日工作，除休息时间外，至少需满足 8 小时。有迟到早退或抗
拒不应征者，村街长得请由县政府处以 1 元以上 20 元以下之罚金；无力
缴纳者，每一元易科拘役一日。"④

二　乡村合作事业对民族地区的影响

乡村"合作事业"，以"造产"为号召，督导人民去种植，使整个广
西乡村地区"村有村林，乡有乡林，区有区林，还有所谓民团林、民团

---

① 《广西省筹建村街公共造产办法大纲》，广西壮族自治区档案馆馆藏，档案号：L4-364-5。
② 《广西省现行法规汇编》第 3 编，广西省政府编印，1938，第 171 页。
③ 《政治建设概论》，广西省政府教育厅，1937，第 97 页。
④ 《广西省筹建村街公共造产办法大纲》，广西壮族自治区档案馆馆藏，档案号：L4-346-5。

农场等"。① 新桂系集团希望"合作事业"能挽救农村的经济。然而"合作事业"对民族地区最大的作用应该是改变了公有土地的属性。长期以来，各个民族都有自己的公共耕地和荒地，如白裤瑶地区油锅内的土地分油锅公有和成员户私有，公有与私有并存。公有土地的产品由成员户平均分配。但实行"公共造产"后，公有土地一律没收为公所所有，大家一起公耕，有需要可以向借贷所借贷，维持日常生产。白裤瑶传统的以每家每户为中心的观念被集体主义所替代。油锅公共土地的消失，使传统组织失去了赖以存在的经济基础，也使白裤瑶社会的上层建筑油锅组织的权威性被国家政府所替代。同时，合作事业也改变了乡村政治、经济、文化活动的运转途径。在传统社会中，乡村中的一些公共活动，如兴办私塾、建设公共设施，都是由头人倡导，带领全村群众集体倡议，又村民集体筹资或由地方有权有钱人出资。但是合作事业兴办后，乡村中所有活动的经费来源和举办都由政府所垄断。因此乡村"合作事业"实现了新桂系集体通过经济的途径加深对乡村地区控制的目的。通过"合作事业"，政府的行政力量可以轻而易举地干涉经济生产，使国家权力得到进一步的延伸，加强了政府汲取社会资源的能力。

在乡村"合作事业"的推动下，各县乡村基本上都建立了村街仓和乡镇仓，但是存谷数却离政府的希望相差甚远。1937 年，广西共有仓数20968 个，存谷粟共 598970 市担，毫币共 253142 元，平均每仓存谷28.56 担，存款 1208 元毫币。②

政府举办的"农村合作事业"也没有给农民带来真正的实惠。左右江地区的少数民族"终年以杂粮为主食品，而以所获之谷米，全部换取其农村所需之物资"。③ 长期以来，广西民族地区的人民生产维系实际上是依靠一种小农经济状态下的借贷方式，即高利贷。近代民族地区民间借贷的形式多种多样，按照借贷内容和偿还方式的不同，主要有实物借贷、货币借贷、预卖作物、赊店帐、合会等种类。人民通过赊借，得到了自己急需的商品，但付出的代价是其无法承受的。平民借贷所的开办，

---

① 黄旭初：《中国建设与广西建设》，桂林建设书店，1939，第 297 页。
② 广西省政府总务处统计室编《广西粮食调查》，1938，第 44 页。
③ 邱昌渭：《广西县政》，桂林文化供应社，1941，第 180 页。

就是为了改变这种状态。但到 1935 年，各县均成立平民借贷所，但资金普遍不多。

表 4－7　1935 年 18 县农民借贷所资金概况

县别	资本（元）	县别	资本（元）
百　寿	3846	恭　城	3000
平　乐	3846	苍　梧	3846
容　县	3600	桂　平	3846
贵　县	15385	玉　林	3846
博　白	7000	宜　山	3846
来　宾	3077	横　县	3846
永　淳	3846	邕　宁	6706
百　色	3846	田　东	3846
靖　西	769	上　金	3846

资料来源：广西统计局编《广西年鉴》，第 2 回，1935，第 284 页。

从上表而言，农民借贷所的资金普遍不多。最高的为 15385 元，最少的只有 769 元，总资本额为 81843 元，平均每县为 4546.8 元。这样的借贷所资本远远不如一个私人当铺，当时一般私人当铺的资本额都可达上万元。因此农民借贷所并没有发挥应有的功能，未能给人民提供低息借贷，减轻人民的负担。民族地区的人民借贷方式仍然以高利贷为主。连新桂系的官员也不得不承认：平民借贷所"于农村事业无所进展"，"真正的劳苦农民，丝毫得不到利益，只是中产以上的人家，凭着其不动产的契卷，取得一些贷款，以谋其个人利益，甚至以高利贷再转借给别人，从中剥削。这个，就比较从前的典押，尤是望尘莫及"。[1]

贫民借贷所大多数被地主、豪绅把持，成为他们剥削农民的新工具。因此，这种平民借贷所没有得到广大农民的支持，也由于各县经费支绌，多无从提拨或无法筹集，到抗战前夕只有 20 个县开办。公耕则遭到地主、豪绅的反对，新桂系"不敢与恶势力抗衡，而以吞声忍气了之"，[2]

① 邱昌渭：《广西县政》，桂林文化供应社，1941，第 176 页。
② 邱昌渭：《广西县政》，桂林文化供应社，1941，第 194 页。

因此仅有南丹等少数县举办。比较有成绩的算是村（街）仓了，各县乡村都普遍建立。但村（街）仓"保管委员会"大都被村长、地主控制，并没有真正成为农民的"公产"。"保管委员会"成员利用仓谷收买壮丁顶替征兵者有之，集体贪污者亦有之，以致仓谷一空，徒具虚名。无论是村仓、公耕还是农民借贷所，都没有改变农村落后的局面。

"合作事业"是政府采取措施试图改善人民的生活，提出"救济农村经济"的重要举措。新桂系曾比较努力推行，希望农村"仓廪充实，人民乐岁终身饱，凶年得免于死亡"。[①] 但事实上，广西农村并没有出现新桂系所描绘的盛景，"合作事业"没能挽救农村社会的日益恶化，广大农民依然十分贫困。

三　乡村卫生事业的迷茫徘徊

广西民族地区因为居于穷乡僻壤，向来缺医少药。天花、痢疾流行。但当人民生病时，接受治疗的手段只能靠村里郎中的祖传秘方，结合迷信画符，打法下药。或是将延医与占卜算命结合在一起，当医治无效时，就请师公来画符念佛赶鬼，缺乏现代的医疗设备。1931 年以前，广西全省公立卫生组织仅有梧州市公立医院 1 所，各地一些医疗卫生机构都是私人开办的。

1931 年 7 月，广西省政府民政厅设卫生股，开始办理卫生行政工作。1933 年 4 月将全省划分为梧州、南宁、桂林三大卫生区，每区设一所省立医院。1935 年 7 月，改设八大卫生区，同年 12 月又改为九大卫生区，每区仍设一所省立医院。1937 年再改为十一大卫生区，每区除设一所省立医院外，各设一所卫生事务所，专司卫生行政事务，卫生事务所下设巡回医疗队和检疫所。到 30 年代末，全省省立卫生机构有卫生事务所 12 所，医疗防疫队 15 个，省立医院 11 所。除划区设立卫生机关外，县、乡、镇也分别设医院、医务所。1936 年度，11 个县设立了县立医院，富川、贺县、钟山联合设公立医院。73 个县设立了医务所，有 11 个县设立

---

① 李宗仁口述，唐德刚撰《李宗仁回忆录》，广西师范大学出版社，2005，第 645 页。

了乡医务所25所，3个县设立了镇医务所3所。① 全省初步形成由卫生行政区、省立县立医院、乡镇医务所构成的卫生医疗系统。此外，还有少数的军医院、私立医院和教会医院。1933年有军医院3所、私立医院3所、教会医院6所。

为适应卫生事业的发展，1934年广西省政府创办广西省立医学院，在南宁、梧州、桂林等省立医院附设助产护士学校，培养医务人员。同年成立广西制药厂，1937年成立广西卫生试验所，研制生产各种药品。1933年在龙州开办种痘传习所，培训防疫人员。此外，还在各级学校推行卫生保健教育。省、县成立了健康教育委员会，提倡大扫除、清洁检查和防疫、防毒运动。

但是，广西因为乡镇太多，基层人力财力缺乏，"普通每个乡镇医务所经费，因受了整个县地方经费的限制，异常短少，有的少到每年仅有200元，每月仅有10余元，要开支所长的薪俸，要开支必须的药费，要开支必须的办公费，又怎能维持"。②

由于经费不足，虽然，从30年代初开始，新桂系逐渐重视卫生保健工作，全省卫生事业得到一定的发展。但是，全省医疗机构和设施仍然很少，而且设备很简陋。除梧州、南宁、桂林3所省立医院规模稍大点外，其余省立医院每所只有几十张病床。县立医院，医务人员和药品、器械都很缺乏。乡镇医务所就更为简单，"每所仅设候诊处及中医生一人，担任诊视普通疾病而已"。③ 更重要的是，二十多年来，乡镇医务所的发展速度缓慢，每年增设不超过10所，而且"各乡镇医务所中，设备多属简单，所址大多狭窄，仅有中医一人，规定时间诊视疾病，及办理种痘事项而已，间有设置中药药室，出售中药"。④ 因此广大劳动人民缺医少药的状况没有多大的改变。据环江县龙水乡壮族老人们说，过去这里总是三五年才有人来种牛痘一次，有的贫苦农民，因为交不出一元五

---

① 《广西年鉴》第3回，广西省政府统计处编印，1948，第1199页。

② 邱昌渭：《广西县政》，桂林文化供应社，1941，第207页。

③ 《广西年鉴》第3回，广西省政府统计处编印，1948，第1199页。

④ 邱昌渭：《广西县政》，桂林文化供应社，1941，第206页。

角的种痘手术费，家里有小孩也无法种上牛痘。① 可见，县卫生医疗体系的建立并没有根本改变少数民族人民缺医少药的现状。

显然，20 世纪 30 年代新桂系政府在施政过程中，也颁布了相应的政策法规去完善政府社会服务的职能，但由于财政的原因和政府执政的导向，这些政府法规真正落到实处、发挥作用的不多。正如时人所评价的，"广西四大建设最有成效的是军事建设"一样，政府对其他社会职能的发挥并不理想。

第四节　社会动员能力的增强

新桂系政府在这十年中社会控制能力依靠强大的行政网络得到了极大加强，政府权力延伸到了社会的方方面面。"三位一体"的行政组织是国家社会一体化的体现，充分发挥了国家力量和社会力量。民团是由政府建立的，而且与行政组织紧密结合在一起，乡村（镇街）长兼民团队长，因此，民团属于国家政权的一部分。然而，民团又是"民众组织"、"民众武力"，是由 18～45 岁的村民组成的"社会力量"。因此，民团扮演着国家和社会的双重角色，是国家力量与社会力量的结合体。"三位一体"制组织，既是行政机构（乡村公所），又是社会组织（民团），更是教育组织（国民基础学校）。在这种形式下，国家力量与社会力量紧密地结合在了一起，这对国家汲取社会资源无疑大有裨益。通过民团和"三位一体"组织，新桂系既充分发挥了国家政权的职能，又充分利用了社会力量，从而达到推进乡村建设的目的。民国时期中国的乡村社会不仅散漫，而且政府的统治力量在基层社会也十分薄弱。面对如此状况，单靠国家力量或单靠社会力量在乡村开创一个新局面是很困难的。"20 世纪20～30 年代，一些地方单独由社会人士发动，或由政府主持的乡村建设，最终都以失败而告终就是例证。"② 从 20 世纪 30 年代初到抗战时期，新

---

① 广西壮族自治区编辑组：《广西壮族社会历史调查》第 2 册，广西民族出版社，1985，第 278 页。

② 张伟：《民团、学校与公所——1930 年代新桂系对广西乡村的社会控制》，中山大学博士学位论文，2006。

桂系能够在乡村持续推行"新政"，并有所成效，很大程度上得力于新桂系有效利用了国家和社会两方面的力量，具备了强大的社会动员能力。本部分主要通过征兵和征工来考察政府的社会动员能力，以之为一个视角透视政府对社会资源的汲取能力。

一　全民动员式的征兵

20 世纪 30 年代广西境内的常备军（新桂系的军队）只有两万多人；卢沟桥事变发生后，新桂系在几个月之内即派出 40 多个步兵团开赴前线对日作战。① 1938 年夏秋之交，日军有进攻华南的动向，广西当局遂成立新编十九师以加强防务。该师的组成，是从留守广西的一七五师分出两个团，在各地征调民团组成 4 个新兵团，其中两个团退还一七五师，两个团划归新十九师。武汉会战结束后，桂系首领李宗仁考虑到日军将入侵广西，为了保卫大后方，遂命三十一军军长韦云淞率该军一三一、一三五两师及第七军的一七〇师、八十四军的一八八师搬回广西。但这四个师的士兵全部留在湖北、安徽编入桂军各部，干部则回到广西按原系统补充新兵成军。为了保卫家乡，3 万多名民团团兵应征入伍，扩军任务顺利完成。② 1939 年 2 月，国民党召开中央全会，"军政部报告各省出兵人数，以广西为最多，共有四十九万。以人口比较，广西实为出兵最多之一省"。③ "抗战以来，广西兵员征调，将达六十万人。比其他省份，出兵为多；然于社会情形，无甚影响。民众方面，固乐于应征；政府方面，亦轻而易举。其所以能如此者，皆数年来组织民团训练民团之效力也。"④ 到抗战结束前，"广西已共征壮丁八十余万入营矣"，⑤ 其中大多数受过民团训练。孙科曾经就此事向雷殷说："以前人家说你们是模范省，我总不相信，总以为是宣传的，现在我来看才知道不错。你们的征兵办得这样好，刚入伍的壮丁，可以排成纵队前进，实在了不得。在别的省份，刚

---

①　许高阳：《十年来之西民团》，西南导报社，1940，第 110 页。

②　刘文俊《新民团及其在抗日战争中的作用》，《广西社会科学》2006 年第 6 期。

③　广西省政府十年建设编纂委员会编《桂政纪实》军事篇，1946，第 32～34 页。

④　许高阳：《十年来之西民团》，西南导报社，1940，第 108 页。

⑤　广西省政府十年建设编纂委员会编《桂政纪实》军事篇，1946，第 1 页。

征的壮丁，有的要用绳子绑住手，成串押解，怎能和你们相比？"①

卢沟桥事变后，广西政府在整军动员、出兵抗战的同时，还积极动员知识青年组建学生军随军出发，担任战地宣传、救护、慰劳等工作。全省大、中、学校学生和社会知识青年踊跃报名参加学生军，出现投笔从戎的热潮。1937 年 10 月，广西学生军正式在桂林成立，参加者有广西大学和各地高、初中学生以及国防艺术社社员等，共 280 人，组成一个大队。

广西当时征兵之所以那么容易，主要是政府采取寓兵于团、寓将于学、寓征于募的结果。寓兵于团的办法，是首先把全省十八岁到四十五岁的壮丁调查清楚，并依区乡组织，每村街编练后备队一队，每乡镇编一大队，每区编一连队，由政府分发遣派曾经受过训练的乡镇村街长，实行三位一体的制度，分别兼任连队长大队长等职。连队之上有县民团司令部，更上有区指挥部，直属于全省的最高军事机关。广西共有 24000多个村街，240 万的壮丁，总共编成后备队 24000 多队。各后备队中又有甲级队和乙级队，甲级队是 18 岁到 30 岁的壮丁，乙级队是 31 岁到 45 岁的壮丁。政府的计划是，战争爆发之际，先调甲级队上最前线，乙级队则在后方担任运输和维持治安工作。训练的内容是三分军事，七分政治。一方面教以军事的常识，一方面灌输以积极浓厚的民族国家的观念与日常生活所需的知识，都是利用农民公余的时间，每天训练一二小时不等，以训练足 180 小时为止。

寓将于学，是随着寓兵于团发展起来的。寓兵于团需要培养大量的军事干部，因为有了能战的士兵，还要有统率的将校，然后才能发挥其强大的武力。因而政府规定军事学是每个国民的必修科，按其年龄大小与学历的深浅，在国民中心基础学校阶段，施以童军训练；在初中学校的学生，则授以青年军的训练。所谓青年军，就是以童军的教程，参合以军事的常识，融化为一种预备的军事教育，到初中毕业之后，则集中起来授以半年的严格军事训练，完全与军队无异。高中的学生第一学期，

---

① 陈三井、陈存恭记录，陈存恭整理《雷殷（渭南）先生访问记录》，台湾中研院近代史所藏，未刊稿，第 34 页。转引自朱浤源《1930 年代广西的动员与重建》，《中央研究院近代史所集刊》第 17 期（下），1988 年 12 月。

也是施以严格的集中的军事训练，使之与在初中毕业后集中训练半年的阶段连接起来凑足一年的军事教育。在以后的几个学期，每周有几小时的军事训练，作为复习；再到大学这阶段，头两年又是很严格的军事训练，末尾两年，因为分科研究，功课较为繁重，军事训练，就相对轻松些。这样广西的学生从初中算起一直到大学，中间连续有八年半的军事训练，其中有三年是比较严格的。当国家有战事时，这些学生可以充当军队中的中下级干部。此外民团干部学校，每期招收四千人，也是授以很严格的军事教育，还有军官预备班，是招收民团干部学校结业的学生，以及初中军训期满的学生，再加长八个月的训练，期满后可作军队的预备补充下级干部。至于军校，则注重于造就特种兵的军事干部。

寓征于募是新桂系集团改革军制，实现国民义务兵役的一种过渡办法。就是在征兵的时候，先把自愿应征的壮丁征取了，有余或不足额时，用抽签法决定取舍。每年征兵工作开始时，村街长选出适龄壮丁免役、禁役和应役人数，然后呈报乡镇政府审核。乡镇政府确定参加抽签人数后，村长率领抽签者在乡镇政府确定日期内前往抽签，抽签活动完全在公开的环境中进行。抽签之后，未抽中的人员根据其抽的竹签号码，分为预征兵和备补兵两种，备补兵可以自由外出，预征兵不得外出，随时候命征调。[1] 显然，经过这一系列"三寓"政策的训练，广西的壮丁大都受过民团训练，青年学生则受过长期的军训，都具有一定的军事常识，而且在平时的训练中又常常受到新桂系集团的政治宣传和思想动员，因此抗战初期广西的征兵相当顺利，人民都支持政府，各族青年纷纷应征入伍，源源不断地向前线输送兵源。以平南县为例，从 1934 年到 1938 年，平南一个县就征兵 9115 人。[2] 而 1939 年一年征兵 6639 人，也就是说，到 1939 年整个平南县征兵 15754 人。当时平南共有壮丁 68539 人，征兵人数占了当时青壮年的 23%，[3] 比例可谓高矣！当时广西出现了团结抗战的良好局面，发挥了抗战大后方的重要作用。

---

[1] 黄旭初：《县政建设与基层建设》，民团周刊社，1941，第 493 页。

[2] 郑湘畴纂《平南县志》第 2 编，"施政纪略·团务"，民国 29 年铅印本。

[3] 郑湘畴纂《平南县志》第 1 编，"概述·团务"，民国 29 年铅印本。

二　热火朝天般的征工

抗战时期，为了修建铁路、公路、机场、工事及破坏敌人交通等，广西动员了大量民工。据黄同仇 1939 年 8 月的推测，广西征工的人数"两年以来，总不下四五百万人，最少占了全省人口三分之一"，[①] 而其中很大一部分是受过训练的壮丁。抗战前期广西重要工程的征工情况如下。

1. 抢修湘桂铁路和黔桂铁路

抗战爆发后为了连接国际交通线、便利人员物资的运输及经营大后方，国民政府主持赶筑了湘桂铁路和黔桂铁路。湘桂铁路从衡阳到镇南关，全长 1000 多公里，在广西境内分为全桂段（全州至桂林）、桂柳段（桂林至柳州）、柳南段（柳州至南宁）、南镇段（南宁至镇南关）四段；黔桂铁路从柳州到贵阳全长 608 公里，其中广西境内 302 公里。由于工程巨大、工期紧，当时广西动员了 140 万～150 万民工。[②] 用什么方法能动员如此多的民工呢？有关部门充分利用了民团组织。当时国民政府交通部与广西省政府商定在两路的各段设立路工管理处，以广西省政府建设厅厅长为处长，以地方有路工管理经验及被征调民工各区的民团指挥官为副处长，管理各县民工征调事宜。各县成立征工处，负责民工的征调、遣送及在工地的管理。设县征工处设主任一人，由兼任民团司令的县长担任，副主任二人，其一由民团副司令（副县长）担任，另一人由素有声望者担任。应征区域内凡 18 周岁以上 45 周岁以下的壮丁，除志愿参加筑路及规定免役者外，一律参加抽签，抽中者应征。应征民工数十人编为一组，每十组编为一队。每组设组长一人，每队设队长一人。组长原则上由村（街）长（民团后备队队长）或副村（街）长（民团后备队副队长）兼任，队长原则上由乡（镇）长（民团大队长）或副乡（镇）长（民团副大队长）兼任。民工由各县来工地途中，采用行军方式，执行民团纪律；在工地的工作和生活也采用军事化管理，以提高效率。[③]

① 黄同仇：《抗战中之广西的民众动员》，载自李宗仁等《广西之建设》，广西建设研究会，1939，第 172 页。
② 刘文俊《新民团及其在抗日战争中的作用》，《广西社会科学》2006 年第 6 期。
③ 许高阳《十年来之西民团》，西南导报社，1940，第 160 页。

民国时期广西民族地区社会控制（1927～1949）

2. 战时公路的修筑及破坏

为了适应抗战形势，1937 年至 1941 年，广西先后征工数十万人修建了多条新公路；征工方式大体与铁路修筑征工办法相同。其中河岳（车河至岳圩）公路全长 487 公里（数十公里利用原有线路），先后征集沿线 8 县民工十多万人修筑完善；贺信怀（贺县经信都至怀集）公路 130 公里，征工近 5 万人；贺连（广西贺县至广东连县）桂境段 62 公里，征工 1.72 万余人；百渡（百色至八渡）公路的逻里至八渡段，长 76 公里，征工 315 万人以上；桂穗（桂林至贵州三穗）公路桂境段桂林至青龙界长 148 公里，先后征工 4 万余人。① 此外，为了修筑榴永（榴江至永福）公路、天龙（天保至龙州）公路（因日军侵桂，未完工）及几条公路支线，也征调了大量民工。时人对百渡路、河岳路、榴永路等公路征工情况的统计，各条公路征工人数总计在 50 万以上。② 同时，广西还先后征调大量民工（估计在 10 万人以上）改善了黄镇（黄沙河至镇南关）公路、柳六（柳州至六寨）公路、邕色（邕宁至百色）公路及桂南地区的各条公路。铁路工程专家凌鸿勋曾称赞说："我们觉得桂省民工的组织以及命令的彻底实使人佩服。"③

在少数民族聚居区，当时广西各界民众对于征兵、征工都比较踊跃，民众也十分积极。在建筑湘桂铁路时"三江一县出路工 6000 余人到远至四百里之永福工作，其中苗瑶居十之九"。④ 而且他们工作效率很高，"工程日期限 45 天，而彼等以 25 日完竣"。⑤ 当时的国民政府考试院院长戴季陶曾经说："广西在这次抗战中所贡献的人力物力智力，差不多是各个战场的骨干。"⑥

---

① 张若龄、陈虔礼：《广西公路史》第 1 册，人民交通出版社，1991，第 158～164 页。
② 许高阳：《十年来之西民团》，西南导报社，1940，第 108～109 页。
③ 凌鸿勋：《湘桂铁路之兴建与广西》，《广西文献》第 44 期，1989 年 4 月。
④ 转载自张伟《民团、学校与公所——1930 年代新桂系对广西乡村的社会控制》，中山大学博士学位论文，2006。
⑤ 转载自张伟《民团、学校与公所——1930 年代新桂系对广西乡村的社会控制》，中山大学博士学位论文，2006。
⑥ 《珠江日报》1938 年 1 月 3 日。

表4-8　抗战期间广西各民族聚居地区出动劳动力人数统计表

县名	公路	铁路	飞机场	水利工程	防御工事	电话	合计
桂 林		13187					13187
兴 安	4373	27433	3060				34866
龙 胜		31375	1860				33235
资 源		33812	2265				36077
全 县	4321	53265	805				58391
荔 浦	4150	1664	5256				10070
修 仁	7343			3260			10603
怀 集	39119						39119
信 都	8791				1105		9896
柳 江	11760	7378			12650		31788
百 寿		5597					5597
融 县					10460		10460
中 渡	437						437
榴 江	7584	4197					11781
义 宁		55199	2125				57324
宜 山				140006			140006
思 恩	1353						1353
河 池			174				174
都 安	7269		7013	1762			16044
平 治	944						944
果 德	4876						4876
那 马	2489				1007	1560	5096
隆 山	5018						5018
上 林	4022						4022
隆 安		4402					4402
同 正	4717	1322		3640			9679
扶 南	4717	3900		3640			12257
上 思	5915	9020					14935
邕 宁	7015	23573	7000				37678
永 淳	23513						23513
宾 阳	56800						56800
横 县	239384				3316		242700
龙 津		5663	406				6069
龙 茗	16005	5247					21252

续表

县名	公路	铁路	飞机场	水利工程	防御工事	电话	合计
养 利	16005	5247					21252
左 县		1560	100				1660
雷 平		5934	405				6339
崇 善	1170	4335	324				5829
上 金	303	5948					6251
明 江	4764	3966	202				8932
思 乐		3508	222				3730
天 保	11558			1720			13278
敬 德	6998			406			7414
靖 西	23432						23432
向 都	1109	3498					4607
镇 结		3321					3321
百 色			11047				11047
西 林				15			15
天 峨	1814			8080	120		9414
田 东	8105						8105
田 阳	8787						8787
总 计	555960	323551	42264	162529	28658	1560	1111868

资料来源：黄同仇：《抗战初期的广西民众动员》，《广西文献》第80期，1998年4月。

从上表来看，抗战期间，民族地区征工人数是非常可观的。当时少数民族聚居区，民众十分积极。尤其是抗战开始后，"应征兵役之特区，已达十分之八，应征民工者，几遍于全部"。[1] 对于民众良好的动员，李宗仁总结其原因是："一则由于平时有准备，有健全的行政基层组织，有全民皆兵的民团训练，再则归功于兵工政策配合的适当。"[2] 当时广西"由机构的健全以达到组织的严密，由组织及其工作的严密，而发挥伟大

---

[1] 《国民教育指导月刊》（广西），1941年1卷3期，第40页。

[2] 李宗仁口述，唐德刚记录《李宗仁回忆录》，广西师范大学出版社，2000，第454页。

的力量"。① 由于广西基层组织严密和民团组织，"所以全省的户口登记、壮丁数目，与人民的动态，随时可以抽查。国家有事就随时可以动员"。② 征兵与征工工作如此顺利开展，充分展示了新桂系对民众控制能力的增强，并显示了新桂系控制乡村基层社会的成效。

在新桂系统治时期，除了对民族地区强有力的社会控制外，政府职能还向社会管理和社会服务职能扩展。我们可以很清楚地发现，新桂系政府虽然在各个方面都有所努力，但一个方面的成就最大，即巩固政权。在群雄逐鹿的政治环境中，巩固了新桂系集团的统治，加强了集团的实力。

曾经有学者运用社会分层理论对自晚清以来的中国社会变化及其后果进行分析，认为 1840～1949 年期间中国三个政府相继垮台的原因，"在于公共权力阶层（即政权持有者）总是与社会强力阶层（社会财富的主要占有人）结盟，其严重后果是招致弱力阶层的敌对。弱力阶层将自己的不利处境解释为社会不公正，将社会不公正归咎于公共权力阶层，从而出现针对公共权力阶层的政治斗争。公共权力阶层为了维护自己的权力和利益，不得不进一步增强权力机器，并将权力机器发生的费用转嫁到弱力阶层身上。当这个被启动的不良循环运行到某个节点，弱力阶层的所得跌到生存基线之下时，其与公共权力阶层的冲突就会激化，公共权力阶层面临着被替代的危险"。③

以政府职能理论视之，就是其社会平衡职能严重缺乏或偏颇，以致于不同阶层间的社会利益无法得到调节与平衡，社会矛盾亦无法消解，长期积累的结果就是社会原有政治秩序崩溃，即爆发社会革命，重新分配社会利益。

从新桂系政府职能发展而言，新桂系政府是在竭力强化政治统治职能、尽量扩展社会管理和社会服务职能，但服务职能显得羸弱。虽然也有赈济、积谷、乡村合作社等服务措施，但这些措施只有文件却无太多

---

① 陈重光：《广西怎样巩固基层组织及其工作》，《广西文献》2002 年第 98 期。
② 凌鸿勋：《湘桂铁路之兴建与广西》，《广西文献》1989 年第 44 期。
③ 石印秀：《晚清以来中国社会的阶层分化、合化及其社会后果》，《江苏社会科学》2002 年第 4 期。

实施成果，30 年代新桂系政府最大的成就和最有效的措施莫过于社会控制和军事建设。因而在政府职能的发挥中，还缺乏真正社会意义上的利益调节与政府服务，从而导致其在统治初期，依靠"三民主义"和民族独立的积极政治取向赢得了社会的赞同，获取了强大的社会动员力，使新桂系集团在 20 世纪 30 年代以后实力前所未有地加强。但在后期的发展过程中却丧失了社会底层最广大人民的认同，在其后的社会革命运动中，最终被中国共产党所领导的被压迫阶级联合推翻。

民怨与民变：地方权力网络
控制下的国家——社会

秩序在任何社会中都是必不可少的，"没有社会秩序，一个社会就不可能运转"。① 因此国家政权、地方政府的首要功能就是建立和维持社会秩序。尤其是对民国时期尚处于制度转型期的中国来说，社会秩序构建更是有着特殊的重要意义，"首要的问题不是自由，而是建立一个合法的公共秩序。人当然可以有秩序而无自由，但不能有自由而无秩序。② 社会秩序最根本的是以权力为核心的政治秩序，即由统治——服从或命令——服从关系耦合起来的社会秩序。因此，秩序构建之完善程度直接取决于国家权力的强弱以及政府行为的有效性。同时社会秩序又对国家权力的强化、政府行政效率的增长具有促进作用。二者互为表里，共同构成国家政权建设的核心内容。正如巴林顿·摩尔所指出的那样："在政治上，成功的现代化意味着在广阔的领域确立安定和秩序，这便要求一个强有力的中央政府"。③ 诚然，通过新桂系集团的努力，20 世纪三四十年代在广西构建起了一种全新的社会秩序。1927～1949 年新桂系政府社会控制网络的构建以及所表现出的强大控制能力对民国时期广西地方社

---

① 〔美〕布罗姆利：《经济利益与经济制度——公共政策的理论基础》，陈郁等译，三联书店，1996，第 55 页。
② 〔美〕亨廷顿：《变化社会中的政治秩序》，王冠华等译，北京三联书店，1989，第 7 页。
③ 〔美〕巴林顿·摩尔：《民主与专制的社会起源》，拓夫等译，华夏出版社，1987，第 379 页。

会秩序化所作的贡献是明显的。这绝不是地方社会自主展开的社会演化过程，而是在建构现代国家目标的导引下、遵循已确定的社会规划，所推行的 20 世纪中国现代国家政权建设的重要组成部分。

通过 1927~1949 年二十年间的努力，新桂系政府在广大民族地区编织了一个由县区乡镇村街甲等单位为层级的行政体系，构建起了党政军、军民学"三位一体"的行政网络，扶植起一批依附于新桂系政权的新式乡村精英阶层，同时依托此种管道，使其对地方的财政、社会资源汲取能力大为增强。这标志着新桂系政府在广西社会统治秩序重构的初步完成，也预示着一个新的政治统治模式——"全能政府"的到来。这对长期处于动荡之中的中国社会具有十分重要的时代意义。

但是，这一统治秩序的构建是在强力推行下于短期内实现的，缺乏社会经济长期发展的支撑，发展问题、土地问题、贫困问题都没有解决，所以整个民族地区对于新桂系政府通过强大行政网络所建立的统治秩序呈现出一种依附和抗拒相交错的形态。本部分将从国家、社会两个层面考察新桂系的行政体制和政府运作对新桂系政权本身以及民族地区所带来的冲击和变化。

第一节　民族地区社会控制系统的改变

在中国传统社会中，我们常说"溥天之下，莫非王土；率土之滨，莫非王臣"，君主在全国范围内拥有至高无上的权威及绝对的权力。但实际上由于受控制网络和管理成本的制约，国家的权力只能是达县而止。广西亦如此。乡村地区各个民族依靠传统的社会组织、乡规民约、自然领袖以及宗教禁忌所构成的传统控制网络，维系着少数民族内部的发展和运转。

但新桂系统治广西后，以强大的武力为后盾，在 20 世纪 30 年代建立起的行政体系，"在编制的革新和功能的分化上，就长程而言，桂省政治制度正在向扩大编制，增加服务部门，引进专业人员，以及扩大服务功能的现代化趋势"。① 正是因为有了这一套自上而下控制严密的行政体系，

---

① 朱浤源：《从变乱到军省：广西初期的现代化（1860~1937）》，台湾中研院近代史所，1995，第 241 页。

新桂系巩固了其在广西的统治，增强了社会整合能力和社会动员能力，政府权力第一次直接延伸到了县以下的乡村社会，改变了广西过去为传统士绅和头人所把持"处处皆匪"的混乱局面，使整个社会开始从混乱走向秩序化。而在权力下延的过程中，民族地区的社会控制体系发生了根本性的改变，突出表现为政府权力的扩张和基层公务员的官僚化。

一　乡村行政控制力的增强

新桂系政府的行政体制使政府对县以下乡村社会行政控制力得到了极大增强，这是新的行政体制下国家权力扩张的首要表现。其乡村行政控制力主要通过基层行政网络体系构建和吸纳乡村社会精英两种形式加以实现。

县以下行政体系的构建是当时新桂系地方统治秩序重构的一个至关重要的环节。正是通过这一系统，国家政权得以完成向地方基层社会的扩展和渗透。新桂系政府将广西县以下的民族地区进行行政规划，根据具体情况，在一个县内划分为若干区，区以下又根据实际情况划分乡镇、村街，直到甲和户。县以下行政体系由区乡镇村街甲等层级构成，如图示：

图 5－1　县以下地方行政组织系统示意图

除了对县以下的区域进行新的行政规划编排外，新桂系在乡村行政组织方面最大的贡献就是实施"三位一体"制度。这种制度的具体内容本文在第二章中也有了详细论述，在此不加多述。"三位一体"的行政体制，民团组织与行政组织合并，寓军事组织于行政组织中，无疑极大地加强了政府对社会的控制能力。

民团原是保卫地方治安的民间武装团体，清末年间已在广西广泛存在。过去民团的团兵雇佣者居多，没有严密的组织和严格的训练，多由地主士绅所把持。新桂系主政广西后，改造民团的计划提上议程。在旧民团的基础上，新桂系开始组建新式民团，建立民团和政府行政机构合而为一的行政体系。

起先根据民团组织条例，县以下的每区组成区民团局一所，区团局以下设乡团局若干所，民团的组织体系与以往并无多大改变。1931年，广西省主席黄旭初在《草拟广西省建设计划之意见》之"军事建设计划"部分，提出了确立民团组织体系的原则，以军事组织形式将民团制度加以改造，其系统为省政府—区指挥部—县司令部—乡镇大队—村街队。这一建议得到了新桂系集团的采纳成为广西民团的基本组织架构。

广西民团的最高指挥机关，在20世纪30年代经历过由广西民团总指挥部到省政府团务处，再到第四集团军和第五路军总司令部，最后到广西绥靖公署的变动，但省以下的民团组织体系却是基本稳定的。新桂系在省会南宁成立广西民团总指挥部，白崇禧兼总指挥，梁瀚嵩任副总指挥。全省按照地理、人口、交通、治安状况等划分为12个民团区，即南宁、武鸣、桂平、玉林、梧州、平乐、桂林、柳州、庆远、百色、天宝、龙州。各区内选择要地设立指挥行营。每区设民团指挥官、副指挥官各一人。

在县一级，1931年新桂系设立县民团司令部，为了便于推行民团制度，司令一职由县长兼任，另设副司令一人。1933年9月，为了节省经费，精简机构，把县民团司令部合并县政府办公，但仍设置民团副司令兼副县长一人，协助办理民团事务。1936年1月1日，同时各县增设团务科于县政府内。各县司令部由县长兼任司令，"准县部副司令一职，从前多由地方选举，每易为不肖土劣操纵把持"，新桂系随"改由省政府直接遴选富有军事政治学识之干员委充，俾得协助县司令部赞划一切，并将县司令部改隶政府监督，以明行政系统"。①

县以下的民团组织，村街设有民团后备队，乡镇设有民团后备队大队，区设有民团后备队联队，各县组成一个民团区。民团的各级组织系统与行政组织系统紧密联结在一起，民团的后备队、后备大队、后备联队与行政系统的村街、乡镇、区平行。民团从上到下，组织十分严密，

① 《广西办理民团之经过及今后之任务》，广西民团总指挥部印行，1932，第3～4页。

"这样按级统属，好像网一样的组织，这是严密的有系统的"。①

新桂系集团通过这种独特的政府体制，把丰富多彩的社会变成了一个军营，把广西民众都纳入了军事化轨道。新桂系政府这样的所作所为，是因为当时的广西始终面临着严重的外部危机。一方面为了生存与发展，新桂系集团时刻充满着向外扩张的欲望；另一方面，面对着虎视眈眈的蒋介石，又日夜担心会被蒋介石吞并。在这样的情形下，政府体制和管理机制都弥漫着强烈的军事化色彩。新桂系正是抓住了特定环境下的这种合理性，把变态化为常态，把偶然转化为必然，把某个时期的社会现象转变为一种长期的现实。此刻的广西社会在政府这样一个军事化管理体制下的社会，整个广西无疑充满了尚武的精神，弥漫着"军省主义"的气息。②

这样的环境为政府的社会控制提供了很大的便利。政府可以利用行政的力量，通过军事化的管理和军事号召，使政府的意志能直接有效地传达到最底层的民众中，实现强大的社会动员力，与此同时又大大加强了政府的社会管理能力和控制能力。这正是广西被外界称为"模范省"的关键所在。20世纪30年代新桂系政府的体制和特点为新桂系集团提供了一座桥梁。通过这座桥梁，政府能迅速、高效率的向社会榨取一切为政府所用的资源，满足政府的发展和需要。如下页图所示。

从图示来看，民团与行政组织合并，民团不再是单纯的军事组织，成为肩负政治、经济、军事、教育四种功能的复合组织。新桂系政府体制中，行政、军事、教育三者合一，行政网络、军事网络和教育网络相互交织，形成无所不包的庞大网络。相互交织的网络使国家的力量借助军事、教育、行政的各个领域伸向基层社会的各个方面，使民族地区基层政府行政化的同时，国家顺利实现了对民族地区的有效控制，同时也形成了一个高效汲取社会资源的渠道。这正是广西在30年代这个特殊的时期内散发出前所未有的的活力的最重要原因。

诚然，如此的基层行政体系最大的作用在于国家行政力量向基层社会的大规模渗透，使地方基层政权行政化，社会控制呈网络化。行政体

① 梁上燕：《广西民团的演进》，民团周刊社，1938，第5页。
② 陈勤：《地方实力派与中国区域现代化进程——透视20世纪30年代的广西》，广西人民出版社，2002，第52页。

层级		行政		民团		教育
省政府		省主席	-----	第四集团军总司令	-----	民团干部学校校长
		↓		↓		↓
区		区行政监督	-----	区指挥官	-----	国民基础师范学校校长
		↓		↓		↓
县政府		县长	-----	司令	-----	干部训练队队长
		↓		↓		↓
区公所		区长	-----	队长		
						↓
		↓		↓		
乡镇公所		乡镇长	-----	大队长	-----	中心学校校长
		↓		↓		↓
村街公所		村街长	-----	队长	-----	国民基础学校校长

图 5 - 2　广西省民团、行政、教育系统图

　　说明：在新桂系政府体制中，县政府、区公所、乡镇公所、村街公所的行政、民团、教育的三个机构首长都由同一人担任，实行三位一体制。在省一级，省主席兼任民团干部学校校长，但不兼任第四集团军总司令。由于李、白、黄三人是一个集团，一个整体，因而实质上三位仍是紧密相连的。

　　资料来源：朱宏源：《1930 年代广西的动员与重建》，《中央研究院近代史所集刊》第 17 期（下），1988 年 12 月。

制中，县以下有区公所、乡镇公所、村街公所，这些机构均有正式的编制、固定的财政收入、明确的职能划分，其与县政府的关系更加密切，成为正式的行政机构，改变了传统的"国权不下县"的局面。

　　新桂系政府的基层行政组织，还有一个特点就是将乡镇村街一级的政治组织分为两种：一为公所为代表的行政机关，另一种就是民意机构——村街民代表大会。"村街公所，为村街行政机关，以村街长为最高领袖，以副村街长、教员、甲长等协助之。村街的民政、财政、教育、建设、军事等，皆归其统辖；政府政令传达至村，皆由其负责执行；民间疾苦，也由村街长负责上达"。"村街民大会，为村街民的政治训练机关"。① 从村街公所与村街民大会职能划分来看，村街公所的权力远远大于村街民大会，后者只是一个村街民的政治训练机关。而且，村街民大会所议之事虽然广泛，但并无选举村街领导之权。新桂系规定"公所设村街长一人，副村街长一至三人，现时是由甲长公推，由县长择委，或是由县长指派的"，② 虽然新桂系宣称"乡村长一方面是代表政府，一方面是代表民众"。③ 但乡村长既然由上级指派，自然对上级负责，对民众负责缺乏制度的保障。名义上乡村长代表政府与民众二者的利益，实则代表政府利益而已。新桂系曾自称"乡镇村街长及公所里工作人员由政府委派。到地方自治完成的时候，虽然乡镇村街的区域不变更，而乡镇村街长及公所里一部分之工作人员，要由当地民众选举"，④ 但实际上并未实行，乡镇村街长还是由政府任命。从这样的制度来看，新桂系行政体制极大地推动了广西民族地区的"官治"。

二　政府实现了对民族乡村社会的有效控制

政府权力向基层渗透的过程，也就是政府在基层建立现代政治制度的过程。南京国民政府时期国家政权对基层政治的建构是以强化其对地方控制为出发点的。政府权力向基层的下延，目的在于改变中国传统国家对基层控制松散的局面，把基层纳入政府控制管理的轨道，便于国家对基层政治的改革，使其适应现代国家的政治要求。30 年代新桂系政府运作的目的也如此，希望按照集团的意志改造社会，实现政府对社会的有效控制。因此一个政府对社会控制的有效性是直接衡量这个政府对社会控制力的重要指标。

① 亢真化：《广西的基层建设》，民团周刊社，1938，第 16 页。
② 谢祖莘编《广西地方自治概要》，出版单位、时间不详，第 8 页。
③ 黄旭初：《黄旭初先生之广西建设论》，南宁建设书店，1938，第 135 页。
④ 黄旭初：《关于基层建设》，载自《黄旭初先生言论集》第 3 辑，广西建设研究会编印，1941，第 145 页。

如前所述，新桂系在20世纪30年代建立的行政体系，寓军事组织于政治组织中，通过民团实现对社会的全面控制，强化了政府的能力。这项制度在新桂系政府中是贯彻得非常到位的。如发展民团组织需要调查户口，每月中旬，村、街长带登记簿及每户户口表，村、街户口变动表，会同甲长挨户调查，照登记簿各部门查询、核实，分别登记于登记簿内。每季由乡、镇长带登记簿副本，至各村、街抽查一次。抽查登记后，乡、镇长将各户户口表上交户主保存。新增之户口无户口表，重新发给。每季抽查后，登记簿正本，由乡、镇自行携回核编。副本交村、街长保存。每季每村、街查询后，乡、镇长督促村、街长，将村、街户口重新整理，交村、街长保存，并登记新增户之号数，及全村、街户口总数，将村、街户口变动表携回核编。乡、镇长整理村街户口表完竣后，再依村、街户口变动表填乡、镇户口变动表二份，一份存乡，一份存县，有区之县由区抄录一份专呈。县汇齐各区、乡户口变动表后，即填全县户口变动表四份，一份存县，并呈区团、省府、总部各一份。有区之县全县户口变动表仍分区填写。① 为求户口办理稳妥起见，新桂系要求"县府每次派员下乡稽查、指导办理户籍事宜以昭慎重"。② 村街民户迁入迁出，须交迁出入证明或殷实住户担保。副村街长每月出席乡镇务会议时，须随带户口人事登记簿交乡镇长或主办人检查。县长每季下乡召集乡镇会议时，"村街乡镇长均须随带户籍人事登记簿呈验，如发觉错误，即予指导改正"。③ 户口调查与人事登记使得民众被户籍牢固地绑在土地上，难以自由流动。

　　而民团组织却成为加强扩张政府权力的一个强有力的武器。通过这个组织，政府构筑了完善的行政网络，将所有人民都网罗在这个网络中。

　　民团建立后，不仅进行军事训练、维持地方治安，还被组织去筑路、造林、垦荒、举办成人教育等，对维护地方社会秩序和经济文化建设发挥了重要作用。因此作为政府社会控制主要途径的民团"不仅是军事组织"，"而是一个军事政治经济文化打成一片的组织"，"成为本省政治经

---

　　① 谢嗣农纂《凌云县志》第4编，"地方自治制度"，民国29年铅印本，第36页。
　　② 《如何运用民团力量，实现广西建设纲领》，《民国日报》（南宁）1935年3月25日。
　　③ 谢嗣农纂《柳城县志》卷4，"民事·地方自治制度"，民国29年铅印本，第36页。

济文化建设的原动力"，是"建立新社会秩序的中心力量"。① 经过训练后的民团，名副其实地成为新桂系统治的重要支柱。

从民团实施的效果来看，我们无法否认 30 年代政府的行政体制确保了政府权力直接渗透进了社会。这在当时来说是相当不容易的。我们知道，民国时期一个最普遍的政治现象就是制度与实践的背离。以南京国民政府而言，其对基层的管理和控制就常常会出现制度与实践的背离。

以当时的湖北为例，南京国民政府时期，湖北省直接在蒋介石中央国民政府的统治之下，政府的运行和所执行的政策直接代表着南京国民政府的意志，也是南京国民政府效率、能力的直接体现。南京国民政府国家权力向基层渗透的一个主要途径是保甲制度。保甲的两大要素是清查户口和联保连坐，湖北在实际推行过程中几乎无一真正执行过。

此外，湖北省通过保甲制度进行编民，但保甲制度的实施却不尽如人意。1934 年下半年，湖北省民政厅长孟广澎在一次巡视后曾对湖北保甲规约的实施情况作以下描述："去年（1933 年）我初到各县巡视时，看见好多县的保甲规约，完全是照抄总部所颁的式样，随便关在保长的抽斗内，当时曾经严厉的予以纠正"。各县当时"大概都能照办"。② 但是一年以后，"再注意考察墙上的规约，时逾一年，仍然还是那么几条，好像是在墙上生了根的样子，究竟已否对人民讲解，人民能否实行，行了之后，是否要针对着继续的需要，另行改订，自县长、区长以致保甲长都是马马虎虎的，未曾加以注意，民众看不懂，行不行，一概置之不问，至于行了再换更谈不到，像这样的保甲规约，岂不是由纸片上的政治，又变成墙头上的政治吗？"③

1934 年 12 月湖北第三行政督察区专员刘复演讲文《政治的虚伪与个人施政的感想》中曾说："……湖北办理保甲已经三年，兄弟在蕲春，有人还说蕲春的保甲办得好；然而考究起来，实在是不好。兄弟到那边一年，对于保甲，整理过四次：第一次看到各种表册，无所不备，觉得是很好；第二次整理，发现错误很多；第三次发现错误尤其多；到第四次

---

① 《新广西》，国民革命军第四集团军总政训处编印，1936，第 169 页。
② 《湖北地方政务研究半月刊》1934 年第 10 期，第 61 页。
③ 《湖北地方政务研究半月刊》1934 年第 10 期，第 61 页。

去整理，发现大多是伪造的。"① 从刘复演讲文中可以看出，蕲春的保甲伪造资料、登记错误等问题非常多。在湖北号称保甲办得好的蕲春县，尚且如此，其他地方可见一斑。

因此，湖北省政务研究会1937年1月编印的《改进湖北政治意见初篇》认为：湖北办理保甲多年，人力财力不知耗费至若千万，结果多数县份，不免落于空疏虚伪，有的是以虚文应付上级，以邀奖励；有的是以虚文责成属下，以造成绩。去年行营主任在省行政会议上有一段话：讲到办保甲，我去年到谷城，县长陈安策从乡下赶来，他一身汗，我就问他到乡下做什么，他说到乡里办保甲，我说谷城的保甲在全省是办得最好，曾经受过嘉奖，为什么还没办好？他说前任县长奉令之后，就接到要赶办保甲的命令，未到任他就用秘书、书记在武昌旅馆内编造保甲册子，造好了就呈报，现保甲名册还在武昌放着。目前民政厅要检查，所以不能不到乡下查一查……湖北对于连坐法，从来亦没有行过一次，而保甲长每月每日，闭门造车应付此项手续，则未尝停息，结果只有堆积如山之纸片，与事实不生影响。②

显然，保甲制度、规约以及与保甲相关的清查户口和联保连坐在湖北是一纸空文，没有得到真正实施。正如湖北省民政厅厅长孟广澎所说："就检阅时所发生之错误及缺陷言，仍以户口异动的填报，及门牌填写为多；至于保甲长程度幼稚，甲长之不识字者，约占十之六七，以及对于规约不能认真宣讲，认真执行，在民众方面未能审慎于未保之前，检举于既保之后，在官吏方面，不能认真实行连坐，与夫区经费保甲经费不能切实厘整，仍为多数县份普通的病像。"③

从上述史料中可见，保甲制度在湖北各县并没有得到很好的实施和有力的贯彻，导致乡村地区形成了国家权力的真空，使许多传统士绅得以控制乡村，中饱私利。"在保甲职务者……非借恶霸势力，鱼肉百姓，即持巨族力量，垄断一切。其主任保长之权利，决不肯放弃，于是优秀

① 《湖北地方政务研究半月刊》1935年第14期，第2～3页。
② 《改进湖北政治意见初篇》，湖北省政务研究会编印，1937，第6～7页。
③ 《湖北省政府公报》1935年第139期。

者皆退避三舍，而不与为伍。有劣迹之主任保长，虽欲去而不能。"①

从湖北省具体的实行效果看，保甲制度旨在将国家政权在形式上延伸到最基层。但是国家的权力却未渗透进基层地区，最基层的权力却被乡村劣绅所控制。早在保甲成立之初，蒋介石曾经针对制度发表言论："倘县长能用地方力量，组织保卫团，调查户口实行保甲，按照省政府颁行的条例办法，实际做去；譬如组织地方团练，团有团长，乡有乡长，保有保长，甲有甲长，这种组织就是县长剿匪的工具。所谓十室之内，必有忠信，总可以找出几个人来帮忙的。除在地方民众中造成剿匪的中坚力量之外，没有其他剿匪更妙的办法，希望各位县长因地取材，地方上的正绅都是消灭赤匪的中坚势力。"② 但是，这一时期的基层干部并不如蒋介石所愿。基层职位保甲长和联保主任的位置被当地不肖势力攫取，加以政府执行上和运行上的问题，使保甲制度主流上已演变成刮民扰民的工具。

从湖北的保甲制度实施来看，政府的权力并没有有效地扩张到基层社会，无法对社会进行有效的管理和控制。相比较而言，广西的保甲制度和民团组织确是落到实处。30 年代的广西民团，几经李、白、黄的改造与训练，在新桂系推行的政治、经济、军事、文化建设中发挥了一定的效力。在政治上，严密了新桂系的基层组织，巩固了其政权的基础，在推行清查户口、修筑道路、开垦荒地，推行"特种部族教育"，培养自治人才，推行地方自治方面，发挥了一定作用。在经济建设方面，实行公耕，建造公林，开挖公共池塘，奖励畜牧等方面，也有所成绩。在文化上，在军事上，经过民团训练，一般壮丁都具备了一定的军事常识和作战技能，一有战事，拿起武器就可以打仗。这些都为新桂系的统治打下基础。在抗日战争期间，广西民团也为抗击日本侵略者、为保卫国家民族的生存做了有益的事。"在卢沟桥事变之前，广西常备军仅有步兵二十个团。至淞沪战起后，三个月之内，即能出兵 40 余团，赴前线参加作战；且能在临淮关、台儿庄诸役，予倭寇以歼灭之打击"。在参加建筑湘

---

① 《武汉日报》1936 年 6 月 19 日。

② 张其昀：《先总统蒋公全集》，（台湾）中国文化大学出版社，1984，第 649 页。

桂铁路中，广西也从民团征调了 30 万民工，"在两年之内柳州至南宁一段，完成了十分八九"。①

20 世纪 30 年代开始，国民政府已经开始改变"皇权不下县"的传统局面，开始将基层社会纳入行政控制网络。但在实施的过程中，却常常出现制度与实践的背离。而新桂系政府通过自己的行政网络，在整治和控制基层社会中将政府权力的扩张明显表现出来。一方面，政府通过基层行政体制的建构为社会提供秩序和组织，另一方面，又以此为途径，向社会汲取资源和吸收人员，实现对社会的有效控制。

三　基层公务员官僚化

县以下行政网络的构建，不仅是政府加强社会控制的过程，同时也是政府从基层社会吸纳精英，巩固和扩大统治基础的过程。诚然，新的行政编组使基层干部的职能发生了很大的变化，从前只从事催粮收税的传统基层干部已无法满足行政、军事、教育"三位一体"的需要。正如省政府所说的："关于各乡村后备队之编练、征调事项职责繁重，所有各乡村甲长非经受过军事训练殊难胜任愉快。"② 当时新桂系将领之一的白崇禧也深表忧虑："现在的村长，多半是已经老朽腐败了，纵然有些不老，他们对于军事学完全不懂，对于政治上的一般情形，以及组织民团的必要，尤其不懂，又哪能充任后备队长呢?"③ 为此，新桂系集团对基层干部的选拔和任免提出了新的要求，李宗仁认为，官吏的遴选和委派必须根据三大原则：一曰廉洁，二曰能干，三曰守法。④ 当时新桂系主要领导人的用人指导思想基本是一致的，即主要是能深切了解新桂系集团执政的意志，并对新桂系整顿、控制乡村的重要政令执行得力。显然，要符合这样的规定，当时广西基层干部的数量是远远不够的。1932 年广西省政府公布《广西县甲、村（街）、乡（镇）、区编制大纲》。根据这

---

① 许高阳：《十年来之广西民团》，西南导报社，1940，第 109 页。

② 《本府民政厅训令各县府常备大队退伍军队员而有职业者可分委充任乡村甲长由》，《广西省政府公报》1934 年第 1 期。

③ 《民团是军事政治经济教育四位一体的组织》，载自《军训与民团》，桂林全面战周刊出版社，1932，第 16 页。

④ 李宗仁口述，唐德刚撰《李宗仁回忆录》，广西师范大学出版社，2005，第 645 页。

个大纲，1934 年全省完成乡村行政编组工作，设有一市 99 个县，200 多个区公所，2300 多个乡（镇），24000 多个村（街），约需要近 30000 名基层干部。①

当时的广西，经济、教育文化相当落后，在现实社会中根本无法找到一大批适合新桂系政府需要的人才。民政厅长雷殷对此问题也曾谈到："全省需用大批人才，除现用者外，尚需 7 万人，养成训练是切要的问题。"② 培养基层干部成为新桂系政府迫切解决的任务。

新桂系领导层也意识到这一点，所以他们就特设学校，特设教育环境，造就推行新政的基层干部人才，并积极利用改造少数民族头人。正如黄旭初所说："所谓新政新人，就是按照我们的新计划，去造就新的人才。"

为此新桂系设立专门的培训机构训练选拔出来的基层干部人选，并任用亲信主持培训机构的重要事务，第四集团军总司令部给广西省在政府发出会电，明确规定干训生毕业后出任基层干部。基层干部选拔培养的标准随着新桂系政权的日益巩固得到了逐步完善。

这些被政府培训过改造过的基层干部，在新的行政体系中被正式纳入政府行政系统。随着基层政权组织在乡村的正式建设，基层干部的身份也有了明确的界定。他们已经不再是政府的"编外"人员，而是被正式纳入国家体制之内的公务员了。他们拿着政府发给的稳定薪金，接受政府组织的各种培训，执行政府的各种政令，有着法定的职权以及升迁的机会。新桂系积极培训基层"新人"，委任为乡村基层干部。不仅乡镇长、村街长，甚至甲长都给予明确的公务员身份，完全将他们纳入政府的官僚体系。

传统士绅在广西的乡村社会中有长久的历史，他们势力庞大，影响深远。他们"凭借社会上的优越地位，以侵吞地方公共利益及剥削贫民"。③ 传统士绅对乡村的把持和控制严重影响政府权力在乡村社会贯彻，

① 广西政协文史资料委员会编《新桂系纪实》（上册），广西壮族自治区新闻出版局，1990，第 465 页。
② 《雷厅长谈全省需用大批人才》，《梧州民国日报》1933 年 4 月 5 日。
③ 向实：《乡村的旧势力问题》，《创进月刊》复刊号第 3 卷第 1 期，1935 年 10 月。

"他们非但不负起乡村建设的责任，随时随地，他们还要妨害政令，阻止新政的进行"。① 因此新桂系建立新的行政体制之际，最重要的一个环节就是培养新的基层干部，取代旧的土豪劣绅对乡村社会的管理。

新的行政体制下基层干部的构成本文在第三章中已有论述，在此不加多述。在"三位一体"的行政网络中，广西的基层干部"日常除办理许多政务而外，还要训练民团，从事教育等等"。② 其职责与过去已大不相同，"过去团局长的责任，只在消极方面，做排难解纷，维持治安，催收赋税而已"。③ 现在"以乡镇村街长的地位来说，他们负有办理一切政治任务；就校长的地位来说，他们负有教育的任务；就民团后备队长的地位来说，他们负有训练民团的任务"。有新桂系官员夸口说"任务这样特殊的广西乡镇村街长，可以说是世界所无，历史未有"。④

广西基层干部位小责重，就乡镇长来说"一乡镇之内，乡镇长负有全乡镇政治经济军事文化的推进责任"。⑤ 据 1932 年 9 月 6 日广西省政府委员会第 57 次常会决议公布的《广西各县区乡镇村街甲长办公暂行简章》规定基层干部的职责有 18 项。分别为：

修筑墙闸、整顿民团、保卫治安；清查户口、办理户籍登记、整理门牌；装设电话；修筑道路、禁止放火及扑灭野火烧山；推广植树；有河流溪水地方禁止放药毒鱼及挖掘河岸；推广乡村成人教育及小学教育；劝争息讼；改良风俗；有水利可办之地方设法倡办水利；推广种植麻棉叶烟及各种杂粮；推广养蜂养鸡养猪养牛养马；设法救济牛瘟猪瘟鸡瘟；提倡保护家庭工业；制定各村街公约；其他受县长委托事件。⑥

而乡镇长更是包揽了基层的全部工作，具体来说，乡镇长的职责囊括了基层的政治、经济、军事、文化四大建设：

1. 政治建设。政治建设，在基层中的要求重要的有：（1）严密基层组织；（2）举行村街民大会；（3）办理户口调查与人事登记；（4）禁烟

① 《正路》1936 年第 2 卷第 4 期。
② 蒋卉：《乡镇村街长应有的修养》，民团周刊社，1938，第 14 页。
③ 《完成广西基层建设与基层干部的重大责任》，《民团周刊》1935 年 5 月 13 日。
④ 潘景佳：《抗战中的广西乡镇村街长》，民团周刊社，1938，第 2 页。
⑤ 潘景佳：《中心学校怎样辅导村街基础学校》，民团周刊社，1939，第 5 页。
⑥ 参见《广西县政纲要》，广西省民政厅印发，1932，第 8 页。

禁赌；（5）推行乡村卫生事业；（6）推行耕地租用条例等项。

2. 经济建设。经济的基层建设，其中重要的如：（1）增加生产方面如水利振兴，植桐，防止牛瘟，开矿等；（2）筹设村街仓；（3）举办公耕，公牧，造林；（4）发展交通，筑路，设立乡村电话；（5）修筑或扩大圩市；（6）农村副业提倡；（7）垦荒等项工作；（8）推广牛瘟保险；（9）推行合作运动。

3. 文化建设。基层文化建设工作如：（1）普及儿童教育；（2）普及成人教育；（3）筹措学校基金；（4）改良风俗；（5）推广乡村社会教育；（6）提倡国术；（7）推广学龄前教育。

4. 军事建设。基层建设中的军事建设有：（1）训练民团；（2）训练辎重兵；（3）建筑哨垒，碉堡，墙闸；（4）办理征兵等项。①

村街长与乡镇长对口领导，村街长的责任，可以说是乡镇长责任的细化。村街长也是要负起"三位一体"的责任，身兼村街长、国民基础学校校长、后备队长等多种职务，领导村街民众去实行"自卫"、"自治"、"自给"的"三自政策"。村街公所是一村街的最高机关，村街长是一村的最高领袖，一村的军事、政治、经济、文化统归其指挥。② 作为村街长要领导民众实行"三自政策"，作为校长，要负担教育上的责任，作为后备队长，则要把本村街内由 18 岁至 45 岁的壮丁，通通编队训练。村街长每月所做的事情，新桂系都有详细的规定。例如一月份，村街长需要做以下事情：保管清算村街财产、修建"三位一体"共用之村街公所学校民团队部及附设托儿所、修建村街公园、设立村街苗圃播种各种树秧、种植村街共有树木保护森林、清查村街罔地举办公耕、继续放哨守卡及警戒野火烧山。③

1936 年 12 月新桂系在乡村推行村街民大会后，村街长又成为村街民大会的主席，负有"召集村街民大会，训练民众，预备自治的职责"。④

---

① 蒋卉：《乡镇村街长应有的修养》，民团周刊社，1938，第 26～27 页。
② 黄旭初：《广西建设之检讨》，载自《广西建设应该走的路线》，广西省政府编译委员会，1940，第 71 页。
③ 《村街甲长须知》，广西省民政厅印发，出版时间不详，第 110～112 页。
④ 《广西省现行法规汇编》第 3 编，广西省政府，1940，第 140～141 页。

村街长要使村街民众明了政治，了解民权初步，使知如何开会，如何推举主席，如何提议，如何讨论，如何表决，选举如何投票，等等。此外，基层干部"除办理行政任务之外，还有协助法院处理刑事案件和调解民事争执的两种任务"。①

总而言之，基层干部的工作，简单的说就是要把基层政治、经济、文化、军事四大建设都要承担起来，成为政府意志在乡村地区实现的桥梁。基层干部与少数民族的传统头人有了很大的区别。从基层干部的职责来看，基层干部的工作是在政府"四大建设"的框架内进行的，贯彻着政府的意志。基层干部是行政组织中的细胞组织，基层管理者由传统的不受政府控制的士绅和头人向政府体制内的基层干部转变，就是国家权力扩张的一个直接表现。因而，基层干部的工作量与传统的士绅和民族头人相比是不能同日而语的。前往广西参观的人士也对基层干部的能力提出疑问：基层干部"任务很大，工作很多，以一身兼任数职的人是否能胜任是一很大的问题"，② 但是广西的基层干部做到了。新桂系还规定："各县乡镇长副乃办理地方自治之重要人员，必须常住公所办公，寸步不能擅离。"③

基层干部代替旧士绅和民族头人在乡村社会出现，真正改变传统的民族乡村二元统治结构，在民国年间很多地区的乡村社会都是难以办到的。以山西为例，民国初年，阎锡山在山西就曾推行过"村治"，颁行了一系列村治章程，以编村为行政单位，建立村民会议、村公所、村监察委员会、息讼会和保卫团等村自治组织，推行"六政三事"，发展农村经济，山西在当时被誉为"政治模范省"。其最成功之处，也是实现了军阀政府对基层社会的全面控制。随着基层政权组织在乡村的正式建设，山西的村长、副村长经村民选举和县政府的委任，也成为"半政府官员"、"准政府官员"。④

---

① 陶勋：《乡村长实用法律常识》，民团周刊社，1938，第 2 页。
② 陈江：《广西的民团及其评价》，中国第二历史档案馆馆藏档案，全宗号 34，案卷号 608。
③ 《苍梧县二十三年度县行政会议录》，苍梧县政府编印，1935，第 78 页。
④ 董江爱：《山西村治与军阀政治（1917～1927）》，中国社会出版社，2002，第 122 页。

在山西的乡村社会中，阎锡山对区长的选任要求：区长的资格是年龄在 25～40 岁之间，且符合下列条件之一者：（1）法政本科或别科毕业及讲习科一年半以上毕业者；（2）中学以上或相当中学毕业之资格者；（3）办理地方事务三年以上且有成绩者。曾受刑事处分、品行不端、有嗜好及废疾者除外。录用办法：在省署设立地方行政讲习所，由各县保送符合区长资格者进行专门培训，期满考试，合格者由省长委任录用。[①]省长委任区长时，采取本地人不在本地任职的回避制度。区长属政府给薪官员，年薪 180～240 元不等。[②]

村长、村长副、闾长、邻长的选任要求：村长要具备下列之资格：（1）朴实公正，兼通文义者；（2）30 岁以上，确无嗜好者；（3）有不动产价值在 1000 元（安泽县为拥有土地 500 亩）以上者。具备前列条件之二者，有不动产 500 元以上者可选为村副。村长副由村民加倍推举，送由县知事选任，并呈报省道公署备案。村长副任期为一年，可连任，但连任不得超过三年。[③] 闾长由本闾村民加倍选出，县知事从中择委，并颁发委任状。邻长由本邻居民推选，村长任命，闾邻长受村长副指挥执行职务。实际上，各地的闾长、邻长都由村长指定，闾邻长的职责是把村长要他们传达的话传达到该闾、该邻各户，再把本闾、本邻内各户的情形报告村长。[④]

从这些"半政府官员"的构成来看，他们都是地主士绅的上层分子，且由各县知事与参加县议会的地方士绅协商，向省署保送。这就保证了阎锡山的区长人选都在地主士绅阶层，或较高的社会阶层中。且各县向省署保送的区长人选，要在省署专门培训，除了向他们灌输从事地方管理的专业知识以外，主要灌输阎锡山的思想。学习期满，经过考试，由阎锡山亲自从中"择优"录用。在村长副的选任中，高额的财产限定起决定作用。一方面当时政府由于财政困难，没有多余款项支付基层公务员工资，因此无法向农村委派官吏，只能利用并依靠农村现有人才且不

---

① 周成：《山西地方自治纲要》，上海泰东图书局，1925，第 13～14 页。
② 梁漱溟：《北游所见纪略》，载自《村治的理论与实践》，村治月刊社，1929，第 21 页。
③ 周成：《山西地方自治纲要》，上海泰东图书局，1925，第 13～14 页。
④ 周成：《山西地方自治纲要》，上海泰东图书局，1925，第 13～14 页。

用支薪，这就决定了村长副必须由有比较厚实的家底及一定空闲时间和文化素养的家庭成员担任。另一方面阎锡山要依靠地主士绅实现对农村社会的控制，必然要通过财产标准把村长副的人选限制在地主士绅范围内；在当时的山西农村，不动产在 1000 元以上的大都为地主士绅，500元以上的大都为富农阶级。[①]

据董江爱对太原晋祠、太谷县、安泽县、壶关县、夏县等地调查，由村民按规定条件选举产生、经县知事择委的村长绝大部分是村中最富有的最大家族的族长或其家庭成员。20 世纪 20 年代期间，村长的职位都是由一个属于该村最富有的家庭的人独占着。极个别的村长是由于为人正直，精明能干，在村里威信很高，才被村民选上的，但这类人的家庭条件至少也属于富裕中农之列。家境贫寒者则不为阎锡山所用，因为他们没有时间和精力办理村务。这种有财产、受教育程度、性别限制并接受县知事仲裁的选举，保证了村级权力由原本就掌握农村资源和权力的地主士绅来掌握。[②]

综上所述，新桂系政府对基层干部的选拔、任用和培养都与传统的政府有很大不同。政府将乡村武装力量和乡村学校都纳入乡村行政网络，创造了新的体制，赋予基层行政人员新的职责和任务，使基层公务员成为 30 年代基层社会的一股新生力量，这是阎锡山政府和其他国民政府都做不到的。此时军阀政府对乡村权力的合法性得到了基层社会的认同。就这方面而言，新桂系政府在社会控制和政府行政网络化方面无疑走在国民党政权的前列。

在以上所进行的横向对比中，我们不难发现新桂系政府的权力扩张无疑是强大的。政府有足够的能力将自己的权力直接插入地方社会，建立起有效的社会政治秩序。新桂系集团通过政府强大的行政网络，将社会所有的资源集中在政府手中，以政治力量直接参与社会经济等种种活动的方式，自上而下地推动广西各项建设和发展，使这一时期的广西无论是经济建设还是社会建设，乃至政府效率都体现出了前所未有的活力。

---

① 李茂盛等：《阎锡山全传》，当代中国出版社，1996，第 249 页。

② 董江爱：《山西编村制度研究》，《山西大学学报》2003 年第 1 期。

从社会历史发角度看，新秩序体制的建构、国家权力的急剧增强、政府职能的扩展以及社会控制系统的重构都是这十年中新桂系政府努力的主要方面，属于"规划的社会变迁"，是新桂系集团追求国家权力扩张的表现。

1927～1949 年间，新桂系政府完成了新统治秩序的构建。在秩序构建过程中，国家权力得到显著增强，作为权力扩张标志的地方行政控制力和社会资源汲取力的增长尤为明显。另外社会管理职能亦有很大扩展。同时广西地方社会在政府的强力作用下，逐渐由分散走向聚合。新桂系集团秩序构建与权力扩张二者相辅相成，成为中国现代国家政权建设的重要组成部分。这在后来的抗日战争中发挥了重要的作用，彰显了恢弘的时代特征。这些都表明了新桂系政府所努力构建的政治秩序体制对民族、国家所具有的积极效果。

第二节　社会控制的效度：对控制网络的系统分析

本节对于政府控制效度的分析，采用一般系统论的方法。英文中系统一词（system）来源于古代希腊文（syst Ema），意为部分组成的整体。古希腊哲学家德谟克利特所著《世界大系统》是最早采用系统一词的书。系统科学指的是以系统及其机理为对象，研究系统的类型、性质和运动规律的科学。因此，系统是具有一定结构的、体现一定功能的、保持有机联系的若干要素所构成的一个整体。

系统论认为，社会是由相互依存，相互作用和相互制约的社会子系统组成的一个有机整体，社会的稳定和发展取决于这些社会子系统之间的相互适应、相互协调和相互匹配。当今社会系统内部不同部分之间、不同层次之间的相互依赖性和相互制约性越来越显著。任一要素或任一系统，都是在与其他要素或系统的联系中存在，彼要素构成此要素的相对环境，彼系统构成此系统的相对环境。按照系统论的观点，社会某一子系统发生变革时，它必然会影响到其他社会子系统的运作方式和功能的发挥。政府是一个自组织、自适应系统，环境及相关要素的微小变化，其自身可以发挥自组织、自适应功能，通过调节相关要素，达到健康有序发展的目的。因而环境以及政府系统的内部要素的相互关系和作用都会影响政府系统的正常运作和政府能力的充分发挥。①

在政治学上，一般系统理论的研究，以互动的政治行为为基本单元，建立了政治系统的一般框架并着力就政治系统与环境之间的关系展开输入——输出分析。一般政治系统理论认为政治系统是由一系列政治互动要素组成的有机整体，它主要研究政治系统是如何运作和维持自身生存的，确认政治系统是社会系统的一部分，它在社会系统内的某个特定区域内运行，通过与环境的交互运动（输入、输出和反馈）来维持系统的稳定与生存，只有当政治系统的输入输出达到平衡时，政治系统才能稳定，才能正常运行，否则就会瓦解。

美国学者马克·G.波波维奇（Mark G. Popovich）在其所主编的《创建高绩效的政府组织：公共管理者实用指南》中，主张在创建高绩效政府组织的工作中必须改革组织的各个方面，不仅仅是它的工作方法或是它的组织构造，而且还包括它和服务对象的关系、文化、它的管理系统。② 实际上，政府在社会系统中运行，根据系统论关于社会子系统在结构、功能和运作方式上必须相互协调、相互匹配的观点，这就意味着政府效能建设将取决于社会系统与政府系统以及政府系统内部的协同、合作和互相匹配，这要求我们在进行政府效能建设时，必须从全局着眼。

综合上述观点，政府效能建设的系统论视角，应该着眼于政府的内部因素和外部环境结合，政府内部要素的建设决定着政府效率的开展，政府与社会的交互运动、平衡互动，是政府系统与社会环境是否实现平衡的关键。因此政府是否建立在一个平衡的互动基础上，政府内部要素建设如何，这几个方面的子系统将决定着政府系统的运作。只有政府内部要素正常运转，保证效率，政府与社会之间形成一种平衡互动，那么政府的效能自然就能发挥到最充分的水平。因为政府效能建设不是政府

---

① Ludwig Von Bertaflanffy: *General System Theory（FoundationsDevelopment Apalications）*, George Braziller, Inc. New York. 1973.

② 〔美〕马克·G.波波维奇主编《创建高绩效的政府组织：公共管理者实用指南》，孔宪遂译，中国人民大学出版社，2003，第209页。

个体系统的任务，它的成功不能仅仅仰仗个体系统的自身完善，社会作为他的外部环境，在政府整个效能建设过程中都有非常重要的建设任务。

本节根据系统环境互塑共生原理，认为社会系统、政府系统之间形成的一种双向互动关系，时刻进行着社会信息、人员和能量的交换，它们相互制约、相互影响、相互促进从而实现共同发展。因此一个政府的社会控制效度主要取决于这个政府系统和社会系统的相互作用，只有把这两者的相互协调关系解决好，当政治系统的输入输出达到均衡时，这个政府自然能发挥最大的效能。因而对新桂系政府社会控制力的分析，我们主要考察这两个系统之间的协调关系，考量这个政府是否通过与环境的交互运动实现整个政治系统的平衡，这样我们就可以从系统论的角度考察一个政府的社会控制力和政府能力。

一　新桂系政府的努力

"三位一体"的行政网络，使政府拥有强大的控制能力和社会资源汲取能力，同时新桂系政府也发挥着社会发展和社会服务的职能。20 世纪 30 年代新桂系政府为整个广西的建设还是做了许多以前政府做不到的事，使当时的广西获得了宝贵的十年稳定的社会秩序。

1. 促进民族地区社会经济文化的发展

政府建立初期，新桂系集团就制定了《广西建设纲领》，作为广西建设的总纲。30 年代，为了具体落实《广西建设纲领》，新桂系每年都制定年度实施计划，年初部署，年终检查总结。按《广西建设纲领》规划实施的广西"十年建设"，带动了广西经济、文化教育的发展。如在经济上，农业方面推广良种，建立农业试验场，进行了有限的农田水利建设。此外，新桂系当局还推广小麦、荞麦、豌豆、油菜等冬季作物，促进农业发展，提高各族民众的生产水平。对广西主要河流航道作了疏浚工作。同时采取一系列措施，要求县乡村设置林场、植树造林、绿化荒山。在贸易方面，入超有所减少，民族地区的劳动生产力有了明显提高。广西的近代工业、矿业开始兴起，在新桂系统治下，广西经济稳步发展，粮食供应、工矿业生产和对外贸易基本上达到了自给和平衡，社会状况有所改良。在国民基础教育的推动下，文化教育方面也有一些发展，改变了广大民族地区没有学校的现状。新桂系重视教育，重视培养引进人才，尊重知识礼优学者，注意选拔优秀青年。这十年间广西出现大办教育的热潮，取得了较显著的成效。其中比较引入注目的，一是 1933～1940 年在全省实施的普及国民基础教育运动；二是创办国民中学，使之与普通中学制度并行，而侧重于培养省内乡村建设人才，并将国民基础教育衔接起来。这是广西对全国初、中等教育的改革和创新。在社会风俗方面，婚嫁、生寿、丧葬、祭祀、服饰等诸多陋习得到改良，新桂系当局颁布了一系列规定，严禁童婚、童养媳、多妻、逃婚、铺张浪费等陋俗，维护了少数民族妇女、儿童的相关权益。这与旧桂系时代比较，整个社会在总体上是有所进步的。

2. 利用政治强权，实现了对社会的大规模整合

1930 年代新桂系集团致力于政府改革，整顿行政，大力倡导"地方自治"，推行具有广西特色的三位一体乡村政权，构筑了覆盖全省的行政网络。同时政府在全省推行民团建设，将军事组织寓于政治组织中，实施寓兵于团，寓将于学政策，训练全省 18～45 岁的壮丁，将全省民众纳入政府的控制网络中，从而极大强化了新桂系在广西的统治。新桂系的权力触角，此时前所未有地遍及广西的每个角落。这使得新桂系能够将广西有限的社会资源，集中掌握在自己手中，并按自己的意志来主导广西未来的发展和走向。

因此新桂系通过军事强制手段来建立社会经济秩序，大办官营工业，以推动广西的经济增长。新桂系这种以军事管理方式组织经济生活的做法，加强了政府对广西社会进程的主导能力。社会的一切都被纳入高度的意志统一、权力统一和财政统一的政府体制中，自上而下由政府全面掌控。这种体制在新桂系统治初期，尤其是百废待兴之际，确实起到了维系和振作民心，充分调动人力、物力和财力的作用。新桂系打着"三自政策"口号，编练民团武化广西，虽然其主观上是为了达到保存实力、扩张地盘、与蒋抗争。但是"三自三寓"政策以及"三位一体"的基层政权建设确实使广西在全国独树一帜，大大改变了广西的社会面貌，一改贫弱混乱而为团结奋进、经济自给、朝气蓬勃

的"新广西"。

3. 新桂系为 20 世纪 30 年代的广西构建了一个相对安定的内外环境

1840 年起，特别是进入 20 世纪后，整个中国社会陷入一种大规模的脱序状态，并伴随着长期剧烈的社会动荡。僻处西南边疆、贫瘠落后又是多民族聚居的广西，更是烽火连天、绿林群起。近代广西素以多匪著称，官府屡剿不绝。"广西在从前，乡人外出放牛或种田，都带枪，藉以防身。"① 新桂系重新主政广西后，对外，通过种种努力，保持住了广西的"半独立"地位；对内，利用自己掌握的军队在民团的协助下，把广西的社会与政治冲突限制在"秩序范围"之内。

新桂系决心标本兼治，严申军令，限期剿灭匪患，接着实行保甲制，严密基层组织，并以受过训练的乡村青年干部代替原有的腐败团局；培养一批足以推行"三自"政策的青年干部，受训期满后分派县乡村镇调查各区人口、财产、教育等情况。还规定所有民枪均在乡、村公所内，由乡、村长在农闲时集中壮丁加以军训。这些制度的推行对于消除匪患非常有效，全省匪患几乎绝迹。

新桂系政府的努力使得 20 世纪 30 年代的广西有了一个较稳定的内外大环境。尽管在这过程中，新桂系也疯狂围剿过左右江革命根据地，残酷镇压壮、瑶等少数民族起义，配合蒋介石堵截长征途中的红军，但客观地说，政府通过强制手段，把所有少数民族起义压制下去了，维持了广西近 10 年的稳定。

二 控制网络留下的遗憾

显然，20 世纪 30 年代新桂系政府在拥有强大的社会资源汲取能力的同时，对社会的建设，也就是政府对社会资源的输出而言还是有贡献的。但我们必须承认的是，这一时期政府对社会的输入——输出系统是不平衡的。社会虽然向政府提供了强大的资源，但是社会在政府的建设和发展中，并没有得到相应的发展。相反因为行政体制的构建，行政成本的

---

① 潘辑山：《广西社会教育》，《南宁民国日报》，1936 年 6 月 20 日。

增加，使得社会负担进一步加剧。综观 30 年代广西区域社会，可以发现，广西社会的发展是不平衡的。政治军事的现代化远远走在了前头，而更为重要的经济、教育文化现代化建设仍然落后。这一点早在当时就有人指出过。马君武先生曾把广西在 30 年代的现代化建设，分为军事、政治、文化、经济四种。他希望四者齐头并进，"好像桌子的四个脚"，而且这四个脚要同样长，桌子才能站稳。但他又说："几年来本省四大建设的成绩却没有平衡的发展，军事发展得最长，政治建设次之，文化、经济两大建设则最短。"① 总的来说，1930 年代广西社会的近代化进程，给民众带来了不小的负担。

1. 人民负担的剧增

新桂系政府的努力，是希望农村"仓廪充实，人民乐岁终身饱，凶年得免于死亡"。② 但事实上，广西农村并没有出现新桂系所描绘的盛景，"合作事业"没能挽救农村社会的日益恶化，广大农民依然十分贫困。当时广西政府乡村控制的行政成本一并落在农民的身上。

（1）赋税的增加

为了保证政府的权力延伸到乡村地区，维持地方军政经费的庞大开支，政府只有不断增加赋税。旧桂系时期，苛捐杂税多如牛毛。新桂系主政广西时赋税有增无减，农民除了交纳正税外，还有"省的附加，县的附加，更有区和村的附加，叠床架屋各自为政"。③ 从苛捐杂税来说，就有很多种，如乡警费、学谷费、保安费、赈济费、子弹费、建筑费以及乡村长津贴费等等，名目繁多，不胜枚举，而且时有附加。据统计，当时广西各族农民承受的赋税，有"国税十二项，省税二十五项，而县之项目，计二百余种，区公所之捐共计七十六项"。④ 如此繁多的捐税使得农民的支出大大增加。

① 马君武：《建设广西与基础教育》，载自李崇道编《马君武先生百年诞辰纪念特刊》，《广西文献》（台北）1981 年第 12 期，第 13 页。
② 李宗仁口述，唐德刚撰《李宗仁回忆录》，广西师范大学出版社，2005，第 645 页。
③ 行政院农村复兴委员会编《广西省农村调查》，上海商务印书馆，1935，第 259 页。
④ 行政院农村复兴委员会编《广西省农村调查》，上海商务印书馆，1935，第 259 页。

表5-1 百色壮族那老乡附加税表

税种	数额	备注
乡村经费	每月征收一次，最穷者每次至少交四五斤米，一般交一二十斤。	用以支付乡长、村长、干事、兵警之类的经费。
富力捐	每年征收两次，每次分四等征收：甲等收四十至五十元，乙等收二十元，丙等收十元，丁等收三元，只有赤贫者才免收。	
草鞋费	每年征收两次，最贫之户每次交一至二元，中农以上交达五至十元。	借前方草鞋费之名，实为政府借名勒索。
乡村建设费	每年征收四次，贫者每次收一至二元，中农以上收五至十元。	
服装费	每年征收两次，贫者每次收一元以上，中农以上收五至十元。	
年猪捐	杀猪过年的人家要交猪税。一百斤重的猪交5元。民国26年以后的一些年头，把数额直接分摊到甲，由甲长分摊给各户负担，没有猪杀的人也要交五角至一元。	
屠宰捐	谁家杀猪出卖，按6%交税。	
牛马捐	卖掉牛马时，要交10%左右的税款。	
熬酒税	谁家自己酿酒食，要收税百分之二十。	偷熬不报的以"偷税"处罚，视熬酒家的家当来勒索五元至十元。这种事情很普遍，全乡差不多屯屯被罚。

资料来源：广西壮族自治区编辑组：《广西壮族社会历史调查》第2册，广西民族出版社，1987，第245～249页。

从上表来看，当时乡村地区的附加杂税还是相当多。凡是农民拿到市场上去卖的东西，如辣椒、青菜等也要交税。以上诸项税捐的大约估计，百色那老乡每户贫农每年也要交税二十元以上（每元三十斤至四十斤米），而每年的收入，连杂粮在内一般不超过一千五百斤谷，交纳税捐后，农民终年只好以糠菜过日子。① 由于沉重的赋税，人民生活极端痛

① 广西壮族自治区编辑组：《广西壮族社会历史调查》第2册，广西人民出版社，1985，第193～195页。

苦，很多人家把牛马、田地典当，连女儿也要出卖。

彝族地区，1935 年建乡后，各种杂税也是应接不暇。彝族地区者祥屯原属那桑乡，达腊屯原属隆平乡。在新桂系统治下，当地彝族人民也遭受着沉重的剥削和压迫。每年乡长、乡丁，村长、村丁都到屯里来催促甲长向农民收捐税钱。这些捐税钱有所谓"县经费"、"乡经费"、"村经费"以及什么铁路费等等。乡村经费主要是供给行政部门的经费。县经费每年每户两块光洋，乡经费每一甲 20 块光洋分摊到户，村经费每一甲 10 块光洋也分摊到户。当时者祥为一甲，只有 16 户，且绝大多数人家没有田地，生活已近绝路，根本无钱交纳众多经费。而且除了上述经费外，过年过节还必须上交屠宰税、酒税等。每头猪交屠宰税 4 块光洋，每锅酒交酒税 1.5 块光洋。在钱款之外，还要交实物。每年每户要交 10 斤左右的米给村长，用于乡丁、村丁的吃用。①

彝族那地寨贫农黄亚邦，因为各种杂税欠交，而被迫东逃西跑，无法安居，先后搬了 7 次家，最后才定居下来。黄国兴在 1946 年间，因烟税负担不了，乡长刘汉文和村长李云众先后到他家催交，最后被他们拉了一条牛作为抵税。王开福也因烟税交不了便被乡长拉去一匹马。交不上的就被抓。黄亚抗就因为欠烟税而被绑到乡府数天，交款后才放回。1945 年间，贫农黄子英种了一块洋烟地，仅仅收得 20 两，就被乡长刘汉文刮去 6 两。这些繁重的税，使人民生活贫困不堪，而乡、村长却发了横财。刘汉文作了 20 多年的乡长，对各族人民进行残酷的剥削和压迫，强迫人民耕种 650 亩鸦片地，收得 325000 两（2300 斤）；他还放高利贷，仅在 1945 年就放了 4000 块光洋，利润达 8 倍左右。这样他就利用这笔钱购买了 100 多支枪，养了数十个爪牙，镇压人民。其他地主富农也长期对人民敲骨吸髓地剥削。②

仡佬族地区的苛捐杂税同样可谓多如牛毛，除与其他民族同等的常规税收外，仡佬族地区比较重的税赋主要有以下几项。

---

① 广西壮族自治区编辑组：《广西彝族仡佬族水族社会历史调查》，民族出版社，2009，第 57 页。

② 广西壮族自治区编辑组：《广西彝族仡佬族水族社会历史调查》，民族出版社，2009，第 19 页。

农业税。如郭卜秀（贫农）耕种地主杨万林的土地，年交定额租 400 斤玉米，而该地每年仅收入玉米 640 斤，交付以上税款，自己仅得 240 斤。

洋烟（鸦片）税。新桂系把仡佬人民当作未开化的特种民族，强迫他们种洋烟，用洋烟来毒害他们，从中发财。他们不管谁种植多少，按甲乙丙三等征收税款，每年甲等交洋烟泥 80 两，乙等交 60 两，丙等交 30 两（贫农一般都属丙等）。还要交乡警费 5 两，村警费 3 两，结果自己只得 12 两。不管年景如何，税量必须交足，很多人交不起这笔税，被迫卖牛和母鸡以还清其数，或把土地地价顶税。如黄家济的太公因交不起烟税，被拉去值光洋 30 元的一条大牛当 18 元的税款，还要一块值 100 元的畬地亦被作价 30 元顶交税款，过了时间交税还被打得断了脊背骨。

学校基金。每半年分甲乙丙三等征收一次：甲等征收 3.6 元，乙等征收 2.4 元，丙等征收 1.2 元。此外，村干部还拿基金去放债，将该款借给群众，美其名曰救济贫民，还钱要加 10 利 3 利，赔不起即利上加利，并加以罚款。仡佬族人郭正妹借 100 斤包谷，三年后被勒还 1000 斤。苗族杨家芝借 5 斗（40 斤）玉米，三年后被勒还法光 50 元，无法，只好将大公牛顶债。债户还要宰鸡杀鸭招待上门催债的差卒，免得被他们扣押。①

此外，还有房屋税、户口税、寒衣费、独子税和买卖时要交的牛税、羊税、酒税、猪税、鸡鸭税，等等，甚至过年时还要交猪肉、酒、盐粽粑之类食物，总之每月差警上门催交杂税 3～4 次。洋烟税一般是按地产来征收，由乡摊派到村，又由村包到甲，再摊到户，按 50% 来征收。其他税款往往 7 天派一回，借口收养兵费，补助公家费以及其他费用。头一班兵来收几十元，最尾一班不下 10 元。房屋税也不断增加，一年征收 10 多元。人口税不论大小一样征收，大人一般一元，小孩几毫。牛马税不分大小，按头数征收，每头不下一元。猪税、酒税也在不断增加。

塘浪村水族由于 1939 年至 1942 年间，全村壮丁不是被拉去当兵，便是全部逃亡，以致田园荒芜。据 1941 年统计，全村水族因此丢荒田 36 挑。1947 年，单县警代金每户贫农必须出资 59 万元（折谷 300 斤），还

---

① 广西壮族自治区编辑组：《广西彝族仡佬族水族社会历史调查》，民族出版社，2009，第 170 页。

有其他乡丁费、乡警费数不胜数。据水族人民韦芝有说："（苛捐杂税）年年有，月月有，一开会便要钱。"①

各族农民负担的捐税不但种类多，数量也不少。据统计，民国21年（1932）全省由农民负担的赋税"总计约为三千二百五十万元，如以一百八十八万另七百户计算，每户应负担十七元左右，假定每户以三人为有生产能力者，则每人实须负担五元以上"。②

抗战爆发以后，1932年的税赋呈明显上涨之趋势。农户除上缴各种赋税外，还须缴纳种种摊派和应付兵役力役。以当时的征兵政策为例，政府实行的是"两丁抽一，三丁抽二"政策，不服役者须交"壮丁费"或"缓役费"。据调查，广西"农民一般都因缺少口粮或因国民党抽壮丁，交缓役费，不得不借贷应付"。③瑶族当地有句俗语："有钱钱抵命，无钱命当差"正是当时的真实写照。

当时广西沉重的行政成本一并落在农民的身上，使他们连维持生存所需的最低限度的生活资料都不能保障，甚至连简单的再生产也难以继续下去。《东方杂志》描述了广西永淳的乡村建设加重了农民的负担，致使农村破产的景象，"农村的破产，正随着建设的猛进特别急剧地展开"，其重要原因是"乡村建设急速的进行，加重了农民的负担。年来建设经费、工役都直接由农民担任。……建设公路方面，一大笔款项的支付，于是由县府发行建设四厘公债两万元，仍按乡、村、按户令派认购……至若乡村电话的建设又是按户认购。……民团训练也不是好玩的东西，在当初每村两个人去受训，购公枪费又要抽捐。……三年来，他们一村（约八十户）单各种建设费的负担，每年当在三万万元以上。"④当时广西各项建设是建立在广大人民的沉重负担基础之上的。

（2）沉重的兵役劳役

当时与贫穷相随的是，广大人民群众为广西的建设背负着沉重的劳

① 广西壮族自治区编辑组：《广西彝族仡佬族水族社会历史调查》，民族出版社，2009，第203页。

② 行政院农村复兴委员会编《广西省农村调查》，上海商务印书馆，1935，第332页。

③ 广西壮族自治区编辑组：《广西瑶族社会历史调查》第4册，广西民族出版社，1986，第192页。

④ 黎启宝：《广西永淳的乡村建设与农民》，《东方杂志》第32卷第2号，第79~81页。

役和兵役。以公路建设为例。民国时期公路建设需要大量的经费，新桂系执政时期的广西财政是相当困难的，筑路经费如何筹措？政府规定筑路经费主要靠粮赋增加。凡公路经过的县份，皆于原定粮赋数额之外，附加 1～2 倍的筑路经费，年限为 1～3 年。例如修筑桂黄（桂林至黄沙河）公路，就连续两年加倍征收沿路灵川、兴安、全州、灌阳 4 个县的粮赋共计 40.8 万元。建筑柳庆公路时，政府规定由 1926 年起，柳江各县钱粮每年加征一倍，以三年为限，用以修筑柳庆公路，由各县知事开征钱粮时附带征收。当时政府对柳庆公路的补助费为 1371183.816 元，占总收入的 40.56%，而各县粮赋和倍征路款为 107019.704 元，占到总收入的 30.97%。① 政府依靠强制性的行政手段向社会汲取资源，相当高效率地筹到兴修公路的经费，使民国时期广西的公路得以大规模的兴建。

除了征收赋税外，政府还要向民众无偿征工提供劳动力。广西在修公路时，新桂系大都征调民工担负路基土方工程。当时广西征工是无偿的，"各区乡村（街）征调民工不给工资，所用工具均由民工自备"。② 修路的民团都是自带伙食和劳动工具，在本乡地段进行修筑，早出晚归。广西各地凡公路沿线左右数十里内的壮丁，均有被征工筑路之义务。有的地方则规定：凡在路线左右 20 里以内之壮丁，年在 18 岁以上 45 岁以下者，均有应征服役 15 天之义务，但确系赤贫残废者应予免征。有时缺人，妇女儿童也是应征之列。1934 年，新桂系就征调了 5000 多名女工去筑路。③ 周详的征工制度，使 30 年代的公路建设获得了充足的劳动力资源。1935 年开始，政府修建从隆林至百色的公路，磨基乡凡 18～50 岁的人都被征去。仡佬族 21 家，有 4 户贫农无法筹钱被征派。其他适龄的每人交光洋 12 元（每元 16 斤玉米）给村长才能免征半年，

1933 年国民党将团局改为乡、村公所后，加强了对少数人民的政治统治。加之，广西实行"三自三寓"政策，政府加紧了"三征"（征粮、

---

① 张若龄、陈虔礼：《广西公路史》第 1 册，人民交通出版社，1991，第 106 页。
② 《罗城县政府开辟区乡村（街）道路征调民工收用土地简章》，《广西省政府公报》第 10 期，1934 年。
③ 张若龄、陈虔礼：《广西公路史》第 1 册，人民交通出版社，1991，第 130 页。

征兵、征税），山区少数民族人民除了纳粮外，还有缴纳数十种苛捐杂税，除了被拉夫外，还要遭受"两丁抽一"、"三丁抽二"的征兵之苦。从1934年起，新桂系大举征兵。各级统治机构藉此苛敛。当时设有缓役代金，许多被征者被迫卖田地、房屋交钱，没有产业拍卖的只好应征去当兵。交一次钱缓征一年，次年又要被征，年复一年，搞得许多适龄壮丁倾家荡产，最后无法，只得应征而去。如思恩县毛难族下南农民谭达胜，因交不上钱而被迫出征。农民谭仁昌家因亲人被征，乡长谭展以交烟土作为缓征条件，结果当事人只好花了一百二十块东毫（约当八十两鸦片价）交去，才获缓征。官员常常因各人家底情况不同而索取不同的缓役金，少的百多元，多者五六百元不等，以此大发横财。

本来国民党政府征兵条例规定：凡年满18岁至45岁的男性青壮年，都是适龄壮丁，需要亲赴乡公所抽签，不来者则全家遭殃。但抽签只是个骗局，很多人被抽中签，远远超出上级征兵名额。在超额的名单中，乡村长就肆意勒索，如毛南族的乡长韦学海在上南抽签抓兵，一次就抓了三百多名，以后谁交三元钱便可免去抽签，一次征兵就刮了八九百元。有十人交不出钱，都被关在水源乡，受尽折磨，其中有些人无辜死在牢房，最后逃出的仅有八人。也有少数侥幸未抽中签者，如下南松现屯覃加木，两次抽签未中，第三次抽中了签，因无钱交缓役金而被征去，两年后才逃回来，虎口余生。岂知乡长又来勒索，无钱贿赂，回家一个月又被抓去当了一年零八个月兵，第二次逃离兵营不敢回家，只得流落于山里，过着非人的生活。一年后被发觉再次被抓去当兵，直至解放后才转回家。

抗日战争后，新桂系政府的征兵工作进一步加强。在1937年后，百色两邕乡人民被征去修百色到隆林的公路和修百色飞机场，前后共3次，每次做工两三个月。凡是有劳动力的人，不论男女几乎全部征走，约有300多人。同时，每次按户平均摊收白米50斤，光洋3元作伙食费，而被征调不去者，则要缴纳白米300斤。[①] 武鸣县也有大量民工被征集，详细情况如下表：

---

① 广西壮族自治区编辑组：《广西壮族社会历史调查》第2册，广西民族出版社，1985，第245～249页。

表 5 - 2　1937~1939 年广西武鸣县征调民工人数统计

单位：人

年份	1937	1938	1939	合计
筑公路	6500	5000	12000	23500
筑铁路		9976		9976
修机场		3000		3000
破坏公路			8266	8266
破坏机场			13804	13804
运军用品	3400	6500	18000	27900
运军用物什			17459	17459
运公物	1200	670	21540	23410
合　计	11100	25146	91069	127315

资料来源：《广西年鉴》第 3 回，广西省政府统计处编印，1948，第 650~667 页。

　　当时被征民工因事故不能应征者，须自行雇工替代，如不能雇工顶替，以每日毫币 5 角交由甲长代雇。被征民工，如有违抗或藉故规避者，由区乡镇长指名报县惩处。这些"苛刻"的制度保障了公路建设的顺利进行，也为政府节约了大量的修筑成本。筑路民工工作非常艰辛，加上工地缺乏具体的安全措施，不少民工献出了生命。1933 年修筑丹池公路，伤亡病亡民工多达 150 余人，[①]多为壮族和瑶族人民。

　　总之，人们终年疲于征兵、征夫和苛捐杂税的沉重剥削以及地主豪绅的残酷掠夺，无法安心生产，土地被丢荒的很多，就是勉强种下也不能很好管理，生产受到严重的破坏。因此每人每年只有 178 斤粮食，只够食 3~4 个月，过着糠菜半年粮的痛苦生活，特别是遇上荒年更惨。1943 年百色两琶乡发生了旱、虫灾，全乡饿死近 100 人，逃荒的有 90 户。[②]

　　可见征兵拉夫，经常使得各族人民妻离子散，倾家荡产，过着颠沛流离的生活。这正如彝族以前点兵歌所哭诉一样："正月点兵替我公，我公胡子白蒙蒙；别人养孙来养老，我公养孙去当兵。四月点兵替我爹，

　　①　《桂省公路用女工修筑》，《申报》1934 年 1 月 30 日。
　　②　广西壮族自治区编辑组：《广西壮族社会历史调查》第 2 册，广西民族出版社，1985，第 248 页。

我爹门口当水田，大田当得三两（银），小田当得五两三，快快当来快快点，拿给腰儿做盘餐。"①

当时广西除了筑路外，进行的许多大规模建设也都是如此，通过征收赋税获取资金，征工获取无偿劳动力，使政府的建设成本降到了最低，从而政府能在较短时期利用有限的财政资金进行大规模的建设，奠定了广西"模范省"的称号。

2. 人民的生活没有质的提高

如前所述，政府动用了大量人力、物力进行的社会建设，使广西的硬件设施有了很大的改观。但这些建设，主要满足政府的需要而没有太多满足社会发展和人们群众的需要，人民为了这些建设承担着大量的赋税和劳役，却没有在这些建设和社会的发展中获取太多的利益。30年代的广西，尽管头顶"三民主义模范省"的光环，但在经济社会发展方面实际上并不能与中国沿海地区相提并论。"模范省"的盛名其实难副。在本来已十分落后的中国，当时的广西贫瘠落后可以用"触目惊心"来形容。

毛难族山区的人民生活相当贫困，普遍缺2～3个月的口粮，所以每天只能吃两顿稀粥，并拌合瓜菜、红薯充饥，经常缺少油盐。以东眉屯谭继传一家3口为例，全家有地2亩多，除种玉米红薯外，还有辣椒、西红柿出卖，或砍柴烧炭，全年收入只合100多元，仅能维持全家四个月的最低生活。所以，平日两顿稀饭以外，无菜无盐。至10～2月冬闲期间，仅以南瓜、红薯充饥，至过年时，才买2～3斤肉。如下谭贫农谭有敢更为贫困，一岁时死了父亲，两岁时母亲改嫁，收养他的亲叔全家9口，每餐只煮2斤猫豆拌合野菜，生活很苦。到10多岁时，他学会编织竹帽，每月编20多顶，每顶可卖东毫5角，便离家在山腰上搭房居住。19岁娶妻时欠债30多元，因无力偿还，夫妻二人只得到债主家编了250顶竹帽抵债。三年后妻死另娶，又欠下两头肥猪的钱，仍靠编帽来还清债款，以后改务农。第一年种3斤玉米种的地，第二年种5斤，第三年种8斤，

---

① 广西壮族自治区编辑组：《广西彝族仡佬族水族社会历史调查》，民族出版社，2009，第19页。

至第五年种 28 斤玉米的地，因灾受害，难敷温饱。① 我们可从仡佬族几
户人家的生活资料可见当时人民生活的困苦。

表 5-3　三冲弄麻仡佬族 4 户贫农主要生活资料状况

姓名	粮食	盐巴	衣服	棉被
何卜恩	缺 6 个月以上	缺 3~5 个月	3~4 年一套,小孩无	无
陈老康	缺 3~4 个月以上	缺 3~4 个月以上	一年一套,小孩无	无
郭老才	缺 3~4 个月以上	极少吃盐巴	打长工一年一套,小孩无	无
何维明	缺 6 个月以上	缺 6 个月以上	两年一套	无

资料来源：广西壮族自治区编辑组：《广西彝族仡佬族水族社会历史调查》，民族出版社，
2009，第 136 页。

　　从上表可见，人民缺粮、缺衣，买不起食盐，连基本的生活都很难
维持。瑶族地区的人民也非常贫困。为了维持社会再生产和满足生活需
要，瑶民在缺乏资金和粮食时，不得不求助于借贷，因而借债情况比较
普遍。据 20 世纪 50 年代的社会历史调查，广西恭城三江石口村等地瑶
民，有 70%～80% 因粮食不足，靠借高利贷维持生活；② 广西隆林平果 9
区合民乡（瑶族为主，杂居壮族），"贫农借债的户数占全部借债户的
68%，占借入总数的 81.2%。雇农借债的户数占全部借债的 28%，占借
入总数的 16.6%；中农借债的户数占全部借债户的 4.8%，占借入总数的
2.27%"。③ 广西贺县（今贺州市）"新华乡的瑶族人民在解放前近几年
借贷的有 80%"。④ 广西百色县（今百色市）洞好乡 3 个瑶族屯，"在解
放前，每年收高利贷的盘剥的人户不下 50%，卖牛、马、大猪赔偿债利
的更是普遍"。⑤ 广西都安（今都安瑶族自治县）的一个瑶族屯，"弄利

---

① 广西壮族自治区编辑组：《广西仫佬族毛难族社会历史调查》，广西民族出版社，1987，
第 69 页。
② 广西壮族自治区编辑组：《广西瑶族社会历史调查》第 3 册，广西民族出版社，1985，
第 286，181 页。
③ 广西省人民政府民族事务委员会编印《隆林县社会调查》，1954，第 547 页。
④ 广西壮族自治区编辑组：《广西瑶族社会历史调查》第 3 册，广西民族出版社，1985，
第 286，181 页。
⑤ 广西壮族自治区编辑组编：《广西瑶族社会历史调查》第 5 册，广西民族出版社，1986，
第 189，51 页。

屯，全屯十九户，解放前十八户受高利贷剥削（中农一户除外），受剥削较深的有八户，最深的有二户"。①

进入民国以后，瑶族借贷利率逐渐呈上升趋势，高利贷相当盛行并在民间借贷体系中占主要地位。广西大瑶山（今广西金秀瑶族自治县）罗香村，"在清朝的时候借稻谷也都是无息的。但到了民国以后，这种情况就改变了"。②罗运村，"以前是无息的，但自新桂系统治瑶山以后，尤其是抗日战争之后，汉区有很多人逃入瑶山居住，借贷粮食的人多起来，这时才开始要利息；于是瑶族内部的互相借贷粮食也开始算利息了"。③

据千家驹等在广西的全县（今全州县）、融县、宜山县、南丹县、贺县（今贺州市）、阳朔县、藤县、郁林县（今玉林市）、宾阳县、龙州县、果德县（今平果县）、百色县（今百色市）等12县780户农家的调查，平均每户农家每年的全部生活消费支出约227.59元，其中156.55元用于食品，8.94元用于衣服，36.78元用于燃料，其他杂项消费约25.31元。④

根据以上数据，我们可以通过恩格尔系数考察20世纪30年代广西各族农民的生活水平，对当时的农村经济进行简要分析。如果套用19世纪德国统计学家恩格尔根据统计资料对消费结构的变化总结家庭收入贫困度的指标，广西农家的恩格尔系数在68.8%左右，属于绝对贫困型家庭。如下表所示：

表5-4　广西12县780户农家食品消费表

单位：元，%

食品种类	780户农家总额	平均每户消费数	占消费总额的比例
米　粮	88876.16	113.94	50.0
蔬　菜	4017.92	5.15	2.2

① 广西壮族自治区编辑组编：《广西瑶族社会历史调查》第5册，广西民族出版社，1986，第189，51页。

② 广西壮族自治区编辑组编：《广西瑶族社会历史调查》第1册，广西民族出版社，1984，第157页。

③ 广西壮族自治区编辑组编：《广西瑶族社会历史调查》第1册，广西民族出版社，1984，第157页。

④ 千家驹：《广西省经济概况》，商务印书馆，1936，第60页。

食品种类	780 户农家总额	平均每户消费数	占消费总额的比例
豆　腐	1826.09	2.34	1.0
肉　类	11723.27	15.03	6.6
调　味	13600.49	17.44	7.6
其　他	2069.04	2.65	1.1
合　计	122112.97	156.55	68.5

资料来源：千家驹：《广西省经济概况》，商务印书馆，1936，第60页。

广西农民的生活正如1936年中国社会教育社考察团在广西考察后指出："广西农民的生活大都是入不敷出，辗转于告贷糊口的痛苦生活中，整个广西是穷，是困。"[1]

3. 政府的建设和努力并没有使社会经济出现质的发展

新桂系对经济建设的投入是在财力不足的情况下所做的努力，以"自卫"为重心的"三自政策"理论为指导，整个财政的投资重点放在军事、政治方面。向军事、政治倾斜弱化经济建设的投资，导致了经济建设的费用不足，"就资本言，企业资本取决于省岁入，及向广西银行透支，则由于省政府一般预算之限制，所办企业缺乏充分固定资金，而银行透支本属短期性质，因此省营各企业基础不固，新企业亦未能迅速建置，由此可见过去广西省营工业建设所受资金短绌影响之大"，故"事业不能圆滑进行，时受影响"。[2] 龙家骧也指出"资金匮乏一向是制约经济发展的四大问题之一"。[3] 政府因财力不足而不能加大经济建设的力度，制约了经济的发展，使广西的经济呈低度发展状况，特别在农业方面表现明显。

由于财力有限，新桂系在农业方面的投资费用少，而且投资效益不高，所以导致当时的广西农业基础设施建设薄弱，制约了农业的发展，使广西农业尽管有了一定的发展，但发展的程度不高，与全国的平均水平还有一定的距离。广西也出现了如易劳逸描述的情况"当资金用作农村建设的时候，很多钱被耗用在纯粹的管理计划工作方面，实际上钱和

---

① 中国社会教育社广西考察团：《广西的教育及其经济》，1937，第61页。
② 《广西工业建设中的几个问题》，《建设研究》第2卷第6期，第40页。
③ 龙家骧：《广西经济问题纲要》，1933年铅印本，第49~61页。

管理都没有最合理和有效地使用。在水利、改良种子和交易虽有一些成就，但这些除了为将来发展提供保证之外，没有别的意义。"① 广西当局虽然进行了投资建设广西的水利工程，据统计，1931 年至 1944 年新桂系所花的水利工程费用总计为 96855776 元（国币）。② 但是取得的成效不是很大，新桂系统治广西二十余年，修建灌溉万亩左右的水利工程只有十三处，一个简单易作的小型工程，也要几年甚至十几年才能修成。如灌溉 8000 亩的荔浦芦河工程，是筑一个小型的引水工程，用了三年零十个月才完成。③ 省政府当时致力于大办示范农场，但先进的生产工具和生产措施，并没有在全省范围内推广，广大农民仍然使用传统的农具进行低效率的生产，如用中国传统畜力耕牛进行耕作。据统计 1941 年至 1942 年广西各县市改良农具，打谷机只 1012 台，玉米脱粒机才有 100 台，切蔓矶 94 台，榨蔗机 30 台，水田中耕 61 台，洋犁 10 台，榨油机仅 1 台。④

在发展建设的过程中，政府掌控了社会资源，以政治的力量直接参与经济活动的方式来推动广西的发展。事实证明，新桂系政府采取由政府干预经济、推动社会变革的方式，尽管在初始阶段也曾在一定程度上推动过广西社会经济的发展，最终却无助于广西现代化发展问题的真正解决。从乡村合作事业的开办过程，我们看到政府采取自上而下的手段促进农业的发展，使日趋严重的官僚化倾向挤压着个人自由发展的空间，使得社会创新能力不足，导致社会发展进程后续乏力。政府包办代替一切或只由政治权力来主导的经济发展模式，很难使一个社会真正实现现代化。因为政府对社会的全方位介入与控制，将会导致社会的全面官僚化。而这种官僚化，又与不可控制的腐败、低效率以及严重的社会不公等社会问题密切相关。

而且，新桂系政府时期对民族乡村地区的管理其实实行的是军事化管理社会，把丰富多彩的社会变成一个军营，通过民团组织把操持百业的民

① 〔美〕易劳逸：《1927～1937 年国民党统治下的中国流产革命》，陈红民等译，中国青年出版社，1992，第 265 页。

② 《广西年鉴》第 3 回，广西省政府统计处编印，1948，第 448 页。

③ 柯德夫：《十年塘库遍全区》，载自《广西十年》（1949～1959），广西人民出版社，1959，第 136 页。

④ 《广西年鉴》第 3 回，广西省政府统计处编印，1948，第 373 页。

众纳入军事化轨道，通过军事组织实现政府的社会控制。因此其基层政权建构，控制模式都带有很强的军事化色彩。新桂系集团实行带有军事性、强制性的自上而下的社会控制方式，使社会中的一切活动都离不开民团，基层体系严重地依赖军事的支持，整个广西基层政权的建构带有很强的军事性特点。在民团体制下，整个社会的军事职能与社会职能重合。政府把社会生活寓于军事生活，以军事生活引导社会生活。在这样的"军事化社会"里，实行兵民合一，以民团的军事建制替代社会组织，社会成员有固定的劳作时间和训练场所，政治组织和社会生活具有浓厚的军事动员色彩。

有人委婉地评价说："桂省近年来积极发动民族的基层组织，如乡村组织和街镇组织都已经有了很可观的成绩，虽然各种组织的进行办法有点偏近'由上而下'的方式，可是这只是初步，我们希望以后桂省的各种组织更接近民主化，更能产生出伟大的成绩来。"① 这正是外界对政府社会军事化的婉转批评。

在政府执政方面，新桂系也标榜"民主自治"，提高人民的参政议政能力。但如前所述，民意机构在政府的决策中并没有起到多大的作用。村街民大会作为一种政治参与的渠道，普通民众事实上无法通过它来真正分享基层的政治权利。新桂系也并没有真正想建设民主的社会环境，只不过想通过集会的方式，使民众接受政府的政治训练。所以与其说这些议事机构是民意机构，倒不如说是一个传达官意的媒介，是新桂系政府寻求的一种新型的合法化的社会控制模式，力图通过这些民意机构，进一步向民间社会扩张国家权力，强化政府对社会的控制。

显而易见，新桂系政府对社会环境的建设事实上是把广西建设成为类似于"斯巴达"式的军事化社会，广西在新桂系的强力统治下，充满了"尚武"的精神。正如胡适先生所说："我们在广西旅行，不能不感觉到广西人民的武化精神确是比别省人民高的多，普遍的多。"② 在经过"武化"了的"三民主义"和"三自三寓"政策的意识形态灌输下广西的社会风气也有了很大的改变，不仅弥漫着"军省主义"的气息，而且广大民众也显

---

① 《抗战中的广西乡村》，《申报》1938 年 3 月 17 日。
② 胡适：《南游杂记》，上海国民出版社，1935，第 20 页。

得勤奋与俭朴。① 这样的环境，社会对政府有着很强的依附性，有利于政府对社会资源的汲取，从而在一定时期内能促进政府能力的发挥。

综上所述，1927～1949 年新桂系政府执政的二十多年间，就政府运行的整个系统而言，在系统的内部建设方面，政府建立了系统的公务员文官制度，用人规范化，提高了政府的整体素质；实现了基层政府机构的行政化，政府行政运作有了很大的改善，有效提高了政府的行政效率，政府强大的行政体系和控制力使政府拥有强大的社会资源汲取能力。这一切都使 30 年代的新桂系政府表现出了强大的政府能力，使政府有能力、有资源加强新桂系集团的实力，而各民族地区的运作和发展也完全在政府的控制之下朝着政府期望的方向前行，并表现出了前所未有的活力，因此 30 年代的广西成为享誉世界的"模范省"。

政府职能系统是一个生态系统，它可以被看作一个生命有机体，与其外部环境存在着一种相互依赖的关系。对于整个社会系统而言，有层级的政府组织是个子系统，它的社会服务职能的发挥仅依靠政府组织及公务员和基层干部是不够的，因为其任一职能的发挥都需要社会、公众来承载，需要公众的配合支持，因而公众便相对地成为政府行政的土壤，成为政府系统的外部环境。政府职能的发展本质上是一种适应性变化，是随着外部生态环境的变化有意识地对其结构和内容不断调整，以期谋取它与环境之间的动态平衡。政府系统的外部环境会对政府管理系统构成压力，并制约着该系统的运行。政府既要接受这些外部环境的约束，积极协调好相互之间的关系，又要在一定程度上依靠组织功能为了实现本系统的功能而独立运行。政府管理系统只是社会这个大系统中的一个子系统，外界环境是一个系统生存与发展演化的必要条件和土壤，系统在环境的激励和约束下运行。②

从新桂系政府的运作来看，政府的外部环境——社会是政府通过完善的行政组织机构和严密的民团网络控制下的实体。政府依靠强制性的、自上而下的方式进行社会管理和社会建设，社会中的一切活动都离不开民团，基层体系严重地依赖军事支持，这样使政府对社会的控制能力和管理

---

① 郑建庐：《桂游一月记》，中华书局，1934，第 52 页。
② 参见王沪宁《行政生态分析》，复旦大学出版社，1989，第 31 页。

能力在最短的时期内得到巨大加强，因此政府对社会资源的榨取能力也随之大大加强，政府的社会效率也随之在最短时期内得到充分的体现。

我们从广西省政府在民族地区构建的网络来看，政府向社会汲取了优质的资源，为我所用，却没有相应地向社会输出同样的资源，维持整个社会的平衡。整个社会的发展实质是新桂系集团的发展和军事实力的增加，广大人民群众在为社会发展作出巨大贡献的同时，并没有太多分享社会发展的成果。

三 政府在网络构建中的缺失

诚然，在新桂系政府初建时期，政府需要大量的社会资源和强大的控制能力对社会进行全方位的控制，把整个社会的发展方向操控在政府和新桂系集团手中，造就了社会系统的不平衡性。但随着政权的巩固、社会的发展，政府并没有采取任何措施去弥补这种系统的不平衡性。

1. 政府没有建立社会发展的动力机制

新桂系重新确立对广西的统治地位之后，长期面临着严重的内忧外患，即广西社会的不平衡现象相当突出，因而政府对社会的建设和管理采取的是"自上而下"的原则，政府主导一切的社会活动，在短期内确保了广西社会的相对稳定。30年代，新桂系从经济、社会、政治各方面都加以治理，结束了广西以前的混乱状态，使广西出现了全新的面貌。"由于新桂系通过以军事实力为后盾的政治强权能把整个广西社会的生产要素组合起来，一时之间也创造出了一种新的、很强劲的生产力，因此在短期内广西区域现代化进程的确取得过一定的发展。"[①]

但是，如前所述，政府在发展建设的同时，并没有真正意义上推动社会经济发展。因此新桂系政府主导下的30年代广西区域发展从整体上可归结为"有增长而无发展"的近代化过程。首先是广西人民的生活水平并没有因为新桂系政府的发展建设而有实质的改善。人民在社会的发展过程中没有分享到社会发展的好处。其次是这一发展的过程并没有真正改变广西的落后面貌。新桂系政府立足于"自给"，在建设广西社会，

---

① 陈勤：《地方实力派与中国区域现代化进程——透视20世纪30年代的广西》，广西人民出版社，2002，第105页。

发展经济的过程中，也是由政府采取"自上而下"的方式，干预经济并推动社会变革，但是政府却始终没有建立起促进民族地区持续发展的动力机制。相反，政府的建设带给人民的却是没完没了的赋税和劳役，拉丁征夫、敲诈勒索，尤其是后期的大规模征兵，导致农村劳动力锐减，荒地激增，最终导致农村经济的破产。

而且在广西社会的发展中，新桂系一直刻意采取由自己大包大揽一切的作法，将社会完全纳入政府的控制网络中，整个社会发展完全由政府来推进，其内在的动力机制就缩小，甚至失去了。这不可避免地造成基层和民众的依附惯性，使得社会日趋缺乏创新的内在动力。长此以往，广西民族地区的发展就逐渐失去了动力。

然而新桂系政府在社会的发展过程中，在各个领域都是由政府"自上而下"地推动社会的发展，由政府大包大揽一切，使30年代的广西社会，出现了社会发展进程中普遍而又最深层次的问题，即"社会发育不良"与"个人自由发展空间的缺乏"，经济增长和社会发展因而乏坚实的基础。①

当时广西尽管头顶着"三民主义模范省"的光环，但这一美誉更多的是对当时政府社会控制的肯定，实际上广西经济社会发展根本无法与中国沿海地区并驾齐驱，而新桂系政府在30年代的发展过程中并没有很好地解决这个问题，因此说"模范省"的盛名其实难副。

2. 阶级矛盾加剧

民族地区的阶级分化，随着生产力的发展，在明清以后逐渐明朗化。乾隆以前，统治者对"不归王化"的地区，用禁止输入盐铁的办法来控制，可见统治者在这里并没有建立他们的机构，阶级分化也并不明显。到了清末，阶级分化开始明显，地主占山田的情况相当普遍，这一点可从民国二年桂林龙脊侗族所立"乡约"中看出，当时所委任的团总，都是富人，穷人是没有份的。如石保美有100多担田，陈正魁有田240担，此外还有地主用钱买监生、贡生。如杨廷俊就花150吊买了一个监生。②

---

① 陈勤：《地方实力派与中国区域现代化进程——透视20世纪30年代的广西》，广西人民出版社，2002，第105页。

② 广西壮族自治区编辑组：《广西侗族社会历史调查》，广西民族出版社，1987，第238页。

国民党新桂系统治时期，阶级分化更为激烈，地主霸山、占水、占田的事层出不穷，特别是地主和新桂系政府相互勾结，彼此利用，地主即"官"，"官"即地主。如龙胜平等区侗族的吴业标既是乡长，又是地主，对劳动人民进行残酷剥削，人民上山打柴、割草都受到干涉。新桂系是官僚、地主阶级利益的代表者，他们无意发动乡村革命，不想推翻既有的土地所有制，无意削减民族地区的高利贷，他们的一切作为，最终都是以维护本集团的利益为宗旨。因此新桂系建立了基层行政机构，却无法改变民族地区已有的阶级分化。相反，为了巩固自己对民族地区的统治，乡村行政组织建立后，往往又与民族这些"头人"相互勾结统治本族人民，进一步加剧了已有的阶级矛盾。

更为重要的是，基层干部承载着新桂系集团繁重的乡村任务，被纳入行政官僚体系的基层干部坐拥体制赋予的权力，但是基层的权力却没有太多制度的约束，新桂系政府最为重视的是他们是否完成"三征"任务。因而不受制约的权力使基层干部在乡村地区大行其道，体制内的腐败由此产生，也激化了人民与统治阶级的矛盾。

许多地主权绅因为和地方政权相结合，以基层政府作为护身符，肆无忌惮地压迫剥削少数民族人民，收高额的田租和山林租，放高利贷以及随心所欲地勒收各种捐税，借征兵之机大占便宜。环江县地主谭炜伪善地对农民谭善民说："你把儿子送到思恩读中学，也脱不了兵役，却又无钱缓役，不如让他到我家里做工，别人就不敢抓他。"[1] 老实的谭善民无可奈何，只得将读书的儿子叫回，送到谭炜家做长工，白白干了两个多月，不得分文工资。农民谭长宽也为躲避兵役，被迫到谭炜家当了四年长工。通过类似手段，谭炜家先后获得十多个长工，肥了自己。[2] 不少豪绅都利用宗族关系，耍尽各种手段，掩盖他们对农民压迫剥削的嘴脸。

由于乡村政府的横征暴敛导致家庭破产在新桂系统治时期比比皆是。1936 年谭玉长一家为了避免被应征，要求缓征，杀肥猪一头卖得 20 元东

---

① 广西壮族自治区编辑组：《广西仫佬族毛难族社会历史调查》，广西民族出版社，1987，第 30 页。

② 广西壮族自治区编辑组：《广西仫佬族毛难族社会历史调查》，广西民族出版社，1987，第 30 页。

毫上交给政府，并宴请村警求情，还请公孙、公仪、老妙三家德高望重的家族担保。但第二年村长谭合生又带着村警登门抓人应征，全家又得杀猪宰鸭款待求情，但谭玉长仍被抓走，从此毫无音讯。次年又来抓其弟谭玉恒，逼得他全家逃往河池县山间，多年不敢回乡。[1] 类似的征兵抓夫事件不胜枚举，造成许多人家妻离子散，家破人亡！

如前所述，在新桂系政府统治下，因军阀连年征战，除各种苛捐杂派之外，以征兵祸害最烈。各级统治机构藉此苛敛，因此每逢抓兵，青壮年们相率逃亡。恼羞成怒的乡府人员，怕断了财路，对被抓住的壮丁，怕他们逃亡均用铁链锁住，送往县政府交割。对逃脱的壮丁，便抓走其家属为人质，逼着要人。如环江县波川屯谭玉昆，因逃亡后抗命不回，就遭乡镇干部折屋抄家，财物荡然一空。谭玉昆见状，义愤填胸，自杀身亡。为了逃避兵役，有的人甚至故意致残，反抗政府的残酷压迫。如毛南族下南乡覃少号，当场砍掉手指，还有的人刺瞎了眼睛。只有二十户的毛南族松现屯，就有五户被迫逃入山里。有的人远离他乡，他们均到解放后才陆续归来。有的人则被迫依附于权绅地霸之家，投身为奴，以无偿做工受其庇护。[2]

除此之外，乡府通过各种手段，利用各种名目，向农民加重压榨。各种苛征杂派数不胜数，如县政府规定有田地房产者，年年需到县城契约纳税，乡府则与县府串通，由乡府统一代办。仅此，各户交钱到县政府前，要先交给乡府一笔手续费，不交就要受罚，此后成为惯例。

在新桂系政府严密的控制网络中，阶级压迫没有减轻，反而加剧，"官府虎狼当道"是当时各族人民的感慨。在沉重的压迫下，生产和生活遭到破坏，人民处于水深火热之中，民族压迫加重，阶级矛盾进一步激化。

3. 政府没有建立起社会的平衡机制

在30年代的发展过程中，新桂系政府没有能够成功建构社会利益协调机制，进一步加剧了政府与社会的不平衡性。现代政府所应具备的四项职能中，社会的平衡职能在这个时期的新桂系政府中是比较欠缺的。社会平

---

① 广西壮族自治区编辑组：《广西仫佬族毛难族社会历史调查》，广西民族出版社，1987，第67页。

② 广西壮族自治区编辑组：《广西仫佬族毛南族社会历史调查》，广西民族出版社，1987，第21页。

衡职能是指政府所拥有的既能够调节、平衡社会服务和社会管理间关系，又能够在社会全体成员和各个阶级、阶层的不同利益与矛盾之间加以调和、平衡的职责与权力。其内涵主要包括三个方面的内容：（1）保卫国家安全和主权独立，为各阶级和阶层的生产和生活提供共同的基础和前提；（2）制定社会资源和价值的再分配政策并开展这方面的活动，以平衡社会利益；（3）建立和维护政治性的和社会性的参政议政组织，并从事社会沟通、协商和监督等活动，调解和消除社会矛盾和利益冲突。[①]

在社会发展过程中，统治集团不可避免地要碰到如何协调各种利益冲突的问题，如果不能成功地建构起一个社会利益协调模式，其主导的社会发展就会遭受挫折乃至失败。

如前所述，新桂系政府系统是建立在不平衡的系统互换基础之上的。政府长期向社会榨取大量的资源，利用社会的资源发展政府本身，人民在政府的系统的互换中并没有得到相应的发展，因而政府和社会两个系统长期是不平等的失衡。在这种失衡系统下的人民，必然会产生民怨、民乱和社会冲突。新桂系为协调广西区域现代化进程中的社会利益冲突，采取了镇压、同化以及意识形态控制等"多管齐下"的措施。

镇压的手段，就是新桂系以军事强权去无情地铲除一切现实乃至潜在的反对力量。新桂系建立基层统治以来，桂北瑶族、融水少数民族、苗族等各族人民都爆发过大规模的起义。面对这些起义，新桂系政府都采取了无情的镇压。除了镇压民变外，新桂系政府还全面取缔了一切民主活动以及一切不能为其所控制的组织，对所有的工农活动不遗余力地实行严厉镇压。而且还通过同化政策强行改造少数民族。通过残酷的高压手段，新桂系政权极力使劳动大众非政治化，在政治上完全处于被动状态。而在利益分配模式上，新桂系明显偏向于旧有的特权阶级或阶层。

在政府体制内，新桂系首领习惯于用官职来奖赏其追随者、同化其潜在与现实的对手和满足其盟友，并尽可能地把新出现的各种社会利益集团纳入其官僚体系中。但官僚体系的膨胀速度总赶不上人们对官职欲求的增长速度，而急剧扩大的官僚队伍又日渐使广西民众不堪重负。因此，这样的同化，最

---

① 施雪华《政府权能理论》，浙江人民出版社，1998，第185～188页。

多只是取得了局部或暂时的成功。它既不可能使政府对广西社会的整合长期
有效，也无法让新桂系构建起一个始终可发挥作用的社会利益协调模式。

镇压、同化的暴力手段虽在一定时期和一定程度上收到了某些成效，
但最终却没能阻止不平衡系统下利益冲突激化的发展势头。由于劳动大
众基本上被排除在社会利益的分配过程之外，这些矛盾只会加剧政府和
社会的冲突。在这样环境下的政府，一开始就处于不平衡的系统中，先
天营养不良。当政府对资源过度榨取超出了人民的负荷之时，社会的冲
突矛盾就会出现。而新桂系政府面对这样的冲突，却没有一个有效的制
衡机制，单一的强制性同化、镇压手段，只会加剧政府与社会的不平衡。
当人们为政府的发展所付出的沉重代价达到了人民忍受的极限，人民对
政府的离心力会日益强化，那么政府的能力发挥就越发困难，政府对社
会的控制和管理就自然减弱。因而新桂系政府的高效率和强大的政府能
力只在 30 年代焕发出了昙花一现的活力。

总而言之，30 年代的新桂系政府通过"自上而下"的手段，大量透
支一切社会资源发展政府和集团本身，政府能力在短期内得到了最大的
发挥。但同时政府和社会系统之间的平衡性被政府人为的破坏。在透支
一切资源的同时，政府并没有采取相应的手段发展社会，建立社会的发
展机制和平衡机制，促进社会的经济发展，缓和人民为社会发展过度透
支的压力，从而弥补政府与社会间的不平衡性，或是减轻政府与社会不
平衡性所造成的危害，保证社会的可持续性发展。因此，在这样的体制
下，作为政府系统外部环境的社会，其功能和作用在政府的强大控制下
被大大削弱。社会在系统的运作中没有话语权，也没有得到充分的发展。
如上所述，社会在向政府源源不断提供资源的同时，并没有得到相应的
资源回馈，政府也没有培养其相应的发展机制。因此 30 年代的广西社
会，作为支撑政府运作的土壤，其最明显的特点是先天不足和营养不良。
在这样的土壤中运作的政府，其表现出的能力是矛盾的。

一方面，政府依靠自身的力量和体制加强了对社会的控制和管理，
但另一方面这样一种体制和能力也不可避免地带有脆弱性。当政府的力
量较强时，它对民族地区的控制也较强；当政府力量削弱时，它对社会
的控制也削弱，因而政府的能力也相对削弱。因为这样的体制下，政府

的能力是依靠体制上的权威而建立的，社会只是被动地纳入这个体制，社会对政府能力的发挥没有起到太大的制约或促进作用。

但是民族地区作为这样体制的被动接受方，当政府的资源榨取能力大大加强，而社会发展和建设的速度远远赶不上资源榨取的速度之时，人民就会无法忍受政府的这种巧取豪夺。当政府军事力量削弱以及民愤达到极限之时，政府的社会控制力度和政府的能力也就相应大大削弱了。

因此笔者认为，30年代新桂系政府通过行政体制和政府力量建立起了严密的社会控制网络，但这样的社会控制缺乏雄厚的经济支持，仅依靠政府的强制力，因而政府的能力在这样的体制中貌似强大，实质脆弱。因为新桂系在主导广西社会发展的实践中，将发展权片面理解为"集团的发展权"，并滥用这种发展权；另一方面他们又忽视甚至随意掠夺民众的发展权，民众为政府的发展提供了应有的资源，但却没有享受到社会发展的好处，也没有在社会发展的同时获得发展。而政府在进行社会的发展建设过程中，事实上并没有真正意义上促进民生社会的发展，因而社会的财富并没有实现大规模的增长。但与此同时，政府行政机构的完善和建立，无疑又增加了行政成本和治理成本。当治理成本主要由人民承担并不断加重时，不仅社会难以整合，反而会使整个社会的离心力日益强化，社会各种利益主体之间的矛盾冲突也会越来越尖锐，这样政府的控制能力也自然大大下降。当政府的社会控制下降时，行政网络就无法发挥其原有的效能，政府也就失去了汲取社会资源的途径，那么政府的能力自然也就无法发挥，更无从谈起了。

第三节　民怨与民变：相互制约中的国家社会

现代的国家建设，既表现为国家以强力将官僚化行政机构向社会底层推进同时又充满着地方社会对国家政权之渗透的抵制，两方面存在于同一进程之中相互制约，抗拒与依附并存。因此国家政权建设不但包括官僚政治的扩展和财政收入的增加，更重要的是要与抵制国家控制社会的各种社会力量抗衡。新桂系政府通过强大的行政网络控制民族地区的过程，也是政府与各种反对理论博弈的过程，最后社会被迫服从于政府，社会与地方政府所体现出的关系就是从抗拒向依附转变。

一 民变：民族地区对严密控制网络的抗拒

当代英国著名的社会理论学家安东尼·吉登斯认为，现代社会是由民族——国家所组成，与传统国家相比，无论是在内部特征还是在其相互之间的外部关系方面，都存在着本质的区别：除了生产力和生产关系的变迁外，还表现在以信息储存和行政网络为手段的人身监视力、军事暴力手段的国家化以及人类行为的工业主义。并且将现代国家称作"权力集装器"。"传统国家的统治集团缺乏左右其臣民日常生活的固定手段。与此相对照，现代国家的一项主要特征就在于：国家行政人员的控制能力的巨大扩张，直至甚至能左右个人日常生活的最私密部分。"① 吉登斯论述的是现代社会转型的一般模式，即国家的行政现代化建设带来的必然是行政网络化以及政治控制力的急剧扩张，从而造成社会与国家之间呈现出一种依附关系。这种模式或许不完全切合中国社会历史发展的实际变化，但自近代以来中国所呈现出的国家与社会关系的发展趋势与吉登斯模式是吻合的，表现为国家控制力的不断强化，以及市民社会对国家依附不断加深的过程。

1927 年新桂系政府重新执政后，开始重建乡村地方社会的统治秩序。其办法主要是以"三民主义"意识形态为合法性，构建"三位一体"的行政网络，将旧民团改造纳入政府的行政体制中，依靠政治权力和武力对乡村社会实施旨在建立统治权威和秩序的政治控制，对基层社会实施全方位的管理和控制，使得地方社会与政府之间形成一种依附与控制的关系。其控制主体突出表现为政权主体的一元性。这种措施兼以"民族同化"手段在民族地区的强制实行，一开始就引起了各民族的激烈反抗。新桂系统治初期，各民族的反抗斗争此起彼伏。民族地区民众对政府的控制网络经历了由反抗到依附的过程。

1. 对一元化行政下延的反抗

晚清到民国初期，广西虽然实行的是团总制，但团总的力量游离于

---

① 〔英〕安东尼·吉斯登：《民族、国家与暴力》，胡宗泽等译，北京三联书店，1998，第 11 页。

民族之外，各少数民族不纳税，不纳粮。一元化行政网络开始向下延伸的时候，对政府抗拒最为激烈的主要是瑶族、苗族等民族。因为长期以来，这些族群是一种"化外"民族，"瑶还瑶，朝还朝"是长期历史进程中形成的一种国家——社会关系。新桂系时期国家行政权力下延对各民族而言，是一种外在的控制力的渗透，是对本民族传统权力的一种否定，因此遭到各族人民的反对。近代历史上著名的桂北瑶民大起义和金秀瑶民起义都是瑶族人民反对新桂系政府统治的外在表现。兹以开发大瑶山的过程为例，透视政府权力下沉所遭到的阻力。

长期以来，瑶族社会在石牌制的管理之下，没有专职军队。遇到重大变乱，如土匪滋扰、外族侵犯等，石牌组织便召开石牌大会，组成队伍参加战事。石牌组织内凡年轻力壮的男性，都要参加临时军事组织，否则，将被石牌组织视为"通匪"而抄没家产。石牌的临时军事组织没有固定的编制。通常推选有威望、英勇的头人为首领指挥作战。根据山高岭陡、道路狭窄等山区特点，石牌军事组织上阵时，人员多分散行动，各自为战，能进则进，该退则退。新桂系的权力下延，使国家的权力直达乡村地区，破坏了各民族长期以来的游离状态。纳入国家的控制网络，意味着他们必须承担国家的税收，服从国家的统治，因此遭到民族传统权力的抵抗，尤其是瑶族。大瑶山地区少数民族群众对政权的下沉强烈反对。

1940 年，国民党广西省府为将势力伸入瑶山，成立金秀警备区署。委派潘耀武为署长，配备了 3 个中队共 300 多人的武装部队，准备开进金秀瑶山。瑶族强烈反对设立金秀警备区署。全瑶山的总石牌会是很少召开的。根据石牌条文的记载和老人回忆，共召开过 4 次全瑶山总石牌会：第一次于光绪九年（1883）在金秀成立总村牌时召开；第二次于 1910 年在长峒乡滴水村召开，到会者 800 余人，主要内容是打击进山的匪乱；第三次于 1918 年在金秀召开，制定的石牌条规内容完全是抵御土匪侵扰的；第四次总石牌于 1940 年在金秀召开，会议决定全瑶山瑶族团结一致，以武装斗争形式，抵抗国民党当局进山施行其统治。显然可见，新桂系政府的权力下延给瑶族地区带来了非常大的震动，将之视为一种外侮。

当年 6 月 14 日，金秀沿河十村平兔石牌召开石牌大会，金秀石牌头人陶进达等召开全瑶山石牌大会，一致决议，不让金秀警备区署进驻金秀瑶山。会后各地瑶民纷纷购置枪支，准备进行武力抵抗。同年8月17日（农历七月十四），潘耀武乘人民过中元节之机，带领武装部队从七建分二路偷袭金秀，但在金秀附近遭瑶民火力抵抗，便急电告平乐专区民团。几天后，平乐民团指挥官蒋铁民和蒙山县副县长张天才分别带领民团团丁数百配合潘强攻金秀。慑于瑶民武装抵制，金秀警备区署寄设修仁县府，半年之后，在周围各县民团的武装胁持下，于8月17日（中元节）这一天，分两路沿途烧杀抢掠，始驻于金秀。田村、刘村、六拉、昔地、金秀等地瑶民由于奋力反抗，事后10余人被杀害，田村化为灰烬。金秀警备区署得以迁进金秀；但是金秀河下游的金田一带瑶民仍坚持抵抗，不肯屈服，以鸟枪为武器，关门塞寨，在田村进行奋勇抵抗，打死民团8人，其中团长1人。但终因敌强我弱惨遭失败；田村遭到血洗，全村被烧毁。国民党军警枪杀瑶民10人，抢劫财物，强奸妇女。此后，国民党政权开始设立于大瑶山，代替了以石牌制为主的瑶族社会组织。

国民党机构设置于金秀后，强行同化政策，勒令瑶民拆毁庙宇，停止宗教信仰活动，禁穿民族服装，纵容部属及士兵砸仓抢粮、抢杀耕牛、调戏妇女，引起瑶民极大愤慨。1943年3月31日，终于爆发轰动广西的"金秀瑶变"。这一天清晨，来自滴水、龙华、长二、罗梦、永和、平竹及金秀各地的瑶族武装队伍，兵分两路，分别进攻设治局和警察驻地，攻占了设治局部分炮楼，毙敌数人，抓敌数人，缴获机枪步枪共30余支，子弹1000余发。设治局长刘延年一边固守主炮楼，一边电报广西省府和沿山各县府。同时采取缓兵计，引诱瑶民谈判。第二天，平南、蒙山、修仁、荔浦、象县、榴江等县民团开进金秀，对瑶族进行了血腥镇压，枪杀参加"瑶变"的首领和瑶民苏玄成等3人和无辜瑶民3人，抓捕参事瑶民，借口搜缴瑶民枪支。其中昔地全村24户中被烧18户。过后不久，广西绥靖公署派来军法官廖成审理被捕瑶民，在桂林枪杀"瑶变"首领全金标，在金秀枪杀苏道升、陶秀材、刘胜印、苏道割。广西省府绥靖主任公署法官在下达的苏道升等12位瑶族头人死刑的判决书上，指责苏道升等人"率领暴徒，图攻金秀设治局"，"希冀恢复其石牌旧日之制度，"① 石牌制度进而被宣布为非法。

"金秀瑶变"被镇压以后，新桂系政府继续在瑶民乡村建立政权，加紧拉拢瑶族上层头人，培训统治瑶族的代理人员，以加强其统治。在一定程度上增强了新桂系对瑶山及各少数民族地区社会的监控能力，瑶民的很多集体活动都受其监视和干涉。经过数次较为有效的军事行动，原为"化外之域"的瑶山地区社会渐于政治方面进入政府统摄视野。警备区署、设治局和警察局等机构在瑶山地区的建立及其采取的一系列行动，说明了新桂系建立的统治机构已逐渐发挥控制瑶山地区的重要作用。通过设立各种基层行政组织，政府逐步将瑶山地区瑶民纳入其管理体系中。

尽管主流政治体系日益渗透到瑶族地区，专制主义统治在瑶族地区被空前地强化。但是，瑶族传统组织依然保留下来，形成了近代瑶族社会结构的基础。在外部刺激与内部因素的相互作用下，近代瑶族传统组织的某部分结构与功能也发生了变化。20 世纪 30 年代，在国民党统治者强行"开化"大瑶山的过程中，广西大瑶山亦曾新订立了四块石牌：《屯坝石牌》（1934）、《金秀、白沙五十一村石牌》（1936）、《六眼、六椅等村石牌》（1938）、《庚村石牌》（1940）。有的石牌新增反抗国民党政权进入的条文。但石牌制度不过是瑶民的一种传统组织，缺乏严密的组织和强有力的领导，在国家一体化进程中避免不了失败的命运。

2. 对新桂系苛捐杂税的反抗

如前所述，新桂系时期行政成本一并落到人民身上，沉重的赋税也引发了许多民族地区大规模的民变。1933 年国民党将团局改为乡、村公所后，加强了对少数人民的政治统治。山区少数民族人民除了纳粮外，还得缴纳数十种苛捐杂税；除了被拉夫外，还得遭受"两丁抽一"、"三丁抽二"的征兵之苦。县政府的官兵经常到山区巡视，各族人民家无隔宿粮，冬无保暖衣，过着"薯菜当饭饱，火塘当被袄"的非人生活。国民党反动派的阶级剥削和民族压迫政策使各族人民奋起反

---

① 广西壮族自治区编辑组：《广西瑶族社会历史调查》（第 1 册），广西民族出版社，1984，第 96 页。

抗，多次爆发武装暴动。民国时期，大苗山较大的少数民族起义多达
20余起。其中1923年安太寨侗族反抗官匪的斗争，1924年苗族人民反
抗军阀统治的斗争，1931年苗胞潘龙云领导苗瑶侗各族人民的武装起
义，1933～1934年苗族人民反抗国民党"三征"的斗争，其锋芒直指
新桂系的统治。

此外，影响较大，波及全省的是1935年，中渡、融县、百寿三县发
生的大规模民变。当时的永福、三江、阳朔等县都在组织酝酿中，不过
当时发动时仅打着中、融、百三县的旗帜，爆发在融县，重点在百寿，
中渡群众也有参加，其他各县则未动。① 这次民变发端于1935年夏秋之
间，当时融县浪保乡板茂农民覃国犹，理直气壮地喊出了"官迫民反"
的呼声，并与族上兄弟覃国兴、覃国枢、覃国英、覃国泰诸人，分赴浪
保、鼎安、淑母一带鼓动农民反抗徭役和民团训练。这一带群众很快就
响应起来，拒绝政府征夫抽丁等措施。融县县长杨盟闻报，即派副县长
兼县民团副司令梁济率武装警士十余人到浪保，邀同浪保新任乡长莫某
一同到鼎安视察，以图镇压。覃国犹举事发难，接着组织龙妙、蛇洞、
鼎安一带农民包围鼎安乡，生擒梁济与莫乡长，并乘势攻破浪保乡所，
全缴两乡武器械弹。

中渡、百寿、融县三县毗邻各乡农民闻风响应，纷纷前来参加，"一
时四方义民云集，声势浩大，官迫民反的口号，响彻云霄"。② 百寿民变
群众也举着中、融、百三县义旗，并写着"官逼民反"等类字样的标语
手旗。③ 桂南百色县两琶乡也在1935年初，由黄桂六、李荣丁及黄正保
父子三人合议组织了三百多人，在两琶开誓师大会，提出了"反对剥削
压迫，打倒土豪劣绅"的口号。并在同年旧历4月5日早上攻打汪甸乡
公所，打死了乡长何玉杰。④ 1936年初秋，凌云县逻楼乡瑶民聚众反抗征

---

① 《一九三五年中渡融县百寿的民变事件》，《广西文史资料选辑》第14辑，1982，
第207页。
② 《一九三五年中渡融县百寿的民变事件》，《广西文史资料选辑》第14辑，1982，
第207页。
③ 《一九三五年中渡融县百寿的民变事件》，《广西文史资料选辑》第14辑，1982，
第209页。
④ 《广西壮族社会历史调查》第2册，广西民族出版社，1985，第247页。

兵，冲击了乡公所，还声称要打到县城去。① 民变群众武器低劣，组织涣散，很快就被新桂系所镇压。

面对民族地区的抗拒，在构建行政控制网络的过程中新桂系政府一方面建立了一个能够延伸到乡村一级的更强有力的官僚控制机制，将政府权力向乡村社会基层持续推进，使得乡村基层行政网络化、官僚化，并且以基层政权的武化为后盾，确立国家对社会的全方位控制。于是，"公所"成为地方社会新的权威，全面承担各种职能。在行政层级上，县以下设区，区以下则为乡镇，乡镇以下又设村街，村街又由甲组成，控制每家每户。

另一方面新桂系政府在恢复与重构社会统治秩序过程中，建立现代公务员制度，通过现代行政手段吸收、同化其他各种社会精英，取代传统的劣绅进行地方社会的管理和控制。与以往最大的不同是，政府将这些基层管理者纳入政府的系统内，使他们成为体制内的人，建立起了新的全方位的社会控制体系。并进而在这种体制下，逐步实现政府对社会的全面控制，亦即社会对国家的依附。而且新桂系是在"训政"和"地方自治"旗号下推进地方基层政权建设，强化对地方的控制，故县以下地方政权人选皆应由政府决定，同时亦为了扩大政权基础，政府培养了一批以乡镇长、村街长为主体的管理阶层，并以吸纳方式引入统治行列，使其成为一个政权与地方社会间的关键性交接点，是伸张中的政府权力与地方原有权力结构之间的交叉点。新桂系政权以此扩大了对社会的控制，地方社会原有的独立性在日渐消亡，迫使地方社会进一步增加对国家的依附。在此基础上，国家所拥有的财政、社会资源汲取能力亦空前提高。

诚然，社会对国家由抗拒转为依附还表现在政府社会管理职能的增强和社会服务职能的扩展，同时这亦是国家能力增强的结果，中国政府逐渐向着强权力和强能力方向发展。与往昔相比，国家开始更多地干预社会，而社会也愈来愈丧失自身的独立性，依附于国家政权，成为国家

---

① 《新桂系镇压凌云县逻楼乡瑶民起义的经过》，《广西文史资料选辑》第18辑，1988，第205页。

的附庸。

在新桂系政府的努力下，广西县以下的基层政权组织日渐完善与严密，广大乡村社会对国家政府的依附性也在逐步增强。从其后的八年抗战来看，政府所动员的巨大物力与人力，"其情形已是洪荒以来所未有"，① 即充分显示了政府对社会资源的提取能力。这是政府行政体制构建以及政府能力增强，强化了国家对社会控制的结果。

二 民怨：控制网络下的无奈

新桂系以武力为后盾实现了对广西的统治，并通过强大的行政网络和政治权力建立了统治秩序，实施对全社会的控制，使社会与地方政府之间由抗拒转向依附，这是显性的。而表象之下却是社会各阶层对地方政府的隐性抗拒。这种抗拒本可以通过统治政策的调整、合法性的构建、社会改革等途径加以消解。但如前所述，新桂系在不平衡系统中的缺失，使其统治权威中潜伏着危机。在新桂系政府致力于全面控制社会的过程中，遇到了来自社会各阶层的排拒。吉登斯把这种抗拒的态度称之为"控制辩证法"，"居于支配位置的个人或群体所运用的全部控制策略，均在居于从属地位的个人或群体那里唤起了反对的策略"。②

新桂系进行"四大建设"，目的是增强其反蒋实力，准备将来打出去与蒋介石逐鹿中原。因此，建设重心是军事，最重视的是军事建设和政治建设。从建设成效来说，新桂系自己也承认："就建设成就而言，则军事建设的成就最大，政治建设次之，经济文化建设又次之。"③ 这种局面的出现，是新桂系集团刻意追求的结果，也是他们把军事建设放在首位，政治、经济、文化建设都是为了加强集团的军事竞争力和政府的统治能力的必然。因此可以说，桂系的"四大建设"是蒋桂矛盾的产物，是反蒋建设运动，而不是以振兴广西、推动社会进步为目的的建设运动。四

---

① 〔美〕黄仁宇：《从大历史的角度读〈蒋介石日记〉》，台北时报文化出版企业有限公司，1994，第5页。

② 〔英〕安东尼·吉斯登：《民族、国家与暴力》，胡宗泽等译，北京三联书店，1998，第52页。

③ 李一夫：《广西建设之史的发展》，《建设研究》1941年第6卷第5期。

大建设，扩充了政府的财源，进一步巩固了新桂系在当时政坛上的地位。虽然桂系的"四大建设"对社会的发展也有一些积极作用，如编练民团、训练干部、整顿乡村政务等，对维护当时广西社会的安定起了一定的积极作用。兴办工业、发展实业和文化教育以及延揽人才、引进先进生产设备和生产技术、吸引外资等，是有助于广西经济文化发展的。但从其效果来看，主要是增强了桂系的实力，巩固了其统治，广大人民并没有从"四大建设"中得到多大的实惠。政府与社会环境之间是一种不平衡的互动。特别要指出的是，桂系当局为开辟财源、增加财政收入，在"寓禁于征"的名义下大搞鸦片贸易，使吸毒盛行、地方受害、百姓遭殃。

民团作为政府社会控制的主要途径，为维系新桂系政府的行政网络作出了重大贡献。但民团组织庞大，经费开支浩大。广西省政府每年团务费320多万元。各县民团司令部和常备队的饷项费用由各县负担，各乡村民团后备队的训练饷数亦由各乡村摊派到各户。从1932年起，新桂系在田赋税项下附加五成，在鸦片烟税项下亦附加五成，缴作"团枪费"。此外还有新桂系在进行各种建设中所附加的各种赋税，如本文在第四章所谈到的道路附加税以及各种劳役，这些对于一贫如洗的人民无疑是一种不堪忍受的压榨，当时人民发起了反对新桂系"新政"，"反对征兵，反对训练民团，反对纳粮纳税运动"。一些乡绅因不满苛捐杂税，也卷入了民变风潮。

显然，广西各族人民在"四大建设"中负担沉重，征工派捐没完没了，终年辛劳所剩无几，生活越来越贫困，因此人民对政府的心理抗拒更加强烈。少数民族所受的痛苦，正如他们所唱的山歌一样：少数民族苦情多，讲起苦来泪成河。苛捐杂税数不尽，抽丁拉夫又掳掠。一年四季无油盐，常常无米下铁锅。一条裤子三人共，夜晚烤火当被窝。做工天明到天黑，挨饿受冻没奈何！

政府可以镇压人民的反抗，却无法消除民众对政府的不满。本文前面也谈到，政府利用强大的行政网络向社会尽可能地汲取一切有利资源，因此当时政府的征工、征兵是非常频繁的。在河池县白土乡白土街，从1931年至1937年白土街附近村屯170余户有适龄壮丁80多人就有33人被征兵征走。① 桂林西山乡的胡家洞，一个小小的村落，"村上老百姓，男女老少共 200 人，壮丁有 30 个，征兵去了 16 个。② 在少数民族地区，新桂系更是强化征兵措施，采取"两丁抽一，三丁抽二"的办法，凡 18 岁的男壮丁都要抽签，抽中者得去当兵。抗日战争爆发后政府征兵人数更为增加，同时应征者家庭由于劳动力的减少也会陷入生活困境。武鸣县葛阳乡 1943 年对出征抗敌军人家属状况调查统计，"贫穷不能自给、生计困难 100 户，佃耕 22 户，生计苦难者 44 户"，③ 因此人民抵抗情绪渐渐增加。当时广大农村流传着各种各样反抗的山歌，以下为其中一首：

    （一）国民党要兵，
          有三丁要二；
          丢家出去了，（被迫离家去当兵）
          丢衣服回家。（丢下了军衣逃回家）

    （二）去抽征兵签，（被拉去当兵）
          当去写灵位；（走时写灵位）
          碰到个头恶，（碰到坏军官）
          总着打背后。④（背脊就挨打）

这些歌谣形象反映了民众对政府征兵的不满与无奈。从 1927～1949 年政府的统治来看，大规模的民变除了几起瑶族、苗族起义外，其他地区几乎没有发生。这主要是新桂系基层控制体系逐渐完善，人民很难发动起来。但政府频繁、大规模的征兵、征工以及沉重的赋税无疑严重影响了人民的正常生活与生产，民怨成为普遍现象，民众对政府的抗拒就

---

① 唐维仁：《解放前河池县民国政府劣迹拾零》，《河池文史资料》，第 4 辑，河池市文史资料委员会编印，1991，第 104 页。

② 帅云风：《广西民间工作的回忆》，《扫荡报》1939 年 2 月 1 日。

③ 《武鸣县葛阳乡 1943 年出征抗敌军人家属状况调查表》，武鸣县档案馆政府档案，档案号：86－1－11。

④ 广西壮族自治区编辑组：《广西社会历史调查》第 6 册，广西民族出版社，1985，第 65 页。

变得自然而然了。

诚然，消解这种沉重社会负担所引起的社会抗拒，时间应该说是一种持久而有效的工具。以时间的流逝来逐步确立政府行为的合法性，各阶层之不满亦能日渐销蚀。但是，历史只给了新桂系政权十年的时光，没有继续给其机会。1937年后，抗战爆发，一切转入战时轨道，在和平时期都无能为力，战争时期就更不可能去努力实现。

结 语

　　新桂系是从旧桂系脱胎而来的地方实力派。自 1925 年基本形成后，即纵横驰骋于民国政坛，历经北伐战争、清党反共、编遣会议、蒋桂战争、中原大战、护党救国、两广事变、抗日战争、副总统竞选等重要事件，直到国民党败逃大陆时为止，才销声匿迹。在群雄角逐的民国政坛上，新桂系能脱颖而出，施展抱负，避免了其他地方派系过早覆灭的命运而坚持到最后整个国民党势力崩溃。尤其在 20 世纪三四十年代，整个中国吏治腐败，经济崩溃，匪灾不断，而凋敝的中国农村更是面临严重的危机，但是新桂系统治下的广西却出现一片欣欣向荣的景象。通过前面几章的论述，我们探讨了新桂系政府的社会控制网络的构建及其影响，从新桂系政府的运作发展来看，20 世纪 30 年代新桂系政府的行政体制体现出了现代化的特征。这个时期新桂系集团在各种危机的交织下，为了摆脱困境，励精图治，政府将社会资源聚集到自己手中，另辟蹊径开创了广西建设的新局面，成为国民党政权中的一枝独秀。

一

　　新桂系重新主政广西后，确立的社会控制体制，从整体上而言，是分权向集权的转化。在新桂系政府体制内，省主席拥有最高的领导权，省政府委员会对主席的权力并没有太大的制约权。1934 年裁局设科，合署办公后，省、县的厅局部门完全与省政府合署，各厅失去了对县以下各局的领导权，厅归省主席领导，县以下各科，乃至基层地区的乡镇村街公所都听令于县长，一切决策从"县长出"，而县长又直接由省政府领导，这样就形成了省主席—县长—乡镇长—村街长的垂直领导体系，集中了政府的领导权，确保了新桂系集团对政府的绝对控制权。新桂系集团所建立的这个行政网络，推行的是党政军、军民学"三位一体"的社会管理体制，将广西变成一个新桂系集团统治下的军事化管理社会。这样的社会，它的特点主要有几个方面。

第一，地方政权的行政化。村街公所的建立，标志着新桂系政权开始在乡村基层组织建立正式的有效的统治机构。这些机构有正式的编制，有固定的财政拨款，明确的职责划分，直接归属县政府领导，把各个民族地区正式纳入国家政权管理体系之中。20世纪30年代以前，广西少数民族地区仍然保持传统的社会组织，有的地方虽然设有团总、局董之类的人，但是乡老、村老、寨老、头人等仍支配着乡村事务，是实际上的领导人。瑶族还存在"瑶老制"、石牌制。少数民族地区这些传统组织和办事制度，对维护一个地方的稳定曾发挥过重要的作用。但是随着社会的发展，这些传统制度显示出越来越多的弊端，不适应现代社会发展的需要。新桂系在县一层级建立了警备区署、设治局和警察局等同县一级行政权力机构，署（局）下还建立了一套比较完整的乡、村、甲、户基层组织，把现代的行政组织移入民族地区，加强了国家控制力。国家政权的延伸，削弱了各个民族传统的社会控制力量，使民族地区的司法、财政、教育、卫生、防卫等工作转为由国家负责统一管理。如瑶区石牌律令，不再是处理瑶区事务的根本准则。瑶民的行动开始有了法律依据，瑶民纠纷可以通过法律途径解决。总之，新桂系政权的介入，结束了各少数民族"化外"的历史，把民族地区拉上了现代化发展的轨道，也改变了"传统国权不下县"的局面。

第二，社会控制的网络化。而在乡村社会中，政府又通过军民学"三位一体"的形式，即以军人和军事组织为核心，将民族地区的全体社会成员纳入一个统一的社会管理体制中，将乡村军事与文化权力相结合，实现政府对社会和人民的有效控制。在行政上，表现为军事行政合而为一，由省行政长官兼军事指挥官，县长兼民团司令，区长兼连队长，乡长兼大队长等。其具体实施是通过"三寓"（寓兵于团，寓将于学，寓征于募）政策实现的。这实际上是一种全民皆兵的做法。这样的体制特点，极大地强化了政府对社会资源的汲取，加强了政府的能力。

新桂系集团利用军事与行政、教育相结合的方式实现了对乡村的社会控制。在这样的网络中，寓于行政体制内的民团组织是政府管理社会的途径，也是政府践行"三自"、"三寓"的组织与载体。通过民团组织，政府将原来散漫的社会力量统一起来，不仅强化了新桂系集团的统治，也加强了政府对社会的全面控制。民团由此成为政府推行其施政理念，进行各方面建设的基本组织和原动力。而学校也承担起了新的功能，不仅仅是传道授业解惑，而且肩负起村民教化和乡村行政管理的职能。

第三，控制手段的强硬化。一元化行政网络延伸到民族地区是伴随着武力的。新桂系集团武力征伐的民族同化政策造成了重大的流血伤亡。"开化"工作仍然渗透民族中心主义，即大汉族主义的色彩，带有征服异族、"蛮族"的倾向，必然造成很多矛盾。新桂系还凭借现代的武器装备，残杀少数民族，这种暴力的开化方式缺乏人性主义的关怀。1943年新桂系镇压"金秀瑶变"就是一次血淋淋的历史惨剧。

风俗改良同样是采取强迫的方式，以汉族为标准，迫使少数民族"移风易俗"，这有消灭"异族"文化之嫌。少数民族在"开化"中遭受了种种痛苦。比如金秀设治局局长刘延年占领大瑶山后，亲率军警拿着剪刀在村头巷尾乃至冲进瑶民家里，强迫妇女剪发改装，强娶瑶女。①

而"特种教育"同时也是一种同化教育，主要目的是使少数民族完全汉化。当时学者杨塈就对此类教育提出过批评，说"此类教育全是'汉化教育'或者说得好听一点全是想利用'国化教育'的政策，去取得民族统一的功效，至于边疆民族是否需要这样的教育，是否可以接受这样的教育似乎全未想到。"② 显然，新桂系集团的社会控制手段带着明显的军事性质和强制性。

---

① 陈胡雄：《刘延年镇压瑶民的罪行》，《广西文史资料（少数民族专辑）》，1988，第28页。

② 杨塈：《边疆教育与边疆教育学》，《旬论》1937年第1期，第2页。

　　从全国来看，1927～1937年新桂系进行的行政体制建设和政府加强对基层的政权渗透以及控制只是民国时期众多政治势力政治改革的一种，如蒋介石领导的南京国民政府、阎锡山的山西政权也都在进行同样的改革，这些改革组合在一起就构成了一幅完整的政府改革以及政权向基层下延的图画。与当时全国各派政治势力相比，新桂系政府最成功的莫过于政府完成了对社会的全面控制。

　　南京国民政府时期，国家为了确立现代基层政治制度先后开展了五大实验县的建设。1933年浙江的兰溪县和江苏的江宁县被蒋介石指定为江南两大实验县，以取得国家对地方基层政治控制与管理的经验。但在实际操作方面，国民政府这些政治制度的实施，遭到了全面的失败，甚至在基层出现了国民党统治崩溃的局面。

　　南京国民政府成立后，其政治建设的理念在很大程度上依赖于孙中山的政治学说，三民主义及孙中山的《建国大纲》是国民党政权的政治立国及建国的理论。但孙中山的建国理念与建国理论在很大程度上存在着模糊性，在相当程度上具有不可操作性。如孙中山的政治学说在地方政治建设中仅仅规定实行县自治，以其作为由训政走向宪政的一个重要步骤。但对县以下的基层政治的具体操作缺乏详细的规划及具体的安排，这样就使国民党政权在基层的政治建设、政治渗透、政治管理面临实际的困难。日本学者家近亮子在《蒋介石与南京国民政府》中，指出："南京国民政府的最大悲剧在于以非精致粗线条孙文理论为遗教，而又有责任和义务忠实地去实现它。"① 甚至孙中山"以党治国"的"以党义治国而非以党员治国"的解释，都成为各级行政机构反对各级党部控制地方政治的借口，这在一定程度上成为国民党各级党部对基层进行渗透与控制的桎梏。

　　此外，南京国民政府在基层的实际操作中又基本维持了中国传统的政治社会结构，在基层政治运作中很大程度上依赖于中国传统的政治势力，即土豪劣绅。这从我们已论述过的保甲制度推行就可看出。"由于国

---

　　① 〔日〕家近亮子：《蒋介石与南京国民政府》，王士花译，社会科学文献出版社，2005，第218页。

家权力向社会'渗透'，还助长了土豪劣绅的势力和权威，使国家的社会整合与动员的目的无从实现",① 因而大大削弱了国民党政权对基层民众的动员能力，也无法完成对基层社会实行彻底的变革，这样就阻碍了其对基层渗透与控制力度的发挥。台湾学者王良卿曾论述道："国民党虽师法苏联式的一党专政，却根本不具备专政的社会条件，执政以后完全没有触动既存的社会机构，因此，其控制从来只能及于政治表层，而不可能深入社会之中。"② 杜赞奇在研究近代以来华北乡村社会时也指出："20世纪时，国家政权在竭尽全力放弃甚至摧毁文化网络之时，其建立新的沟通乡村社会的渠道又进展甚微，这只能削弱国家政权本身的力量。"③ 在基层没有深厚的社会基础是阻碍国民党政权向基层渗透力度进一步强化的重要因素，也是导致南京国民政府在基层政治崩溃的重要因素。

制度与实践的背离是整个民国政治史的一个极为重要的特征，在基层表现的尤为集中。政治学家施雪华认为："国民党政府更重视政治理念的传输和灌输，其政治符号也更为国内外所认同，但国民党政府只是维持了表面上的'全国认同'，实际的支持率也是很低的。政府信誉的下降，得不到广大民众的支持和认同，加上政府所能支配的社会资源的有限性，致使旧中国历届政府的社会发展能力极其低下。"④ 政治理念与政治实践的背离是国民政府在基层政治实践失败的一个重要因素，也是国民政府始终无法有效地对基层进行控制与合理管理的一个重要原因。而新桂系政府以"三自"、"三寓"政策为理论指导，因地制宜地构筑起强大的国家机器和控制网络，实现了对基层社会的有效控制。

对于国家权力对乡村的控制，黄宗智在研究华北的小农经济与社会变迁时说："民国时期的国家机器，不能将正式的官员和权力直接深入到县以下的各级行政组织。因此，他们要通过地方上和村庄里的显要人物

---

① 李德芳：《民国乡村自治问题研究》，人民出版社，2001，第192页。
② 王良卿：《三民主义青年团同中国国民党的关系（1938～1949）》，（台北）近代中国出版社，1999，第299页。
③ 〔美〕杜赞奇：《文化、权力与国家——1900～1942年的华北农村》，王福明译，江苏人民出版社，1994，第24页。
④ 施雪华：《政府权能理论》，浙江人民出版社，1998，第386页。

来控制农村。但同时，它有足够的力量超越19世纪县那样的权限，有更进一步渗入地方社会和村庄的意图和能力。"① 杜赞奇则认为："国家政权向下延伸只实现了下层机构的半官僚化。"② 他用"国家政权的内卷化"这一概念来说明20世纪前半期中国国家政权的扩张及其现代化过程。"在政权内卷化的过程中，政权的正式机构与非正式机构同步增长。尽管正式的国家政权可以依靠非正式机构来推行自己的政策，但它无法控制这些机构。在内卷化的国家政权增长过程中，乡村社会中的非正式团体代替过去的乡级政权组织成为一支不可控制的力量。"③

但从1930年代新桂系统治广西的实际情况来看，"内卷化"并不存在。新桂系政府通过"三位一体"的行政体制，重新构筑了乡村的统治秩序，在乡村形成了"政教卫合一"的新的权力网络体系。国家的控制权力日益加强。随着基层组织在乡村社会的建立，基层干部也正式纳入了政府体制内部，成为名副其实的公务员。他们拿着政府颁发的固定薪水，接受政府举办的各种培训，执行政府下达的各种行政指令，有着法定的职权和升迁的机会，完全成为政府官僚体系的一员。他们在新桂系的统治下，成为政府体制内一份子，角色地位有了根本改变，其职责和功能也被赋予了新的意义，因此他们自然会服从上级政府的领导，成为新桂系行政网络中的最末梢，帮助政府汲取和垄断各种社会资源。为此，新桂系政府凭借强大的行政网络和网络中的公务员，全面掌握了乡村的政治、经济、文化、军事等资源，迫使乡村不得不服从新桂系的领导。从而使国家权力能顺利通过行政网络，一级一级地传递，最终到达城乡基层社会，实现了政府对基层社会的全面掌控，把地方社会完全纳入国家视野中。这样的体制对民族地区的影响是积极的。

首先，民团训练强化了地方防卫能力。少数民族地区，山多洞多，偏僻荒野，匪患丛生。广西更是"无山不有洞，无洞不有匪"，可见匪患

① 〔美〕黄宗智：《华北的小农经济与社会变迁》，中华书局，1986，第298页。
② 〔美〕杜赞奇：《文化、权力与国家——1900~1942年的华北农村》，王福明译，江苏人民出版社，1994，第43页。
③ 〔美〕杜赞奇：《文化、权力与国家——1900~1942年的华北农村》，王福明译，江苏人民出版社，1994，第66页。

之猖獗。而苗、瑶聚居区更是山高林密，人迹罕至，历来是土匪藏身避法的好地方。如金秀瑶民由于地理、生产方式和民族关系等因素的影响，居住分散，防匪能力比较薄弱。因此瑶民饱受匪患之苦，难以言表。新桂系在广西全面推行民团训练，18 岁至 45 岁的壮丁都要参与民团训练。通过有组织的民团训练，民团兵还配备了枪支和弹药，瑶民防匪的能力较前自发防卫能力有了很大的增强。此外，民族地区还进驻了警备署和警察局，社会治安和生产秩序得到了较好的维护。

其次，特种教育使瑶民和苗民的文化水平得到一定提升，国家意识得到一定的强化，瑶汉对立情绪消减。举办教育是改变一个地区首要的基础工作，只有民众获得一定程度的教育，其他工作才能顺利地开展。瑶区和苗区教育向来十分落后，瑶民大多数可以称得上文盲。教育的严重缺失将使瑶民和苗民继续固守传统落后的生产生活方式，拒绝新事物，使之与现代化地区的差距越来越大，处于竞争的劣势。新桂系通过政府力量，拨款办校，使各少数民族受到教育，生产能力得到提升，为各民族走向新生活打下了基础。特种教育还增强了各个民族的国家观念。如以往瑶民几乎不与政府打交道，国家意识不强。但是，经过特种教育，瑶民开始意识到个人、地方与国家的关系，积极投身抗战和建设工作。此外，特种教育为瑶汉相互交往，加深了解提供了难得的平台，在一定程度上消融了瑶汉历史遗留的宿怨和对立情绪，促进了瑶汉关系的融合。在某种意义上，可以说这是开启瑶汉民族关系新局面的一个重要时期。

再次，改良风俗，引导各个民族健康生活。少数民族地区一般都遗留了较多传统民俗，不可否认其中有不少是低俗、鄙陋的。比如男女性关系泛滥、宗教祭祀大肆挥霍、鬼神迷信、婚姻禁忌，等等。这些陋俗使瑶族社会关系紧张，增加瑶民经济负担，崇尚迷信，抵制科学。新桂系出台的《广西省改良风俗规则》，针对少数民族的风俗习惯，开列了婚丧、生寿、祭祀、节庆和日常生活中的"陋俗"、"殊俗"，严令禁止和取缔，违者给予罚款直至行政拘留。要求相关部门监督实施，执行不力给予"惩戒处分"。改良风俗实施后，各种陋俗得到一定的控制。很多瑶人，开始留短发，改穿汉装。瑶族内部和瑶汉之间交往日多，还出现瑶族不同支系间通婚和瑶汉通婚的现象。瑶民的生活开始向着现代化和健康化的道路前进。

二

诚然，30 年代新桂系在广西构筑了一个"强政府，弱社会"的格局。在这样的背景下，政府体制的作用在于为新桂系加强社会管理和控制提供了一条途径，通过这条途径，政府实现了对人民的有效控制，也实现了对社会资源的无条件汲取。正是这些有利的条件，使新桂系在最困难的岁月里，有条件加强集团的各项建设，从而使新桂系集团在短短的时间里实力大增，以至能与蒋介石中央南京国民政府抗衡。从这方面而言，新桂系政府的行政体制在 30 年代所发挥的作用是正面的。

然而，乡村行政机构的建立，必然增加行政成本和治理成本。广西向来地瘠民困，经济非常落后，因此基层建设的费用成本自然而然地落到了农民头上。政府通过不断的征兵、征夫、苛捐杂税等巩固基层政权，发展乡村建设，因此新桂系执政期间少数民族不得不承担政府各种高额的苛捐杂税。在凌乐县览金乡的瑶族流传着这样一首山歌："我们瑶家住东山，田地又少水又难。地主收租又收税，收起禾镰缺口粮。父亲四十去躲债，妹子十五无裤穿。我今被抓去当兵，八十奶奶泪涟涟。想起瑶家好困难，苦累苦吃在高山。可恨反动国民党，千捐万税苦难当。国民党真可恶啊，瑶家生活没法过。血抽干来油榨尽，剩下枯骨煮水喝。"①生动的歌谣正反映了当时沉重的苛捐杂税下各族人民苦不堪言的真实生活。居高不下的苛捐杂税，不仅使民族乡村社会难以整合，反而会不断加强乡村社会的离心力。

更为重要的是，新桂系依靠这样的体制对社会资源进行抽取，进行的所有现代化建设并没有真正意义上推动社会经济的发展，相反是加强了集团的军事实力和政府的综合实力。新桂系集团在建设中，却忽略了政府与社会的平衡性和民族地区的承受力问题，致使政府与社会之间长期处于一个不平衡的系统环境之中。在这种不平衡的系统下，社会的功

① 广西壮族自治区编辑组：《广西瑶族社会历史调查》第 4 册，广西民族出版社，1987，第 365 页。

能和作用长期被弱化或忽略，人民在这样的体制下处于一种无条件付出的状态。早期新桂系以强制同化的手段和民团、国民基础学校的体制来控制人民，以官方的意识形态，也就是积极宣传"三自"、"三寓"政策和"建设广西，复兴中国"的总目标，在思想上动员人民，使人民在思想上归附新桂系政府，并愿意为广西建设一起努力。这样的方式使新桂系集团在极短的时间内实现了对民族地区全方位的控制，使政府对乡村资源的汲取能力大为增强。但是这样的体制无可避免地带着脆弱性，当政府的军事能力减弱时，政府的控制网络也随之削弱。在这样的体制中，政府要求各族人民热爱广西，效忠新桂系，克尽职守，无私奉献。这种军事体制与意识形态相结合的控制方式，在短时期内由于新桂系结束了广西长期的战乱，还人民一时的安定环境，曾在一定程度上及一定时期里有助于政府对广西社会的整合，特别是有利于新桂系政府垄断广西的所有资源。但是长期在不平衡的系统中，尤其是在新桂系集团以集团利益至上的执政理念中，这种官定的意识形态，不可避免地流于形式，没有起到真正的实效。尤其是在新桂系政府的体制下，政府由于没有权力的约束和制衡，在长期的执政过程中不可避免地会出现体制的膨胀，由于缺乏体制的监督和约束，这套有利于统治集团进行社会资源汲取的体制会不可遏制地膨胀，同样会无节制地加强统治阶级对社会资源的汲取，也会导致官吏的腐败，更加剧了政府与社会的不平衡性。这样当政府的官定意识形态与社会的现实渐行渐远时，政府和统治阶级愈发激起民众的厌恶和反抗则是无可置疑的。

正因如此，可谓成也萧何，败也萧何。30年代的新桂系政府体制曾使集团在短时期内完成了对乡村地区的社会控制，能够利用起社会的有利资源大大加强集团实力。然而在发展的过程中，政府和集团本身没有意识到政府和社会的平衡性问题，没有建立起社会的有效机制，致使政府一直在透支社会。当政府习惯了依靠这样的体制进行社会的管理和控制，而这样的体制在不断发展的过程中不断膨胀，其对社会资源的透支会日益加重。当社会发展远远赶不上政府的透支时，政府的控制网络也就崩溃了。这也正是新桂系政府在20世纪30年代到40年代初，能在广大民族地区征兵、征夫，在广西建设起一个艰苦朴素、充满奋斗气息的社会，整个社会呈现出欣欣向荣的景象。而到了 40 年代中后期，政府再也无法树立起那个时期的权威，政府深陷阶级矛盾空前激烈的局面而无法自拔。在八年抗战期间，广西先是实行"三丁抽一，五丁抽双"，后来则是"有丁抽丁"，抽集了百万壮丁参军，成为当时全国按人均比例抽壮丁最多的一个省。此外还征工 1450 万余人次。后来为了支持蒋介石打内战，扩大内战的兵源，新桂系从 1946 年 10 月 10 日起，又恢复了征兵制度，并制定了"兵役改进方案"，办理征兵；同时加强户籍管理，奖励检举匿报户口。全省设立了两个师管区，桂西师管区设于南宁，司令为李晓茫；桂东师管区设于桂林，司令为吕国铨，负责办理征兵事宜。除此之外，省保安团、县自卫队也要征大批壮丁。① 但此时的政府已无法像从前一样能"随心所欲"地征兵了。这时人民普遍不愿征兵，去充当内战的炮灰，新桂系政府只能实行强征，征不到就捉，捉不到就一个村一个村地用警察和保安队包围起来，把全村男女老幼都抓起来，勒令他们交出被征的人来。征兵的同时又有征集费，规定每兵 6 万元，新兵安家费 5 万元。这些费用全部摊派到老百姓头上。新桂系政府的这种强行征兵方法，使大批农村青壮年被迫征往内战战场，许多人为逃避抓丁，被迫逃往他乡，丢下田地无人耕种，致使广大农村出现劳力不足、田园荒芜、民生凋敝的悲惨景象。当时柳江县广原乡流传着这样一首歌谣：

　　抗战八年来，我们老百姓尽了力量，受尽了痛苦，为的是要打败敌人，争取民族的解放，争取人民的自由、平等与幸福。

　　敌人投降了，我们满以为这一来可以过和平安定的日子了，谁又料到去年的水旱灾、虫灾，竟把我们一年来所流的血汗白费了，收获得来的粮食，除了交租还债外，还不够三个月的口粮。两个多月前，我们便开始吃野菜、草根和芭蕉根了……在整个农村里，这饥荒的问题，是愈来愈凶了，像一条毒蛇，吞啮着每个人的心。②

---

① 《广西日报》（桂林版）1948 年 7 月 27 日。
② 《广西日报》（柳州版）1946 年 5 月 8 日。

这首民歌，正是当时严重社会问题的反映。

20世纪40年代的新桂系政府为了维持30年代的社会资源汲取能力，只能依靠集权统治加强征兵、征税，实行暴力统治，这使其同广大人民的矛盾更加激化，陷入了更加孤立的境地。"农村的作用是一个变数：它不是稳定的根源，就是革命的根源。……如果农民默认并认同现存制度，他们就为该制度提供了一个稳定的基础。如果它积极反对这个制度，它就会成为革命的载体。"① 当政府对社会资源的榨取能力和榨取速度远远超过社会发展时，人民就会无法忍受这种强取豪夺，当民愤到达极限时，政府的社会控制力也就大为削弱了。

新桂系政府的网络构建给了我们足够的启示，政府与社会是一个开放系统，政府的管理决不能是静止不变的，它具有动态性。政府的管理要与外界环境进行物质、能量和信息的变换，外界环境的变化应该会引起该系统特性的改变，相应地引起系统内各部分相互关系和功能的变化。政府系统的演化不仅有赖于内部各要素之间的相互联系和相互作用，而且有赖于系统整体与系统环境的相互联系、相互作用。正是这种相互作用构成了运动，影响着系统自身的建设、发展和转化。在新桂系政府建立初期，社会环境为政府效能建设提供了动力和条件。而为了保持和恢复系统原有特性及不断发展的潜力，政府系统必须具有对环境的适应能力。外部条件的压力的变化会影响管理系统的规模、结构和存在形式的转化。因此我们所希望实现的政府管理系统的持续性发展模式应该是系统能够维持正常运转和继续增长至无限的将来，而不是因外界环境压力和扰动而被迫衰退或崩溃。为此，社会要维持政府的持续性发展，就必然要求政府管理系统应该具有可调控的性能。能够使该系统可以按照人们某些既定的目的或目标演化和发展。

而政府在民族地区的基层管理中，要维护民族地区的稳定与可持续性发展，必须以国家政府为主导，民族地区民众为主体，以社会力量共同参与的方式，共同努力搞建设，才能实现民族地区社会又好又快的发展，缩小与发达地区的差距。也只有这样，才能朝着费孝通所说的"各

---

① 〔美〕亨廷顿：《变化社会中的政治秩序》，王冠华译，三联书店，1989，第267页。

美其美，美人之美，美美与共，天下大同"的境界迈进，实现"中华民族"的伟大复兴。

总之，新桂系政府在西南边疆一隅——广西试图以国家政权的力量，以现代管理的方式建立起地方社会新的政治秩序，从长远来看这一模式无疑具有历史合理性，它在动荡的近代中国实现了国家对社会的有效控制。这是自清末以来国家变革基层政治的一次重要尝试，在整个基层政治制度史上应该占有一席之地。新桂系集团的最终失败，既有客观的原因，也有内在的原因。"共产党取得胜利，国民政府崩溃，大势已去"是长期以来学界对新桂系统治消亡的最常见的一种感慨。但从对新桂系政府的体制和政府执政方式的脉络的逐一剖析，我们无疑会发现新桂系的政府体制一开始就处于一种不平衡的社会系统中，政府对社会的榨取速度远远超过社会的承受度。而政府在执政和发展的过程中，并没有意识到这个问题，没有建立起相应的机制去弥补这种不平衡性所带来的负面影响。如果没有发生战争等一切外界的动乱因素，新桂系集团也会由于没有处理好政府与社会系统的平衡性问题而无法实现长久的统治。新桂系集团留下的这段历史，留给我们的思考就是国家在向基层渗透过程中，如何正确处理国家长远目标与基层现实和民族地区发展的需要，现代政治运作成本及基层社会的承担能力等各种关系。

|参|考|文|献|

档案资料

中国第二历史档案馆：

1. 《广西省视察报告》

 ——全宗号 8，案卷号 15，目录号 1、2

2. 《视察桂北报告》

 ——全宗号 8，案卷号 15，目录号 6

3. 《广西民团及其评价》

 ——全宗号 34，案卷号 608

4. 《广西公路初期建筑情形》

 ——全宗号 15，案卷号 3118

5. 《广西省省道县道路线图》

 ——全宗号 15，案卷号 3118

6. 《广西的三位一体制》

 ——全宗号 1，案卷号 890，目录号 5

7. 《桂省政府计划》

 ——全宗号 3，案卷号 11267，目录号 8

8. 《广西省施政计划书纲要》

 ——全宗号 4，案卷号 15142

9. 《广西省各厅工作报告》

　　　　——全宗号 1，案卷号 1561，目录号 1

10. 《内政部·广西省民力统制及全国总动员、户口调查、整顿保甲及协助征工等多项案》

　　　　——全宗号 12，案卷号 6

广西壮族自治区区内档案馆

1. 《广西军政会议报告书》

　　　　——文号 L4 - 1 - 39

2. 《二十一年广西省政府施政方针及行政计划》

　　　　——文号 L4 - 184 - 1

3. 广西省乡村禁约

　　　　——文号 L4 - 352 - 5

4. 广西建设纲领

　　　　——文号 L4 - 345 - 5

5. 《广西国民教育有关材料》

　　　　——文号 L37 - 1 - 480

6. 《广西民团章则、条例》

　　　　——文号 L28 - 21 - 1

7. 《广西建设计划大纲三年实施计划》

　　　　——文号 L4 - 337 - 4

8. 《广西省各县村民大会规则》

　　　　——文号 L4 - 330 - 4

9. 《现行村法令汇编》

　　　　——文号 L4 - 346 - 5

10. 《广西省施政计划纲要》

　　　　——文号 L4 - 184 - 2

11. 《广西省行政方针及行政计划》

　　　　——文号 L4 - 185 - 2

12. 《广西各县民团司令部组织规程》

　　　　——文号 L28 - 21 - 1

13. 《广西民团常备队、预备队组织规程》

——文号 L28 – 21 – 1

14.《修仁县团务章程及各细则和修仁县兵要地志以及第二区民团组织暂行条例各村团董姓名一览表》

——全宗号 87 – 15 – 2

15.《修仁县民团司令部军官佐、职员履历表、官佐离差别差报告表、特编一大队官佐履历表等》

——全宗号 87 – 15 – 4

16.《修仁县一致乡各村街新选甲长副花名学历册造表》

——全宗号 8 – 10 – 55

17.《武鸣县葛阳乡 1943 年出征抗敌军人家属状况调查表》

——武鸣县政府（旧政权）档案，全宗号 86 – 1 – 11

报刊

1.《桂林日报》1935~1937 年

2.《贺县训政日报》1932 年

3.《救亡日报》（桂林）1939~1940 年

4.《岭东日报》1903 年

5.《柳州日报》1938~1943 年

6.《民国日报》（桂林）1938 年

7.《民团周刊》1935~1937 年

8.《南宁民国日报》1931~1941 年

9.《南宁新闻报》（南宁）1939 年

10.《扫荡报》（桂林）1938~1940 年

11.《申报》1910~1939 年

12.《梧州大公报》1934 年

13.《梧州民国日报》1932~1933 年

14.《中山日报》（梧州）19391942 年

15.《珠江日报》1935 年

期刊

1.《创进月刊》1934~1937 年

2. 《道路月刊》1926 年

3. 《东方杂志》1927～1935 年

4. 《干部生活》1939～1940 年

5. 《广西建设研究月刊》1928～1929 年

6. 《广西教育通讯》1939～1940 年

7. 《广西民政》1945 年

8. 《广西民政月刊》1928～1932 年

9. 《广西民政季刊》1932～1933 年

10. 《广西公报》1933 年

11. 《广西省政府公报》1934～1939 年

12. （台湾）《广西文献》1979～2003 年

13. 《桂民旬刊》1929 年

14. 《干校校刊》1936～1939 年

15. 《国民教育指导月刊》1941 年

16. 《基层建设》1941～1943 年

17. 《建设干部》1940 年

18. 《建设研究》1939 年～1941 年

19. 《教育与民众》1939～1941 年

20. 《教育杂志》1936～1939 年

21. 《荔浦县政府行政月刊》1932～1933 年

22. 《前导》1937 年

23. 《群言》1920～1924 年

24. 《乡村建设半月刊》1935 年

25. 《新广西旬报》1927～1928 年

26. 《新社会半月刊》1934 年

27. 《行政与训练》1940 年

28. 《正路》1935～1937 年

年鉴、会议记录、工作报告、文史资料、回忆录、资料汇编

1. 《广西年鉴》，第 1 回，广西省政府统计处编印，1932。

2.《广西年鉴》，第2回，广西省政府统计处编印，1935。

3.《广西年鉴》，第3回，广西省政府统计处编印，1948。

4.《广西省二十二年度施政记录》，广西省政府编印，1934。

5.《桂政纪实》，广西省政府十年建设编撰委员会，1943。

6.《广西民政统计图表》，第1回，广西省政府民政厅编印，1940。

7.《广西民政视察报告汇编》，广西民政厅，1932。

8.《广西民政视察会议提案汇刊》，广西民政厅，1932。

9.《昭平县行政会议录》，昭平县政府编，1933。

10.《昭平县行政会议录》，昭平县政府编，1934。

11.《广西柳州区民团指挥部召集各县团第一次团务会议录》，1932。

12.《广西统计数字提要》，广西省政府秘书处统计室编印，1940。

13.《参观两广政治报告书》，山东省政府秘书处，1935。

14.《广西基层建设应用法规汇编》，军事类，广西地方建设干部学校，1939。

15.《广西民政法规辑录》，广西省政府民政厅，1934。

16.《广西省现行法规丛编》第2编，广西省政府，1938。

17.《广西省现行法规汇编》第3编，广西省政府，1940。

18.《广西省战时教育法规汇编》第1辑，广西省政府教育厅编审室，1939。

19.《基层工作资料选集》，广西省地方干部训练团平桂区训练班，时间不祥。

20.《柳州第二次县行政会议汇刊》，柳州县政府，1935。

21.《广西财政纪要》，广西省政府财政厅，1935。

22.《广西财政纪要新编》，广西省政府财政厅，1938。

23.《广西省二十三年度施政记录》，广西省政府，1935

24. 吴胜己：《广西人事行政》，广西省政府编译委员会，1940。

25.《新桂系纪实》，广西区政协文史资料委员会，1990。

26. 贾廷诗，陈三井等：《白崇禧先生访问录》（上、下），台湾，"中央研究院"近代史所，1989。

27. 苏志荣等：《白崇禧回忆录》，解放军出版社，1987。

28. 程思远：《政坛回忆》，广西人民出版社，1983。

29. 黄绍竑：《黄绍竑回忆录》，广西人民出版社，1991。

30. 万仲文：《桂系见闻谈》，广西师范大学历史系、科研处，1983。

31. 李宗仁口述、唐德刚撰《李宗仁回忆录》，广西人民出版社，1988。

32. 李品仙：《李品仙回忆录》，台中中外图书出版社，1973。

33. 《白崇禧先生访问录》，台湾"中央研究院"近代史所，1989。

34. 韦善美，马清和编《雷沛鸿文集》下册，广西教育出版社，1990。

35. 曾德珪选编《马君武文选》，广西师范大学出版社，200。

36. 姚莹：《中复掌遗稿》卷5，中华书局，1983。

37. 刘长佑：《刘武慎公遗书》卷1，龙继栋编，台北文海出版社，1968。

38. 陈寿民：《考察各省县政报告书》，1937。

39. 《桂林市政府民国廿九年度工作报告》，桂林市政府，1940。

40. 《邕宁县城区公所一年来区政报告书》，广西邕宁县城区公所，1934。

41. 《各县民政视察报告书》第1~4册，民政厅，1932。

42. 《广西县政设施准则及进度改核表》（民廿六年度），广西省政府，1937。

43. 《广西县政设施准则及进度改核表》（民廿七年度），广西省政府，1938。

44. 《广西少数民族地区石刻碑文集》，广西民族研究所编，广西人民出版社，1982。

45. 《广西政治军事改革意见书》，广西省政府，出版时间不详。

46. 《广西民政视察报告汇编》（上下期），广西民政厅，1932。

47. 雷殷：《广西民政施政纲要》，桂林典雅书局，1937。

48. 《广西民政统计图表》第1回，广西省政府民政厅，1940。

49. 《广西革命历史文件汇集》，中央档案馆、广西壮族自治区档案馆，1982。

50. 《左右江革命史料汇编》第1辑，左右江革命历史调查组编印，1978。

51. 《中华民国史档案资料汇编》，中国历史档案馆，江苏古籍出版社，1994。

52. 徐秀丽编《中国近代乡村自治法规选编》，中华书局，2004。

53. 《广西壮族自治区宜山县洛东乡壮族社会历史调查概况》，中国科学院民族研究所、广西少数民族社会历史调查组，1965。

54. 《广西教育史料》，广西人民出版社，1990。

55. 《柳州民国文献集成》，香港京华出版社，2004。

56. 广西壮族自治区编辑组：《广西壮族社会历史调查》，广西民族出版社，1985。

57. 广西壮族自治区编辑组：《广西瑶族社会历史调查》，广西民族出版社，1984。

58. 广西壮族自治区编辑组：《广西侗族社会历史调查》，广西民族出版社，1987。

59. 广西壮族自治区编辑组、《中国少数民族社会历史调查资料丛刊》修订编辑委员会：《广西彝族仡佬族水族社会历史调查》，民族出版社，2009。

60. 广西壮族自治区编辑组：《广西仫佬族社会历史调查》，广西民族出版社，1985。

61. 广西壮族自治区编辑组：《广西仫佬族毛难族社会历史调查》，广西民族出版社，1987。

62. 广西壮族自治区编辑组、《中国少数民族社会历史调查资料丛刊》修订编辑委员会：《广西苗族社会历史调查》，民族出版社，2009。

论著

1. 李宗仁：《李总司令在柳训话集》，广西省地方行政干部训练团，1931。

2. 《李总司令最近演讲集》，国民革命军第四集团军总司令部政训处，1935。

3. 李宗仁：《革命之路》，桂林全面战周刊社，1940。

4. 白崇禧：《白主任最近言论集》，广西地方建设干部学校编，民国排印本。

5. 白崇禧：《怎样完成总理留下的使命》，广西民团总指挥部，1932。

6. 钱实甫编《白健生先生论三自政策与广西建设》，南宁建设书店，1938。

7. 黄旭初：《黄旭初先生演讲集》，南宁民国日报社，1935。

8. 黄旭初：《黄旭初先生演讲集》，南宁民国日报社，1936。

9. 《改良社会要从健全乡村做起》（黄旭初先生言论之四），广西省政府编委会，1940。

10. 黄旭初：《团主任训练言论选集》，广西省地方行政干部训练团，1942。

11. 黄旭初：《黄主席最近言论集》，广西地方建设干部学校，1940。

12. 《黄旭初先生言论》，广西建设研究会，1941。

13. 李宗仁：《三民主义在广西》，民团周刊社，1938。

14. 黄旭初：《当前局势中我们应有的认识和态度》，民团周刊社，1938。

15. 黄旭初：《干部政策》，桂林文化供应社，1940。

16. 黄福祥：《政令实施要领》，广西省训练团，1942。

17. 徐义生：《广西省县行政关系》，商务印书馆，1943。

18. 陈柏心：《县政建设实施概论》，桂林文化供应社，1943。

19. 陈寿民：《县政建设方法论》，百色日报 1944 再版。

20. 《广西县政纲要》，广西民政厅，1932。

21. 李绍雄：《县政大纲》，上海星光书店，1932。

22. 郑湘畴讲述：《县政考核纲要》，公务员训练班讲义，1937。

23. 《新县制的认识》，民团周刊社，1940。

24. 《广西县政府组织之改进》，民团周刊社，1940。

25. 钱实甫：《新县制与训政实施》，民团周刊社，1940。

26. 梁上燕：《广西的基层干部》，南宁民团周刊社，1938。

27. 陶国琮：《基层四大建设概要》，广西省地方行政训练团，1942。

28. 黄旭初：《基层经济建设》，民团周刊社，1941。

29. 《怎样做基层工作》，广西地方建设干部学校，1940。

30. 刘健雄、张继泰：《乡村建设论文选集》，广西省训练团，1947。

31. 《修建乡村墟街浅说》，广西省政府民政厅。

32. 《怎样督促指导乡镇村街主要政务》，广西省政府，1936。

33. 林慧佛：《怎样经营村街公共造产》，民团周刊社，1949。

34. 亢真化：《村街长集中办公的实施》，民团周刊社，1938。

35. 梁上燕：《怎样处理乡镇村街公所的行政》，民团周刊社，1938。

36. 林宜权：《乡长生活片断》，民团周刊社，1939。

37. 《龙州模范村建设经过情形》，广西镇南区行政督察委员会办公处。

38. 《三自政策概论》，广西民团干部学校。

39. 吴彦文：《广西之特种教育》，广西省政府教育厅编审室，1939。

40. 刘介：《广西特种教育》，广西省政府编译委员会，1940。

41. 庞新民：《两广瑶山调查》，中华书局，1936。

42. 王同惠：《花蓝瑶社会组织》，北京商务印书馆，1936。

43. 唐兆民：《瑶山散记》，桂林文化供应社，1948。

44. 廖炯然：《瑶民概况》，上海中华书局，1948。

45. 潘景佳：《抗战中的广西乡镇村街长》，民团周刊社，1941。

46. 邱昌渭讲述、亢真化记《广西建设纲领的政治建设》，1935。

47. 周焕：《广西省政府合署办公经过概况》，广西省政府编译委员会，1940。

48. 潘景佳：《广西怎样动员妇女》，民团周刊社，1938。

49. 雷殷：《三民主义政论》，广西建设研究会，1942。

50. 亢真化：《村街民大会与地方自治》，民团周刊社，1939。

51. 蒋卉：《基层建设实际问题汇编》，民团周刊社，1938。

52. 谢祖莘：《广西地方自治概要》，出版单位、时间不详。

53. 张继焘：《地方自治》，广西地方行政干部训练所，1947。

54. 潘景佳：《怎样举行村街民大会》，民团周刊社，1940。

55. 《总理关于地方自治的遗教》，民团周刊社，1939。

56. 《基层政治建设概论》，广西民团干部学校。

57. 《各县乡镇村街应办之主要政务及其程序》，广西省政府。

58. 李宗仁：《李德邻先生言论集》，广西建设研究会，1941。

59. 李宗仁：《李总司令最近演讲集》，第四集团军总训工政处，1937。

60. 范宏贵：《壮族历史与文化》，广西民族出版社，1997。

61. 玉时阶：《瑶族文化变迁》，民族出版社，2005。

62. 玉时阶：《白裤瑶社会》，广西师范大学出版社，1989。

65. 张有隽：《瑶族传统文化变迁论》，广西民族出版社，1992。

66. 刘保元：《瑶族文化概论》，广西民族出版社，1993。

67. 徐祖祥：《瑶族文化史》，云南民族出版社，2001。

68. 王柏中：《八桂田野》，民族出版社，2004。

69. 朱荣、毛殊凡等：《中国白裤瑶》，广西民族出版社，1992。

70. 奉恒高：《瑶族通史》，民族出版社，2007。

71. 周大鸣：《当代华南的宗族与社会》，黑龙江人民出版社，2003。

72. 宋林飞：《西方社会学理论》，南京大学出版社，1997。

73. 姚舜安：《广西民族大全》，广西人民出版社，1991。

75. 童恩正：《人类与文化》，重庆人民出版社，2001。

76. 《三江侗族自治县》编写组：《三江侗族自治县概况》，广西民族出版社，1986。

77. 石若屏主编《三江侗族自治县民族志》，广西人民出版社，1989。

78. 黄钟警等编《龙胜风情》，漓江出版社，1988。

79. 王胜先：《侗族文化与习俗》，贵州人民出版社，1988。

80. 《马克思恩格斯选集》第 3 卷，人民出版社，1995。

81. 《孙中山全集》第 8 卷，中华书局，1986。

82. 钟文典主编《20 世纪三十年代的广西》，广西师大出版社，1993。

83. 钟文典主编《广西通史》，广西人民出版社，1999。

84. 朱浤源：《从变乱到军省：广西的初期现代化》，台湾"中央研究院"近代史研究所出版，1995。

85. 张声震：《壮族通史》，民族出版社，1997。

86. 陈勤：《地方实力派与中国区域现代化进程——透视 20 世纪 30 年代的广西》，广西人民出版社，2002。

87. 王绍光、胡鞍钢：《中国国家能力报告》，辽宁人民出版社，1993。

88. 时和兴：《关系、限度、制度：政治发展中的国家与社会》，北京大学出版社，1996。

89. 施雪华：《政府权能理论》，浙江人民出版社，1998。

90. 竺乾威：《公共行政学》，复旦大学出版社，2000。

91. 费正清主编《剑桥中华民国史》，中国社会科学出版社，1993。

92. 张若龄等主编《广西公路史》，人民交通出版社，1991。

93. 万仲文：《桂系见闻谈》，广西师范大学出版社，1983。

94. 〔美〕加布里埃尔·A·阿尔蒙德和 G·宾厄姆·小鲍威尔著，朱增文等译《当代比较政治学：世界展望》，商务印书馆，1993。

95. 〔美〕加布里埃尔·A·阿尔蒙德著，曹沛霖等译《比较政治学：体系、过程和政策》，上海译文出版社，1987。

96. 〔美〕杜赞奇著，王福明译《文化、权力与国家——1940～1942 年的华北农村》，江苏人民出版社，1996。

97. 〔美〕易劳逸著，陈红民等译《1927～1937 年国民党统治下的中国流产革命》，中国青年出版社，1992。

98. 王沪宁：《行政生态分析》，复旦大学出版社，1989。

99. 董江爱：《山西村治与军阀政治》（1917～1927），中国社会出版社，2002。

100. 李茂盛等：《阎锡山全传》，当代中国出版社，1996。

101. 徐勇：《非均衡的中国政治》，中国广播电视出版社，1992。

102. 张信：《二十世纪初期中国社会之演变》，中华书局，2004。

103. 〔美〕费正清：《美国与中国》，商务印书馆，1987。

104. 王亚南：《中国官僚政治研究》，中国社会科学出版社，1981。

105. 〔德〕马克斯·韦伯：《经济与社会》，林荣远译，商务印书馆，1997。

106. 〔美〕罗纳德·克林格勒：《公共部门人力资源管理》（第 4 版），孙柏英等译，中国人民大学出版社，2001。

107. 〔美〕阿瑟·恩·杨格：《1927～1937 年中国财政经济情况》，陈泽宪等译，中国社会科学出版社，1981。

108. 〔美〕马克.G.波波维奇主编《创建高绩效的政府组织：公共管理者实用指南》，孔宪遂译，中国人民大学出版社，2003。

109. 〔美〕布罗姆利：《经济利益与经济制度——公共政策的理论基础》，陈郁等译，三联书店，1996。

110. 〔美〕亨廷顿：《变化社会中的政治秩序》，王冠华等译，北京三联书店，1989。

111. 〔美〕巴林顿·摩尔：《民主与专制的社会起源》，拓夫等译，华夏出版社，1987。

112. 〔英〕安东尼·吉斯登:《民族、国家与暴力》,胡宗泽等译,北京三联书店,1998。

113. 〔英〕布朗:《原始社会的结构与功能》,中央民族大学出版社,1999。

114. 〔德〕恩格斯:《家庭、私有制和国家的起源》,人民出版社,1982。

115. 〔英〕布朗:《社会人类学方法》,华夏出版社,2002。

116. 徐万邦、祁庆富:《中国少数民族文化概论》,中央民族学院出版社,1986。

117. G. A. Almond& G. Bingham, Jr, *ComparativeA pproach*, Bo ston: LitleB rown& Co, 1996.

118. R. S. Schuler:"*Managing Human Resources*" 5 th edn, St Paul MN West Pulishing Co. 1995

119. Ludwig Von Bertaflanffy:" General System Theory (Foundations Development Apalications)", George Braziller, Inc. New York. 1973

120. Lary, Diana. Region and natiao: *the Kwangsi Clique in Chinese poletics*, 1925 ~ 1937. Cambridge: Cambridge University Press, 1974.

121. E. W. L. evich: *The Kwangsi Way in Kuominatang China*, 1931 ~ 1939, Armonk, New York: bM. E, Sharp, 1993.

图书在版编目（CIP）数据

民国时期广西民族地区社会控制：1927～1949/黎瑛著.
—北京：社会科学文献出版社，2015.9
（西南边疆历史与现状综合研究项目. 研究系列）
ISBN 978 - 7 - 5097 - 7061 - 0

Ⅰ.①民… Ⅱ.①黎… Ⅲ.①民族地区 - 社会约制 - 研究 -
广西 - 1927～1949 Ⅳ.①D693.62

中国版本图书馆 CIP 数据核字（2015）第 014251 号

西南边疆历史与现状综合研究项目·研究系列
民国时期广西民族地区社会控制（1927~1949）

著　　者/黎　瑛

出 版 人/谢寿光
项目统筹/宋月华　范　迎
责任编辑/范　迎

出　　版/社会科学文献出版社·人文分社（010）59367215
　　　　　地址：北京市北三环中路甲29号院华龙大厦　邮编：100029
　　　　　网址：www.ssap.com.cn
发　　行/市场营销中心（010）59367081　59367090
　　　　　读者服务中心（010）59367028
印　　装/三河市尚艺印装有限公司

规　　格/开　本：787mm×1092mm　1/16
　　　　　印　张：21　字　数：322千字
版　　次/2015年9月第1版　2015年9月第1次印刷
书　　号/ISBN 978 - 7 - 5097 - 7061 - 0
定　　价/89.00元